VIKTOR NEKRASSOW

STALIN
GRAD

VIKTOR NEKRASSOW

STALINGRAD

Roman

Aus dem Russischen von
Nadeshda Ludwig

Mit einem Nachwort
des Autors

NIKOL
VERLAG

Titel der Originalausgabe:
Сталинград

Die vorliegende Übersetzung des Romans erschien im Aufbau Verlag erstmals 1954 unter dem Titel »In den Schützengräben von Stalingrad«. Das Nachwort des Autors erschien erstmals 1981 in einer russischen Ausgabe des Possev-Verlages, Frankfurt am Main. Die deutsche Übersetzung des Nachwortes von Alfred Frank erschien erstmals 1992 im Aufbau Taschenbuch Verlag

Genehmigte und ungekürzte Lizenzausgabe für
Nikol Verlagsgesellschaft mbH & Co. KG,
Hamburg, 2013

Titelabbildung: ullstein bild
Covergestaltung: Timon Schlichenmaier, Hamburg
Printed in the Czech Republic
ISBN: 978-3-86820-178-9

www.nikol-verlag.de

ERSTER TEIL

1

Der Rückzugsbefehl kommt ganz überraschend. Erst gestern war aus dem Divisionsstab der ausführliche Plan für den Ausbau der Verteidigungsanlagen eingetroffen: eine zweite Abwehrstellung, Ausbesserung der Wege, kleine Brücken. Drei Pioniere zur Einrichtung des Divisionsklubs waren bei mir angefordert worden.

Am Morgen kam ein Anruf vom Divisionsstab: Vorbereitungen treffen zum Empfang des Frontensembles für Gesang und Tanz. Was hätte beruhigender klingen können? Wir, Igor und ich, hatten uns sogar extra rasiert, die Haare geschnitten, den Kopf gewaschen und bei dieser Gelegenheit auch gleich Sporthose und Hemd mit ausgewaschen, und nun lagen wir am Ufer des halbversiegten Flüßchens, warteten, daß unsere Sachen trockneten, und beobachteten meine Pioniere, die kleine Flöße für die Spähtrupps bauten.

Wir lagen, rauchten, schlugen einander auf dem Rücken die fetten, trägen Bremsen tot und sahen zu, wie mein stellvertretender Zugführer die Flöße ausprobierte und dabei im Wasser Kobolz schoß; sein weißer Rücken und seine schmutzigen Hacken tauchten abwechselnd auf.

In diesem Augenblick bemerke ich von weitem den Stabsmelder Lasarenko. Er läuft im Trab durch die Gärten und hält mit der Hand das Gewehr fest, das ihm auf dem Rücken hin und her baumelt. An dieser Gangart erkenne ich sofort, daß die Lage brenzlig ist. Wahrscheinlich wird gleich wieder ein Inspizient erscheinen, entweder von der Armee oder vom Frontkommando. Folglich wird's wieder heißen: in die vorderste Linie gehen, die Verteidigungsanlagen vorführen und sich Kritik gefallen lassen müssen. Unsereiner hat immer die Suppe auszulöffeln. Die Nacht ist dann verloren.

Nichts ist schlimmer, als in der Verteidigung zu liegen. Jede Nacht Kontrolle, und jeder Inspizierende hat seinen eigenen Geschmack. Das ist nun einmal so! Dem einen sind die Schützengräben zu eng und unbequem, um Verwundete oder Maschinengewehre durchzuschleppen. Dem anderen sind sie zu breit: die Splitter könnten einen leichter treffen. Dem dritten ist die Brustwehr zu niedrig: »Vorschrift ist Null Komma vierzig, und Sie haben, sehen Sie, kaum zwanzig.« Der vierte ordnet an, sie ganz und gar zu entfernen, da sie angeblich die Stellung verraten. Versuche, es allen recht zu machen! Der Divisionsingenieur aber zuckt nicht einmal mit der Wimper. In zwei Wochen ist er nur ein einziges Mal hier gewesen, ist im Galopp durch die vorderste Linie gerannt und hat kein vernünftiges Wort gesprochen. Ich aber muß jedesmal von neuem anfangen und mir, Hände an der Hosennaht, die Leviten vom Regimentskommandeur lesen lassen: »Wann werden Sie endlich, verehrter Genosse Ingenieur, lernen, auf vernünftige Weise Schützengräben auszuheben?«

Lasarenko springt über den Zaun.

»Nun, was ist los?«

»Der Hauptmann, der Stabschef, befiehlt zu sich!« – Er lacht übers ganze Gesicht, daß die Zähne blitzen; mit der Feldmütze wischt er sich den Schweiß von der Stirn.

»Wen? Mich?«

»Sie und auch den Chef des Gasschutzdienstes. Er hat gesagt, Sie sollen in fünf Minuten bei ihm sein.«

Nein. – Also keine Kontrolle.

»Weißt du nicht, was los ist?«

»Der Teufel weiß es.« Lasarenko zuckt mit den Schultern. Auf seiner Feldbluse zeichnen sich frische Schweißflecke ab. »Verstehe nichts ... Alle Melder sind losgeschickt. Der Hauptmann wollte gerade schlafen gehen, da kam ein Verbindungsoffizier ...«

Also müssen wir die feuchten Hosen und das nasse Hemd

anziehen und zum Stab gehen. Die Zugführer sind auch befohlen worden.

Maximow, der Stabschef, ist nicht zu sehen. Er ist beim Regimentskommandeur. Am Unterstand, in dem sich der Stab eingerichtet hat, sind die Chefs der verschiedenen Dienste und die Offiziere des Stabes versammelt. Von den Bataillonskommandeuren ist nur Sergijenko anwesend, der Kommandeur des dritten Bataillons. Niemand weiß etwas Genaues. Der lange Leutnant Swerew, Verbindungsoffizier, müht sich mit einem Sattel ab. Er schnauft und flucht; es gelingt ihm nicht, die Gurte festzuziehen: »Der Divisionsstab wird verlegt. Das ist alles ...« Mehr weiß er nicht.

Sergijenko liegt auf dem Bauch und schnitzt an einem Span. Wie immer brummt er vor sich hin:

»Eben hat man die Entlausungskammer in Ordnung gebracht, und nun geht wieder alles zum Teufel. Verfluchtes Soldatenleben! Die Soldaten kratzen sich bis aufs Blut. Es ist unmöglich, das Ungeziefer auszurotten ...«

Samussew, der Chef der Panzerabwehrkompanie, ein Mann mit wäßrigen Augen und semmelblondem Haar, lächelt verächtlich.

»Was heißt hier Entlausungskammer? Die Hälfte meiner Leute liegt mit soo einem Rücken. Nach der Impfung. Man hat ihnen fast ein Glas voll von irgendwelchem Zeug verpaßt. Nun stöhnen sie und ächzen ...«

Sergijenko seufzt.

»Vielleicht eine Neuaufstellung?«

»Aha«, lächelt ironisch Goglidse von der Aufklärung. Vorgestern ist Sewastopol gefallen, und er denkt an eine Neuaufstellung. In Taschkent wartet man auf dich mit Ungeduld ...«

Im Norden dröhnt es. Weit, weit am Horizont ziehen langsam deutsche Bomber ihre Bahn, immer nach Norden. Das abgehackte Brummen ihrer Motoren dringt bis hierher.

»Sie stoßen auf Waluiki vor, das Pack ...« Samussew spuckt wütend aus. »Sechzehn Stück.«

»Man sagt, Waluiki sei schon gefallen«, teilt Goglidse mit. Er weiß immer alles.

»Wer ist dieser ›man‹?«

»Ich habe es gestern von den Achthundertzweiundfünfzigern gehört.«

»Ach, die wissen viel.«

»Viel oder wenig, aber man sagt es.«

Samussew seufzt und dreht sich auf den Rücken.

»Du, Aufklärer. Hast dir umsonst deinen Unterstand gebaut. Wirst ihn wohl den Fritzen zum Andenken lassen müssen.«

Goglidse lacht: »Ein sicheres Vorzeichen, wirklich. Sobald ich mir einen gebaut habe, heißt es weitermarschieren. Schon dreimal habe ich mir einen gebaut, und nicht ein einziges Mal ist es mir gelungen, darin zu übernachten.«

Aus dem Unterstand des Majors kriecht Maximow heraus. Mit festen Schritten, wie auf einer Parade, kommt er auf uns zu. An diesem Gang kann man ihn auf einen Kilometer Entfernung erkennen. Er ist sichtlich verstimmt. Er stellt fest, daß bei Igor die Feldbluse und eine Tasche nicht zugeknöpft sind. Bei Goglidse vermißt er ein Viereck am Kragenspiegel. Wie oft muß man daran erinnern! Er fragt, wer fehlt. Zwei Bataillonskommandeure und der Chef des Nachrichtendienstes sind abwesend; sie wurden schon gestern zum Divisionsstab befohlen.

Ohne noch etwas hinzuzufügen, setzt er sich auf den Rand des Grabens. Straff, beherrscht, wie gewöhnlich, zugeknöpft bis obenhin. Er saugt an einer Pfeife mit einem Mephistokopf. Uns blickt er nicht an.

Bei seiner Ankunft sind alle verstummt. Um nicht unbeschäftigt zu erscheinen (immer ist ein instinktives Bestreben zu bemerken, in der Gegenwart des Stabschefs geschäftig zu tun), wird in den Kartenhüllen und Taschen herumgewühlt.

Am Horizont zieht eine zweite Staffel deutscher Bomber dahin.

Die Bataillonskommandeure kommen: Kappel, der bejahrte, stämmige, einer edlen Bulldogge ähnliche »Batkom-2«, und der verwegene Kommandeur des ersten Bataillons, Schirjajew mit seinem goldenen Schopf, die Feldmütze verwegen auf die linke Augenbraue geschoben. Man nennt ihn bei uns im Regiment Kusjma Krjutschkow.

Beide grüßen: Kappel auf zivile Weise, mit halbgekrümmter Handfläche, Schirjajew nach schneidiger Frontsoldatenart, indem er die Faust an der Feldmütze erst bei den letzten Worten des Berichts öffnet.

Maximow steht auf, wir auch.

»Haben alle Karten bei sich?« Seine Stimme ist schneidend und unangenehm. Die Pfeife ist ausgegangen, aber er fährt automatisch fort, an ihr zu saugen. »Bitte, nehmen Sie sie heraus!«

Wir tun es. Maximow entfaltet ein abgegriffenes und zerknittertes Blatt. Eine fette rote Linie kriecht über die ganze Karte von links nach rechts, von West nach Ost.

»Notieren Sie sich die Marschroute.« Wir notieren. Die Strecke ist lang – ungefähr hundert Kilometer. Endpunkt: Nowo-Belenkaja. Dort müssen wir uns in sechzig Stunden sammeln, also in zweieinhalb Tagen.

Maximow klopft die Pfeife am Absatz aus, stochert mit einem kleinen Zweig in ihr herum und füllt sie aufs neue.

»Ist die Lage klar?«

Niemand antwortet.

»Ich meine, es ist alles klar. Wir setzen uns pünktlich um dreiundzwanzig Uhr in Marsch. Der erste Marsch – sechsunddreißig Kilometer. Rasttag in Werchnaja Duwanka. Marschieren werden wir selbstverständlich mit Marschsicherung. Die Marschordnung werden Sie in zehn Minuten bei Korsakow erfahren. Er stellt sie gerade zusammen.«

Maximows Worte klingen wie gemeißelt. Deutlich ist jeder Laut artikuliert. Er würde kein schlechter Rundfunkansager sein.

»Das erste Bataillon bleibt an Ort und Stelle. Zur Dekkung. Verstanden? Ich weise darauf hin, daß alles mit muß. Niemand darf zurückbleiben. Ein großer Marsch steht bevor. Überprüfen Sie das Schuhzeug, die Fußlappen ...«

Er hält mit seinen schmalen, blassen, durchgeistigten Fingern die Pfeife und stößt energisch kurze Rauchwolken aus. Mit zugekniffenen Augen blickt er Schirjajew an.

»Was hast du zur Verfügung, Bataillonskommandeur?«

Schirjajew zieht seine Feldbluse zurecht.

»Kampffähige Leute – siebenundzwanzig Mann. Im ganzen, mit Fahrern und Kranken – etwa fünfundvierzig Mann.«

»Bewaffnung?«

»Zwei ›Maxims‹, drei ›Degtjarjows‹. Zweiundachtziger Granatwerfer – zwei.«

»Granaten?«

»Etwa hundert Stück.«

»Und Fünfziger?«

»Nicht eine einzige. Auch Patronen gibt's wenig. Zwei Bänder für jedes schwere Maschinengewehr und fünf bis sechs Patronentrommeln für jedes leichte.«

Schirjajew spricht ruhig, gemächlich. Man merkt, daß er erregt ist, aber er bemüht sich, es zu verbergen. Es ist angenehm, ihn anzusehen. Enggeschnallter Gurt, breite Schultern, kräftige Waden. Die Hände an der Hosennaht leicht zu Fäusten geballt. Aus dem geöffneten Kragen blickt ein Dreieck seines blauen Sporthemdes hervor. Merkwürdig, daß Maximow keinen Anstoß daran nimmt.

»Sooo ...« Maximow packt die Karte in die Kartentasche zurück, nachdem er sie sorgfältig zusammengefaltet hat. Klar ... Mit dir bleibt der Ingenieur Kershenzew zurück. Verstanden? Haltet euch zwei Tage. Am achten, bei Einbruch der Dunkelheit, beginnt ihr den Rückzug.«

»Auf derselben Marschroute?« fragt beherrscht Schirjajew. Er wendet kein Auge von Maximow.

»Auf derselben. Wenn ihr uns nicht trefft ... Nun, du weißt dann selbst, was du zu tun hast. Das ist alles.«

Schirjajew nickt verständnisvoll. Alle schweigen. Jemand, ich glaube Kappel, holt stockend Atem.

»Ich habe gesagt – alles!« Maximow dreht sich ruckartig nach ihm um. »Auf die Plätze!«

»Sollen die Leute gleich zusammengezogen werden?« fragt der kurzsichtige Kommandeur des dritten Bataillons, der wie ein Gelehrter aussieht.

Maximows blasses Gesicht läuft rot an.

»Sind Sie an der Front oder wo? Wollen Sie, daß alle Leute umkommen? Wozu haben Sie denn einen Kopf auf den Schultern? ...«

Alle stehen auf und schütteln den Sand und das Gras ab.

»Und Sie kommen zu mir herein.«

Das bezieht sich auf Schirjajew und mich.

Im Unterstand ist es eng und feucht, es riecht nach Erde. Auf dem Tisch liegt der Plan unserer Verteidigungsanlagen. Meine Arbeit. Den ganzen Morgen habe ich daran gearbeitet, habe mich beeilt, um ihn dem Divisionsstab zu schicken. Der Termin war auf zwanzig Uhr festgesetzt.

Maximow legt sorgfältig die Blätter aufeinander, daß Ecke auf Ecke liegt, und reißt sie dann in Stücke. Die Schnipsel zündet er an der Petroleumlampe an. Das Papier krümmt sich und verkohlt.

»Der Deutsche steht bei Woronesh«, sagt er dumpf und zertritt mit der Stiefelspitze die zarte Asche. »Seit gestern abend ...«

Wir schweigen.

Maximow holt unter dem Tisch eine mit Tuch überzogene Aluminiumflasche mit abschraubbarem Becher hervor. Wir trinken der Reihe nach aus dem Becher. Kräftiger sechzigprozentiger Branntwein. Er schnürt einem die Kehle zu. Wir essen saure Gurken und trinken dann jeder noch einen vollen Becher. Maximow reibt sich lange mit zwei Fingern die Nasenwurzel.

»Hast du einundvierzig den Rückzug mitgemacht, Schirjajew?«

»Jawohl, von der Grenze an.«

»Von der Grenze an ... Und du, Kershenzew?«

»Ich? Nein ... Ich war bei einem Ersatzregiment.«

Maximow kaut zerstreut an der Gurke.

»Die Sache steht im ganzen schlecht. Wir werden einer Einkreisung kaum entgehen.« Er blickt Schirjajew fest ins Auge.

»Sei sparsam mit der Munition ... Wirst hier diese zwei Tage liegenbleiben müssen – schieß nicht viel, nur so zum Schein. Laß dich auch auf kein Gefecht ein. Such uns, suche, suche ... Irgendwo wirst du uns schon finden. Wenn nicht in Nowo-Belenkaja, dann dort in der Nähe. Aber denke daran, und auch du, Kershenzew«, er blickt mich streng an. »Bis zum achten nicht vom Fleck weichen. Verstanden? Und wenn die Erde unter euch wanken sollte. Der Major hat ausdrücklich gesagt: ›Laß Schirjajew da, und gib ihm Kershenzew zur Hilfe.‹ Das hat er nicht umsonst gesagt. So ... Was willst du mit dem Troß machen?«

Schirjajew lächelt:

»Zum Teufel mit dem Troß. Nehmt ihn mit! Ich behalte nur drei Fahrzeuge für die Munition hier. Und selbst das ist zuviel.«

»Gut, wir nehmen ihn mit.«

In den Unterstand schaut ein Schreiber aus dem Stab herein, ein Sergeant, schlapp, einem Kastraten ähnlich. Er fragt, was mit dem grünen Kasten geschehen soll, ob man ihn mitführen oder verbrennen soll, es wäre ja nichts Notwendiges drin. Der Hauptmann habe einmal beiläufig bemerkt, es würde nichts ausmachen, wenn man ihn verbrenne.

»Verbrenn ihn in Gottes Namen. Wir schleppen dieses Gerümpel schon ein halbes Jahr mit uns rum. Verbrenn ihn!«

Der Schreiber geht.

»Glauben Sie an Träume, Kershenzew?« fragt plötzlich Maximow, wobei er mich mit »Sie« anredet, obgleich er gewöhnlich mit mir, wie auch mit allen anderen, auf »Du« ist. Ohne eine Antwort abzuwarten, fügt er hinzu:

»Im Traum sind mir heute zwei Vorderzähne ausgefallen.«

Schirjajew lacht. Er hat feste, blendendweiße, regelmäßige Zähne.

»Die Weiber sagen, jemand von den Angehörigen wird sterben.«

»Jemand von den Angehörigen?« Maximow zeichnet etwas Lockiges auf einen Zeitungsfetzen. »Sind Sie verheiratet?«

»Nein«, antworten wir beide wie aus einem Munde.

»Schade. Ich bin auch nicht verheiratet und bedauere es jetzt. Eine Frau braucht man so nötig wie die Luft. Besonders jetzt ...«

Das Lockige verwandelt sich in ein Frauenköpfchen mit langen Wimpern und einem herzförmigen Mündchen. Über der linken Augenbraue ist ein Leberfleckchen.

»Sind Sie nicht aus Moskau, Kershenzew?«

»Nein, warum?«

»Nur so. Ich hatte mal eine Bekannte. Es ist schon lange her ... vor dem Kriege. Sie hieß auch Kershenzewa ... Sinaïda Nikolajewna Kershenzewa. Vielleicht eine Verwandte von Ihnen?«

»Nein, ich habe niemanden in Moskau.«

Maximow geht im Unterstand auf und ab. Der Unterstand ist niedrig, beim Gehen muß man den Kopf einziehen. Ich habe den Eindruck, daß er etwas erzählen möchte, aber entweder geniert er sich, oder er kann sich aus einem anderen Grunde nicht entschließen.

Schirjajew blickt auf die Uhr – eine kleine an einem dünnen schwarzen Bändchen. Maximow bemerkt es und bleibt stehen.

»Jaja, gehen Sie ... Die Zeit ist knapp ...«

Wir stehen auf und verlassen den Unterstand. Er folgt uns auf dem Fuße. Kanonendonner ist nicht zu hören. Nur Frösche quaken. Wir stehen einige Minuten still und hören ihnen zu. Die Schatten der Kiefern reichen beinahe bis zum

Unterstand. Zwei Granaten sausen, eine nach der anderen, pfeifend an uns vorüber und explodieren weit hinten. Anscheinend aus Bataillonsgranatwerfern. Schirjajew schmunzelt:

»Feuern immer wieder ins Gehölz, und die Batterien sind schon seit drei Tagen nicht mehr dort.«

Wir lauschen, ob noch weitere Granaten folgen. Aber es kommen keine mehr.

»Nun gehen Sie«, sagt Maximow und streckt uns die Hand hin. »Paßt auf.«

Er drückt uns kräftig die Hand, macht eine Bewegung, als ob er uns umarmen möchte. Doch es bleibt beim Händedruck. Er hat einen sehr festen Griff.

»Sei sparsam mit der Munition, Schirjajew, verschwende sie nicht!«

»Zu Befehl, Genosse Hauptmann!«

»Paß auf!« Und er entfernt sich festen Schrittes zum Gebüsch, wo die Telefonisten die Drähte aufwickeln.

Ich vereinbare mit Schirjajew, daß ich nach etwa zwei Stunden zu ihm kommen werde, wenn ich meine Angelegenheiten geordnet habe.

2

Unser Regiment hat kein Glück. Wir sind erst anderthalb unglückselige Monate im Gefecht und haben schon keine Mannschaften, keine Kanonen mehr, nur zwei bis drei Maschinengewehre je Bataillon ... Dabei sind wir doch erst vor kurzem eingesetzt worden, am zwanzigsten Mai, bei Ternowaja, in der Nähe von Charkow, direkt vom Marsch aus. Wir Unerfahrenen, zum erstenmal mit der Front in Berührung Gekommenen, wurden von Ort zu Ort geworfen, in Verteidigungsstellungen gebracht, wieder abgelöst, von neuem verschoben und wieder zur Verteidigung eingesetzt. Das war zur Zeit des Frühjahrsangriffs auf Charkow. Wir verloren den Kopf, gerieten in Verwirrung, verwirrten andere und konnten uns gar nicht an die Bomben gewöhnen. Kurzum, wir brachten wenig Nutzen.

Wir wurden südlicher in den Abschnitt von Bulazelowka bei Kupjansk geworfen. Auch dort lagen wir etwa zwei Wochen, hoben Panzergräben aus, legten Minen und bauten Bunker. Dann gingen die Deutschen zum Angriff über. Sie ließen eine unübersehbare Anzahl von Panzern los und belegten uns mit Bomben. Wir verloren vollständig den Kopf, gerieten ins Schwanken und wichen zurück. Kurz und gut, wir wurden zurückgezogen, durch Gardetruppen ersetzt und nach Kupjansk geschickt. Dort bauten wir wieder Bunker, hoben wieder Panzergräben aus, bis zu dem Augenblick, da die Deutschen heranrückten. Nicht lange verteidigten wir die Stadt, zwei Tage nur. Dann kam der Befehl: Absetzen aufs linke Ufer! Wir sprengten die Eisenbahn- und die Pontonbrücke und verschanzten uns im Schilf am anderen Ufer.

Hier gedachten wir lange zu bleiben. Zum Teufel! Über den Oskol lassen wir den Deutschen nicht!

Aber sie versuchten gar nicht, den Übergang zu erzwingen. Sie beschossen uns aus Granatwerfern; wir antworteten. Das war der ganze Krieg. Jeden Morgen erschien der »Rahmen«, eine doppelrümpfige Focke-Wulf, die wir heftig, aber erfolglos aus leichten Maschinengewehren beschossen.

Gleichmäßig brummend zogen Schwärme von Junkersmaschinen ins Hinterland.

Meine Pioniere bauten Unterstände für den Stab, und Dorfmädchen hoben die zweite Verteidigungslinie längs der Ortschaft Petropawlowka aus. Wir Offiziere des Stabes schrieben Meldungen, zeichneten Pläne und fuhren von Zeit zu Zeit zu Instruktionsübungen in den Divisionsstab.

Das Leben floß ruhig und gleichmäßig dahin. Sogar die Moskauer »Prawda« gelangte dann und wann bis zu uns. Verluste hatten wir keine.

Und nun auf einmal – ein Befehl, wie ins Haus geschneit …

Als Frontsoldat weißt du niemals, was vorgeht, mit Ausnahme dessen, was sich direkt vor deiner Nase abspielt. Wirst du vom Deutschen nicht beschossen, so scheint es dir, als ob Ruhe und Ordnung in der ganzen Welt herrschten; kommt dann ein Bombenangriff, so bist du gleich der Meinung, die ganze Front von der Ostsee bis zum Schwarzen Meer sei in Bewegung gekommen.

Auch jetzt ist es so. Wir ließen es uns gut gehen am Ufer des trägen, im Schilf verschlammten Oskol und machten uns keine Sorgen: wir hatten ja den Fritz zum Stehen gebracht ... Donnert es noch im Norden? Mag es donnern, dafür ist ja Krieg.

Und plötzlich, wie ein Blitz aus heiterem Himmel: um dreiundzwanzig Uhr Abmarsch ...

Und ohne Kampf, Hauptsache, ohne Kampf. Bei Bulazelowka mußten wir auch die uns heimisch gewordenen Gräben aufgeben, aber da hatten uns die Deutschen wenigstens dazu gezwungen, doch hier ... Ich habe erst gestern mit Schirjajew die Verteidigungsstellungen kontrolliert. Nun, wahrhaftig, keine schlechten Stellungen. Sogar der Divisionskommandeur hat die Aufstellung der Maschinengewehre gelobt und aus dem 852. und 854. Regiment die Ingenieure hergeschickt, damit sie lernen, wie man Bunker unter den Häusern baut.

Sollte der Deutsche einen so tiefen Keil vorgetrieben haben? Woronesh ... Sollte er wirklich dort eingebrochen sein, so ist unsere Lage mißlich ... Anscheinend ist er doch durchgebrochen, sonst würde man uns nicht ohne Kampf zurückziehen. Dazu noch aus so einer Stellung wie der am Oskol. Und bis zum Don hin gibt es in unserem Abschnitt keinen Fluß mehr. Sollten wir wirklich bis zum Don zurückgehen?

»Genosse Leutnant, womit sollen wir das Fahrzeug beladen?« Der junge, frischgebackene Zugführer mit einem Flaumbärtchen schaut mich fragend an. »Sollen wir die Minen verladen?«

»Sind keine Lastwagen aus dem Divisionsstab gekommen?«

»Nein.«

»Dann grabe die Minen ein. Sind noch welche am Ufer geblieben?«

»Ja, an hundert.«

»Gut. Nimm für jeden Fall etwa zwanzig mit, und die übrigen grabe ein.«

»In Ordnung.«

»Sind das alle Spaten?«

»Im dritten Bataillon sind noch dreißig Stück.«

»Hol sie schnell!«

Er macht flink kehrt und läuft zum Fahrzeug, während er mit der Hand die Kartentasche festhält. Ein feiner Junge, strebsam, nur allzu schüchtern vor dem Spieß.

Ach ja, ich muß noch die Karte eintauschen bei Korsakow. So haben wir sie also gar nicht gebraucht, diese neue, raschelnde Karte mit dem großen, polypenähnlichen Fleck in der linken Ecke: Charkow ...

Um zwölf Uhr setzt sich die letzte Kompanie unseres Regiments in Richtung Petropawlowka ab. Leise klappern die Eßgeschirre.

Die ganze Nacht kriechen Schirjajew und ich in der vordersten Stellung herum. Man muß die Maschinengewehre ganz anders verteilen. Gestern wurde der befestigte Abschnitt verlassen, die Soldaten nahmen alle Maschinengewehre mit. Auf unserem Abschnitt waren es fünfzehn, jetzt sind es nur noch fünf, zwei »Maxims« und drei »Degtjarjows«. Viel läßt sich damit nicht ausrichten. Die »Maxims« stellen wir an den Flanken auf, die leichten Maschinengewehre dazwischen. Die Schützen müssen ebenfalls neu verteilt werden; die Front des Bataillons hat sich auf mehr als das Dreifache vergrößert. Auf jeden Kilometer kommen zehn bis zwölf Schützen, einer vom andern etwa achtzig bis hundert Meter entfernt. Wirklich nicht zu dicht ...

Der nächste Tag verläuft ruhig. Der Deutsche ist ein

Dummkopf, er merkt nichts: Wie früher beschießt er ungern und selten den Weg und den Nordrand von Petropawlowka. Zwei oder drei Granaten explodieren bei uns im Hof: Schirjajews Gefechtsstand befindet sich im Keller eines vierstökkigen Hauses, das von Granaten durchlöchert ist; früher war es anscheinend eine Gemeinschaftswohnung. Ein Splitter verwundet eine braune Katze, die mit ihren Jungen bei uns im Keller lebt. Der Sanitäter verbindet sie. Sie miaut, blickt uns alle mit gelben, erschrockenen Augen an und kriecht mit ihren Jungen in die Kiste. Die Jungen maunzen, kriechen übereinander, drücken ihre Schnäuzchen gegen den Verband und können die Zitzen nicht finden.

3

In der Nacht legen wir Minen am Ufer. Walega, mein Melder, gräbt Löcher. Boiko, ein Sergeant, legt die Minen und tarnt sie. Scharf macht sie ein kleiner flinker Soldat aus dem Bataillon, der in seiner Emsigkeit einem Käfer ähnelt. Früher war dieser Mann Pionier. Schirjajew hat ihn mir zugewiesen.

Die Nacht ist dunkel. Manchmal setzt ein angenehmer warmer Regen ein. Ich decke mich nicht einmal mit der Zeltbahn zu.

Raketen steigen hoch, eine nach der andern. Träge knattern die Maschinengewehre.

Ich liege zwischen Kletten, die angenehm nach nächtlicher Feuchtigkeit und nasser Erde riechen.

Weder Walega noch Boiko sind zu sehen. Ab und zu geht ein Soldat mit Minen vorsichtig durch das raschelnde Schilf. Die Minen liegen neben mir, und er nimmt jedesmal gleich vier Stück, die er mit einem Gurt zusammenbindet.

Ich schaue zum andern Ufer hinüber, wo Gruppen gebeugter Weiden von dem flackernden Licht der Raketen beleuchtet werden.

Ich erinnere mich an unsere Straße – einen Boulevard mit

mächtigen Kastanien. Die breiten Kronen der Bäume bilden ein Gewölbe. Im Frühling bedecken sie sich mit weißen und rosa Blüten wie mit Lichtern. Im Herbst verbrennen die Hauswarte die Blätter, und die Kinder stecken sich alle Taschen voll Kastanien. Auch ich habe sie einst gesammelt. Wir schleppten sie zu Hunderten nach Hause. Glatt, wie lackiert, füllten sie alle Kästen, waren allen im Wege, und noch lange danach holte man sie beim Fegen unter Schränken und Betten hervor. Besonders viele waren stets unter dem großen Diwan. Ein schöner Diwan war es, breit und bequem. Ich schlief darauf. Am Nachmittag pflegte sich die Großmutter auf dem Diwan auszuruhen. Ich deckte sie mit einem alten Mantel zu, der nur noch diesem Zwecke diente, und drückte ihr einen Band Memoiren oder »Anna Karenina« in die Hand. Dann suchte ich die Brille, die in der Schublade bei den Löffeln oder im Büfett lag. Wenn ich sie gefunden hatte, schlief die Großmutter bereits, und der alte Kater Frakas mit dem angesengten Schnurrbart blinzelte unter dem kahlen Mantelkragen hervor.

Mein Gott, wie lange ist das doch alles her! Vielleicht ist es auch niemals Wirklichkeit gewesen, und es erscheint mir nur so ...

Rechts steht ein großer Schrank. Darin versteckten wir uns als Kinder beim Spielen. Ursprünglich hatte er im Korridor gestanden. Später, als eine Tür zum Korridor durchgebrochen wurde, schaffte man ihn ins Zimmer hinüber. Auf dem Schrank stehen Hutschachteln, von denen man den Staub nur vor Neujahr, vor dem Ersten Mai und vor Mutters Geburtstag, dem vierundzwanzigsten Oktober, abfegt.

Hinter dem Schrank steht eine Kommode mit einem ovalen Spiegel und unzähligen Vasen und Fläschchen. Ich erinnere mich nicht, wann in diesen Fläschchen Parfüm gewesen ist, doch aus irgendwelchen Gründen ist es nicht gestattet, sie wegzuräumen. Nimmt man den Stöpsel heraus und zieht ganz tief die Luft ein, so kann man noch den Parfümgeruch wahrnehmen.

Dann kommt der Nachttisch ... nein, erst ein blauer Sessel mit einem festgebundenen Bein. Man darf sich nicht darauf setzen, und Gäste werden davor gewarnt. Dann erst kommt der Nachttisch. Er ist vollgestopft mit weichen karierten Schuhen, und im Kästchen befinden sich Großmutters Pulver und Pillen. Schon seit langem kann sich kein Mensch da durchfinden. Auch das Gläschen für Baldriantropfen ist hier, damit der Kater es nicht findet ...

Und all das ist jetzt dort ... bei ihnen ...

Die letzte Postkarte von der Mutter erhielt ich drei Tage nach Bekanntgabe der Räumung Kiews. Sie war noch vom August datiert. Die Mutter schrieb, daß die Deutschen zurückgeworfen worden seien, der Kanonendonner sei kaum noch zu hören, man habe den Zirkus und die Komödie wiedereröffnet. »Übrigens schreib öfter, ich weiß, daß Du wenig Zeit hast, aber wenn es nur drei Worte sind ...«

Seit damals sind zehn Monate vergangen. Ich nehme manchmal die Postkarte aus der Tasche und betrachte die feinen unleserlichen Buchstaben. Sie sind undeutlich geworden vom Regen und Schweiß. An einer Stelle ganz unten sind die Worte gänzlich verwischt. Aber ich weiß sie auswendig. Ich kenne die ganze Postkarte auswendig. Auf der Anschriftseite links eine Reklame des Gummitrusts, Füße in hohen Überschuhen. Rechts die Briefmarke – der Untergrundbahnhof »Majakowskaja«. In meiner Jugend habe ich mich für Briefmarken begeistert und alle Freunde und Bekannten gebeten, auf die Umschläge hübsche neue Marken zu kleben. Wie in meiner Kindheit hat die Mutter auch jetzt eine hübsche Marke aufgeklebt. Die Briefmarken lagen bei uns in einer kleinen, länglichen Schachtel links auf dem Tisch. Die Mutter hat wahrscheinlich lange gewählt, bis sie sich zu dieser entschloß, einer hübschen grünen. Sie stand über den Tisch gebeugt, ohne Brille, und schaute mit kurzsichtigen, zusammengekniffenen Augen ...

Soll ich sie wirklich niemals wiedersehen? Klein, beweglich, mit einer goldenen Brille und einer winzigen Warze von der Größe einer Blaubeere auf der Nase. Als Kind habe ich diese Warze gern geküßt.

Sollen wir nie mehr gemeinsam am kochenden, auf der einen Seite eingebeulten Samowar sitzen und Tee trinken und dazu von Mutters geliebter Himbeermarmelade kosten? Soll sie wirklich nie wieder mit der Hand über mein Haar streichen und sagen: »Du siehst heute schlecht aus, Jurok. Vielleicht gehst du mal früher schlafen?« Wird sie mir nie wieder morgens auf dem Primuskocher Kartoffeln braten, in großen runden Scheiben, wie ich es gern habe? ...

Soll ich wirklich nie wieder um die Ecke nach Brot laufen, nie wieder durch die Kiewer Straßen schlendern, die im Duft der blühenden Linden ertrinken, nie wieder im Sommer an den Strand fahren nach der Truchanow-Insel? ...

Liebes, liebes Kiew! Wie sehne ich mich nach deinen breiten Straßen, nach deinen Kastanien, nach den gelben Ziegeln deiner Häuser, den dunkelroten Säulen der Universität. Wie liebe ich deine Dnjepr-Abhänge! Im Winter liefen wir dort Ski, und im Sommer lagen wir im Grase, zählten die Sterne und hörten den trägen Sirenen der Nachtdampfer zu. Wir kehrten dann heim über die still gewordene Kreschtschatikstraße mit den erloschenen Schaufenstern und schreckten die ruhig schlafenden Wächter in den Haustoren auf, die sich sogar im Sommer in die zottigen Schafpelze wickelten.

Auch jetzt spaziere ich noch manchmal im Geiste die Kreschtschatikstraße entlang. Ich hülle mich fest in meine Zeltbahn, schließe die Augen und gehe von der Bessarabka zum Dnjepr, bleibe neben Schanzer stehen. Als wir Kinder waren, erschien uns dieses Kino als das Schönste auf der Welt. Figuren mit großen Trompeten längs der Leinwand, Opferschalen mit roten Bändern, die wie Flammen zittern, und der erregende Kinogeruch. Wie viele glückliche Stunden habe ich in diesem Kino verlebt! »Das Indische Grabmal«, »Der Dieb von Bagdad«, »Das Zeichen Zero« ... Mein Gott, es verschlägt einem den Atem! Etwas weiter, neben der Proresnajastraße, in dem engen »Corso« mit den unnumerierten Plätzen liefen Cowboy-Filme. Schulterklappen, Schießereien, Mustangs, Colts, Frauen in Hosen, Bösewichter mit dünnen Schnurrbärtchen und sarkastischem Lächeln.

Im »Expreß«, das aus irgendwelchen Gründen später den prosaischen Namen »Zweites Staatliches Kino« erhielt, wurden die Salonfilme mit Asta Nielsen, Pola Negri und Olga Tschechowa gespielt. Wir mochten diese Filme nicht sonderlich, aber wir waren mit einem Kontrolleur des »Expreß« bekannt und gingen jeden Freitag hin.

Ich biege nun in die Nikolajewskaja ein. Das ist die europäischste aller Kiewer Straßen. Sorgfältig beschnittene, von Gattern umgebene Linden, große Laternen aus Milchglas an dicken, über die Straße gespannten Ketten. Schnittige »Lincolns« vor dem Hotel »Continental«. Vor dem Zirkus wartet eine Schar Jungen auf Jan Zigan, sie schließen Wetten ab über das heutige Treffen von Danilo Passunko mit der »Totenmaske«.

Dann weiter über die Olginskaja und die Institutsstraße mit dem aufgestockten Bankgebäude, mit vielleicht gotischen, vielleicht romanischen Türmchen an den Ecken. Die stillen schläfrigen »Lipki«, wo es sogar um die Mittagsstunde der heißen Julitage kühl ist, gemütliche kleine Villen mit staubigen Fenstern. Hundertjährige Ulmen im Schloßgarten. Blätter rascheln unter den Füßen. Dann halt – der Abhang. Weiter – der Dnjepr, blaue Weite und ein gigantischer Himmel, der flache Podol mit den hochragenden Schornsteinen und die schlanke Silhouette der Andrej-Kirche, die förmlich über dem Abhang hängt, das Plätschern der Dampferräder und das Klingeln der Straßenbahnen aus Darniza.

Liebes, liebes Kiew!

Wie weit liegt das alles zurück. Wie lange ist das alles her, mein Gott, wie lange … Auch das Institut, es war einmal … Zeichenzimmer und Reißbretter; schlaflose, ach, so kurze Nächte zwei Tage vor der Prüfung, die Festigkeitslehre, allerlei Theorien der Architekturkomposition und noch zwanzig andere Fächer dazu, die ich schon vergessen habe.

Wir waren sechs unzertrennliche Freunde. Anatolij Sergejew, Rudenskij, Wergun, Ljussja Strishewa und der lustige kleine Schurka Grabowskij, den man aus irgendwelchen Gründen »Zeisig« nannte. Wir lernten gemeinsam und fuhren auch gemeinsam ins Grüne. Gemeinsam beteiligten wir uns an allen Preisausschreiben. Nach Absolvierung des Instituts gingen wir in ein Atelier. Hatten gerade erst zu arbeiten begonnen, hatten uns neue Reißschienen und Reißzeuge besorgt, da ...

Den »Zeisig« hat es bei Kiew, in Golossejew erwischt, darüber schrieb mir die Mutter noch. Er lag bei ihr im Hospital, hatte beide Beine verloren. Von den anderen weiß ich nichts Genaues. Wergun soll in einen Kessel geraten sein. Rudenskij ist wegen seiner Kurzsichtigkeit nicht eingezogen und wahrscheinlich evakuiert worden. Er begleitete mich noch zum Bahnhof. Anatolij soll Funker sein; jemand hat es erzählt, ich weiß nicht mehr, wer.

Und Ljussja? Vielleicht ist sie doch evakuiert worden? Schwerlich ... Ihre Mutter war krank und alt. Ich habe an ihre Tante in Moskau geschrieben, aber die weiß nichts. Vor zwei Jahren – ich weiß es noch, als wäre es heute gewesen –, am fünften Juni, dem Geburtstag Ljusjas, waren wir mit ihr zusammen am Dnjepr. Wir mieteten ein leichtes Ruderboot mit beweglichen Sitzen und ruderten weit, weit hinaus, bis hinter Natalka, bis hinter die Militärbrücke. Dort war unser Lieblingsplätzchen, ein kleines entzückendes Stück Strand, verborgen in Schilf und Bruchweidengebüsch. Diesen Platz kannte niemand, und dort war auch niemals jemand. Das Wasser war durchsichtig wie Glas, und vom hohen Ufer konnte man gut mit Anlauf springen. Dann saßen wir müde im Schloßpark, mit frischen Schwielen an den Händen vom langen Rudern, und hörten die Fünfte Sinfonie von Tschaikowskij. Wir saßen auf einer Bank, abseits, und neben uns waren grelle rote Blumen. Auch der Dirigent hatte eine Blume im Knopfloch ...

»Sollen wir noch eine dritte Reihe legen?« fragt jemand dicht an meinem Ohr.

Ich zucke zusammen.

Walega, mein Melder, hockt vor mir und blickt mich mit seinen kleinen Augen fragend an, die wie bei einer Katze glänzen.

»Eine dritte Reihe ... Nein, eine dritte Reihe werden wir nicht legen. Geht zum vierten Abschnitt, an der Anlegestelle!«

Wir schleppen die übriggebliebenen Minen zur Anlegestelle hinüber und fangen an, das Ufer zu minieren. Etwa vierzig Stück sind noch da.

4

Am Morgen kreist lange eine Messerschmitt über unseren Stellungen. Wir eröffnen kein Feuer: sparen Munition. Zwei Schwärme Heinkel und ein Schwarm Ju 88 fliegen in großer Höhe nach Nordost.

Gegen sieben Uhr abends kommt ein junger Leutnant, eine neue Mütze mit rotem Rand auf dem Kopf, in unseren Gefechtsstand – er ist von unserem rechten Nachbarn, dem dritten Bataillon des 852. Regiments. Er fragt, wie es bei uns steht und was wir zu tun beabsichtigen. Bei ihnen ist ebenfalls alles ruhig. Sechzig Mann. Fünf Maschinengewehre. Dafür keine Granatwerfer. Er bekommt Mittagessen, dann schicken wir ihn zurück.

Bei Anbruch der Dunkelheit beginnen wir zusammenzupacken. Zwei Fahrzeuge werden beladen, das dritte lassen wir zurück. Der einäugige Pilipenko, Schirjajews Oberfeldwebel, kann sich nicht von seinen Vorräten trennen – alten Stiefeln, Sätteln und Säcken mit Lumpen. Er verstaut sie an allen Seiten des Wagens. Schirjajew wirft die Säcke wieder hinunter. Pilipenko sieht mit gleichgültigem Gesicht zu, kaut an einer selbstgedrehten »Ziegenbein«-Zigarette; sobald aber Schirjajew weggegangen ist, stopft er die Säcke sorgfältig wieder unter die Munitionskästen.

»Solche Stiefel wegwerfen! Das ist eine Sünde. Vielleicht ist es einem noch bestimmt, durch halb Rußland zu stapfen.« Mit einer zerrissenen Strohmatte deckt er die Säcke zu, die unter den Munitionskästen hervorgucken.

Gegen elf Uhr werden die Soldaten zurückgezogen. Sie kommen einzeln und legen sich schweigend auf den einstmals grünen Rasenplatz des Hofes. Sie packen, wickeln die Fußlappen um, rauchen verstohlen.

Punkt zwölf Uhr schießen wir die letzte Garbe ab und ziehen uns zurück.

Einige Zeit noch blinken durch die Kiefern die Umrisse des Hauses, dann verschwinden sie.

Die Verteidigung am Oskol besteht nicht mehr. Alles, was noch gestern feuerte, MGs und Gewehre, wie Igelstacheln drohend gegen den Feind gerichtet, was auf der Lagerskizze mit roten Bögen und Zickzacklinien, mit sich überschneidenden Sektoren bezeichnet war, alles, worauf man dreizehn Tage und Nächte verwandt hat, alle mit Balken gedeckten und mit Gras und Zweigen sorgfältig getarnten Gräben – dies alles braucht niemand mehr.

In einigen Tagen wird es sich in eine von Schlamm überzogene Froschbehausung verwandeln, wird sich mit schwarzem, stinkendem Wasser füllen, wird einfallen, und im Frühling wird frisches grünes Gras darüber wachsen. Nur Kinder werden einmal an den Stellen, wo die Maschinengewehre gestanden haben, bis an die Knie im Wasser waten und verrostete Patronen sammeln. Wir verlassen das alles kampflos, ohne daß auch nur ein einziger Schuß gefallen ist …

Wir gehen durch jungen, lichten Kiefernwald, der wahrscheinlich erst unlängst angepflanzt worden ist, vorbei an den Unterständen des Stabes. Die Unterstände für die Frontdienstabteilung haben wir nicht fertigstellen können. Ein halb ausgeschachteter Unterstand gähnt uns entgegen.

Undeutlich blinken in der Dunkelheit weiße, frisch behobelte kleine Kiefernstämme, die wir für die Überdachung auf den Schultern aus dem Nachbarhain hergetragen haben.

Petropawlowka – unendlich langgezogen und staubig. Die Kirche mit einem großen Loch im Turm. Eine halbverfaulte Brücke, die ich gerade heute laut Plan hätte reparieren sollen. Stille. Erstaunliche Stille. Sogar die Hunde bellen nicht. Niemand argwöhnt etwas. Alle schlafen. Morgen, wenn sie aufwachen, werden schon die Deutschen hier sein.

Wir marschieren, schweigsam, schuldbewußt, blicken vor uns hin, ohne uns umzusehen, ohne von Menschen oder Dingen Abschied zu nehmen, marschieren direkt nach Osten, Richtungswinkel fünfundvierzig.

Neben mir marschiert Walega, klein, ausdauernd wie ein Maulesel, ein gebürtiger Altaier. Er schleppt einen Rucksack, zwei Feldflaschen, ein Eßgeschirr, eine Kartentasche, eine Feldtasche und eine Gasmaskentasche, die mit Brot vollgestopft ist. Ich wollte einen Teil der Sachen vor dem Abmarsch wegwerfen, damit er nicht so schwer zu tragen hätte, aber er hat mich nicht einmal an den Rucksack herangelassen.

»Ich weiß besser, was Sie brauchen, Genosse Leutnant. Als Sie das vorige Mal selbst gepackt haben, da hatten Sie alles vergessen – Zahnpulver, Rasierzeug ... Wir mußten zu den Chemikern borgen gehen.«

Ich hatte nichts zu erwidern. Walega hat den Charakter eines Diktators. Es ist sinnlos, mit ihm zu streiten. Sonst ist er ein wunderbarer Mensch.

Er kann alles. Niemals fragt er um etwas, ist nicht eine Minute ohne Beschäftigung. Wo wir auch hinkommen – nach fünf Minuten ist das Zelt fertig, bequem, anheimelnd und bestimmt mit frischem Gras ausgelegt. Sein Eßgeschirr blitzt immer wie neu. Er trennt sich nie von zwei Feldflaschen – eine mit Milch, die andere mit Wodka. Wo er es immer herbekommt, ist mir unbekannt, aber sie sind beide stets gefüllt.

Er kann Haare schneiden, rasieren, Schuhe reparieren, bei strömendem Regen Feuer anmachen. Jede Woche wechsle ich die Wäsche, die Socken stopft er so, daß man nicht feststellen kann, wo das Loch war. Lagern wir am Flusse, so gibt es täglich Fisch, lagern wir im Walde – Walderdbeeren und Pilze. Alles tut er schweigend, ohne eine Mahnung meinerseits. In den fünf Monaten unseres gemeinsamen Lebens hatte ich nie Gelegenheit, mich auch nur ein einziges Mal über ihn zu ärgern.

Jetzt marschiert er neben mir, mit seinem weichen, geräuschlosen Jägerschritt. Ich weiß, wenn wir rasten, wird er die Zeltbahn sofort auf dem trockensten Platz ausbreiten, und in meinen Händen wird plötzlich ein Butterbrot erscheinen und ein sauberes Emailletöpfchen mit Milch. Er wird neben mir liegen – klein, mit rundem Schädel, wird schweigend in die Sterne blicken und an seiner winzigen, mißgestalteten Pfeife saugen, die ihn einem Greis ähnlich macht, obgleich er erst achtzehn Jahre alt ist.

Er erzählt nichts von sich. Ich weiß nur, daß er weder Vater noch Mutter hat. Irgendwo hat er eine verheiratete Schwester, die er kaum kennt. Er hat vor Gericht gestanden; weshalb, sagt er nicht, hat im Gefängnis gesessen, ist vorzeitig entlassen worden. Ist dann als Freiwilliger in den Krieg gezogen. Sein Name ist eigentlich Wólegow, mit der Betonung auf »o«, aber alle rufen ihn Waléga. Das ist alles, was ich von ihm weiß.

Wir sprechen selten miteinander, er ist nicht redselig. Nur ein einziges Mal hat er sich mir ein wenig anvertraut. Das war vor drei Monaten, im Frühling. Wir waren verdammt durchgeweicht und müde und trockneten uns am Lagerfeuer. Ich wrang die Fußlappen aus, und er kochte in einer Konservenbüchse einen Hirsebrei. Wir hatten schon zwei Wochen lang nichts als Hirsebrei gegessen und konnten ihn nicht mehr sehen. Ringsherum war alles dunkel und kalt. Die durchnäßte Zeltbahn war steif und wärmte überhaupt nicht. Wir waren zu zweit.

Mit der Pfeife im Mund, beleuchtet von den roten Flammen des Lagerfeuers, ähnelte er einem Zwerge, der eine Zaubersuppe braut.

»Wenn der Krieg zu Ende ist«, sagte er, »werde ich nach Hause fahren und mir ein Haus im Walde bauen, ein Blockhaus. Ich liebe den Wald. Sie werden dann zu mir kommen und bei mir drei Wochen verleben. Wir werden gemeinsam auf Jagd und Fischfang gehen.«

Ich lächelte.

»Warum gerade drei Wochen?«

»Wieviel denn?« Er war verwundert, aber sein Gesicht veränderte sich nicht um eine Spur, er sog an seiner Pfeife und rührte gleichmäßig den Brei um. »Sie werden nicht länger bleiben können. Sie werden doch Ihre Arbeit haben. Für drei Wochen aber werden Sie kommen. Ich kenne Stellen, wo es Bären und Elche gibt und auch Hechte bis zu fünfzehn Pfund Gewicht. Wir haben schöne Wälder im Altaigebirge. Nicht solche wie hier. Nun, Sie werden selbst sehen.« Er nahm den Löffel heraus und leckte ihn ab. »Ich werde Sie mit Pelmeni* bewirten. Ich kann Pelmeni auf eine besondere Art machen, auf unsere Art.«

Damit endete das Gespräch.

Jetzt schaue ich ihn an und frage: »Nun, Walega, wann werden wir deine Pelmeni kosten?«

Er lächelt nicht einmal.

»Solches Fleisch gibt es hier nicht, und richtig zubereiten kann man es hier auch nicht.«

»Also muß man bis Kriegsende warten?«

Er antwortet nicht, sondern marschiert weiter. Die Stiefel sind ihm viel zu groß, die Spitzen biegen sich nach oben, die Feldmütze ist zu klein und sitzt nur auf dem Scheitel. Ich weiß, daß in ihr drei Nähnadeln stecken: mit weißem, schwarzem und feldgrauem Garn.

Gegen sieben Uhr machen wir Rast. Auf der Karte ist das

* Pelmeni – mit Fleisch gefüllte Klößchen.

Dorf als »Werchnaja Duwanka« bezeichnet, aber hier nennt man es Werschilowka. Von Petropawlowka ist es zweiundzwanzig Kilometer entfernt, also haben wir an dreißig Kilometer zurückgelegt. Das ist nicht schlecht, denn der Weg ist beschwerlich.

Die Soldaten sind müde, weil sie das Marschieren nicht gewohnt sind. Die Rucksäcke abgeworfen, liegen sie im Schatten der Obstgärten mit angezogenen Beinen. Die Gewandteren von ihnen holen sich Milch in ihren Eßgeschirren. Walega hat irgendwo ein Weißbrot ergattert und Honig in Scheiben.

Ich esse und lobe Walegas Kunst, obgleich ich gar keinen Appetit habe; ich will Walega nicht kränken.

Die Füße schmerzen. Die linke Hacke ist ein wenig aufgerieben. Überhaupt steht es mit den Stiefeln schlecht, sie fallen förmlich auseinander. Leider habe ich die zugesagten Segeltuchstiefel nicht erhalten. Ich muß meine tatsächlich mit Draht umwickeln. Es wäre gut gewesen, hätte ich auf Walega gehört und einen Tag Schuhe getragen, dann wären die Stiefel repariert worden. Weiß der Teufel, wann wir auf unser Bekleidungslager stoßen. Das Regiment ist schon weit weg, etwa siebzig bis achtzig Kilometer. Wenn sie diese zwei Tage durchmarschiert sind, dann hat sich die Entfernung auf keinen Fall verringert. Möglicherweise haben sie auch irgendwo eine Verteidigungsstellung bezogen oder sich durch die deutschen Linien durchgeschlagen. Die hiesige Bevölkerung sagt: »Am Sonntagmorgen zogen Soldaten durchs Dorf und abends Kanonen.« Wahrscheinlich unsere Divisionsgeschütze. »Nur eine Stunde haben sie hier gerastet und sind dann weitergezogen, müde und traurig.«

Wo ist die Front? Vorne, hinten, rechts, links? Existiert sie überhaupt noch? Auf der Karte wird sie gewöhnlich durch eine fette rote Linie bezeichnet und der Gegner durch eine blaue. Gestern war die blaue Linie jenseits des Oskol. Und jetzt?

Bis zum Morgen haben die Deutschen wahrscheinlich

nichts unternommen. Spähtrupps haben sie gewiß nicht vor zwei Uhr morgens geschickt, erst als sie gemerkt hatten, daß wir schweigen. Gegen drei oder vier Uhr mögen sie angefangen haben, Infanterie überzusetzen – vielleicht sogar noch später. Appell, Befehle und ähnliches – so gegen fünf Uhr. Jetzt ist es acht Uhr, fünf vor acht. Motorisierte Spähtrupps hätten uns natürlich schon eingeholt. Die haben die Deutschen aber anscheinend nicht. Infanterie jedoch wird uns nicht einholen können. Panzer und Autos werden nicht vor dem Abend, vielleicht auch erst am kommenden Morgen übergesetzt werden. Alles hängt davon ab, ob sie einen Pontonpark haben.

Warum hört man kein Schießen? Vorgestern noch war Kanonendonner vom Norden her vernehmbar, dann wurde er leiser und verschob sich nach Nordost. Jetzt ist überhaupt nichts zu hören. Stille.

Die Soldaten drängen sich um den Kessel mit Brei. Wie immer nörgeln sie, daß zuwenig ausgeteilt wird. Sie schütteln die Apfelbäume. Ich stehe auf und gehe zu Schirjajew hin. Er sitzt und putzt den Revolver, daneben trocknen die Fußlappen.

»Wollen wir weitermarschieren?«

Mit zusammengekniffenem Auge hält Schirjajew den Revolverlauf gegen das Licht und blickt prüfend hindurch.

»Sobald die Soldaten gegessen haben, setzen wir uns in Marsch. In zwanzig Minuten, nicht später.«

»Wie weit ist es noch bis Nowo-Belenkaja?«

»Etwa sechzig bis siebzig Kilometer. Hier ist die Karte.«

Ich messe auf der Karte nach, es kommen fünfundsechzig Kilometer heraus.

»Zwei Tagemärsche noch.«

»Wenn wir uns anstrengen, werden wir es bis morgen mittag schaffen.«

»Wir werden schon hinkommen, aber ob wir jemanden antreffen werden? Ich fürchte, nicht den, den wir wollen. Mir gefällt diese Stille nicht.«

Der Adjutant, Leutnant Sawrassow, kommt herbei, er ist ganz rostbraun vor Sommersprossen. Er sieht besorgt aus. Er setzt sich zu uns und raucht.

»Zwei von den Leuten fehlen schon.«

Schirjajew legt den Revolver auf die Fußlappen und wendet sich Sawrassow zu.

»Was heißt fehlen?«

»Sidorenko aus der ersten Kompanie und Kwast aus der zweiten. Am Abend waren sie noch da.«

»Wo sind sie denn geblieben?«

Sawrassow zuckt die Schultern.

»Vielleicht haben sie sich die Füße wundgelaufen?«

»Ich bezweifle es.«

»Rufe die Kompanieführer zusammen.«

Schirjajew setzt schnell seinen Revolver zusammen und legt die Fußlappen um. Die Kompanieführer kommen herbei.

Es stellt sich heraus, daß Sidorenko und Kwast aus demselben Dorfe stammen. Aus irgendeinem Dwuretschnaja. Zu einem von ihnen kam sogar die Frau, als wir in Verteidigung lagen. Sie haben stets zusammengehalten, obgleich sie in verschiedenen Kompanien waren. An ihrem Verhalten war früher nichts auszusetzen. Schirjajew hört schweigend zu, die Lippen zusammengepreßt. Er blickt zur Seite; ohne die Kompanieführer anzusehen, spricht er langsam, beinahe ausdruckslos:

»Wenn noch ein Mann verlorengeht, mache ich von dieser Pistole Gebrauch.« Er klopft auf seine Revolvertasche. »Verstanden?«

Die Kompanieführer antworten nicht, stehen still und blicken zur Erde, einem von ihnen zittert das Augenlid.

»Diese beiden sind nicht mehr aufzufinden. Sind zu Hause, diese Helden. Haben ausgekämpft ...« Er schimpft und steht auf. »Fertigmachen zum Marsch!«

Seine Augen sind schmal und stechend. Ich habe ihn niemals so gesehen. Er zieht die Feldbluse zurecht, schiebt die

Falten von vorn nach hinten, alles mit schroffen, ruckartigen Bewegungen.

»Die Ratten verlassen das Schiff! Sie flüchten, diese Schufte.«

Er sichert die Pistole und steckt sie in die Tasche.

Die Soldaten stellen sich auf der Straße auf, wickeln ihre Gamaschen fest, manche halten mit Milch gefüllte Eßgeschirre in den Händen. An den Türen stehen Frauen, schweigend, mit herabhängenden schweren, rauhen Händen. An jedem Haus stehen sie und sehen zu, wie wir vorbeiziehen. Auch die Kinder gucken zu. Niemand läuft uns nach. Alle stehen nur und schauen.

Nur ein Großmütterchen, ganz am Ende des Dorfes, läuft auf uns zu mit kleinen Greisenschritten, das Gesicht voll von Runzeln wie ein Spinnennetz. Sie hält in den Händen ein braunes Töpfchen mit Roggenbrei. Einer der Soldaten reicht ihr das Eßgeschirr. »Danke, Oma.« Die Oma bekreuzigt ihn schnell, und genauso schnell humpelt sie zurück, ohne sich umzudrehen.

5

Ganz unerwartet treffen wir mit Igor zusammen. Er und Lasarenko, der Stabsmelder, beide zu Pferd, tauchen plötzlich vor uns auf, wie aus dem Boden gestampft. Die Pferde sind schaumbedeckt und schnaufen. Igor ohne Feldmütze, staubgeschwärzt, auf der Wange eine Schramme.

»Wasser!«

Er saugt sich förmlich an der Flasche fest, trinkt lange, lange, den Kopf zurückgeworfen, so daß sich der Adamsapfel bewegt. Das Wasser fließt hinter den Kragen und hinterläßt weiße Rinnsale am Hals und am Kinn. Wir fragen nichts.

»Verbinde die Stute, Lasarenko!«

Lasarenko führt die Pferde weg. Die große rote Stute, ich glaube, die des Kommissars, hinkt. Eine Kugel hat den linken Hinterfuß verletzt. Das Blut ist geronnen, und Fliegen kleben daran.

Igor wischt sich mit der Hand die Lippen ab und setzt sich auf den Wegrand.

»Dreckige Sache«, sagt er kurz, »das Regiment ist nicht da.«

Wir schweigen.

»Der Major ist tot ... Der Kommissar auch ...«

Igor beißt sich auf die Unterlippe. Seine Lippen sind ganz schwarz vor Staub, trocken und rissig.

»Wo sich das zweite Bataillon befindet, ist zur Zeit unbekannt ... Vom dritten ist nichts übriggeblieben. Keine Artillerie mehr. Nur noch ein Fünfundvierzig-Millimeter-Geschütz, und auch dieses mit einem beschädigten Rad ... Gebt mir was zu rauchen, ich habe mein Zigarettenetui verloren.«

Wir rauchen alle drei. Da kein Zeitungspapier vorhanden ist, reißen wir Blättchen aus einem Notizbuch heraus.

»Maximow vertritt jetzt den Regimentskommandeur. Er ist auch verwundet. Eine Fleischwunde an der linken Hand. Hat befohlen, Sie aufzufinden und abzuschwenken.«

»Wohin?«

»Wer weiß jetzt, wohin? Habt ihr eine Karte? Ich habe nichts behalten, weder Karte noch Hülle noch einen Melder. Ich mußte Lasarenko mit mir nehmen ...«

»Ist Afonjka auch tot?«

»Verwundet. Vielleicht auch schon gestorben. Bauchschuß ... Ich habe ihn zum Verbandplatz geschickt, aber der ist auch zerstört.«

»Der Verbandplatz auch?«

»Der Verbandplatz, die Nachrichtenkompanie der Division sowie alle rückwärtigen Dienste ... Gebt mir Wasser!«

Er nimmt ein paar Schluck und spült den Mund. In diesem Augenblick fällt mir auf, daß er in den letzten zwei Tagen stark abgemagert ist. Seine Wangen sind eingefallen, die Zigeuneraugen glänzen, das krause Haar klebt auf der Stirn.

»Kurz gesagt, das Regiment hat jetzt an hundert Mann, nicht mehr. Genauer gesagt, als ich fortritt, waren es hundert Mann, und zwar alles in allem, mit Lagerverwaltern und Köchen. Deine Pioniere sind bis jetzt heil. Ich glaube, nur einer ist verwundet. Hast du Feuer?«

Er raucht an, meine Zigarette mit den Fingern festhaltend. Tief zieht er den Rauch ein und stößt ihn in dicken, starken Schwaden wieder aus.

»Maximow hat im übrigen folgendes befohlen: Euch aufsuchen und zu ihm führen.«

Schirjajew zieht die Karte vor.

»Sich mit ihm vereinigen? Wo?«

»Wir haben die Verbindung mit dem Divisionsstab verloren.« Igor kratzt sich mit der Zigarettenspitze am Hinterkopf. »Maximow hat selbst den Entschluß gefaßt. Anscheinend ist der Divisionsstab von uns abgeschnitten. Sein letzter Standort befand sich etwa fünfundzwanzig Kilometer von Nowo-Belenkaja entfernt. Aber bis Nowo-Belenkaja sind wir nicht herangekommen.«

»Und wo sind jetzt die Deutschen?«

»Die Deutschen? Fressen etwa zehn bis zwölf Kilometer von hier entfernt Rührei und saufen Schnaps dazu.«

»Sind's viele?«

»Es langt! Wir haben etwa vierzig LKW gezählt, lauter dreiachsige Fünftonner. Rechne sechzehn Mann pro Stück, macht schon sechshundertfünfzig.«

»Und wohin bewegen sie sich?«

»Haben sie mir nicht gesagt. Von da gibt es zwei Wege. Einer führt hierher, der andere, eine Landstraße, südwärts.«

»Wohin sollen wir gehen? Was hat Maximow befohlen?«

Igor zeigt mit dem Finger auf die Karte. »Nach Kantemirowka, genauer: bis zum Dorf Chutorka, und falls wir sie da nicht antreffen sollten, scharf nach Süden, nach Starobelsk.«

Wir marschieren weiter, biegen vom Hauptweg ab, gehen auf Feldwegen. Ringsum, so weit das Auge reicht, Kornfelder. Die Ähren biegen sich unter der Last der Körner. Die Soldaten reißen die Ähren ab, reiben sie zwischen den Handflächen und kauen die reifen, goldenen Körner. Hoch am Himmel singen Lerchen. Wir marschieren nur in Sporthemden, da es uns in den Feldblusen zu heiß ist.

Es stellt sich heraus, daß sich alles ganz plötzlich abgespielt hat. Sie sind in ein Dorf marschiert und haben dort gelagert. Igor war beim dritten Bataillon. Das zweite Bataillon war vornweg, etwa fünf Kilometer entfernt. Man hatte angefangen, das Mittagessen zu kochen. Verwundete Soldaten, die durch das Dorf kamen, sagten, die Deutschen seien weit von hier, ungefähr vierzig Kilometer, sie seien aufgehalten worden.

Auf einmal erschienen aus dem Dorf, wo das zweite Bataillon lagerte, Panzer. Zehn bis zwölf Stück. Niemand begriff etwas. Es kam zu einer Schießerei, zu einem Durcheinander. Irgendwo tauchten deutsche Maschinenpistolenschützen auf. Bei der Schießerei sind der Major und der Kommissar gefallen. Drei Panzer wurden außer Gefecht gesetzt, die MP-Schützen aus dem Dorfe verjagt. Dann wurde Ringverteidigung bezogen. Und da hatte Maximow Igor zu uns geschickt. Als er zum Dorf hinausritt, gingen die Deutschen gerade zum Angriff über, etwa zwanzig Panzer und motorisierte Infanterie, an fünfzig Wagen. Unterwegs wurde Igor beschossen, das Pferd verwundet. Woher er den Riß auf der Wange hat, weiß er selber nicht, gespürt hat er nichts.

Wir überqueren einen Panzergraben. In riesigen Zickzacklinien zieht er sich durchs Feld und verliert sich irgendwo am Horizont. Die Erde ist noch frisch, es ist deutlich zu sehen, daß erst unlängst daran gearbeitet wurde. Die Laufgräben sind sauber, ordentlich, genau nach Vorschrift ausgebaut, sorgsam mit Gras getarnt. Das Gras ist noch nicht vertrocknet, noch ganz grün.

Dies alles bleibt nun zurück, gewaltig, nutzlos, von niemandem gebraucht.

So marschieren wir den ganzen Tag. Manchmal rasten wir

ein Weilchen im Schatten einer Eiche, dann geht es weiter – einen grauen, trockenen Weg entlang. Die Luft zittert vor Hitze. Wir sind von Staub bedeckt. Fährt man mit der Hand über die Stirn, so ist die Hand schwarz. Der Körper juckt vom Schweiß, die Feldblusen der Soldaten sowie die Fußlappen sind durchgeschwitzt. Man mag nicht einmal mehr rauchen. Laut zirpen die Heimchen.

In einem Dorf sagen uns die Frauen, daß Deutsche vor einer Stunde durchgefahren seien, etwa zwanzig Autos, und am Abend eine unübersehbare Anzahl von Kradfahrern, alles auf den Wald zu.

Die Lage wird kompliziert. Wir sind gezwungen, uns von den Wagen zu trennen. Wir nehmen die Maschinengewehre herunter, verteilen die Patronen an die Soldaten. Auch einen Teil des Proviants lassen wir zurück, nichts zu machen.

Nachts regnet es, ein widerwärtiger Sprühregen.

6

In der Morgendämmerung stoßen wir auf halbzerstörte Schuppen. Sie sind aus Stein gebaut, ohne Dächer, nur die Sparren ragen heraus. Anscheinend war hier früher eine Geflügelfarm, ringsherum liegt Hühnermist. Ein trüber, feuchter Tag bricht an. Wir frieren, in den Stiefeln schwappt das Wasser, die Lippen sind blau, aber Feuer dürfen wir nicht machen, da die Schuppen weithin sichtbar sind.

Ich komme nicht dazu, unter der Zeltbahn, die Walega über mich gebreitet hat, einzuschlafen, da jemand mit der Zehenspitze an meine Füße stößt.

»Verteidigungsstellung beziehen, Ingenieur! Die Fritzen.«

Unter der Zeltbahn sehe ich nur Schirjajews Stiefel, in Falten gelegt wie eine Ziehharmonika, braun vor Schmutz. Es nieselt. Durch die Sparren ist ein grauer, eintöniger Himmel zu sehen.

»Welche Fritzen?«

»Schau hin, wirst selbst sehen.«

Schirjajew reicht mir den Feldstecher. Eine Menschenkette bewegt sich parallel zu unseren Schuppen in einer Entfernung von anderthalb Kilometer. Es sind nicht viele, etwa zwanzig. Ohne Maschinengewehre, offenbar ein Spähtrupp.

Schirjajew wickelt sich in die Zeltbahn.

»Was treibt sie her? Haben sie noch nicht genug? Du wirst sehen, sie gehen genau auf die Schuppen zu.«

Igor kommt herbei.

»Na, Bataillonskommandeur? Werden wir starre Verteidigung beziehen?«

Er hat anscheinend auch geschlafen, die eine Wange ist rot und voller Streifen. Schirjajew wendet den Kopf nicht, blickt durch den Feldstecher.

»Haben wir schon ... Haben es schon beschlossen, als Sie zu schlafen geruhten. Die Leute sind verteilt, die Maschinengewehre aufgestellt. So, sie haben haltgemacht.«

Ich nehme den Feldstecher und beobachte. Die Deutschen beraten sich. Die Gläser des Feldstechers sind naß vom Regen, das ist hinderlich beim Sehen. Man muß sie ständig blank reiben. Nun bewegen sich die Deutschen auf uns zu. Einer nach dem andern lassen sie sich in die Schlucht hinunter. Vielleicht haben sie sich entschlossen, in der Schlucht vorzugehen. Eine Weile ist niemand zu sehen. Dann tauchen die Gestalten wieder auf, jetzt schon näher. Sie kriechen aus der Schlucht heraus und gehen direkt übers Feld.

»Kein Feuer eröffnen, bis ich es befehle«, sagt halblaut Schirjajew. »Ich habe zwei Maschinengewehre in der Nachbarscheune aufgestellt, von dort aus schießt es sich auch gut.«

Die Soldaten liegen längs der Scheunenwände an den Fenstern und Türen. Jemand, ohne Feldbluse, nur im blauen Sporthemd mit übergeworfener Zeltbahn, hat sich auf einem Dachsparren eingerichtet.

Die Kette bewegt sich gerade auf uns zu. Man kann schon, auch ohne Fernglas, die einzelnen Gestalten unterscheiden.

Die Maschinenpistolen hängen bei allen über der Schulter. Vornweg ein hoher Magerer mit Brille, das muß der Kommandeur sein. Er hat keine Maschinenpistole um, sondern nur eine Pistole an der linken Seite. Die Deutschen tragen sie immer auf der linken Seite. Er watschelt leicht beim Gehen, anscheinend ist er müde. Daneben ein Kleiner mit einem großen Tornister auf dem Rücken. Er hat die Hände unter die Tornisterriemen gesteckt, raucht eine kleine, kurze Pfeife und nickt mit dem Kopf im Takt der Schritte. Es sieht aus, als ob er pickte. Zwei sind zurückgeblieben. Sie stehen gebeugt und betrachten etwas.

Igor stößt mich in die Seite.

»Guck ... Siehst du?«

An der Stelle, wo die erste Gruppe der Deutschen erschienen war, bewegt sich wieder etwas. Vorläufig läßt sich schwer unterscheiden, was es ist. Der Regen stört.

Auf einmal tönt es mir direkt ins Ohr:

»Feuer!«

Der Vorderste mit der Brille sinkt schwerfällig zu Boden. Sein Gefährte auch und noch einige andere. Die übrigen laufen, stolpern, fallen hin, stehen wieder auf, stoßen gegeneinander.

»Stop!«

Schirjajew läßt die Maschinenpistole sinken. Die Verschlüsse knacken. Ein Deutscher versucht hinüberzukriechen. Er wird umgelegt. Er erstarrt auf allen vieren und kippt dann langsam auf die Seite. Mehr ist nicht zu sehen noch zu hören. So dauert es einige Minuten.

Schirjajew schiebt die Feldmütze zurecht, die ihm auf den Hinterkopf gerutscht ist.

»Gib mir was zu rauchen!«

Igor sucht in der Tasche nach Tabak.

»Gleich werden sie wieder angekrochen kommen.«

Er zieht eine rotbraune runde Dose mit Tabak aus der Tasche. Die Deutschen haben Butter und Marmelade in solchen Dosen.

»Wir haben noch Zeit, ein wenig zu rauchen. Mit einer Zigarette ist es angenehmer.« Schirjajew dreht sich eine Zigarette, so dick wie sein Finger.

»Möchte wissen, ob sie Granatwerfer haben. Wenn ja, dann ...«

Eine Granate, die zwei Schritt vor der Scheune krepiert, läßt ihn den Satz nicht beenden. Die zweite krepiert irgendwo hinter der Wand, die dritte direkt in der Scheune.

Der Beschuß dauert fünf Minuten. Schirjajew hockt mit dem Rücken gegen die Wand. Igor sehe ich nicht. Die Minen fliegen in Serien von fünf bis sechs Stück. Es folgt eine Unterbrechung von einigen Sekunden, und wieder fünf bis sechs Stück. Neben mir stöhnt jemand mit einer hohen Frauenstimme. Dann plötzlich Stille.

Ich richte mich auf den Händen auf und blicke zum Fenster hinaus. Die Deutschen laufen übers Feld gerade auf uns zu.

»Hört auf meinen Befehl!«

Schirjajew springt hoch und ist mit einem Satz am Maschinengewehr.

Drei kurze Garben, dann eine lange. Die Deutschen verschwinden in die Schlucht.

Wir lassen die Soldaten aus den Scheunen kommen. Sie verschanzen sich jenseits der hinteren Wand. In den Scheunen lassen wir nur zwei Maschinengewehre zurück, das ist vorläufig genug. Wir haben schon vier Verwundete und sechs Tote.

Der Beschuß beginnt von neuem. Unter Granatwerferdeckung kriechen die Deutschen aus der Schlucht heraus. Es gelingt ihnen, etwa zwanzig Meter zu laufen, nicht mehr. Das Gelände ist ganz flach, sie haben keine Möglichkeit, in Deckung zu gehen. Sie laufen einzeln in die Schlucht zurück. Die meisten von ihnen bleiben auf der Strecke. Auf der lehmigen, mit Steppengras bewachsenen Erde liegen einsam die Leichen, wie kleine grüne Hügel.

Nach dem dritten Versuch stellen die Deutschen die Angriffe ein. Schirjajew wischt sich mit dem Ärmel die Stirn ab, die naß ist von Regen und Schweiß.

»Jetzt werden sie mit der Einkreisung beginnen. Ich kenne sie schon.«

Durchs Fenster kriecht Sawrassow herein. Er ist schrecklich blaß. Mir scheint sogar, daß ihm die Knie zittern.

»In jenem Schuppen sind beinahe alle tot ...« Er holt mühsam Atem. »Ein Splitter hat das Maschinengewehr beschädigt. Ich meine ...« Er wendet die Augen verloren vom Bataillonskommandeur zu mir und dann wieder zum Bataillonskommandeur.

»Was meinst du?« fragt Schirjajew.

»Man muß sich ... muß sich ... entscheiden ...«

»Entscheiden! Entscheiden! Ich weiß auch ohne dich, daß man sich entscheiden muß. Wieviel Mann sind ausgefallen?«

»Ich habe ... sozusagen ... noch nicht gezählt ...«

»Nicht gezählt ...«

Schirjajew richtet sich auf und tritt an die Hinterwand des Schuppens. Durch das zerbrochene Fenster sieht man das ebene, gleichmäßige Feld ohne einen einzigen Strauch.

»Also ... setzen wir uns in Bewegung, nicht? Hier werden sie uns keine Ruhe lassen.«

Er dreht sich um. Er ist etwas blasser als gewöhnlich.

»Wie spät ist es? Meine Uhr ist stehengeblieben.«

Igor sieht auf die Uhr.

»Zwanzig Minuten nach elf.«

»Nun, dann los ...« Schirjajew beißt sich auf die Lippen. »Aber ein Maschinengewehr werden wir opfern müssen. Wir müssen Deckung haben.«

Es stellt sich heraus, daß von den MG-Schützen nur noch Filatow übriggeblieben ist. Kruglikow ist tot, Sewastjanow verwundet. Schirjajew läßt die Augen über den Schuppen gleiten.

»Und Sedych? Wo ist Sedych?«

»Da sitzt er, auf dem Sparren.«

»Komm her!«

Der Bursche, nur im Sporthemd, hängt gewandt einen Augenblick an den Händen und springt dann leichtfüßig auf den Boden.

»Kennst du dich mit einem MG aus?«

»Kenn mich wohl aus«, antwortet der Bursche leise und bewegt kaum die Lippen.

Er sieht Schirjajew in die Augen, ohne mit der Wimper zu zucken.

Er hat ein rosiges Gesicht mit einem goldenen Flaum auf den Wangen, die Augen sind noch ganz kindlich, fröhlich, blau, ein klein wenig schräg, mit langen Wimpern wie bei einem Mädchen. Mit einem solchen Gesicht sollte man eigentlich noch Tauben schießen und sich mit Nachbarjungen prügeln! Ganz unmotiviert, als ob da etwas verwechselt worden wäre, folgen nun ein kräftiger Hals, breite Schultern und pralle Muskeln, die bei jeder Bewegung spielen. Er ist ohne Feldbluse. Das mürbe, ausgeblichene Sporthemd kracht unter dem Druck der jungen Muskeln.

»Wo ist die Feldbluse?« Schirjajew unterdrückt ein Lächeln und fragt streng, auf Kommandeursart.

»Habe Läuse geknackt, Genosse Bataillonskommandeur, und da kamen diese … die Fritzen. Da ist sie, hinter dem Maschinengewehr.« Verlegen knaupelt er an den Schwielen auf den breiten, rauhen Handflächen.

»Schon gut, verstehst du dich auch auf ein deutsches?«

»Was? Auf ein deutsches MG?«

»Natürlich MG. Wir sprechen jetzt von MGs.«

»Auf ein deutsches … schlechter … aber ich denke, irgendwie …« Er stockt.

»Tut nichts. Ich kenne mich aus«, sagt Igor, »jemand von den Kommandeuren muß sowieso hierbleiben.«

Er steht da, die Hände in den Hosentaschen, und wiegt sich leicht hin und her.

»Ich dachte an Sawrassow. Übrigens gut …« Schirjajew spricht nicht zu Ende und wendet sich an Sedych. »Klar, Freund? Du bleibst hier, zusammen mit dem Oberleutnant.

Lasarenko bleibt auch – kampferprobte Burschen, man kann sich auf sie verlassen. Du siehst selbst, nur Filatow ist übriggeblieben. Ihr werdet unseren Rückzug decken, verstanden?«

»Jawohl«, antwortet Sedych leise.

»Wie?«

»Ich bleibe hier mit dem Oberleutnant zur Deckung.«

»Dann auf die Plätze.« Schirjajew knöpft den Kragen seiner Feldbluse zu. Es wird recht kühl. »Setz dich hinter dieses Maschinengewehr, nur schlepp es ein wenig näher hierher. Hier, wo der ›Maxim‹ steht, ist es besser. Laß die Leute sich fertigmachen, Sawrassow.«

Sawrassow geht weg. Ich kann den Blick nicht von seinen Knien losreißen, sie zittern ständig, ein widerwärtiges leichtes Zittern.

»Bleibt nicht zu lange hier«, sagt Schirjajew zu Igor, »eine Stunde, nicht länger. Und kommt dann nach. Immer genau nach Osten. Nach Kantemirowka.«

Igor nickt schweigend mit dem Kopf. Er schaukelt von einem Bein aufs andere.

»Das Maschinengewehr laßt stehen, den Verschluß werft weg, die Patronengurte nehmt mit, falls welche übrigbleiben.«

Nach fünf Minuten leert sich der Schuppen. Ich und Walega, wir bleiben auch zurück. Schirjajew zieht ab mit vierzehn Soldaten. Vier von ihnen sind verwundet, einer schwer. Man trägt ihn auf einer Zeltbahn.

Der Regen hat aufgehört. Die Deutschen schweigen. Es stinkt nach sauer gewordenem Hühnerdreck. Wir liegen mit Igor neben dem linken Maschinengewehr. Walega schmaucht sein Pfeifchen. Sedych schaut zum Fenster hinaus, nachdem er das Maschinengewehr aufgestellt hat. Dann zieht Walega Zwiebäcke und eine Feldflasche mit Wodka hervor. Wir trinken der Reihe nach aus dem Aluminiumbecher. Der Regen setzt wieder ein.

»Genosse Leutnant, ist es wahr, daß Hitler bloß ein Auge

hat?« fragt Sedych und blickt mich mit seinen klaren Kinderaugen an.

»Ich weiß nicht, Sedych. Ich denke, daß er zwei hat.«

»Filatow, der MG-Schütze, hat erzählt, daß ihm ein Auge fehlt. Und daß er auch keine Kinder haben kann ...«

Ich lächle. Man fühlt, Sedych möchte gern, daß es wirklich so wäre. Lasarenko zwinkert herablassend mit einem Auge.

»Er hat eine Gasvergiftung aus dem vorigen Kriege, und man sagt, daß er kein Deutscher wäre, sondern ein Österreicher. Sein richtiger Name wäre gar nicht Hitler, sondern irgendwie kompliziert, mit einem ›Sch‹. Stimmt das, Genosse Leutnant?«

»Richtig. Schicklgruber ist sein Name. Er ist Tiroler ...«

»Tiroler ...«, wiederholt nachdenklich Sedych und zieht seine Feldbluse straff. »Und die Deutschen lieben ihn?«

Ich erzähle, wie und warum Hitler an die Macht gelangt ist. Sedych hört aufmerksam zu, mit leicht geöffnetem Mund, ohne mit der Wimper zu zucken; Lasarenko hat das Aussehen eines Menschen, der das alles längst weiß. Walega raucht.

»Ist es wahr, daß Hitler nur Gefreiter ist? Das hat uns der Politruk* gesagt.«

»Das ist wahr.«

»Wie ist das denn möglich? ... Staatsoberhaupt und bloß Gefreiter? Ich dachte, der Politruk lügt.«

Er wird verlegen und knaupelt wieder an seinen Schwielen. Mir gefällt seine Verlegenheit.

»Bist du schon lange im Kriege, Sedych?«

»Ja, seit September einundvierzig.«

»Wie alt bist du denn?«

Er denkt nach und runzelt die Stirn.

»Ich? Neunzehn, glaube ich. Ich bin dreiundzwanzig geboren.«

* Politruk – der politische Funktionär in einer Kompanie, bis 1942.

Es stellt sich heraus, daß er schon bei Smolensk durch einen Splitter ins Schulterblatt verwundet worden ist. Drei Monate hat er im Lazarett gelegen und wurde dann an die Südwestfront geschickt. Den Rang eines Sergeanten hat er erst bei uns, in unserem Regiment, erhalten.

»Und wie gefällt dir das Kriegführen?«

Er lächelt verlegen und zuckt die Schultern.

»Bis jetzt geht es. Bloß türmen, das macht keinen Spaß.«

Sogar Walega lächelt.

»Und nach Hause willst du nicht? Hast du kein Heimweh?«

»Was hat man schon zu Hause? Mädels. Sonst nichts.«

»Also willst du nicht nach Hause?«

»Was? Freilich will ich ... bloß nicht jetzt.«

»Wann denn?«

»Was soll man denn als Gemeiner hinfahren? Als Leutnant, ja – so wie Sie.«

Walega erhebt sich plötzlich und blickt durchs Fenster.

»Was gibt's?«

»Mir scheint, die Fritzen ... Da sind sie, hinter dem Hügel ...«

Links von uns umgehen uns Deutsche, sprungweise und einzeln. Igor beugt sich über sein Maschinengewehr. Eine kurze Garbe. Der Rücken und die Ellbogen werden hin und her geschüttelt. Die Deutschen verbergen sich.

»Gleich werden sie mit Granatwerfern feuern«, sagt halblaut Lasarenko und kriecht zu seinem Maschinengewehr hin.

Zwei Minuten später beginnt der Beschuß. Die Granaten krepieren rings um den Schuppen, treffen aber nicht ins Innere. Die Deutschen versuchen von neuem sprungweise vorzugehen. Das Maschinengewehr wirbelt einen kleinen Staubstreifen auf, und über diesen Streifen kommen die Deutschen nicht hinweg. Das wiederholt sich drei- oder viermal.

Der Gurt geht zu Ende. Wir verschießen die letzten Patronen und kriechen der Reihe nach zum Hinterfenster hinaus: Sedych, Igor, Walega, dann ich und hinter mir Lasarenko.

Als ich aus dem Fenster krieche, krepiert neben mir eine Granate. Ich presse mich dicht an die Erde. Etwas Schweres fällt von hinten auf mich und rutscht langsam zur Seite: Lasarenko hat einen Bauchschuß. Ich sehe sein plötzlich weiß gewordenes Gesicht und die zusammengepreßten kräftigen Zähne.

»Kaputt ... glaub ich ...« Er versucht zu lächeln. Unter dem Hemd quillt etwas Rotes hervor, krampfhaft preßt er die Hände darauf, große Schweißperlen bilden sich auf seiner Stirn.

»Ich ... Genosse Leut ...«, er spricht nicht mehr, sondern röchelt nur noch. Das eine Bein ist angezogen, er kann es nicht mehr ausstrecken. Den Kopf zurückgeworfen, atmet er hastig, hastig. Er läßt die Hände nicht vom Leib. Die Oberlippe ist weiß wie die Haut und zittert fieberhaft. Er will noch etwas sagen, aber man kann nichts mehr verstehen. Er macht eine Anstrengung, will sich erheben und sackt plötzlich zusammen, die Lippe zittert nicht mehr.

Wir nehmen aus seinen Taschen ein Federmesser, eine zusammengefaltete Zeitung, die als Zigarettenpapier dienen sollte, und eine abgeschabte, mit einem roten Gummi umspannte Brieftasche. Aus der Feldbluse – das Komsomolbuch und einen dreieckig gefalteten Brief mit schiefen Kinderbuchstaben.

Wir legen Lasarenko in ein Deckungsloch und graben ihn, nachdem wir ihn mit einer Zeltbahn zugedeckt haben, mit den Händen ein. Er liegt mit angezogenen Knien da, als ob er schliefe. So pflegen die Soldaten in den Gräben zu schlafen.

Dann laufen wir einzeln zu einem kleinen Hügel hinüber, von diesem zu einem anderen, einem größeren. Die Deutschen beschießen noch immer die Scheune. Eine Zeitlang sind die Sparren noch zu sehen, dann verschwinden auch sie.

7

Nachts stoßen wir auf die Unseren. Ringsum ist es stockdunkel. Regen, Schmutz; Autos, Fahrzeuge. Eine heisere, sich überschlagende Stimme übertönt den allgemeinen Lärm und bleibt im Ohr haften bis zur Übelkeit.

»He, ihr Äser! He, ihr Schmarotzer! Daß euch die Cholera ...!«

Und dieses »Äser« und »Schmarotzer«, das vollkommen gleichmäßig und ausdruckslos wiederholt wird, nur mit kleinen Pausen, die ausreichen, um die Lungen mit Luft zu füllen, klingt jetzt süßer als alle Musik. Die Unseren!

Wir stoßen auf eine kleine Brücke. Ein großer Planwagen ist mit einem Rad durch die Brückenbohlen eingebrochen. Zwei jämmerliche Stuten, nur Haut und Knochen, mit blutigen Flanken und langgezogenen Hälsen, gleiten mit ihren Hufen auf den nassen Brückenbohlen aus. Dahinter stauen sich Autos. Im Lichte der aufleuchtenden Scheinwerfer sieht man durchnäßte Gestalten. Ein stämmiger Bursche in einer wattierten Jacke peitscht die Pferde auf Augen und Maul.

»Verfluchte Schmarotzer. He, he, daß euch! ... He, he!«

Jemand stemmt sich ächzend und schimpfend gegen das Rad.

»Ach, du, pack doch nicht da an, sondern hier ... Siehst du, so ...«

»Da hast du's. Siehst du denn nicht, daß alles morsch ist?«

»Mensch, faß die Achse an.«

»Die Achse! Siehst du nicht, wieviel Kisten aufgeladen sind. Die Achse ...«

Jemand in einer Kapuze stößt mich mit der Schulter.

»Runterschmeißen sollte man sie, zum Teufel!«

»Ich werde dich selber runterschmeißen«, wendet sich der stämmige Bursche an ihn.

»Und doch, ich schmeiße dich runter. Sollen vielleicht deinetwegen die Autos hier stehenbleiben?«

»Sollen sie ruhig stehen.«

»Serega, fahr zu!« Der Mensch in der Kapuze winkt mit der Hand.

Der stämmige Bursche packt ihn an der Schulter. Unter dem Wagen tauchen weitere drei auf. Im Scheinwerferkegel huschen nasse Rücken vorbei, müde, schmutzige Gesichter, auf den Hinterkopf geschobene Feldmützen. Ich erkenne in dem Menschen mit der Kapuze den Chef unserer Waffenmeisterei, Kopyrko. Die Kapuze rutscht ihm ständig in die Augen und behindert ihn sehr. Kopyrko erkennt mich nicht.

»Was wollen Sie noch?«

»Erkennst du mich nicht wieder? – Ingenieur Kershenzew.«

»Verdammt! Woher? Allein?«

Ohne eine Antwort abzuwarten, wirft er sich wieder auf den Burschen mit der Peitsche. Alle packen zu, und unter Schreien und Ächzen werden die Räder herausgezogen. Walega und Sedych legen kräftig mit Hand an.

»Setz dich ins Auto«, sagt Kopyrko, »ich bring dich hin.«

»Wohin fährst du denn?«

»Was heißt, wohin?«

»Wohin willst du mich bringen? Ich muß nach Kantemirowka. Dort sind Vorwerke.«

»Willst dir wohl die Fritzen angucken?« Kopyrko lächelt müde. »Ich bin dort kaum mit dem Auto herausgekommen.«

»Und jetzt wohin?«

»Dahin, wohin alle wollen, nach Süden ... Nach Millerowo vielleicht. Nun los, rauf aufs Auto!«

»Ich bin nicht allein. Wir sind zu viert.

Er schwankt und winkt dann mit der Hand.

»Gut, kommt rein. Das Benzin reicht sowieso nicht lange. Wen hast du alles mit?«

»Swiderskij und zwei Soldaten – Melder.«

»Steigt ein in den Kasten, hier in den ›Ford‹. Übrigens ... Wir beide werden im Führerhaus Platz haben. Der Teufel soll diese Brücke holen. Ob sie uns wohl aushält?«

Aber die Brücke hält. Knirscht, ächzt, aber sie hält. Das Auto fährt, rumpelt schwerfällig, knatternd. Der Motor hat Mucken. »Bist du Schirjajew begegnet?« frage ich.

»Nein, wo ist er?«

»Wir waren zusammen. Wo er jetzt ist, weiß ich nicht.«

»Hast du gehört, daß der Major und der Kommissar tot sind?«

»Ja. Und Maximow?«

»Weiß ich nicht. Ich war bei den rückwärtigen Diensten.«

Kopyrko bremst scharf. Vorn ist wieder eine Stauung.

So geht es die ganze Zeit. Verdammt! Drei Schritte fahren und eine Stunde stehen. Und dieser Regen noch dazu.

Ich frage, wer noch aus dem Regiment da ist.

»Niemand. Der Teufel soll sich da durchfinden. Hier ist unsere Armee wie auch die benachbarte. Der Divisionsstab ist irgendwohin nach Norden abgezogen. Und dort sind die Deutschen. Ich habe weder Karte noch Kompaß.«

»Und die Deutschen?«

»Der Himmel weiß, wo sie jetzt sind. Vor zwei Stunden waren sie in Kantemirowka. Das Benzin ist knapp. Obendrein hab ich mich erkältet. Hörst es ja an meiner Stimme. Zwei Nächte habe ich nicht geschlafen.« Er fährt sich mit der Hand über die Augen. »Der Fahrer und der Waffenmeister sind während eines Bombenangriffs verschwunden. Zwei Benzinkanister haben sie mir gestohlen. Na, du verstehst schon selbst.«

Die vor uns stehende Maschine kommt in Bewegung. Wir fahren weiter. Im Führerhaus ist es warm. Ich döse vor mich hin, mein Kopf sinkt vornüber. Bei Schlaglöchern wache ich auf, dann dusele ich wieder ein, träume irgendwelchen Unsinn zusammen.

Gegen Morgen geht das Benzin zu Ende. Wir gelangen kaum bis zu einem Dorf.

Wir stürzen in eine Hütte, lassen uns zu Boden fallen, auf schnarchende Gestalten, auf Sonnenblumenschalen.

Im Laufe des Tages ist es etwas abgetrocknet. Die Wolken fliegen in Fetzen nach Osten, nur selten guckt die Sonne hervor, eilig und ungern. Der Weg ist verstopft. »Fords«, »Gas«- und »Sis«-Wagen, gedeckte riesige »Studebaker« – davon sind allerdings nur wenige da –, und dann Pferdewagen, Pferdewagen, Pferdewagen ... Die Divisionsartillerie zieht vorbei. Auf den langen Läufen hängen Trauben von Gänsen. Wütend quiekt irgendwo ein Ferkel. Wägelchen und selbstgemachte Wagen, leere Protzen, viele Berittene. Zwei Troßfahrer sitzen auf Kühen, mit Decken und Jacken als Unterlage, statt der Zügel haben sie Wickelgamaschen um die Hörner geschlungen. Sie winden sich langsam unter allgemeinem Gelächter durch die Wagen hindurch. Alles bewegt sich mit Geschrei, Gejohle und Peitschengeknall in südöstlicher Richtung, zum Horizont, vorbei an Hainen, Mühlen, trigonometrischen Punkten in den Feldern. Die riesige bunte Schlange kriecht, windet sich, hält inne, zieht sich zusammen und kriecht wieder weiter ...

Wir sitzen auf einem langen, knorrigen Klotz am Wegrand und rauchen unsern letzten Tabak. Walega hat im Sack noch ein Päckchen Machorka, aber das ist alles, und wir sind unser vier. Kopyrko ist mit seinem Auto verschwunden. Wahrscheinlich hat er Benzin aufgetrieben und ist abgefahren, ohne auf uns zu warten. Gott mit ihm. Nur gut, daß er uns wenigstens in der Nacht gefahren hat.

Die Wagen halten an einem Brunnen. Hier gibt's Gedränge und Geschrei. Im Brunnen ist fast kein Wasser mehr. Die Pferde wenden sich ab von dieser trüben, erbsenfarbenen Brühe, und dennoch drängen alle herbei mit Geschrei und Eimergeklirr.

»Nun?« sagt Igor und blickt zur Seite.

»Was nun?«

»Was wird nun weiter?«

»Weitergehen, was sonst.«

»Wohin?«

Ich weiß selbst nicht, wohin wir gehen sollen, antworte aber dennoch:

»Wir müssen die Unseren suchen ...«

»Was heißt die Unseren – Schirjajew, Maximow?«

»Schirjajew, Maximow, das Regiment, die Division, die Armee ...«

Igor antwortet nicht, pfeift nur vor sich hin. Er hat furchtbar abgenommen in diesen Tagen. Seine Nase schält sich, das Schnurrbärtchen, das einst kokett waagerecht gestanden hat, hängt herab. Was hat er jetzt noch gemein mit dem eleganten jungen Mann auf dem Bilde, das er mir einst zeigte? Seidenes Hemd, gestreifter Schlips, zu einem großen Knoten gebunden, weite Hosen à la Charlie Chaplin. Absolvent der Kunstakademie. Er sitzt auf der Tischkante in nachlässiger Haltung, die Zigarette im Mund, die Palette in der Hand. Hinter ihm eine große Leinwand mit schwungvoll vorwärts drängenden Gestalten.

Auf dem anderen Bild ein hübsches Mädchen im weißen Pullover mit ein ganz klein wenig schrägstehenden Augen, und auf der Rückseite eine rührende Widmung in einer noch nicht ausgeschriebenen Handschrift.

Das alles existiert nun nicht mehr ... Auch das Regiment, der Zug, auch Schirjajew und Maximow nicht. Es existieren nur die wundgelaufene Ferse, die durchgeschwitzte Feldbluse mit weißen Flecken, an der Hüfte die Pistole und – im Innern Rußlands Deutsche, die, gleich einer Lawine, auf den Don zu rollen. Und endlose Autokolonnen, und Gedanken, die sich wie schwere Mühlsteine bewegen.

Am Brunnen herrscht großes Gedränge und Geschrei. Die Leute sind wie irrsinnig vor Durst. Ein Eimer fliegt hoch in die Luft. Von allen Seiten läuft man auf das Geschrei hin zusammen. Die Menge wächst, wächst, wälzt sich bis an den Weg heran.

... Igor würde einen guten Maler abgeben. Er hat eine sichere Hand, eine schwungvolle Linie, zeichnet gut. Er hat mich und Maximow mal gezeichnet, auf Blättchen eines Notizblocks. Ich bewahre sie in meiner Tasche auf.

Unsere Bekanntschaft begann mit einer Schimpferei. In

Serafimowitsch bei der Aufstellung hatte ich seine Leute zum Ausheben von Schützengräben beordert. Er kam angestürzt, mit offenem Rock, mit schief aufgesetzter Mütze, voll gerechten Zornes. Man hatte ihn gerade zum Leiter des Gasabwehrdienstes in dem Regiment ernannt, wo ich schon seit etwa zwei Wochen Regimentsingenieur war. Mit dem Recht des »Älteren« kanzelte ich ihn ab. Wir sprachen etwa zehn Tage nicht miteinander.

Später, schon beinahe bei Charkow, sah ich ganz zufällig in seiner Kartentasche ein Album mit Zeichnungen. Damit fing unsere Freundschaft an.

An uns vorbei zieht eine lange Autokolonne mit kleinen Paks, die bei jedem Schlagloch hochspringen. Die Autos sehen ungewöhnlich gepflegt aus, auf den Türen stehen dicke, sorgfältig gemalte Zahlen: D 3–54–27, D 3–54–26. Das sind nicht die Unseren. Wir haben: D-1. Aus den Wagen baumeln Beine, und sonnverbrannte, stoppelige Gesichter blicken uns an.

»Welche Armee, Jungens?« – »Welche sucht ihr?«

»Die achtunddreißigste.«

»Nein, dann seid ihr falsch gefahren. Erkundigt euch bei der Auskunft ...« – Sie lachen.

Die Autos fahren – eins nach dem andern, eins nach dem andern, gelbe, grüne, braune, bunte; kein Ende abzusehen.

»Was nun? Wollen wir weitergehen?«

Igor steht auf und drückt mit dem Absatz den Zigarettenstummel in die Erde.

»Gehn wir!«

Wir tauchen unter in dem allgemeinen Strom.

8

»He, ihr Helden!«

Jemand winkt mit der Hand von einem vorüberfahrenden Wagen. Es scheint Kalushskij zu sein, der Gehilfe des Regimentskommandeurs.

»Kommt her!«

Wir gehen hin. Tatsächlich, Kalushskij. Er riecht nach Wodka. Die Feldbluse ist offen, das glatte Gesicht mit den rasierten Augenbrauen ist rot und glänzt.

»Steigt ein in meine Equipage! Ich werde euch nach Hause bringen. Auf die Straßenbahn zu warten hat keinen Zweck.« Er streckt die Hand aus, um uns beim Einsteigen zu helfen. »Wollt ihr Wodka? Ich kann euch damit bewirten.«

Wir danken, haben keine Lust.

»Schade, ausgezeichneter Wodka. Es ist auch was zu essen da. Wir hatten keine Zeit mehr, die Zusatzrationen auszugeben. Butter, Backwerk, Fischkonserven.« Er zwinkert lustig und klopft uns freundschaftlich auf die Schultern. »Deine Soldaten verteil auf die anderen Wagen. Ich fahre mit der ganzen Bekleidungskammer, fünf Fuhren.«

»Wohin führt Sie Ihr Weg?« frage ich.

»So etwas Naives ... Wer stellt jetzt noch solche Fragen? Wir fahren, und das ist alles. Wohin willst du?«

»Ich frage in vollem Ernst.«

»Und ich antworte in vollem Ernst. Bis Stalingrad werden wir schon irgendwie kommen.«

»Bis Stalingrad?«

»Paßt es dir nicht? Willst du nach Taschkent? Oder nach Alma-Ata?«

Er lacht unbändig, daß seine goldenen Zähne blitzen. Sein Lachen ist ansteckend und saftig. Er selbst ist behäbig, strotzt vor Gesundheit.

»Hast du die Unseren nicht getroffen?« fragt Igor.

»Nein, nur Soldaten, und auch von denen nur wenige. Man sagt, daß der Major und der Kommissar tot seien. Maximow soll in einen Kessel geraten sein. Schade um den Menschen, er war ein kluger Kopf. War ja auch Ingenieur ...«

»Wo sind deine Vierecke?« unterbricht ihn Igor und weist mit den Augen auf seinen Kragenspiegel.

»Abgefallen. Du weißt doch, wie schlecht das Zeug jetzt ist.« Kalushskij kneift die Augen zu. »Heut machst du sie an, und nach zwei, drei Tagen sind sie wieder ab. Alles Ersatz.«

»Ich glaube, du hattest auch einen Gurt mit Sternschnalle.«

»Hatte ich, einen guten, sogar mit Koppel. Mußte ihn abgeben, der Divisionsfotograf hat ihn mir abgebettelt. Ihr kennt ihn, den Hinkenden mit dem Stöckchen. War unangenehm, ihm die Bitte abzuschlagen. Hat zu sehr gebettelt. Vielleicht soll ich euch doch hundert Gramm einschenken?«

Wir lehnen ab.

»Schade, guter Moskauer Wodka.« Und er trinkt aus der Feldflasche, ißt Butter ohne Brot dazu. »Ein prima Mittel. Man wird nie betrunken. Die Magenwände werden eingefettet. Das sagte mir unser Arzt, auch einer mit Köpfchen. Er hat zwei Fakultäten in Charkow absolviert. Ich hab sogar sein Diplom gesehen.«

»Wo ist er jetzt, weißt du es nicht?«

»Ich weiß nicht. Wahrscheinlich ist er davongekommen. Er ist kein Dummkopf. Wo es nicht nötig ist, da kriecht er nicht hin.« Kalushskij blinzelt uns wieder zu.

Er spricht noch lange, nimmt von Zeit zu Zeit einen Schluck aus der Flasche und leckt seine kurzen Finger ab, die fettig von Butter sind.

Manchmal unterbricht er seine Erzählung, um sich mit den Nachbarwagen herumzuzanken, mit den Fahrern steckengebliebener Autos, die die Durchfahrt versperren, mit Fuhrleuten, die ihre Peitsche verloren oder den Brunnen verfehlt haben. Dies alles geschieht so nebenbei, doch nicht ohne Leidenschaft, ja mit einer gewissen Routine.

Überhaupt sieht er die Lage so an: Die Sache nähert sich anscheinend ihrem Ende. Die ganze Front weicht zurück. Er weiß das ganz genau. Er hat mit einem Major gesprochen, der es von einem Oberst gehört hat. Bis September wollen die Deutschen alles beendet haben. Das ist sehr traurig, aber das ist fast Tatsache. Wenn es uns bei Moskau gelungen war, die Deutschen aufzuhalten, so haben sie sich jetzt sooo vorbereitet ... Sie haben eine Luftwaffe, und Luftwaffe bedeutet heutzutage alles ... Man muß vollkommen nüchtern den Geschehnissen ins Auge blicken. Die Hauptsache ist jetzt – über den Don zu gelangen. Man sagt, Weschenskaja sei bereits genommen. Ein Leutnant ist gestern von dort zurückgekommen. Es bleibt nur noch Zymljanskaja, aber auch das wird schwer bombardiert, so erzählt man. Schlimmstenfalls muß man den Wagen im Stich lassen und sich nördlich oder südlich durchschlagen. Unter anderem, aber dies nur unter dem Siegel der strengsten Verschwiegenheit, hat er sich gestern in einem Dorf drei Zivilanzüge – Hemden, Hosen und Schuhe – durch Tausch verschafft. Zwei davon kann er mir und Igor abtreten. Wer weiß, was alles passieren kann. Und man muß sein Leben bewahren, die Heimat kann einen noch brauchen. Außerdem hat er noch einen anderen Plan ...

Aber es gelingt ihm nicht, uns seinen Plan auseinanderzusetzen. Igor, der neben mir sitzt und schweigend mit dem Messer in der Sohle seines Stiefels herumbohrt, hebt plötzlich den Kopf. Sein abgemagertes, unrasiertes Gesicht wirkt schwarzbraun unter dem Sonnenbrand und einer Staubschicht. Die Feldmütze ist auf den Hinterkopf gerutscht.

»Weißt du, Kalushskij, was ich jetzt am liebsten möchte?«

»Wareniki* mit Sahne?« lacht Kalushskij.

»Nein, nicht Wareniki ... sondern dir eine in die Fresse hauen! So ausholen und dir eine reinhauen in deine selbstzufriedene Visage. Hast du verstanden?«

Kalushskij weiß einige Sekunden nicht, wie er darauf reagieren soll, ob er sich entrüsten oder die Worte als Scherz nehmen soll, aber er faßt sich sofort und klopft Igor mit seinem gewohnten Lachen auf das Knie:

»Die Nerven, alles die Nerven. Nachwirkung der Bomben.«

»Scher dich, du weißt schon wohin, mit deinen Bomben und

* Wareniki – kleine gekochte, mit Quark gefüllte Klöße.

Nerven ...« Geräuschvoll klappt Igor sein Taschenmesser zu und steckt es in die Tasche. »So was nennt sich noch Offizier! Ich weiß nicht, wohin ich vor Scham soll nach all diesem, und du: ›Die Heimat kann einen noch brauchen‹ ... Wozu braucht die Heimat so einen Dreck, wie du bist? Solltest dich vor dem Fahrer schämen wegen solcher Reden.«

Der Fahrer tut so, als ob er nichts gehört hätte. Kalushskij springt vom Wagen herunter und läuft fort, um mit einem Chauffeur zu schimpfen. Zu seinem Glück hat ein großer Lastkraftwagen uns den Weg versperrt.

Igor und ich klettern auf einen anderen Wagen.

9

Der allgemeine Strom wird lichter. Ein Teil biegt nach Weschenskaja ab, ein Teil nach Kalatsch, Morosowskaja ausweichend, die übrigen, und das sind die meisten, streben auf Zymljanskaja zu.

Die Steppe ist kahl, quälend flach, mit einzelnen Warzen – Hünengräbern. Trockene, ausgebrannte Schluchten. Gleichförmig wie das Summen der Telegrafendrähte tönt das Zirpen der Heimchen. Hasen springen unter den Füßen hoch. Nach ihnen wird aus Maschinenpistolen und Pistolen geschossen, aber immer daneben. Es riecht nach Wermut, Staub, Dung und Pferdeharn.

Wir fahren, fahren Tag und Nacht und halten nur, um die Pferde zu füttern und unser Mittagessen zu kochen. Deutsche sind nicht zu sehen. Zweimal fliegt ein »Rahmen« über uns hin und wirft Flugblätter ab. Einmal zerbricht ein Rad, und wir reparieren es einen halben Tag lang. Die graue blinde Stute tauschen wir gegen ein braunes Füllen, das uns eine Menge Scherereien macht. Es stößt, faucht, will nicht recht ziehen. Es wird wieder vertauscht gegen eine alte friedliche und willige Kreatur mit hängender nasser Schnauze.

Die Stimmung ist hundsmiserabel. Wenn man wenigstens

einen Heeresbericht bekäme und erführe, ob es an den anderen Fronten besser ist als bei uns. Wenn die Deutschen wenigstens irgendwo auftauchen würden. Aber so, weder Deutsche noch Krieg, sondern nur eine trostlose, drückende Schwermut.

Ein Nachrichten-Major, dem wir seinen »Willys« aus dem Graben herausziehen helfen, sagt, daß es jetzt Kämpfe zwischen Woroschilowgrad und Millerowo gäbe, und dieses Wort »Kämpfe« tröstet uns für einige Zeit. Es bedeutet, daß unsere Armeen kämpfen.

»Im übrigen aber gehen Sie nach Stalingrad, wenn Sie Ihre Armee nicht finden. Dort werden jetzt neue Einheiten aufgestellt. Sie werden so schneller an die Front gelangen ...« Und er verschwindet in einer Staubwolke.

Schimpfend klettern wir auf unsere Wagen – seien sie dreimal verflucht! Und wieder Steppe, Staub, glutheißer, fahler Himmel.

Die Frauen fragen uns, wo denn die Deutschen seien und wohin wir führen. Schweigend trinken wir die kühle, eben aus dem Keller geholte Milch und deuten mit der Hand nach Osten.

Dorthin ... über den Don ...

Ich kann diese Gesichter nicht mehr sehen, diese fragenden, verständnislosen Blicke. Was soll ich ihnen antworten? Am Kragenspiegel habe ich zwei Vierecke, an der Seite eine Pistole. Warum bin ich nicht dort? Warum bin ich hier? Warum stuckere ich auf diesem quietschenden Wagen dahin und winke nur mit der Hand ab bei all diesen Fragen? Wo ist mein Zug, mein Regiment, meine Division? Ich bin doch Offizier ...

Was soll ich darauf antworten? Daß Krieg eben Krieg ist, daß er sich auf Schlauheit und Überraschungen gründet, daß die Deutschen im Augenblick mehr Flugzeuge und Panzer haben als wir, daß sie sich beeilen, um bis zum Winter den Feldzug zu beenden, und deshalb jetzt mit dem Kopf durch die Wand rennen ... Und daß, obgleich wir gezwungen sind zurückzugehen, ein Rückzug schließlich noch keine Niederlage ist; sind wir doch auch im Jahre einundvierzig zurückgegangen und haben dann die Deutschen von Moskau verjagt ... Ja, ja, ja, das ist alles verständlich, aber im Augenblick, im Augenblick marschieren wir dennoch nach Osten und nicht nach Westen, immerfort nach Osten ... Und ich antworte nicht, sondern deute nur mit der Hand nach Osten und sage: »Auf Wiedersehn, Oma. Wir sehn uns wieder, Ehrenwort, wir sehn uns wieder ...«

Und ich glaube daran ... Das einzige, das wir im Augenblick haben, ist der Glaube.

Wir passieren das staubige, mit Wagen vollgepfropfte Morosowskaja mit seinen rauchenden Bahnhofstrümmern und den endlos langen Schlangen steckengebliebener Waggons.

Dann – der Don. Schmal, gelb, verschwindet er ganz und gar unter Rädern, Kühlern, nackten, halbnackten und bekleideten Menschenkörpern, unter Staub, Hupentönen, unter dem allgemeinen, nicht einen Augenblick aufhörenden Lärm von heulenden Autos und Menschengeschrei. Dichte Staubwolken. Trichter. Aufgetriebene Pferdekadaver, die alle viere von sich strecken, zersplitterte Bäume, Autos, deren Bäuche nach oben gekehrt sind.

Rote Gesichter, verschwitzt, vertiert, heisere Stimmen. Ein weißblonder Leutnant mit den Äxten eines Ingenieurs am Kragenspiegel der aufgeknöpften Feldbluse, ohne Feldmütze, versucht, völlig heiser, Ordnung zu schaffen. Aber keiner hört auf ihn, er wird einfach umgerannt.

In der Pause zwischen zwei Bombenangriffen rennen wir über die Brücke. Kalushskij mit zwei Fahrzeugen verlieren wir aus den Augen. Ein Splitter streift Sedychs Wade. In dem tollen Durcheinander hat jemand Walegas Rucksack gestohlen. Er schimpft, kratzt sich am Hinterkopf und irrt zwischen den Trichtern und zerschlagenen Wagen umher. Bedenke doch, es war ja ein prima Rasierapparat drin!

Und hinter dem Don wieder Steppe, freudlose, schwermütige Steppe. Heute wie gestern und morgen wie heute, Sonne und Staub. Hitze, die einen wahnsinnig macht.

Es tauchen die ersten Einheiten auf, die an die Front marschieren. Sibirier, gut gekleidet, mit Maschinenpistolen und Helmen. Die Offiziere mit gelben knirschenden Lederriemen, mit neuen Kartentaschen, die auf der Seite hin und her hüpfen. Uns schauen sie etwas ironisch an.

In einem Dorf werden wir angehalten. Eine Militärschule marschiert an die Front. Es fehlt an Gewehren. Man nimmt sie einfach den Entgegenkommenden ab. Zwei Leutnants, Georgier, in neuen Infanteriemützen, wollen uns die Maschinenpistolen und Pistolen abnehmen. Zuerst zanken wir uns mit ihnen herum, dann rauchen wir gemeinsam leichten Blatt-Tabak.

»Marschiert ihr zur Front?«

»Ja. Gestern haben wir noch gelernt, und heute geht's schon in den Kampf.« Beide lächeln.

»Na, heute noch nicht, erst muß man ja an die Fritzen herankommen.«

»Wo sind denn die Fritzen?« fragen vorsichtig die Leutnants, daß man, Gott behüte, nicht auf den Gedanken kommt, sie fürchten sich.

»Das wollten wir von euch erfahren. Ihr lest doch Zeitungen.«

»Ach, Zeitungen … ›Kämpfe im Donbogen.‹ Und das ist alles. Schwere Kämpfe. Woroschilowgrad ist gefallen.«

»Und Rostow?«

»Rostow – nein. Davon hat man noch nichts geschrieben …«

»Noch nichts geschrieben?«

»Nein, noch nichts.«

Die Leutnants zögern.

Einer von ihnen fragt wie nebenbei:

»Nun, wie ist es dort … an der Front … Wird ordentlich getürmt?«

»Wer türmt?« Igor macht ein verwundertes Gesicht.

»Na, Unsere ...«

»Niemand türmt ... Die Kämpfe dauern an, Verteidigungskämpfe.«

Die Leutnants mustern ungläubig unser abgerissenes Äußere und das Fahrzeug mit den wackligen Rädern.

»Und ihr?«

»Was wir?«

»Seid ihr nicht getürmt?«

»Warum? Wir fahren zur Neuaufstellung ...«

Die Leutnants lachen und schütten in unsere Kästchen goldenen kaukasischen Tabak.

»Nehmt uns mit, ihr Jungen, ja?« ruft plötzlich Igor und klopft auf seine Pistolentasche. »Pistolen haben wir, was brauen wir noch ...«

Die Leutnants sehen einander an.

»Wir halten's so nicht mehr aus.«

»Ach, was können wir da tun«, antworten die Leutnants unschlüssig, »wir sind kleine Leute. Geht zum Stabschef, vielleicht nimmt er euch mit. Vielleicht auch ... Geht einfach hin. Major Sasanskij. Dort in der Hütte, wo das Fahrzeug mit den grünen Rädern steht.«

Wir knöpfen unsere Feldbluse zu, schnallen die Riemen fest, lassen aber die Pistolen für alle Fälle da, damit er sie uns nicht abnimmt. Wir gehen.

»Nehmt vorschriftsmäßige Haltung an. Schont nicht die Hacken!« rufen die Leutnants hinter uns her. »Er kennt alle Vorschriften auswendig.«

Der Major sitzt in der kleinen Hütte, ißt Kohlsuppe mit Sahne gleich aus dem Topf. Daneben liegt auf dem Tisch eine Brille.

»Was wollen Sie?« fragt er, ohne aufzublicken, und kaut mühsam das offenbar zähe Fleisch.

Wir stehen stramm, Hände an der Hosennaht, erklären ihm alles – soundso steht die Sache. Er kaut seinen Bissen zu Ende, legt den Löffel auf den Tisch und setzt die Brille auf.

Er sieht uns lange an und stochert dabei mit einem Streichholz in den Zähnen.

»Was soll ich Ihnen sagen, Freunde?« sagt er mit tiefem, rollendem Baß. »Ich kann Ihnen nichts Gutes sagen. Glauben Sie, Sie wären die ersten? Teufel noch mal! Mindestens zehn, ach, was sage ich, fünfzehn solche wie Sie sind schon bei mir gewesen. Wohin soll ich mit euch? Als Gemeine wollt ihr doch nicht bei uns eintreten, und Offiziere habe ich ohnehin schon zwei für jeden Zug, und in der Reserve noch etwa zehn. Verstehen Sie jetzt?«

Wir schweigen.

»So ist es, wie Sie sehen. Ich wäre froh, wie man so sagt, aber ...« Er nimmt wieder den Löffel zur Hand.

»Aber dennoch, Genosse Major.«

»Was denn, dennoch?« Er erhebt die Stimme. »Was soll das heißen, ›dennoch‹? Sind Sie beim Militär oder nicht? Ich habe nein gesagt und damit Schluß. Ich habe ein Regiment und kein Arbeitsamt, verstanden? Kehrt, marsch!« und fügt mit einer ein wenig weicheren Stimme hinzu: »Haltet euch in der Richtung auf Stalingrad. Man sagt, daß in Stalingrad jetzt der ganze Stab ist. Welcher Armee gehören Sie an?«

»Der achtunddreißigsten, Genosse Major.«

»Der achtunddreißigsten ... achtunddreißigsten.« Er streicht mit dem kleinen Finger über das Nasenbein. »Irgend jemand hat mir gesagt ... ich weiß nicht mehr, wer ... aber tatsächlich, irgend jemand hat mir gesagt ... Versucht, nach Kotelnikowo zu gelangen. Das liegt auf dem Wege. Ihre Armee befindet sich dort. Gehen Sie nun ...« Und er beschäftigt sich wieder mit seinem Topf.

Wir grüßen und gehen davon.

In Kotelnikowo sagt man uns, daß der Stab in Abganerowo sei. In Abganerowo finden wir ihn nicht. Man schickt uns nach Karpowka. Dort finden wir ihn auch nicht. Ein Hauptmann sagt uns, er habe gehört, unsere Armee befände sich in Kotluban. Wir fahren nach Kotluban. Keine Spur. Beim Kommandanten erfahren wir, daß ein Major aus der Achtunddreißigsten dagewesen und nach Dubowka gefahren sei. Auf der Station Log treffen wir drei Leutnants aus Dubowka. Die achtunddreißigste Armee sei nicht dort. Alle fahren nach Kletsko-Potschtowaja.

Die Autos fahren nach Kalatsch. Es heißt, schwere Kämpfe sind dort im Gange. Mit der Verpflegung ist es schlecht bestellt. Eine vorüberziehende Einheit hat uns Brot und Konserven gegeben. Walega und Sedych haben einen Sack Hafer aufgetrieben.

Im übrigen ... wir fahren nach Stalingrad. Komme, was da wolle!

10

Als wir in Stalingrad ankommen, strahlt die Sonne hinter den Dächern hervor, und die Häuser werfen lange, kühle Schatten. Der Wagen klappert fröhlich auf dem Kopfsteinpflaster, zerschrammte Straßenbahnwagen rasseln. Schlangen plattnasiger »Studebaker«, mit langen Kästen beladen – Granaten für die »Katjuschas«. In den kahlen, durch Luftschutzgräben verunstalteten Anlagen Flak mit nach oben gerichteten Rohren. Auf dem Markt Berge von Tomaten und Gurken, riesige Flaschen mit goldgelber gekochter Milch. Es wimmelt von Zivilanzügen, Mützen, sogar Schlipsen. Ich habe das alles schon lange nicht mehr gesehen. Die Frauen malen sich wie früher die Lippen an.

Durch ein staubiges Schaufenster sieht man, wie ein Friseur im weißen Mantel jemandem das Kinn einseift. Im Kino läuft »Anton Iwanowitsch ärgert sich«. Die Vorstellungen beginnen um 12, um 2, um 4 und um 6 Uhr. Aus dem schwarzen Rachen des Lautsprechers, der auf einem Straßenbahnmast angebracht ist, erzählt jemand sehr ergreifend von Wanjka Shukow, einem neunjährigen Knaben, der in der Weihnachtsnacht an seinen Großvater ins Dorf einen Brief schreibt.

Und über all dem ein blauer Himmel. Und Staub, Staub ...

Und Akazien und Holzhäuschen mit geschnitzten Wetterfähnchen und: »Achtung, bissige Hunde!« Daneben große Steinhäuser mit vollbrüstigen Frauengestalten als Karyatiden an den Fassaden. »Büro der Konsumgenossenschaften – Vertriebsorganisation«, »Gummischuhreparaturwerkstatt«, »Reparatur von Spirituskochern«, »Staatsanwalt des Molotow-Bezirks« ...

Die Straße biegt nach rechts ab, hinunter zur Brücke. Die Brücke ist breit, mit Laternen flankiert. Unter der Brücke ein nicht existierendes Flüßchen, das den großartigen Namen »Zariza« trägt. Man sieht ein Stückchen der Wolga-Anlegestellen, Schleppkähne, endlose Flöße. Wir biegen nochmals nach rechts und fahren bergauf, zur Schwester von Igors früherem Kompaniechef: »Reines Gold und keine Frau, ihr werdet es selbst sehen.«

Wir halten vor einem einstöckigen Steinhaus mit abbröckelndem Putz und mit Fenstern, die mit Papierstreifen kreuz und quer verklebt sind. Eine weiße, großäugige Katze sitzt auf den Stufen und blickt uns unfreundlich an.

Igor verschwindet im Toreingang. Nach einer Minute erscheint er wieder, fröhlich, ohne Feldmütze, in Hemdsärmeln.

»Sedych, hierher! Führ das Gespann herein!« Mir flüstert er ins Ohr: »Alles in Ordnung. Wir kommen gerade zum Frühstück zurecht.«

Ein kleiner, gemütlicher Hof. Eine Glasveranda mit langgezogenen Schnüren, an denen sich etwas Grünes rankt. Ein Faß unter der Regenrinne. Trocknende Wäsche. Eine Gans, die mit einem Fuß an das Treppengeländer angebunden ist. Und wieder eine Katze, diesmal eine schwarze, die ihre Pfote leckt.

Nachher sitzen wir auf der Veranda an einem gedeckten Tisch und essen eine unwahrscheinlich wohlschmeckende Bohnensuppe. Wir sind unser vier, bekommen aber immer wieder nachgefüllt und nachgefüllt. Marja Kusjminitschna hat von der Küchenarbeit schwarze, rissige Hände, aber ihre

Schürze ist schneeweiß, und der Spirituskocher sowie die Töpfe zum Marmeladekochen, die an der Wand hängen, werden offenbar täglich mit Kreide blank geputzt. Auf dem Scheitel trägt Marja Kusjministschna einen grauen Dutt und auf der Nase eine Brille, deren Steg mit Watte umwickelt ist.

Nach der Suppe trinken wir Tee und erfahren, daß Nikolai Nikolajewitsch, ihr Mann, erst zu Mittag kommen wird – er arbeitet in einem Autolager – und daß ihr Bruder noch immer im Ersatzregiment ist und daß, wenn wir uns nach der Fahrt gründlich waschen wollen, sich im Hof eine Dusche befände. Man müsse nur die Tonne mit Wasser füllen. Auch wolle sie unsere Wäsche noch heute waschen, das mache ihr gar nichts aus.

Wir trinken jeder drei Glas Tee, lassen dann die Tonne voll Wasser und plätschern lange unter Gelächter in der engen, durch Bretter abgetrennten Zelle. Es ist schwer, dieses Glücksgefühl zu beschreiben.

Zu Mittag kommt Nikolai Nikolajewitsch, ein kleiner glatzköpfiger Mann in einem bastseidenen, vorsintflutlichen Jackett und mit einem außergewöhnlich lebhaften Gesicht. Er trommelt ständig mit den Fingern auf dem Tisch.

Er interessiert sich für alles und fragt uns über die Lage an der Front aus, über unsere Verpflegung, und was sich wohl Churchill denke, weil er noch immer nicht die zweite Front errichtet habe. »Das ist doch eine Schweinerei, nicht wahr.« Und ob nach unserer Meinung die Deutschen bis Stalingrad gelangen würden, und wenn, ob wir Kräfte genug hätten, Stalingrad zu verteidigen. Im Augenblick gingen alle schanzen. Auch er sei schon zweimal gewesen, und ein Hauptmann habe ihm gesagt, daß rings um Stalingrad drei Verteidigungsringe wären, oder, wie er sich ausdrückte, drei »Sperrgürtel«. Das sei doch allerhand. Der Hauptmann habe auf ihn einen soliden Eindruck gemacht: »So einer wird wohl nicht grundlos ›schwatzen‹, wie man jetzt sagt.«

Nach dem Tee zeigt Nikolai Nikolajewitsch uns seine Karte, auf der er mit kleinen Fähnchen die Front markiert hat. Mit einem kleinen Metall-Lineal mißt er den Abstand von Kalatsch und Kotelnikowo bis Stalingrad, seufzt und schüttelt den Kopf. Ihm wollen die letzten Ereignisse nicht gefallen. Er liest sehr aufmerksam die Zeitungen, ist Mitglied des Gewerkschaftsausschusses und bezieht nicht nur das Lokalblatt, sondern auch die Moskauer »Prawda«. Sie liegen bei ihm zusammengefaltet in zwei Stapeln auf dem Schrank, und wenn Marja Kusjminitschna zum Einwickeln von Heringen Papier braucht, so muß sie zu den Nachbarn laufen, denn diese Zeitungen dürfen nicht berührt werden.

Hinterher schlafen wir auf dem Hof im Schatten der Akazien und schützen uns mit einem Handtuch gegen die Fliegen.

Am Abend wollen wir ins Operettentheater gehen. »Das Strumpfband der Borgia«. Wir putzen auf dem Hof unsere Stiefel und sparen unsere Spucke nicht dabei.

Auf der gegenüberliegenden Vortreppe sitzt ein junges Mädchen und trinkt Milch aus einem dicken, geschliffenen Glas. Sie heißt Ljussja und ist Ärztin. Das wissen wir schon alles – Marja Kusjminitschna hat es uns erzählt. Das junge Mädchen hat unglaublich dunkle, wie Perlen glänzende Augen, dunkle Brauen und ganz goldenes, nach Männerart geschnittenes Haar. Sie trägt ein leichtes Baumwollkleidchen, einen Sarafan. Hände und Hals sind bronzebraun gebrannt. Igor stellt sich so hin, daß er sie im Blickfeld hat.

»Gar keine üblen Beinchen, was, Jurka? Und auch sonst ...«

Unternehmungslustig spuckt er auf die Bürste.

Das Mädchen trinkt Milch und sieht uns beim Putzen zu. Dann stellt sie das Glas auf die Stufe, geht ins Zimmer und kehrt mit einer Dose Schuhcreme wieder zurück.

»Das ist gute Creme, estnische. Ich glaube, besser als Ihr Speichel«, und hält uns die Dose hin.

Wir danken und nehmen die Creme. Sie ist wirklich besser als Speichel. Die Stiefel glänzen wie neu. Jetzt braucht man sich nicht zu schämen, ins Theater zu gehen. Ob wir ins

Theater gehen wollen? – Ja, ins Theater, zum »Strumpfband der Borgia«. Ob sie uns Gesellschaft leisten wolle? – Nein, sie habe die Operette nicht gern, und eine Oper gebe es in Stalingrad nicht. – Wirklich keine? – Nein. – Und sie liebe die Oper? – Ja, besonders »Eugen Onegin«, »La Traviata«, »Pique Dame«. – Igor ist begeistert. Es stellt sich heraus, daß Ljussja eine Musikschule besucht hat – noch vor dem Hochschulstudium – und daß sie ein Klavier besitzt. Die Operette wird bis zum nächstenmal vertagt.

»Kommen Sie doch bitte herein. Mama wird Tee kochen.«

»Mit Vergnügen. Wir sind das alles nicht mehr gewohnt.«

Wir sitzen im Gastzimmer auf einem Samtdiwan mit geschwungenen Beinen und fürchten die ganze Zeit, sie könnten unter uns zusammenbrechen – so zart und zierlich sind sie und wir so grob und ungeschickt. An der Wand hängt Böcklins »Toteninsel«, auf dem Klavier steht eine Beethovenbüste. Ljussja spielt »La Campanella« von Liszt.

Zwei dicke Kerzen schmelzen in den Leuchtern langsam dahin. Der Diwan ist weich, bequem, mit ausgehöhlter Rücklehne. Ich schiebe mir ein mit Perlen besticktes Kissen in den Rücken und strecke die Beine aus.

Ljusjas Haar ist im Nacken sorgfältig verschnitten, und ihre Finger laufen schnell über die Tasten – wahrscheinlich hat sie in der Musikschule für diese Fertigkeit stets ausgezeichnete Zensuren bekommen. Ich höre »La Campanella«, schaue den Böcklin an, die Beethovenbüste, die aus Uralsteinen geschnitzten Elefanten, die auf dem Büfett hintereinander aufmarschieren, aber irgendwie erscheint mir das alles fremd, weit entfernt, wie von einem Nebelschleier verhüllt.

Wie oft habe ich an der Front von solchen Minuten geträumt: Rings um dich keine Schüsse, keine Explosionen, du sitzt auf einem Sofa, hörst der Musik zu, neben dir ein hübsches Mädchen. Und nun sitze ich auf einem Diwan und höre Musik ... Und aus irgendeinem Grund ist es mir unangenehm. Warum? Ich weiß nicht. Ich weiß nur, daß seit dem Augenblick, da wir vom Oskol zurückgegangen sind, nein, später, seit den Scheunen, in meiner Seele etwas Unangenehmes zurückgeblieben ist. Ich bin doch kein Fahnenflüchtiger, kein Feigling, kein Mucker und habe doch das Gefühl, als ob ich dies und das und auch das dritte wäre.

Vor einigen Tagen, es war bei Karpowka, glaube ich, saßen Igor und ich am Wegrand und rauchten. Walega und Sedych bereiteten über einem offenen Feuer das Abendbrot. Eine nagelneue Artillerieeinheit zog an uns vorbei an die Front. Junge lustige Soldaten mit geröteten Gesichtern wurden auf den Protzen im Staub des Wegs gerüttelt und geschüttelt. Sie lachten und machten Witze, und einer von ihnen, vielleicht ein Sergeant, vielleicht auch nur ein Gefreiter, auf einem satten, rötlichen Pferdchen, rief fröhlich mit einer klingenden Stimme wie der eines Vorsängers:

»Nun, meine Herren Soldaten, Sie haben sich aber gut verschanzt! Weder eine Kugel noch eine Granate wird Sie hier treffen ...«

Ringsum wieherten alle los, und der Spaßvogel der Batterie warf noch hin:

»Wie wär's mit einem Samowar und Eingemachtem? ...«

Und wieder lachten alle los.

Ich weiß, daß weder er noch die Soldaten uns kränken wollten, aber ich kann nicht sagen, daß mir dieser Spaß besondere Freude bereitet hätte. Walega schimpfte sogar los und murmelte etwas vor sich hin, wie: »Wollen mal sehn, was ihr in zwei Wochen singen werdet ...«

Das schrecklichste am Kriege sind nicht die Granaten, nicht die Bomben – daran gewöhnt man sich, das schrecklichste sind Untätigkeit, Ungewißheit, das Fehlen eines bestimmten Zieles. Es ist viel schrecklicher, auf offenem Felde im Schützengraben unter einem Bombenhagel zu liegen, als zum Angriff vorzugehen. Und dabei sind doch im Schützengraben die Todeschancen bedeutend geringer als während des Angriffs, aber beim Angriff gibt es ein Ziel, eine Aufgabe, während man im Graben nur hin und her raten muß, ob einen eine Bombe trifft oder nicht ...

Ljussja erhebt sich vom Klavier.

»Kommen Sie, wir wollen Tee trinken. Das Wasser im Samowar kocht sicher schon.«

Der Tisch ist mit einem weißen gestärkten Tischtuch bedeckt. Kristalltellerchen stehen darauf mit dicker Kirschkonfitüre ohne Kerne – meiner Lieblingskonfitüre. Wir trinken Tee aus dünnen Gläsern und wissen nicht, wo wir unsere Hände hintun sollen, die so grob sind und in den Rillen und Kratzern gar nicht mehr sauber zu kriegen; wir fürchten, das Tischtuch zu beschmutzen.

Ljusjas Mutter, eine korpulente Dame mit einer Schildpattbrille und einem hochstehenden Kragen, wie ihn Schulaufseherinnen tragen, legt uns Eingemachtes auf und seufzt:

»Essen Sie, essen Sie. An der Front werden Sie nicht so verwöhnt. An der Front ist es schlecht, ich weiß es. Mein Mann hat am vorigen Krieg teilgenommen und mir davon erzählt.« Und sie seufzt wieder: »Unglückliche Generation, unglückliche Generation ...«

Wir lehnen das dritte Glas Tee dankend ab, sitzen anstandshalber noch fünf Minuten und verabschieden uns dann.

»Kommen Sie wieder, meine Lieben, kommen Sie wieder. Es wird uns immer eine Freude sein.«

Wir liegen auf dem Hof unter den staubigen Akazien und können lange nicht einschlafen. Neben mir schläft Sedych. Er schmatzt im Schlaf und langt mit der Hand zu mir herüber. Igor dreht sich von einer Seite auf die andere.

»Schläfst du noch nicht, Jurka?«

»Nein.«

»Woran denkst du?«

»An nichts ...«

Igor sucht in der Dunkelheit nach Tabak.

»Hast du was zu rauchen?«

»Guck im Stiefel nach, im Beutelchen.«

Igor sucht im Stiefel, findet das Beutelchen und dreht sich eine Zigarette.

»Ich hab es satt, Jurka.«

»Was?«

»Dieses ewige Umherirren. Es ist wie ein Blümchen im Eisloch ...«

»Nun, morgen ist Schluß mit dem Schlendrian. Gleich frühmorgens, noch vor dem Frühstück, gehen wir ins Personalamt.«

»Auch so eine Sache – das Personalamt. Man wird uns in die Reserve stecken, wo wir uns mit Exerzieren und Grußvorschriften beschäftigen müssen, oder noch schlimmer: in ein Ersatzregiment.«

»Ich lasse mich aber nicht in ein Ersatzregiment schikken.«

»Du läßt dich nicht? Auch auf eine Schule läßt du dich nicht schicken? Nach Alma-Ata oder nach Frunse? Man sagt, daß jetzt alle Leutnants und Oberleutnants auf eine Militärschule geschickt werden.«

»Nun, mögen sie. Ich werde keinesfalls gehen.«

Wir schweigen einige Minuten. Igors Zigarette glimmt.

»Und was werden wir mit den Jungen machen?«

»Mit welchen? Mit Walega und Sedych?«

»Wir müssen sie wohl zur Sammelstelle schicken.«

»Sie werden auf keine Sammelstelle kommen. Wir werden Fahrzeug und Pferde abliefern, aber Walega und Sedych gebe ich nicht her. Ich bin mit Walega neun Monate im Krieg zusammen gewesen, und wir werden bis zum Ende des Krieges zusammenbleiben, bis einer von uns umkommt.«

Igor lacht.

»Spaßig ist er – dein Walega. Gestern hat er sich mit Sedych gezankt, darüber, wie sie die Kartoffeln kochen sollten. Sedych wollte sie gleich in der Schale kochen, aber Walega – nein, auf keinen Fall, der Leutnant – das bist du – pellt nicht gern, er hat lieber geschälte. Zehn Minuten etwa haben sie sich gestritten.«

»Nun ja, er ist eine richtige Ordonnanz«, sage ich und dreh mich auf die andere Seite. »Schlaf, morgen muß man früh aufstehn.«

Igor gähnt langanhaltend, spuckt aus und drückt die Zigarette auf dem Erdboden aus.

Irgendwo in weiter Ferne schießt die Flak. Scheinwerfer strahlen am Himmel umher. Walega seufzt im Schlaf. Er liegt zwei Schritt von mir entfernt zu einem Knäuel zusammengedreht, das Gesicht mit der Hand bedeckt.

So schläft er immer.

Mein kleiner, rundschädeliger Walega! Wieviel sind wir beide gemeinsam in diesen Monaten marschiert, wieviel Grütze haben wir gemeinsam aus einem Topf gegessen, wie viele Nächte haben wir, in eine und dieselbe Zeltbahn gewickelt, gemeinsam verbracht! Und du wolltest durchaus nicht meine Ordonnanz werden! Drei Tage waren nötig, dich zu überreden. Du standest da, stiertest vor dich hin und brülltest etwas Unverständliches – kann nicht, bin es nicht gewöhnt. Du schämtest dich eben, von deinen Kameraden fortzugehen. Du warst mit ihnen gemeinsam in der vorderen Linie herumgekrochen, hattest mit ihnen gemeinsam das Leid ausgekostet, und jetzt solltest du plötzlich Ordonnanz eines Offiziers werden, solltest auf ein Druckpöstchen kommen. »Kann ich denn nicht kämpfen, bin ich schlechter als die anderen? …«

Ich habe mich an dich so sehr gewöhnt, verdammt gewöhnt an dich, an deine großen Ohren. Nein, nicht gewöhnt. Das ist keine Gewohnheit, das ist etwas anderes, viel Tieferes. Ich habe nie darüber nachgedacht. Dazu war einfach keine Zeit.

Ich hab doch auch früher Freunde gehabt. Viele Freunde. Wir haben gemeinsam gelernt, gearbeitet, Wodka getrunken, über Kunst und andere erhabene Themen diskutiert … Aber genügt das alles? Das Trinken, das Diskutieren, der gleiche Bildungsgrad, gemeinsame Interessen?

Wadim Kastrizkij, ein kluger, begabter, feiner Bursche. Mit ihm zusammen zu sein war für mich immer sehr interessant, ich habe viel von ihm gelernt. Aber ob er mich, wenn ich verwundet worden wäre, vom Schlachtfeld weggetragen hätte? Früher hätte mich diese Frage nicht interessiert. Jetzt aber interessiert sie mich. Und ich weiß wirklich nicht, ob er mich weggetragen hätte oder nicht. Walega aber, der hätte mich weggetragen, das weiß ich ... Oder Sergej Walednizkij. Würde ich mit Sergej auf ein Spähtruppunternehmen gehen? Ich weiß nicht, aber mit Walega – bis ans Ende der Welt.

Nur im Kriege lernt man die Menschen wirklich kennen, das ist mir jetzt klar. Der Krieg wirkt wie Lackmuspapier, wie ein besonderer Entwickler. Walega kann nur buchstabieren. Beim Dividieren irrt er sich immer, er weiß nicht, wieviel sieben mal acht ist, und wenn man ihn fragt, was Sozialismus oder Heimat bedeutet, so kann er es bestimmt nicht vernünftig erklären, das sind für ihn Begriffe, die mit Worten schwer zu umschreiben sind. Aber für die Heimat – für mich, für Igor, für seine schiefe Hütte irgendwo im Ural, für Stalin, den er nie gesehen hat, der aber für ihn das Symbol alles Guten und Richtigen ist – wird er bis zur letzten Patrone kämpfen. Und – wenn die Patronen alle sind – mit Fäusten und mit Zähnen ... Das ist der russische Mensch. Wenn er im Schützengraben liegt, wird er mehr auf seinen Spieß schimpfen als auf die Deutschen. Kommt es aber darauf an, so steht er seinen Mann. Dividieren, multiplizieren und richtig lesen, das wird er noch lernen, wenn nur Zeit und Bedürfnis dazu vorhanden sind ...

Walega brummt etwas im Schlaf, wälzt sich auf die andere Seite, rollt sich wieder zu einem Knäuel zusammen und zieht die Knie an das Kinn heran.

Schlaf, schlaf, du Großohriger ... Bald wird es wieder Schützengräben geben und schlaflose Nächte – »Walega hierher! Walega dorthin! ...« Schlaf vorläufig. Und wenn der Krieg vorbei ist und wir am Leben bleiben, so wird sich das Weitere schon finden.

11

Am Morgen im Personalamt stoßen wir buchstäblich mit der Nase auf Kalushskij, der rasiert, frisch und sogar erholt aussieht.

»Kinderchen ... Gesund und lebendig? Wohin des Wegs?« Er streckt uns seine warme, feuchte Hand entgegen.

»Dorthin, woher du kommst.«

»Ein Augenblickchen. Eilt doch nicht so. Habt ihr Tabak?«

»Haben wir.«

»Wir müssen unbedingt etwas rauchen und unsern Verstand ein bißchen anstrengen. Hier ist eine nette kleine Bank.«

Er zieht uns zu einem dreibeinigen Bänkchen in die staubige Anlage.

»Wozu diese Hast? Versteht ihr? Die Sache ist ja ganz klar. Entweder Reserve – oder vorderste Linie. Ruckzuck – und ihr seid nicht mehr.«

»Na?«

»Würde euch das gefallen?« Seine rasierten Augenbrauen heben sich erstaunt in die Höhe. »Wißt ihr, was sich an der Front jetzt abspielt? Leute werden wahllos hingeschickt. Ich habe heute mit einem verwundeten Leutnant gesprochen. Er ist erst gestern aus Kalatsch zurückgekehrt. Man wird auf den ersten besten Platz geschickt. Hier hast du Leute, hier deine Stellung – nun halte sie. Versteht ihr? Die Messerschmitt kreisen nur so über den Köpfen. Mit einem Wort ...«

Mit seinen dicken, kurzen Fingern zeichnet er ein Kreuz in die Luft.

»Und bei der Reserve? Weizengrütze, Brot wie Lehm, vielleicht noch manchmal einen Hering. Und Dienst von früh bis spät – Dienstvorschriften, Gefechtsvorschriften, leichte Maschinengewehre ... Wollt ihr Sonnenblumenkerne?«

Ohne eine Antwort abzuwarten, schüttet er uns kleine geröstete Sonnenblumenkerne in die Hand.

»Jetzt weiter.« Er beugt sich leicht vor und spricht in geheimnisvollem Flüsterton: »Ich habe hier einen Hauptmann kennengelernt und werde euch mit ihm bekannt machen. Ein guter Kerl. Er hat in einem Divisionsstab als Chefgehilfe für Aufklärung gearbeitet. Wir sind ins Gespräch gekommen. Dabei stellte sich heraus, daß wir gemeinsame Bekannte haben. Kurzum – in fünf, sechs, höchstens zehn Tagen wird Oberstleutnant Schuranskij hierherkommen. Kennt ihr ihn? Ein Prachtkerl! Ich bin mit ihm auf du. Haben zusammen getrunken ... Und er, dieser Schuranskij, wird alles in Ordnung bringen. Jetzt ist er nach Moskau abkommandiert. In einer Woche wird er hier sein. Mein Rat ist übrigens folgender: Macht kehrt! Habt ihr eine Unterkunft? Ich werde euch auf dem laufenden halten ...«

Er springt plötzlich auf und steckt die Sonnenblumenkerne in die Tasche.

»Einen Augenblick. Wartet auf mich ... Mit dem Major da muß ich ein paar Wörtchen sprechen ...«

Er rückt die Mütze zurecht und verschwindet um die Ecke.

Wir gehen in das Haus mit den schmutzigen Fenstern. Ein blaß wirkender Leutnant mit blankgeputzten Stiefeln teilt uns mit, daß sich die Ingenieurabteilung in der Turkestanstraße befinde, dort würden alle Pioniere registriert. Alle anderen – wie Schützen, Artilleristen – melden sich im Zimmer Nr. 5, von elf bis siebzehn Uhr.

Wir gehen in die Turkestanstraße. Igor beschließt, sich für einen Pionier auszugeben.

»Hol der Teufel die Gasabwehr! Ich bin ihrer überdrüssig. Du wirst mir im Laufe von drei Tagen die ganze Weisheit beibringen.«

In der Turkestanstraße wieder ein Leutnant – diesmal ein schwarzer, in Zelttuchstiefeln. Dann ein Major. Dann fünf Fragebogen und – »Kommen Sie morgen gegen zehn Uhr.«

Am nächsten Tag um zehn Uhr füllen wir wieder Fragebogen aus, und mit einem Zettelchen: »An Major Sabawnikow, in die Reserve übernehmen« marschieren wir in die Usbekenstraße Nr. 16.

Dort finden wir etwa zwanzig Mann, alles Pionieroffiziere. Auf den Fensterbrettern sitzend, trinken sie Tee, rauchen, schimpfen auf die Reserve. Der Major ist nicht da. Dann kommt er – ein kleiner, galliger Mann mit tränenden Augen. Wieder das übliche: Woher? Wer? Was? ... Diensteinteilung: von neun bis ein Uhr Dienst, dann Mittag, von drei bis acht Uhr wieder Dienst. Wir schreiben uns in die Verpflegungsliste einer Pontonierkompanie ein und gehen dann nach Hause.

Am Abend schlendern wir mit Ljussja die Uferstraße entlang. Der Himmel ist rot, unheilverkündend. Über dem Horizont – Wolken, dichtem schwarzem Rauch ähnlich. Die Wolga kräuselt sich vom Wind und ist ohne jeden Glanz. Und Flöße, Flöße ohne Ende. Schleppdampfer, mit Grün getarnt, als ob es Pfingsten wäre. Am anderen Ufer Häuschen, eine kleine Kirche, in jedem Hof die Schwingbäume der Ziehbrunnen.

Wir gehen Arm in Arm, bleiben manchmal an der Steinbrüstung stehen, stützen uns auf und blicken in die Ferne. Ljussja spricht zu mir – ich glaube über Block oder Jessenin –, fragt mich etwas, und ich antworte, und mir ist nicht wohl; ich habe keine Lust zu sprechen, weder über Block noch über Jessenin.

Dies alles hat mich einst interessiert und erregt, aber jetzt ist alles weit, weit entfernt. Architektur, Malerei, Literatur ... Ich habe während des Krieges kein einziges Buch gelesen. Und ich mag auch nicht, es reizt mich nicht.

Das alles später, später ...

Morgen wieder diese Reserve; zwanzigmal: »Nimm das MG auseinander und setze es zusammen«; und übermorgen und überübermorgen das gleiche. Und wieder wird der gallige Major Sabawnikow mit den tränenden Augen uns sagen, daß wir abwarten müssen, daß man uns an die Front schikken wird, wenn der Befehl kommt, und daß es eigens dafür

Menschen gibt, die das alles planen und bedenken und – weiter, weiter, weiter …

Wir gehen am Denkmal Cholsunows, eines Helden der Sowjetunion, vorbei. Zu meiner Schande weiß ich gar nicht, was er eigentlich geleistet hat. Aus Bronze gegossen steht er da, in seiner Lederjacke, sicher, fest. Wir lesen die Aufschrift und betrachten die Reliefs auf dem Sockel.

Jetzt kommen wir auf den Hauptplatz. Eine abgeschossene graue Heinkel-Maschine mit schwarzen, sorgfältig ausgeführten Kreuzen und einem mittelalterlichen Löwen auf einem heraldischen Schild steht hier. Sie sieht aus wie ein verwundeter böser Vogel, der abgestürzt ist und sich nun mit seinen Krallen ins Erdreich verkrampft hat. Jungen klettern auf die zerschmetterten Flügel, kriechen in die Kabinen und fingern an den Geräten herum. Die Erwachsenen betrachten schweigend und ingrimmig hinter der gespannten Schnur die zerschmetterten Motoren und die herausragenden Maschinengewehre.

»Diese Schufte, alles gepanzert.«

»Ja, Metall sparen die nicht.«

»Und mach mit Holzflugzeugen etwas gegen sie.«

»Wie viele Maschinengewehre hat so eine Heinkel?«

»Zwei – und zwei Kanonen.«

»Auch Bomben?«

»Auch Bomben – zwei Tonnen.«

»Zwei Tonnen?«

Ljussja zupft mich am Ärmel: »Kommen Sie, ich hab schon genug gesehen. Wir wollen zum Mamai-Hügel fahren.«

»Wohin?«

»Zum Mamai-Hügel. Dort oben sieht man Stalingrad wie auf der Handfläche vor sich liegen. Und die Wolga auch. Und man kann noch weit, weit über die Wolga hinwegsehen. Dort ist es schön, wirklich.«

Wir fahren zum Mamai-Hügel.

Er ist flach und wenig verlockend. Junge Bäumchen sind in Reihen gepflanzt. Ljussja sagt, man beabsichtige hier einen

Park für Kultur und Erholung einzurichten. Es ist möglich, daß es hier einmal schön sein wird, aber vorläufig gibt es wenig Anziehendes. Ein paar Wassertürme, trockenes Gras, vereinzelte stachelige Sträucher.

Aber die Aussicht ist wirklich schön.

Die große, weit ausgedehnte Stadt hat sich eng an den Fluß geschmiegt. Eine Ansammlung von neuen Steinhäusern, die von weitem sehr schön wirken. Wie eine kleine weiße Insel zeichnen sie sich ab im Meer der sie rings umgebenden hölzernen Bauten, die, schief, halbblind, längs der Schluchten kleben, zum Fluß hinunter- und wieder hinaufkriechen, sich zwischen die Eisenbetonbauten der Fabriken schieben. Die Fabriken sind groß, verqualmt, Kräne poltern und Lokomotivsirenen heulen. »Roter Oktober«, »Barrikaden« und weit, ganz am Horizont, das Traktorenwerk ... Dort sind die Siedlungen, weiße symmetrische Gebäude, kleine Cottages mit blitzenden Eternitdächern.

Und hinter alledem die Wolga, die ruhige, glatte, breite und friedliche Wolga. Am anderen Ufer krauses Grün, aus dem kleine Häuser hervorlugen, und eine weite, violette Ferne. Eine Rakete, von irgendeinem Dummkopf in die Höhe geschossen, geht als schöner grünroter Regen nieder ...

Wir sitzen am Rande einer gewundenen, kahlen Schlucht und sehen zu, wie unten ein Zug dahinkriecht. Er ist schrecklich lang, und auf seinen Plattformwagen steht etwas mit Zeltbahnen Bedecktes – wahrscheinlich Panzer. Die Lokomotive, wie aufgeblasen, mit einem kurzen Schornstein, ächzt schwer und unzufrieden. Sie spart nicht mit Rauch und zieht langsam, mit der Beharrlichkeit eines an schwere Lasten gewöhnten Zugpferdes.

»Woran denken Sie?« fragt Ljussja.

»An ein Maschinengewehr. Hier wäre ein guter Platz für ein Maschinengewehr.«

»Jura ... Wie können Sie nur?«

»Und ein anderes müßte man dort aufstellen. Es wird die ganze gegenüberliegende Seite der Schlucht beherrschen.«

»Ist Ihnen denn das alles nicht schon zum Überdruß geworden?«

»Was alles?«

»Der Krieg, die Maschinengewehre.«

»Sterbensüberdrüssig bin ich dessen.«

»Warum sprechen Sie also darüber, wenn Sie nicht darüber zu sprechen brauchen? Wozu? ...«

»Einfach aus Gewohnheit. Ich betrachte jetzt sogar den Mond nur noch im Hinblick auf seine Nützlichkeit und seinen Vorteil. Eine Zahnärztin sagte mir mal, wenn man ihr von jemand etwas erzähle, dann erinnere sie sich zuerst an seine Zähne, Ersatzstücke und Plomben ...«

»Ich hingegen bemühe mich, außerhalb des Lazaretts an alle diese Stümpfe, trepanierten Schädel und anderen Schrecknisse nicht zu denken.«

»Sie arbeiten eben erst seit kurzem im Lazarett – das besagt alles.«

»Schon den zweiten Monat.«

»Und ich schon das zweite Jahr. Und ein Kriegsjahr, das zählt soviel wie drei Friedensjahre, vielleicht auch wie fünf ...«

Ljussja stützt sich mit der Hand auf mein Knie und blickt mir in die Augen. Sie hat einen kleinen Leberfleck am linken Auge und lange, nach oben gebogene Wimpern, solche wie Sedych.

»Und wie waren Sie vor dem Kriege, Jura?«

Was soll ich ihr darauf antworten?

Genauso wie jetzt, nur ein wenig anders. Ich schaute gern den Mond an, aß gern Schokolade, pflegte in der dritten Parkettreihe zu sitzen, liebte den Flieder und einen Trunk im Kreise der Kameraden ...

Einige Zeit sitzen wir schweigend da und blicken zum jenseitigen Ufer hinüber.

»Hübsch, nicht wahr?« fragt Ljussja.

»Hübsch«, antworte ich.

»Haben Sie das gern, so dazusitzen und zu schauen?«

»Ja, das habe ich gern.«

»Wahrscheinlich haben Sie auch in Kiew abends mit jemand am Ufer des Dnjepr so gesessen und in die Ferne geschaut?«

»Ja, so haben wir dagesessen und geschaut.«

»Haben Sie eine Frau in Kiew?«

»Nein, ich bin nicht verheiratet.«

»Mit wem haben Sie denn dagesessen?«

»Mit Ljussja.«

»Mit Ljussja? Wie spaßig. Auch eine Ljussja?«

»Auch eine Ljussja. Und wie Sie trug sie ihr Haar kurzgeschnitten. Klavier hat sie freilich nicht gespielt.«

»Und wo ist sie jetzt?«

»Ich weiß nicht. Bei den Deutschen. Viele sind bei den Deutschen geblieben. Auch meine Eltern.«

»Haben Sie ein Bild von ihr?«

»Ja.«

»Darf man es sehen?«

Ich nehme aus der Brieftasche das Bild. Wir sind beide darauf – Ljussja und ich. Es ist eine schlechte Amateurfotografie, auf Tageslichtpapier, beinahe verblichen. Ljussja nimmt das Bild in die Hände und beugt sich so tief herab, daß ihre Haare mein Gesicht berühren. Sie duften nach frischer Seife.

»Ihre Ljussja hat ein unsymmetrisches Gesicht. Haben Sie's je bemerkt?«

»Nein, ich habe es nicht bemerkt.«

»Lieben Sie sie? Oder ist es nur so?«

»Mir scheint, ja. Jedenfalls habe ich Sehnsucht.«

»Große?«

»Nun, große.«

»Warum ›nun‹?«

»Dann einfach: große.«

Ljussja senkt die Augen. Auf einmal errötet sie. Sogar ihre Ohren, klein, mit Löchern für Ohrringe, werden ganz rot. Unten kriecht noch ein Zug vorbei, genauso ein langer und schnaufender. Irgendwo rattert eine Straßenbahn, aber man sieht sie nicht. Am Himmel erscheinen Sterne, blasse und schüchterne.

Ich blicke zu den Sternen empor, dann auf das kleine rosa Ohr mit dem Löchlein, auf Ljussjas schmale Hand; an ihrem kleinen Finger sitzt ein Ring mit einem grünen Stein. Sie ist sympathisch und hübsch, diese Ljussja, und mir ist es angenehm, mit ihr zusammen zu sein. In ein paar Tagen werden wir uns trennen und uns niemals wiedersehen. Ich werde während des Krieges noch andere Ljusjas treffen und vielleicht ebenso neben ihnen sitzen, und dann werden sie verschwinden, und ich werde ihre Gesichter und Namen vergessen. Sie werden zusammenfließen, alle in eine große, weite, angenehme Illusion von etwas Vergangenem, Weitem und Verlockendem.

Ich gebe ihr auf jeden Fall die Adresse meines Moskauer Freundes, an die sie, wenn der Krieg vorbei ist und falls sie Lust dazu haben sollte, mir schreiben kann. Sie schreibt die Adresse in ein kleines Notizbuch und sagt, daß sie auf jeden Fall schreiben wird.

... Nach einer Stunde gehen wir fort. Ljussja schweigt und hält sich mit beiden Händen an mir fest, und ich fühle, wie ihr Herz schlägt; ihre Hände sind weich und warm, und sie selbst ist rührend und traut.

12

Wir bekommen Arbeit. Igor, ich und noch zwei Leutnants aus der Reserve. Wir nennen uns eine »Gruppe zur besonderen Verwendung«. Unser Chef ist Major Goldstab, unheimlich intelligent, glatzköpfig und kurzsichtig. Leiter der Gruppe ist Hauptmann Samoilenko, ein mürrischer Mann mit zuckender Nase, ebenfalls aus der Reserve.

Die Arbeit ist einfach. Die Industriewerke der Stadt sind für jeden Fall zur Sprengung vorzubereiten. Man muß eine Skizze der Sprengstoffverteilung machen, die nötige Menge berechnen, die Art der Sprengung festlegen und in den Betrieben besondere Sprengkommandos zusammenstellen und instruieren. Das ist alles.

Ich übernehme das Fleischkombinat, das Kühlhaus, die Mühle Nr. 4 und eine Brotfabrik, Igor – eine Brauerei, eine andere Mühle und das Werk »Metis«.

Wir übersiedeln in eine neue Wohnung, eine große, leere und ungemütliche Wohnung mit einem Balkon nach dem Bahnhofsplatz. Es gibt fast keine Einrichtungsgegenstände: nur einen Tisch, vier Stühle, drei durchgelegene Betten und einen elektrischen Tauchsieder, den jemand vergessen hat.

Igor und ich belegen zwei Betten und legen unsere Mäntel darauf. Das dritte nimmt der Oberleutnant mit dem seltsamen Namen Pengaunis, wahrscheinlich ein Lette. Der vierte von uns, Schapiro, richtet sich auf Stühlen ein. Walega und Sedych bereiten sich im Nebenzimmer auf dem Fußboden ein Lager. Der mürrische Hauptmann bezieht irgendwo ein Privatquartier. Einmal am Tage kommt er, zuckt mit der Nase, fragt, was wir machen, raucht eine Zigarette und geht fort.

In den Betrieben zucken die Direktoren mit den Schultern und sagen, daß sie niemanden hätten, um Kommandos zusammenzustellen – lauter Frauen wären übriggeblieben. Die Arbeiter schielen nach uns: »Was wollen die Militärs so oft hier?« Ich spiele den Feuerwehrmann und betaste die Feuerlöschgeräte.

Im Kühlhaus bewirtet man uns mit Eis auf großen Tellern, im Fleischkombinat mit Wurst und Knackwürstchen.

Die Tage sind klar und heiß, die Nächte stickig.

Marja Kusjminitschna klagt darüber, daß auf dem Markt alles teurer werde und daß man Milch und Butter kaum noch bekomme. Nikolai Nikolajewitsch seufzt über seiner Karte. Die Heeresberichte klingen wenig tröstlich. Maikop und Krasnodar sind gefallen.

In der Stadt sind viele Verwundete. Jeden Tag werden es mehr und mehr. Unrasiert, blaß, mit weißen Binden auf den verstaubten, blutbefleckten Uniformen, ziehen sie in langen Reihen zur Wolga hin. Die Lazarette werden evakuiert. Auf den Straßen und in den Wohnungen kontrollieren Patrouillen die Ausweise. Die Straßen nach Kalatsch und Kotelnikowo sind von Autos verstopft. In allen Höfen werden Luftschutzgräben und große tiefe Löcher ausgehoben. Man sagt, es sollen Löschteiche werden für den Fall eines Brandes. Ab und zu kommen die Fritzen angeflogen, werfen zwei, drei Bomben am Stadtrand ab und fliegen wieder fort. Flak gibt es in der Stadt viel.

Churchill kommt im Flugzeug nach Moskau. Das Kommuniqué ist ziemlich unbestimmt gehalten.

Wo die Kämpfe sind, wissen wir nicht genau. Im Heeresbericht heißt es: »Nordöstlich Kotelnikowo«, »im Donbogen« ... Man sagt, Abganerowo sei schon von den Deutschen besetzt. Das ist fünfundsechzig Kilometer von hier. Marja Kusjminitschna hat gehört, daß die Unseren Kalatsch aufgegeben und sich nach Karpowka abgesetzt haben sollen. Die Verwundeten kommen hauptsächlich aus Kalatsch. Sie zucken mit den Schultern: »Panzer ... Flieger ... was kann man da machen ...«

Ein Befehl zur Evakuierung ist noch nicht gegeben worden, aber Ljusjas Nachbarn, ein Zahnarzt mit seiner Frau und zwei Kindern, sind gestern nach Leninsk abgefahren ... um die Schwester zu besuchen.

In der Operette spielt man »Sylvia«, »Mariza«, »Rosemarie«. In den Büfetts – mit Ausnahme von Wolgawasser, fünf Kopeken das Glas – gähnende Leere. Auf der Bühne Zylinder, gestärkte Hemden, verführerisches Lächeln, zweifelhafte Witze.

Im Zoo trauert wie früher der Elefant, die Affen tollen herum, und die dicke, faule Boa träumt in der Ecke ihres Käfigs auf altem Stroh.

Am »Haus der Roten Armee« werden regelmäßig die »Stalingrader Prawda« und die »Iswestija« in die Schaukästen gehängt. In der städtischen Bibliothek, deren Balkon direkt auf die Wolga geht, gibt eine sympathische alte Frau mit einer Frisur aus den achtziger Jahren Bücher von Balzac aus und bittet, keine Eselsohren in die Blätter zu machen.

Jungen schießen aus Schleudern nach Spatzen, spielen Krieg, »Fritzen und Unsere«, die Mädchen »Himmel und Hölle« und hüpfen auf einem Bein.

So schleicht der August dahin, stickig, wolkenlos und staubig. Einmal begegne ich Kalushskij in einer neuen Feldbluse und einer Mütze mit blinkendem Schirm. Er hat sich in einem Lazarett den Posten als Leiter der Verpflegungsabteilung verschafft. Jetzt wird das Lazarett nach Astrachan evakuiert, und er hat alle Hände voll zu tun. Eine Unmenge Verwundeter und keine Transportmittel, mit einem Wort, »an der Front ist es besser«. Übrigens, falls ich Zucker brauchte, so könnte er mir etwa zehn Kilo ablassen, einerlei, es wird doch nicht gelingen, alles fortzuschaffen, man wird es sowieso der Front überlassen müssen.

Ich weiß, daß Walega auf mich schimpfen wird, sage aber, ich hätte keine Zeit. Das Gespräch ist damit beendet. Er winkt fröhlich mit der Hand und fährt auf einem Lastwagen, der bis obenhin mit ausgeweideten Hammeln beladen ist, hinüber zum anderen Ufer der Wolga. Ich folge ihm mit den Augen und gehe zur Post. Vielleicht ist doch etwas da, »postlagernd«.

13

Am Sonntag wache ich früher auf als gewöhnlich. Von irgendwoher sind Flöhe eingeschleppt worden, und ich kann keinen Schlaf finden. Igor und die beiden anderen schlafen noch.

Ich stehe auf und gehe in die Küche. Sedych bäckt auf dem Primuskocher Fladen. Walega bastelt am Lautsprecher herum. Er träumt schon seit langem von einem Radio.

Durch das Fenster blinkt blendend die Wand des gegenüberliegenden Hauses, das von der Sonne übergossen ist, und ein Stück des farblosen, durch die Hitze gleichsam ausgeblichenen Himmels.

In die Fabriken werde ich heute nicht gehen. Die Skizzen sind fertig, die Menge des benötigten Sprengstoffes ist errechnet, die Instruktion wird von Tag zu Tag verschoben. Bis zum heutigen Tage sind Sprengkommandos noch nicht zusammengestellt.

Ich ziehe Igor den Mantel herunter.

»Steh auf. Wir wollen zur Wolga gehen und baden.«

Er blickt unzufrieden drein und versucht, sich den Mantel übers Gesicht zu ziehen, brummt, steht aber dennoch auf und zwinkert mit seinen verschlafenen Augen.

Sedych bringt die zischenden Fladen auf der Bratpfanne herein.

»Heute morgen hat man einen Fritzen abgeschossen.« Er stellt die Pfanne auf einen Ziegelstein. »Ich habe es selbst gesehen. Zuerst fing er an zu rauchen, hinterließ einen langen schwarzen Schwanz, neigte sich immer mehr auf die eine Seite und stürzte dann außerhalb der Stadt ab. Offenbar ist der Motor getroffen worden.«

»In der Stadt ist viel Flak«, sagt Schapiro und steigt von seinen Stühlen herunter. »Es sollen fünfundzwanzig Batterien sein.« Er hat eine Vorliebe für Zahlen und Berechnungen.

»Wenn sie gleichzeitig das Feuer eröffnen, so können sie in einer Minute nicht weniger als siebenhundertfünfzig Geschosse abfeuern.«

»Wie viele Flugzeuge haben denn die Deutschen?« fragt Igor. Er macht sich immer über ihn lustig, aber Schapiro beachtet das gar nicht.

»Zu Anfang des Krieges waren es an zehntausend, jetzt sind es wahrscheinlich mehr.«

»Warum?«

»Das ist eine einfache Rechnung. Wenn man annimmt, daß sie hundert Flugzeugwerke haben und jedes davon täglich ein Flugzeug herstellt, ich nehme ein unwahrscheinliches Minimum an, so macht das dreitausend Stück pro Monat. Solche Verluste aber können sie nicht haben, also …«

»Kommst du mit an den Strand?« unterbricht Igor.

»Nein, ich habe einen Furunkel, den sechsten im Laufe dieses Monats, und an einer ganz unangenehmen Stelle. Kann immer nur auf der einen Hälfte sitzen …«

Stalingrad hat keinen Strand. Wir springen direkt von den Flößen in die fettigen, von Erdöl perlmuttgefärbten Wellen. Das Wasser ist lau, als ob es angewärmt wäre.

Später liegen wir auf den Baumstämmen und blicken mit zusammengekniffenen Augen auf die Wolga. Sie glänzt so, daß es blendet. Sie ähnelt gar nicht dem Dnjepr, ganz und gar nicht. Zum letzten Male habe ich ihn einige Tage vor Kriegsanfang gesehen. Er ist leichtsinniger und fröhlicher. Ein großer Strandbogen, bedeckt mit nackten, von der Sonne schwarzgebrannten Körpern, Sonnenschirmen, die wie Pilze aussehen, Verkaufsständen; Freibäder und eine unendliche Zahl von Booten: Schaluppen, schlanke Achter-Rennboote und schneeweiße schnelle Jachten. Dies alles flitzt hin und her, ist voller Bewegung, blinkt weiß, gelb, blau, zittert in der glühenden Hitze der Mittagssonne.

Hier ist es anders. Hier ist alles voll ernsthafter Geschäftigkeit. Hier sind Flöße und Barken, verrußte, gräuliche Kutter, heiser hupende Schlepper, deren Stahltrossen im Wasser aufschlagen. Wahrscheinlich hat es vor dem Kriege auch Jachten und Boote gegeben, aber vor dem Krieg bin ich nicht hier gewesen. Und jetzt wirkt diese breite, glänzende, mit Flößen gänzlich bedeckte Wasserfläche, deren Ufer vollgespickt sind mit Kränen und langen, gleichförmigen Schuppen, eher wie ein Industriebetrieb.

Und dennoch ist das die Wolga. Man kann stundenlang auf dem Bauch liegen und zusehen, wie die Flöße flußabwärts schwimmen, wie die Naphthalachen in allen Farben schillern, wie ein vorsintflutlicher kleiner Raddampfer schnaufend gegen die Strömung stampft. Ich liege und sehe zu, während Igor davon spricht, daß er des Nichtstuns nun überdrüssig sei, auch Schapiros mit seinen Furunkeln, auch Pengaunis', der jeden Tag seine Kragen wäscht und auf dem Balkon aufhängt, und daß er der Fabrikdirektoren überdrüssig sei und dieses ganzen Papierkrieges.

Ich höre ihm mit halbem Ohr zu, sehe dem schnaufenden Schleppdampfer nach, der am anderen Ufer anlegt, und bemühe mich, nicht daran zu denken, daß vielleicht in einer oder in zwei Wochen hier die Front sein wird, daß da, wo wir jetzt liegen, die Deutschen liegen werden und dort, im krausen Grün des jenseitigen Ufers, wir; und Bomben werden weiße Wasserfontänen aufsteigen lassen, aufgequollene Körper werden auf dieser blinkenden Fläche dahinschwimmen, irgendwohin, flußabwärts, nach Astrachan, zum Kaspischen Meer.

Igor schlägt mich kräftig zwischen die Schulterblätter.

»Komm ins Wasser! Dort fährt ein Dampfer.«

Nach einem Anlauf stößt er sich mit den Füßen von dem dicken schlüpfrigen Stamm ab und schnellt ins Wasser. Einige Sekunden ist er nicht zu sehen. Dann erscheint sein prustender Kopf weit vom Ufer. Mit starken, kurzen Stößen – der Rücken ist beinahe über dem Wasser – schwimmt er dem Dampfer entgegen. Der Kopf befindet sich unter Wasser. Nur der Mund taucht manchmal unter den Armen auf, um Luft zu holen. Igor schwimmt gut. Ljussja schwamm auch so, nicht so stark und hart, aber ebenfalls gut.

Diesen Stil nennt man »kraulen«. Ich beherrsche ihn noch nicht. Die Atemtechnik klappt nicht, und die Füße werden müde. Sie müssen die ganze Zeit schnell und gleichmäßig arbeiten wie eine Schere.

Der Dampfer zieht vorbei, klein, gedrungen, mit hohem Schornstein, hinter sich einen langen Schwanz aus Lastkähnen. Igor kehrt zurück, außer Atem.

»Das Herz schlägt so. Ich werde alt, und überhaupt, dies ist ja kein Fluß, sondern eher ein Naphthabehälter.« Er glänzt und schillert von Naphtha. »Komm lieber in die Bibliothek.«

Ich widerspreche nicht. Der Rücken schmerzt vom Liegen auf den Stämmen.

In der Bibliothek vergnügen sich Igor mit der Zeitschrift »Apollo« aus dem Jahre 1911 und ich mit einigen Novellen peruanischer Herkunft aus der »Internationalen Literatur«. Die geflochtenen Sessel sind bequem. Im Zimmer ist es still und gemütlich. Bildnisse Turgenjews, Tjutschews und von noch jemand mit einem Schnurrbart und einer Nadel im Schlips. Die große Wanduhr schlägt klangvoll jede Viertelstunde. Zwei Kinder wollen vor Lachen über Dorés Illustrationen zu Münchhausen fast ersticken. Ich hatte einst auch so ein Buch mit rotem, goldgeprägtem Einband und ebensolchen Bildern, ich konnte es zwanzigmal am Tage durchblättern. Besonders hat mir das Bild gefallen, wie Münchhausen sich selbst am Zopf aus dem Sumpf zieht. Und noch ein anderes, wo das von einem Fallgatter in zwei Teile gespaltene Pferd ruhig am Brunnen steht und säuft, während hinten ein ganzer Wasserfall herausplätschert.

Wir sitzen so lange, bis die Bibliothekarin uns darauf aufmerksam macht, daß der Lesesaal um sechs Uhr geschlossen wird.

»Kommen Sie morgen wieder. Wir haben immer von zwölf bis sechs geöffnet, und vom ›Apollo‹ sind auch noch die Jahrgänge zwölf und siebzehn da.«

Wir verabschieden uns und gehen. Wahrscheinlich brummt Walega schon, weil das Essen kalt geworden ist.

Am Eingang zum Bahnhof krächzt heiser der große quadratische Lautsprecher:

»Achtung, Bürger, in der Stadt ist Fliegeralarm gegeben worden. Achtung, Bürger, in der Stadt ist ...«

In den letzten Tagen wurde täglich drei- bis viermal Alarm gegeben. Niemand schenkt dem noch Beachtung. Es wird geschossen, Flugzeuge bekommt man nicht zu Gesicht, und dann wird entwarnt.

Walega empfängt uns mit bösen Blicken.

»Sie wissen doch, daß wir keinen Bratofen haben. Zweimal habe ich schon aufgewärmt. Die Kartoffeln sind ganz matschig geworden, und der Borschtsch ...«

Hoffnungslos winkt er mit der Hand ab und wickelt den Borschtsch* aus den Mänteln heraus. Hinter dem Bahnhof beginnt die Flak zu schießen.

Der Borschtsch ist wirklich ausgezeichnet, mit Fleisch und Sahne gekocht. Es sind sogar Teller da, hübsche, mit rosa Blümchen.

»Ganz wie im Restaurant«, lacht Igor; »es fehlen nur noch Messerbänkchen und dreieckige Servietten im Glas.«

Auf einmal fliegt alles zum Teufel: Teller, Löffel, Fensterscheiben, der an der Wand angebrachte Lautsprecher ...

Verflucht noch mal! Was ist los?

Hinter dem Bahnhof tauchen langsam, wie zur Parade, Flugzeuge auf. Noch niemals habe ich eine solche Menge gesehen. Es sind so viele, daß es schwierig ist festzustellen, woher sie eigentlich kommen. Der Himmel ist besät mit den Explosionswölkchen der Flakgeschosse.

Wir stehen auf dem Balkon und starren zum Himmel empor – ich, Igor, Walega, Sedych. Es ist unmöglich, sich von dem Anblick loszureißen.

Die Deutschen fliegen gerade auf uns zu, in einem Dreieck, wie Zugvögel, ganz niedrig. Deutlich sind die gelben Flügelenden zu sehen, die weiß umrahmten Kreuze, die Räder wie ausgestreckte Krallen ... Zehn ... zwölf ... fünfzehn ... achtzehn Stück ... formieren sich zu einer Kette ... gerade uns gegenüber ... Das Leitflugzeug dreht sich um den rechten Flügel, mit den Rädern nach oben. Geht zum Sturzflug über ... Ich wende kein Auge von ihm. Es hat rote Räder und eine rote Motorspitze. Eine Sirene wird eingeschaltet. Unter den Flügeln fallen schwarze Pünktchen heraus, eins ... zwei ... drei ... vier ... zehn ... zwölf ... Der letzte Punkt ist groß und weiß. Ich schließe die Augen, klammere mich am

* Borschtsch – ukrainisches Nationalgericht: Gemüsesuppe, vorwiegend aus roten Rüben.

Geländer fest, ganz instinktiv. Es ist keine Erde da, in die man sich eingraben könnte, und irgend etwas muß man tun. Man hört, wie der Stuka aus dem Sturzflug wieder hochsteigt. Dann kann man nichts mehr unterscheiden.

Ein ununterbrochener Donner; alles zittert, ein schwaches, widerwärtiges Beben. Ich öffne für eine Sekunde die Augen. Man sieht nichts, außer Staub, oder vielleicht Rauch. Alles ist von etwas Trübem verschleiert ... Wieder heulen Bomben, wieder Donner. Ich halte mich am Geländer fest. Jemand preßt meinen Arm wie mit einem Schraubstock oberhalb des Ellbogens zusammen. Walegas Gesicht, gleichsam erstarrt wie bei dem Aufleuchten eines Blitzes ... weiß, mit runden Augen und offenem Mund ... Es verschwindet wieder ...

Wie lange dauert es? Eine Stunde, zwei – oder fünfzehn Minuten? Weder Zeit noch Raum. Nur der trübe Schleier und das kalte, rauhe Geländer. Sonst nichts.

Das Geländer verschwindet. Ich liege auf etwas Weichem, Warmem und Unbequemem. Es bewegt sich unter mir. Ich kralle mich hinein. Es kriecht.

Keine Gedanken. Der Verstand ist ausgeschaltet. Nur der Instinkt ist geblieben, ein tierischer Lebenswille und ein Warten. Nicht mal Warten, sondern nur der Gedanke: »Schneller, schneller, ganz gleich, was passiert, nur schneller!«

Später sitzen wir auf dem Bett und rauchen. Wie alles gekommen ist, weiß ich nicht mehr. Ringsherum ist Staub, wie Nebel. Es riecht nach Sprengstoff. Zwischen den Zähnen, in den Ohren, hinterm Kragen – überall Sand. Auf dem Boden Tellerscherben, eine Pfütze aus Borschtsch, Kohlblätter, ein Stück Fleisch. Inmitten des Zimmers ein Asphaltbrocken. Alle Fensterscheiben bis auf eine sind zertrümmert. Der Hals schmerzt, als ob jemand mit einem Stock draufgeschlagen hätte.

Wir sitzen und rauchen. Ich sehe, wie Walegas Finger zittern – meine wahrscheinlich auch. Sedych reibt sich den Fuß. Igor hat einen großen blauen Fleck auf der Stirn. Er versucht zu lächeln.

Ich trete auf den Balkon hinaus. Der Bahnhof brennt, das Häuschen rechts vom Bahnhof auch. Dort war – glaube ich – eine Redaktion oder eine politische Abteilung. Ich weiß es nicht genau. Links, in der Richtung des Elevators, lodernde Feuersbrunst. Der Platz ist leer. Einige Trichter im aufgerissenen Asphalt. Hinter dem Springbrunnen liegt jemand. Ein im Stich gelassenes Fahrzeug steht schief, als ob es sich auf die Hinterpfoten gesetzt hätte. Das Pferd schlägt um sich. Ihm ist der Bauch aufgerissen, und die Därme liegen auf dem Asphalt herum, wie rosa Sülze. Der Rauch wird immer dichter und schwärzer und hängt in dichten Schwaden über dem Platz.

»Wollen Sie essen?« fragt Walega. Er hat eine leise, brüchige Stimme, gar nicht die seine.

Ich weiß nicht, ob ich essen will, aber ich sage: »Ich werde essen.« Wir essen die kalten Kartoffeln gleich aus der Pfanne. Igor sitzt mir gegenüber, sein Gesicht ist grau vor Staub. Der blaue Fleck hat sich über die ganze Stirn verbreitet, giftigviolett.

»Hol sie der Teufel, diese Kartoffeln! Sie wollen nicht rutschen ...«

Er geht auf den Balkon hinaus.

Pengaunis und Schapiro kommen, blaß und mit Staub bedeckt. Der Angriff hat sie auf dem Hauptplatz überrascht. Sie haben im Graben gesessen. Die Bomben haben das »Haus der Roten Armee« getroffen und das Eckhaus gegenüber, wo früher das Lazarett war. Der Südteil der Stadt brennt. Ein Munitionsauto wurde auch getroffen, und die Granaten explodieren noch jetzt. Einer Frau ist der Kopf abgerissen worden. Sie wollte gerade das Kino verlassen. Dort sind etwa zwanzig Menschen umgekommen. Die Vorstellung war gerade zu Ende.

Ich frage, wie spät es ist. Pengaunis blickt auf die Uhr. Es ist drei Viertel neun. Aus der Bibliothek waren wir gegen sieben Uhr zurückgekehrt, also hat der Angriff beinahe zwei Stunden gedauert.

Igor kommt vom Balkon zurück.

»Und wo wohnt unser Hauptmann?«

Niemand weiß es. Eine idiotische Situation. Vielleicht sollten wir zu Goldstab gehen? Obgleich er unsere Adresse kennt und uns benachrichtigen wollte, falls es nötig wäre. Nein, besser, wir gehen doch hin, es ist unmöglich, hier zu sitzen. Bis zu ihm ist es nicht mehr als eine halbe Stunde Weg.

Auf der Straße Menschen mit Bündeln und Handwagen. Sie laufen, stolpern. Von den Handwagen fällt alles herunter. Die Leute bleiben stehen, packen um, schweigend, ohne zu schimpfen, mit weit aufgerissenen, starren Augen. Beißender Rauch, der im Halse kratzt, kriecht aus den Häusern heraus, breitet sich auf den Straßen aus. Unter den Füßen knirscht Glas. Ziegelsteine, Betonstücke, Tische, umgedrehte Schränke. Jemand wird auf einer Decke vorbeigetragen. Eine Greisin in einem karierten Umschlagtuch schleppt einen Hocker und ein Bündel von ungeheuren Ausmaßen.

»Herrgott im Himmel! Heilige Muttergottes!«

Das Bündel fällt herunter, das Tuch ist ihr vom Kopf gerutscht und schleift am Boden nach.

An der Ecke der Gogolstraße ein riesiger Trichter, in dem ein ganzes Haus Platz hätte. Soldaten räumen die Asphaltstücke weg, die nach allen Seiten verstreut sind. Die Luft zittert von dem durchdringenden, ohrenzerreißenden Geheul der Feuerwehrwagen.

Die Menschen hasten, hasten, hasten ...

Der Rauch breitet sich über die ganze Stadt aus, bedeckt den Himmel, beißt in den Augen und kratzt im Halse. Lange gelbe Feuerzungen brechen aus den Fenstern hervor, lecken die Wände des Eckhauses. Die Feuerwehrleute entrollen ihre Schläuche.

Man läßt uns nicht ins Haus hinein. Wir versuchen lange, Goldstab von einer Telefonzelle aus anzurufen, können aber keinen Anschluß bekommen. Jemand spricht dazwischen, es krächzt und klopft. Goldstabs Stimme dringt von weither, wie aus einer anderen Welt:

»Gehen Sie nach Hause ... Warten Sie.«

Wir gehen nach Hause. Die Menschen hasten, hasten, hasten noch immer. Aus der Wohnung unter uns wird ein Spiegelschrank herausgetragen.

Wir versuchen einzuschlafen, drehen uns von einer Seite auf die andere. Es ist hart und unbequem. Kein Licht. Das Radio schweigt. Die ganze Nacht über lodern Brände.

14

Beim Morgengrauen erscheint der Hauptmann.

»In fünf Minuten kommt ein Lastwagen, dann fahren wir zum Traktorenwerk.«

»Zum Traktorenwerk? Wozu?«

»Ich weiß nicht. Befehl.«

»Befehl von wem?«

»Von Goldstab. Er fährt auch ins Traktorenwerk.«

»Was sollen wir dort machen?«

»Ich sagte doch eben, daß ich es nicht weiß. Sammeln Sie Ihre Gruppe und warten Sie auf den Wagen, hat er mir gesagt.«

»Und sonst nichts?«

»Nichts. Er ist nur auf einen Augenblick aus dem Zimmer des Chefs herausgekommen, hat wegen des Wagens Bescheid gesagt und ist wieder hineingegangen.«

»Was hört man sonst?«

Der Hauptmann zuckt mit den Schultern: »Lauter unbegreifliches Zeug.«

Sedych ruft mich beiseite.

»Am Bahnhof ist ein Lager getroffen. Ob man hingeht?«

»Ich möchte es dir nicht raten!«

»Man sagt, da soll's Wodka geben.«

»Hast du gehört, was ich dir gesagt habe?«

»Ja.«

»Geh, pack deine Sachen.«

Ich drehe Blaupapier zu einer Rolle zusammen und stecke sie in die Tasche. Schapiro lauscht.

»Sie fliegen schon wieder ...«

Stille. Walega steht da – in der einen Hand ein Messer, in der anderen eine Konservenbüchse. Tiefes, noch weit entferntes Brummen der Motoren.

»Wir müssen in den Keller gehen.« Der Hauptmann zuckt mit der Nase und geht zur Tür, dort stößt er mit einem Menschen in einer Lederjacke zusammen, der verschwitzt und rot aussieht.

»Sind Sie Samoilenko?« Die Stimme ist heiser und erstickt.

»Ja, ich ...«

»Wo sind Ihre Leute? Ich bin mit dem Wagen hier. Machen Sie schnell, es brummt schon wieder.«

Walega blickt mich fragend an, Büchse und Messer in der Hand.

»Schnell, ins Auto. Hast du gehört?«

Als wir ins Auto steigen, fallen die ersten Bomben. Irgendwo hinten, in der Eisenbahnersiedlung. Die Flugzeuge fliegen direkt über unsere Köpfe und biegen langsam nach rechts ab.

Ich nehme die Feldmütze ab, damit der Wind sie nicht herunterreißt. Wir fahren zur Stadt hinaus. Jetzt kann man gut sehen, wie die Flieger im Sturzflug den Bahnhof, das Zentrum und die Anlegestellen angreifen. Über der Stadt liegt eine dichte Staubwolke. Am Fluß erhebt sich wie ein Pilz eine hohe, nach oben hin breiter werdende Säule aus dichtem, schwarzem Rauch. Anscheinend brennen die Naphthabehälter.

Der Weg ist verstopft mit Menschen, halbnackt oder in Pelze gemummt, verrußt ... Sie laufen, laufen, laufen irgendwohin, blicken sich nach der Stadt um.

Goldstab sitzt im Luftschutzkeller. Eine Menschenmenge, nicht zum Durchkommen. Kisten, Bündel, aufeinandergetürmte Militärmäntel. Jemand schreit mit heiserer Stimme ins Telefon. Goldstab ist blaß, unrasiert, er blickt uns aus zusammengekniffenen Augen an, erkennt uns aber nicht.

»Zu wem wollen Sie?«

»Zu Ihnen. Pioniere.«

»Aha. Pioniere. Ausgezeichnet. Legen Sie Ihre Mäntel hierher auf die Kiste. Sind Sie mit dem Auto gekommen? Gut. Kommen Sie hierher.« Er spricht abgerissen, hastig und reibt dabei die kleinen, mit schwarzen Haaren bedeckten trockenen Hände. »Die Zeit ist knapp, die Deutschen sind jenseits der Schlucht.« Er sucht etwas in den Taschen, findet es nicht, macht eine Bewegung mit der Hand. »Etwa fünfhundert Meter, nicht mehr. Beschießen das Traktorenwerk aus Granatwerfern. Ein Landungstrupp. Anscheinend kein großer. Unsere regulären Truppen sind noch nicht da. Die Arbeiter halten das Werk.« Er blickt auf eine kleine, außergewöhnlich elegante goldene Armbanduhr. »Jetzt ist es sechs Uhr. Gegen fünfzehn Uhr muß das Werk zur Sprengung vorbereitet sein, verstanden? Pioniere aus dem Armeebataillon sind da, aber zuwenig. Munition, Schnur, Zündhütchen, alles vorhanden. Wir müssen helfen. Setzen Sie sich mit Leutnant Bolschow in Verbindung. Sie werden ihn dort finden – blauer Mantel, blaue Feldmütze. Vereinbaren Sie mit ihm alles. Punkt acht bin ich da ...«

Er denkt nach und beißt sich auf die Lippe.

»Nun gut ...«

Er nimmt aus der Seitentasche ein winziges saffianledernes Notizbüchlein, an dem ein Bleistift steckt, und schreibt.

»Kershenzew: Kraftwerk, Swiderskij: Eisengießerei, Samoilenko: Montageabteilung« usw. Er steckt das Notizbuch wieder in die Tasche und knöpft sie zu. »Ich will Sie nicht länger aufhalten. Sie können Ihre Sachen und Mäntel vorläufig hierlassen.«

Wir fahren weiter.

Bolschow erkennen wir ziemlich schnell an seinem blauen Mantel und seiner blauen Feldmütze. Blaß, mager. Die Augen leicht vorstehend, ironisch und klug, im Mundwinkel einen Zigarettenstummel, die Hände in den Taschen.

»Gehilfe, was?« Er lächelt mit dem freien Mundwinkel.

»Jawohl, Gehilfe.«

»Nun, wohlan. Zwei Stunden früher wäre wohl besser gewesen. Aber jetzt ...«, er gähnt und spuckt den Stummel aus, »ist alles Wesentliche schon getan. Habt ihr ein Ohmmeter?«

»Nein. Wozu?«

»Die Zündhütchen sind nicht geeicht. Überhaupt, wenn der Befehl kommt: heute – wird kaum etwas draus werden ... Wirft er Bomben auf die Stadt?«

»Ja, er wirft. Warum sollte es heute nicht klappen?«

»Warum?« Bolschow lächelt träge. »Die Explosionsmasse ist Dreck. Trinitrotoluol gibt's so wenig, daß es eine Katze auf dem Schwanz davontragen könnte, sonst bloß Ammonium, und das ist auch feucht und klumpig geworden. Die Zündhütchen sind nicht geeicht. Ein Gerät, womit man die Leitung kontrollieren könnte, ist auch nicht da. Kein Ohmmeter.«

»Und die Zündschnur?« fragt Igor.

»Man hat versprochen, sie uns morgen zu geben. Auch ein Ohmmeter. Alles morgen. Aber sprengen heute ...«

»Heute?«

»Man sagt's. Falls man sie nicht zurückwirft, dann heute.«

Er nimmt aus der Tasche eine sorgfältig zusammengelegte Zeitung, reißt gleichmäßige Rechtecke ab.

»Habt ihr Machorka?«

Wir rauchen. Auf der breiten, asphaltierten, mit Bäumen bepflanzten Allee marschieren Arbeiterabteilungen vorbei. Sie tragen von Panzern abgeschraubte Maschinengewehre. Manche haben keine Gewehre, nichts. Sie gehen gespannt und schweigend.

Ich frage:

»Wo sind die Deutschen?«

»Da, hinter den Werken. Dort ist eine Schlucht – Metschetka oder Netschetka, weiß der Teufel. Sie feuern aus Granatwerfern. Etwa zehn Panzer. Nicht einmal Panzer, sondern kleine Panzerkampfwagen. Von dem Turm kann man es gut sehen.«

»Wo sind unsere Objekte?«

»Welche hat man Ihnen zugewiesen?«

»Das Kraftwerk«, antworte ich.

»Das Kraftwerk? Zwei Schritte von hier. Hinter diesem Gebäude links. Vier große Schornsteine. Sie werden dort meinen Sergeanten finden, Wedernikow, er schläft wahrscheinlich dort im Büro. Hat die ganze Nacht gearbeitet. Ich rate Ihnen, auch ein wenig zu schlafen.«

Der Sergeant schläft wirklich, er hat den Kopf in die Ecke des Diwans gesteckt, die Füße lang auf dem Boden ausgestreckt. Man sieht, daß er sich auf den Diwan geworfen hat und sofort eingeschlafen ist.

»He, Freund!«

Der Sergeant dreht sich um, reibt sich lange die Augen. Sie sind klein, tiefliegend und verlieren sich vollkommen in dem großen Gesicht mit den breiten Backenknochen. Er kann gar nicht munter werden.

»Hat Sie der Leutnant geschickt?«

»Ja, Bolschow.«

»Werden Sie es hier übernehmen?«

»Geben Sie mir erst Auskunft, was bereits getan ist.«

»Schon wieder Auskünfte? Einer hat schon welche eingeholt, ein Hauptmann. Ich glaube, Lwowitsch heißt er.«

»Und jetzt ich.«

Der Sergeant reckt sich und steht dann auf.

»Nun, dann gehen wir ...« Er sucht in seiner Tasche nach Machorka. »Die ganze Nacht haben wir Säcke geschleppt, verflucht noch mal. Die Schultern spürt man nicht mehr. Alle aus Papier, Dreck, alle reißen.«

»Viele?«

»Hundert werden es gewesen sein, wenn nicht mehr. Zentnerschwere. Von diesem Kraftwerk wird nichts übrigbleiben.«

»Ist das Netz fertig?«

»Ja. Nur ein elektrisches. Akkumulatoren haben wir weiß Gott wie viele angeschleppt, aber ein Ohmmeter haben wir nicht. Ein Elektriker hat mir hier geholfen, sagte, sie hätten so etwas Ähnliches, aber er konnte es nicht finden. Sonst ist alles fertig. Die Zündung hängt schon. Nur noch einstecken und den Hebelschalter runterdrücken.«

»Wo ist die Sprengstation?«

Der Sergeant zeigt in die Richtung des Fensters.

»Etwa dreihundert Meter von hier ist der Schutzgraben. Dort befindet sich der ganze Kram. Der Hauptmann ist auch da. Und wahrscheinlich auch der Elektriker.«

Wir besichtigen das Kraftwerk. Es ist groß und sauber. Acht Generatoren, unter jedem eine Sprengladung – drei bis vier Säcke. Außerdem sind Sprengladungen unter den Kesseln, auf den Ölschaltern und auf den Transformatoren angebracht – etwa dreihundert Meter vom Werk selbst entfernt. Die Leitung ist sehr lang, etwa zwei Kilometer. Sie ist sorgfältig gelegt – die Enden sorgsam mit Isolierband umwickelt, zwei Zündhütchen für je eine Sprengladung. Es ist wirklich viel getan worden in der einen Nacht.

Hinter dem Kraftwerk hört man Granaten krepieren.

»Die Vorstädte werden beschossen«, sagt der Sergeant. »Aus Kompanie-Granatwerfern – eine Kleinigkeit. Werden Sie in den Graben gehen?«

»Wo ist das Telefon?«

»Im Graben. Alles ist dort untergebracht. Wir haben ihn als eine Art Gefechtsstand eingerichtet.«

15

Der Graben ist vollgepfropft. Igor, Sedych, ein hoher, kraushaariger, brünetter Mensch in Militäruniform, mit kleinem Backenbart, Arbeiter in Arbeitsanzügen, eine hagere, schwindsüchtige Erscheinung in einer glänzenden Jacke und einer Schirmmütze mit Knopf. Der Militär entpuppt sich als Lwowitsch, der mit Schirmmütze als der Elektro-Ingenieur des Kraftwerkes. Alle nennen ihn Georgij Akimowitsch.

Alle sitzen und rauchen beim Schein einer »Fledermaus«-Lampe. Der Graben ist nicht schlecht, mit Brettern verschlagen, mit Blindboden, hermetisch schließenden Türen und mit Pritschen. Genau nach den Vorschriften für Ingenieure gebaut, in Form eines H, mit zwei Eingängen.

»Was werden wir ohne ein Ohmmeter machen?« frage ich.

Georgij Akimowitsch blickt mich schief an.

»Wir haben eine Wheatstonesche Brücke.«

»Warum sagen Sie das nicht gleich?«

»Ich sage es doch. Nur, sie ist im Safe, und den Schlüssel hat Putschkow, der Chefingenieur. Und Putschkow ist seit gestern abend im Stab.«

»Also muß man nach ihm schicken.«

»Man hat schon geschickt. Nur, sehen Sie, sie sind alle zum ›Roten Oktober‹ hinausgefahren. Schon vor drei Stunden haben sie telefoniert, daß sie kommen. Na, und noch immer sind sie unterwegs.«

Georgij Akimowitsch hat ein sehr bewegliches Gesicht. Wenn er spricht, bewegt sich nicht nur der Mund, sondern auch die Nase, die Stirn, die eingefallenen, von fiebriger Röte bedeckten Wangen. Im Mund fehlt ihm ein Zahn, ausgerechnet der Vorderzahn, und deshalb lispelt er. Es ist schwer, sein Alter festzustellen, er dürfte fünfunddreißig Jahre alt sein.

»Zwei Nächte hintereinander hat man nicht geschlafen, und alles umsonst ...«

Nervös zerdrückt er die Zigarette.

»Und falls man jetzt anruft – Befehl ausführen ... was dann?«

»Dann muß man ihn wohl ausführen«, antworte ich.

»Hebelschalter runterdrücken? Ja? So, meinen Sie?« Seine großen Augen mit den dunklen Lidern blitzen mich bös an.

»Meiner Meinung nach, ja.«

»Und die Arbeiter im Kraftwerk? Zusammen mit den Maschinen zum Teufel, was? Wer wird sie benachrichtigen?

Wir beide? Wir werden so schon Arbeit über Arbeit haben.« Er führt die Hand schnell zum Halse. »Überhaupt gibt's weder einen Plan noch Organisation, nichts ...«

»Georgij Akimowitsch«, unterbricht ihn Lwowitsch; er sitzt seitwärts auf Reserveakkumulatoren, biegt und glättet ein Drähtchen.

»Was, Georgij Akimowitsch? Man muß immerhin ein bißchen seinen Verstand anstrengen. In dem Kraftwerk arbeiten jetzt sechzig Menschen. Wo sollen sie hin, falls es ... falls nichts anderes übrigbleiben sollte, als Krachbum zu machen? ... Wohin? Planlos nach allen Seiten? Dann: ist eine Reihenfolge für die Werkabteilungen festgelegt? Keine. Die Eisengießerei wird schon in die Luft fliegen, während wir erst die Vorbereitungen dazu treffen oder umgekehrt. Überhaupt ...« Er winkt mit der Hand und knetet mit seinen langen, dürren Fingern die Zigarette. »Jetzt ballert der Deutsche aus Granatwerfern. Trifft ein Splitter die Leitung – ist es aus. Unser ganzes Netz taugt einen Dreck. Wie oft habe ich gesagt, es ist Blödsinn, die Wheatstone im Safe einzuschließen. Man hatte Angst vor Dieben. Es sei der einzige Apparat in ganz Stalingrad. Und jetzt, nun sitz und wart am Meer auf gutes Wetter ...«

Er tut ein paar kurze, schnelle Züge, drückt die Zigarette an der Wand aus und steht auf.

»Vielleicht ist er schon zurück. Telefonisch kann man keinen Anschluß bekommen. Das ist keine Telefonzentrale, sondern ein Dreck ...«

Igor steht auch auf.

»Wollen wir zu mir in die Eisengießerei gehen, he? Kannst es dir ein wenig angucken.«

Wir gehen in die Eisengießerei.

»Wie gefällt dir diese Type?« fragt Igor.

»Was soll ich sagen, ich beneide seine Frau nicht. Kraftwerk plus schlechte Verdauung, vielleicht. Übrigens, alles, was er sagt, ist die reinste Wahrheit.«

»Mich ärgert es.«

»Du bist ein Neurastheniker geworden. Wahrhaftig – alles ärgert dich. Schapiro, der Lette, wenn er seine Kragen wäscht. Dieser hier kann's dir auch nicht recht machen. Was willst du denn eigentlich?«

»Ich liebe Brummbären nicht, nichts zu machen.«

»Werden's ja sehen. Man muß Sedych und Walega mit den Zündhütchen vertraut machen, damit sie sie richtig einstecken, ohne sich dabei zu fürchten.«

Sedych lächelt.

»Was ist da zu fürchten? Ich habe große Karpfen mit Sprengstoff betäubt, als wir in Kupjansk waren. Haben Sie eine Ahnung, wieviel Fische es da gibt? Wenn wir morgen nicht sprengen, werde ich Ihnen Störe bringen, die Sie mit beiden Armen nicht aufheben können. Ich habe schon gesehen – hier ist ein Boot hinter dem Zaun ...«

Am Eingang zur Eisengießerei umringen ein paar Arbeiter einen kräftigen Burschen mit verbundener Hand. Der Ärmel ist von der Schulter an zerrissen, auf dem Verband sind rote Flecke.

»Bis zum Institut sind die Schweinehunde gekommen, trrr, trrr aus den Maschinenpistolen. Und wir haben nur Gewehre. Kaum daß wir uns dem Eingang nähern, schießen sie aus den Fenstern, trrr, trrr. Zum Glück ist ein KW-Panzer gekommen und hat direkt ins Haus reingehauen. Wie die Küchenschaben sind sie nach allen Seiten auseinandergelaufen. Jetzt sind sie auf der anderen Seite von Metschetka ...«

Die Augen des Burschen glänzen. Ihm gefällt es, daß man ihm zuhört, daß er bereits verwundet ist, daß er auf die Deutschen geschossen hat, und er will mit seinem Erzählen nicht aufhören.

»Nur einen Schuß hat der KW abgegeben. Hat den zweiten Stock damit beehrt. Die Steine sind nur so herumgewirbelt. Und die Fritzen – zum hinteren Ausgang hinaus und dann von Baum zu Baum.«

»Waren viele Fritzen da?« fragt jemand aus der Menge.

»Für uns beide reichte es. Zwei Divisionen können es sein, vielleicht auch noch mehr.«

»Hast sie wohl gezählt?«

»Gezählt ...« Der Bursche spuckt verächtlich aus, steht auf, hält mit der rechten Hand die linke. »Geh nur und zähl selber. Dort ist es wirklich angebracht, Arithmetik zu treiben.« Er winkt mit der gesunden Hand. »Wo ist die Sanitätsstelle, Jungens? Es ist ja doch sinnlos, mit euch zu reden ...«

Auf dem Rückweg treffen wir wieder Verwundete – einen Alten und einen Knaben. Beide sind leicht verletzt, einer hat einen Handschuß, der andere einen Kopfschuß. Die Deutschen sind noch immer hinter der Schlucht und schießen aus Granatwerfern. Zum Angriff gehen sie nicht über. Die Unseren auch nicht. Schlimm, daß keine richtigen Kommandeure da sind. Man sagt, morgen sollen Schützeneinheiten mit Artillerie eintreffen. Zweimal sind Panzer bis an die Schlucht herangekommen – deutsche –, haben ein wenig geschossen und sind wieder fortgefahren. Unsere schießen auch wenig, wahrscheinlich fehlt es an Munition. Im übrigen ist es nicht schlimm, es läßt sich aushalten. Die Arbeiter vom Traktorenwerk werden ihren Betrieb schon verteidigen können. Und ganz wie ein Junge zwinkert der Alte mit einem Auge und geht mit dem Knaben weiter, um den Verbandplatz zu suchen. Eine eilig an einen Laternenpfahl angebrachte Holztafel mit aufgemaltem rotem Kreuz zeigt in Richtung Wolga. Als wir ins Werk gingen, war sie noch nicht da.

Im Graben dreht sich Georgij Akimowitsch schon mit seiner »Wheatstone« herum. Es ist ein großer, hübscher Apparat, ganz lackiert, mit einer Menge Zeiger und Schalter. Georgij Akimowitsch ist guter Laune. Das Netz ist in Ordnung.

»Sehen Sie, wie prächtig der Zeiger ausschlägt? Das ist kein Meßapparat, sondern ein reines Märchen. Einen zweiten solchen gibt es in ganz Stalingrad nicht. Man hat sogar aus dem Zentralkraftwerk nach ihm geschickt. Teuflisch empfindlich. Gleich werden wir alle Sprengkapseln umeichen. Haben Sie noch welche?«

»Soviel du nur willst«, antwortet Wedernikow, »ungefähr zwei- bis dreihundert.«

Kaum sind wir mit dem Umeichen fertig, da beginnt der Beschuß. Er dauert etwa eine Stunde. Alle zwei bis drei Minuten ein Geschoß. Die meisten schlagen rings um das Kraftwerk ein. Einige treffen in den Maschinensaal, zwei in den Kesselraum. Man nennt sie Minen, aber es sind keine Minen. Eine Mine hat keine Durchschlagskraft, und im Maschinensaal gähnen schon Löcher in der Decke.

Der Zeiger der »Wheatstone« fällt hilflos auf Null. Die Leitung ist gerissen. Georgij Akimowitsch sucht seine Schirmmütze mit dem Knopf.

»Man muß die Drähte eingraben, sonst hat man keine ruhige Minute bei diesen Splittern.«

Und ohne das Ende des Beschusses abzuwarten, kriecht er aus dem Graben. Es ist nicht leicht, die zerstörte Stelle zu finden. Wir haben Serienschaltung, und bei der kleinsten Störung schaltet sie sich vollständig aus. Bei Parallelschaltungen ist die Störung der Leitung leichter zu finden, da man jede Schaltung einzeln überprüfen kann.

Wir gehen an sämtlichen Leitungen entlang und tasten den Draht mit den Händen ab. Walega begleitet uns mit dem Kontrollapparat in den Händen. Georgij Akimowitsch schreit ihn beständig an, er möge vorsichtiger damit umgehen, so einen bekäme man jetzt nicht wieder. Zwei Störungen finden wir ziemlich schnell, mit der dritten mühen wir uns ziemlich lange ab, finden sie aber doch zu guter Letzt. Schnell und gewandt umwickelt Georgij Akimowitsch die Stelle mit Isolierband.

Bis zum Abend graben wir den Draht in die Erde ein und ändern das Netzsystem in ein paralleles um. Die Deutschen wiederholen den Feuerüberfall zweimal. Georgij Akimowitsch wendet kein Auge von der »Wheatstone«. Aber alles geht gut vorbei – keine Risse.

Gegen acht Uhr kommt Goldstab, er bringt ein Ohmmeter mit. Führt mich und Lwowitsch zur Seite. Reibt sich die Hände.

»Erstes Signal: ›Wie spät?‹ Das heißt: ›Macht euch fertig!‹ Ausführungsbefehl: ›Schicken Sie Liste Nr. 3.‹ Verstanden? Vom Telefon nicht einen Schritt weggehen!«

»Klar.«

»Denken Sie daran, daß Sie nach dem Vorkommando nur noch eine halbe Stunde Zeit haben. Innerhalb einer halben Stunde muß alles vorbereitet und beendet sein. Für die Evakuierung der Arbeiter sind Sie, Lwowitsch, verantwortlich, Kershenzew für die Sprengung.«

»Klar, und die Reihenfolge?«

»Keine Reihenfolge. Das erste wie das zweite Kommando werden gleichzeitig an alle Werkabteilungen erteilt. Es wird also auch gleichzeitig gesprengt. Nach der Sprengung versammelt ihr euch alle an der Anlegestelle. – Lwowitsch, Sie wissen, wo. Ein Motorboot wird auf euch warten.«

»Verstanden.«

»Alles verstanden?«

»Alles.«

Goldstab fährt wieder ab. Ganz in der Nähe, hinter der Eisengießerei, steigen Raketen hoch, Maschinenpistolen knattern, ab und zu auch Maschinengewehre.

Gleich neben der Tür ist der Hebelschalter an der Wand befestigt, ein kleiner, gewöhnlicher, mit einem schwarzen Hebel, genauso einer wie an den Zählern in den Wohnungen. Ich sehe mir ihn an. Zwei Leitungen gehen von ihm aus, eine zu den Akkumulatoren, das sind acht Kisten, die in einer Grube eingegraben sind, die andere zu den Sprengladungen, dreiundachtzig Säcken mit je einem Zentner Ammonium. Ein Leitungsdraht ist abgeschraubt und ragt heraus. Der Hebel des Schalters ist hochgezogen und für alle Fälle noch mit einem Bindfaden an die Wand festgebunden. In einer Stunde oder zwei, vielleicht auch früher, wird man telefonieren. Ich werde die Drähte verbinden, den Bindfaden lösen, werde nochmals das Netz überprüfen und dann vorsichtig mit zwei Fingern den Hebelschalter niederdrükken … Und dann … gibt es weder Generatoren noch Kessel noch einen Maschinensaal mit schneeweißen Kacheln wie in einem Operationssaal … nichts …

Wir sitzen und rauchen. Walega stopft ein Loch in seinem Hosenknie, Sedych ist mit dem Sergeanten im Werk. In der Ecke leuchtet das Telefon. Georgij Akimowitsch schaltet alle paar Minuten die Wheatstonesche Brücke ein, Igor liegt auf der Pritsche und schaut zur Decke hinauf.

Um zwölf Uhr läutet Goldstab an: »Das Netz kontrollieren und nicht schlafen.«

Im Graben ist es so rauchig, daß man die Gesichter nicht unterscheiden kann, wie auf einem schlecht entwickelten Negativ. Um drei Uhr wieder ein Anruf. Bolschow ruft an, ob wir nicht zehn geeichte Zündhütchen übrig hätten. »Habt ihr welche?« Er wird einen Sergeanten danach schicken. »Gut.«

Wir rauchen wieder, treten auf den Hof hinaus, schauen nach den Sternen, nach den Raketen, nach dem Koloß des Kraftwerkes mit seinen vier Schornsteinen, kehren wieder zurück. Setzen uns, rauchen. Schalten die Wheatstonesche Brücke ein, schalten aus. Schweigen.

Um fünf Uhr wieder ein Anruf. Es spricht Goldstab. Wir könnten uns schlafen legen.

Gott sei Lob und Dank!

Wir legen uns auf die nackten Pritschen, schieben nur die Pistole auf den Bauch.

Schade, daß wir unsere Mäntel bei Goldstab gelassen haben.

16

Dasselbe wiederholt sich am Dienstag, am Mittwoch, am Donnerstag. Beschuß, Störungen, Wache. Warten auf den Anruf. Um fünf Uhr. – Wir können uns schlafen legen.

Die Atmosphäre entspannt sich.

Die Tage vergehen, einer nach dem andern, klare, blaue, mit fliegendem Altweibersommer.

Der Befehl kommt nicht.

Von der Stadt ist anscheinend nichts mehr übrig. Die Deutschen greifen von morgens bis abends aus der Luft an. Über der Stadt steht eine Rauch- und Staubwolke, die sich nicht mehr fortbewegt. Die Naphthabehälter brennen. Rauch, so schwarz wie Ruß, verdeckt manchmal die Sonne, und dann kann man sie ansehen, ohne die Augen zuzukneifen, wie durch ein verrußtes Glas während einer Sonnenfinsternis. Die Kämpfe toben im Südteil der Stadt am Elevator und im Nordteil auf dem Mamai-Hügel.

In unserer Schlucht hat sich nichts verändert. Einmal sind während der Nacht zwei Divisionen vorbeimarschiert, ununterbrochen, die ganze Nach hindurch, ein Bataillon nach dem andern. Mit Artillerie und Troß. Zweimal haben die Deutschen versucht, über die Schlucht herüberzukommen, dann fing das Maschinenpistolengeknatter an – meistens in der Nacht. Goldstab ruft an: »Seid bereit!« – Gegen Morgen beruhigt sich alles, und wir legen uns schlafen.

Wir richten uns in unserem Graben ein. Legen eine elektrische Leitung, kochen das Essen auf einem kleinen Herd, behängen die Wände mit prächtigen Papierbogen aus der technischen Abteilung des Betriebes. Walega und Sedych haben sogar in ihrer Ecke ein Bild von Stalin und zwei Postkarten – die Odessaer Oper und eine Reproduktion von Repins »Saporoger Kosaken«.

Sedych bringt ein Lehrbuch der Geographie von Kruber angeschleppt, Tschechows Briefe und den Jahrgang 1912 der »Niwa«.

Abends liest er, wobei er den Finger ständig anfeuchtet, die Stirn kraus zieht und die Lippen bewegt. Manchmal fragt er, was das eine oder das andere veraltete Wort bedeutet oder wie es kam, daß der Zarewitsch Alexej mit sieben Jahren schon so viele Orden hatte. Mir gefällt Sedych, sein stupsnasiges Kindergesicht, seine etwas schrägstehenden, lachenden Augen, seine strotzende Jugend. Mir gefällt sogar seine komische Angewohnheit, in der Handfläche zu bohren, wenn er verlegen ist.

Er macht alles mit Vergnügen und Begeisterung. Wenn er sich wäscht, dann tut er das so, daß man beim bloßen Zusehen Lust bekommt, sich zu waschen, er prustet fürchterlich, klatscht sich laut auf Schultern und Bauch. Sagt man ihm, er möge ein wenig Holz holen, so bringt er fast einen Kubikmeter an. Seine jungen Muskeln sehnen sich nach Kampf. Schrauben macht er einfach mit den Fingern los. Mit Igor fängt er einen Ringkampf an, und Igor kann nachher zwei Tage lang nicht den Hals bewegen. Dabei hält sich Igor für einen großen Meister des französischen Ringkampfes und kennt alle Feinheiten der »tour des bras« und »tour de tête«.

Sedych ist bis zur Lächerlichkeit wißbegierig. Er setzt sich zu einem hin, schlingt die Arme um die Knie und hört, den Mund leicht geöffnet, wie Kinder einem Märchen, zu. Seine Fragen kommen unerwartet und naiv kindlich. Warum die Deutschen das Geheimnis der »Katjuscha« nicht erraten können, warum es bei Neumond immer regnet, warum der Kompaßzeiger immer nach Norden zeigt und ob es wahr sei, daß Roosevelt an den Beinen gelähmt ist?

Eines Abends einmal kommt das Gespräch auf Helden und Auszeichnungen. Sedych hört aufmerksam und gespannt zu, die Knie mit den Händen umschlungen – seine Lieblingshaltung.

»Was muß man leisten, um den Lenin-Orden zu erhalten?« fragt er. Alle lachen.

»Nun, wenn nicht den Lenin-Orden, dann einen andern, einen niedrigeren ...«

Ich erkläre es ihm und sage, daß das nicht so einfach sei. Er hört schweigend zu, guckt in die Ecke. Auf seiner Lippe klebt ein Zigarettenstummel.

»Dann ist ja alles in Ordnung«, sagt er leise.

»Wieso in Ordnung?«

»Dann werde ich einen Orden bekommen.« Er sagt es sehr schlicht und überzeugend, als wenn es bereits geschehen wäre.

Dann steht er auf, um Holzspäne zu holen. Ich blicke auf seinen breiten Rücken, der nicht recht paßt zu dem goldenen Flaum auf den Wangen. Ich entsinne mich, wie er seine Maschinenpistole mit einem Läppchen abgerieben hat vor dem Angriff der Deutschen, jede Schraube, jeden kleinen Schlitz, und ich glaube ihm, was er gesagt hat.

Walega ist auf ihn eifersüchtig. Das merkt man an allem.

»Oberleutnant Swiderskij hat keine Ordonnanz, geh doch zu ihm«, sagt Walega grimmig und nimmt ihm den Krug aus der Hand, aus dem er mir eingießt.

Sedych bringt einen Armvoll Stroh. Walega befühlt es und rümpft die Nase: »Der Leutnant wird auf solchem Dreck nicht schlafen«, und holt anderes, das sich von dem ersten durch nichts unterscheidet.

Aber im großen und ganzen leben sie freundschaftlich miteinander, kochen gemeinsam das Mittagessen. Walega schimpft ein wenig, bemängelt die nicht gargekochte Grütze. Sedych lacht fröhlich, äfft ihn nach und nennt ihn aus unerfindlichen Gründen: »Schnaps«.

Abends bereiten Walega und Sedych Sprengkörper vor. Wir haben fünf Reservekisten mit Sprengstoff. Morgens fangen sie damit Fische und kommen mit Eimern voll zappelnder Störe und Sterlette.

Der Sergeant Wedernikow wird in ein anderes Werk versetzt, und wir sehen ihn nicht mehr. Auch Schapiro und Pengaunis treffen wir nur noch selten. Manchmal kommt Bolschow zu uns, dann spielen wir »Schafskopf« und »17 und 4« auf der dicken »Niwa« als Unterlage. Georgij Akimowitsch kann das nicht vertragen, er greift zu Tschechows Briefen und zieht sich demonstrativ in seine Ecke zurück. Er schläft auf einer Tür, die zwischen zwei Pritschen liegt.

Ich finde allmählich Gefallen an ihm, trotz seines zanksüchtigen Charakters und seiner ständigen Unzufriedenheit. Er arbeitet ununterbrochen, ohne sich zu schonen. Die Leitung kontrolliert und bessert er stets selbst aus, und sie reißt bei uns drei- bis viermal am Tag. Er brummt, schimpft, regt sich auf, beschuldigt alle des Nichtstuns, aber sein Kraftwerk, jede Maschine, jede Schraube vergöttert er wie ein lebendes Wesen. Überhaupt wohnen in ihm äußerster Pessimismus, Krittelei und unglaubliche Energie und Aktivität friedlich nebeneinander.

»Wie können wir mit den Deutschen kämpfen!« sagt er, zupft nervös am Schlips und legt die Stirn in Falten. »Sie sind von Berlin bis Stalingrad in Autos gefahren, und wir liegen in unseren Jacken und Arbeitsanzügen in den Gräben mit einundneunziger Gewehren.«

Igor braust auf, ständig gerät er mit Georgij Akimowitsch in Streit.

»Was wollen Sie damit sagen?«

»Daß wir nicht zu kämpfen verstehen.«

»Was heißt ›verstehen‹, Georgij Akimowitsch?«

»Verstehen? Von Berlin bis zur Wolga marschieren – das heißt verstehen.«

»Sich von der Grenze bis zur Wolga absetzen, das will auch verstanden sein.«

Georgij Akimowitsch läßt ein kurzes, trockenes Lachen hören.

Igor ärgert sich.

»Was lachen Sie? Da gibt's nichts zu lachen. Frankreich ist in zwei Wochen zusammengebrochen. Beim ersten Druck ist es zusammengebrochen, zusammengerutscht wie ein Sandhaufen. Wir aber kämpfen schon das zweite Jahr allein.«

»Wozu der Vergleich mit Frankreich? Vierzig Millionen – und zweihundert Millionen. Sechshundert Kilometer und zehntausend Kilometer. Und wer war dort am Ruder? Pétains, Lavals, die jetzt ganz vergnügt mit den Deutschen zusammenarbeiten.«

»Das ist es ja, das ist es ja …«, erregt sich Igor, »Pétains und Lavals … Eben Pétains und Lavals. Und solche haben wir nicht. Die sind ausgemerzt. Das ist die Hauptsache. Verstehen Sie, das ist die Hauptsache, daß die Menschen bei uns von einem anderen Schlage sind. Und deshalb kämpfen wir auch. Kämpfen bis zum heutigen Tage. Sogar hier, an der Wolga, nachdem wir die Ukraine und Belorußland verloren haben, kämpfen wir, und welches Land, sagen Sie mir, welches Land, welches Volk hätte das ausgehalten?«

Georgij Akimowitsch lächelt mit einem Mundwinkel.

»Keins.«

»Aha, keins! Sie geben selbst zu, keins.«

»Ich gebe es zu. Aber wird einem denn davon leichter? Wird denn etwas leichter durch das Bewußtsein, daß andere Länder weniger widerstandsfähig sind als wir? Das hieße sich selbst etwas vormachen. Und das haben wir nicht nötig. Man muß die Dinge nüchtern betrachten. Mit Heldentum ist da nichts getan. Heldentum bleibt Heldentum, und Panzer bleiben Panzer.«

»Unsere Panzer sind nicht schlechter als die deutschen, sie sind sogar besser. Ein Panzerschütze sagte mir ...«

»Ich widerspreche nicht, ich widerspreche nicht. Möglich, daß sie besser sind, ich kenne mich da nicht aus. Aber mit *einem* guten Panzer kann man nicht *zehn* mittelmäßige vernichten. Was meinen Sie?«

»Warten Sie ab. Wir werden auch viele Panzer haben.«

»Wann? Wenn wir allesamt am Ural sind?«

Igor springt auf, wie von der Tarantel gestochen.

»Wer wird am Ural sein? Ich, Sie, er? Ja? Verflucht noch mal. Sie wissen es selbst ganz genau. Sie sagen das alles bloß aus Eigensinn, aus dem dummen Wunsch, zu streiten, zu streiten um jeden Preis. Eine widerwärtige Angewohnheit.«

Georgij Akimowitsch zuckt mit der Nase, mit den Brauen, den Wangen.

»Was ärgern Sie sich? Setzen Sie sich. Nun, setzen Sie sich doch einen Augenblick hin! Man kann doch auch über alles in Ruhe sprechen.« Igor setzt sich. Sehen Sie, Sie sagen, daß man sich auch aufs Zurückweichen verstehen müsse. Stimmt.

Vor Napoleon sind wir bis Moskau zurückgewichen. Aber damals haben wir nur Raum verloren und bloß einen schmalen Streifen. Und Napoleon hat außer Schnee und niedergebrannten Dörfern nichts gewonnen. Und jetzt? Ohne Ukraine und Kuban gibt's kein Brot, ohne Donezbecken – keine Kohle. Baku ist abgeschnitten, das Dnjeprkraftwerk zerstört, Tausende von Werken in den Händen der Deutschen. Was für Aussichten? Die Wirtschaft ist heute alles. Die Armee muß gekleidet, mit Schuhen, Lebensmitteln und Munition versorgt werden. Ich spreche gar nicht von der Zivilbevölkerung, spreche erst recht nicht von den gut fünfzig Millionen Menschen – mehr als ganz Frankreich –, die wir verloren haben. Sind wir noch imstande, das alles zu überwinden? Was meinen Sie, sind wir imstande?«

»Ja, wir sind imstande ... Im vergangenen Jahr war die Lage noch schlimmer. Die Deutschen standen vor Moskau, und dennoch haben wir sie zurückgeworfen.«

»Nun, sehen Sie, ich bin nicht ganz sicher, ob die Lage damals schlimmer war. Das Donezbecken, Rostow, Kuban, Maikop – waren damals in unserer Hand. Jetzt sind sie es nicht mehr. Der Nachschubweg auf der Wolga ist praktisch abgeschnitten. Begreifen Sie, welchen Weg nun das Bakuöl zurücklegen muß? Sie werden sagen, daß das Kusnezbekken, Barnaul, Ural ja noch unser sind. Stimmt! Das sind mächtige Industrieknotenpunkte. Aber zu Anfang des Krieges besaßen wir außerdem noch Kriwoj Rog, Nikopol, Saporoshje, Mariupol, Kertsch, Charkow. Das ist alles verloren. Einen Teil der Werke haben wir evakuiert, aber evakuieren – das heißt noch nicht in Gang setzen. Und unterdes, sehen Sie, was vor sich geht.«

Über uns kehrt gerade eine Staffel Ju 88 von einem Luftangriff zurück. Sie schwenken langsam zu einem neuen Angriff um.

»Sie fliegen sogar ohne Jäger. Fliegen ungestraft, diese Schweinehunde.«

Wir schweigen einige Zeit und verfolgen am Himmel die

schwarzen, widerlichen, so ruhig und von ihrer Kraft überzeugt dahinfliegenden Flugzeuge. Georgij Akimowitsch raucht eine Zigarette nach der andern. Rings um ihn liegen schon etwa zehn Stummel. Er starrt immer nach dem einen Punkt, dorthin, wo die Flugzeuge verschwunden sind.

Igor sitzt und wirft Steinchen in eine Konservenbüchse, die unweit von ihm steht. Die Steine fallen daneben und wollen die Büchse nicht treffen. Es scheint, als sei er ganz in diese Beschäftigung vertieft.

Plötzlich steht er auf.

»Nein, es darf nicht sein. Sie werden nicht weiterkommen. Ich weiß, sie werden nicht weiterkommen.«

Er geht fort.

Es darf nicht sein ... Das ist alles, was wir vorläufig sagen können.

Es hat doch auch einmal – zum Teufel! – das Jahr siebzehn gegeben! Und die Jahre achtzehn und neunzehn! Damals war es doch noch schlimmer. Typhus, Verfall, Hunger. Der »Maxim« und das Infanteriegeschütz, das war alles. Und dennoch haben wir es geschafft. Und haben dann das Dnjeprkraftwerk gebaut und Magnitogorsk, und diesen Betrieb hier, den ich jetzt sprengen muß ...

Ich weiß, daß Georgij Akimowitsch zu alldem nur lächeln würde, nachsichtig lächeln. Wenn er darüber spricht, so spricht er immer so, als ob wir kleine Kinder wären. Er lächelt und sagt etwas wie: daß es eben das vierte Kriegsjahr sei, das nicht nur uns erschöpft habe, sondern alle, und daß die französischen, englischen und deutschen Soldaten nicht mehr kämpfen wollten, und noch so etwas Ähnliches.

Einmal hat er gesagt:

»Wir werden bis zum letzten Soldaten kämpfen. Die Russen kämpfen immer so ... Aber Chancen haben wir dennoch wenig. Nur ein Wunder kann uns retten, sonst werden wir erdrückt, erdrückt durch Organisation und Panzer.«

Ein Wunder?

Unlängst in der Nacht sind Soldaten vorbeimarschiert.

Ich hatte am Telefon Wache und war hinausgegangen, um zu rauchen. Sie gingen und sangen mit halber Stimme. Ich habe sie nicht einmal gesehen, habe nur ihren Schritt gehört auf dem Asphalt und ihr leises, ein wenig trauriges Lied vom Dnjepr und den Kranichen. Ich trat an sie heran. Die Soldaten hatten sich gelagert, längs des Weges auf dem niedergetretenen Grase unter den Akazien. Die abgeschirmte Glut ihrer Zigaretten glimmte. Und eine junge, leise Stimme unter den Bäumen drang an mein Ohr:

»Nein, Wasja ... Schweig lieber. Bessere als die Unseren findest du nirgends, Ehrenwort. Wie Butter, so fett und echt ist die Erde.« Er schmatzte sogar dabei, auf eigentümliche Art. »Zur Reifezeit steht das Getreide übermannshoch ...«

Und die Stadt brannte, und rote Schatten tanzten auf den Mauern der Werke, und irgendwo, gar nicht weit entfernt, knatterten Maschinenpistolen – bald häufiger, bald seltener, und Raketen stiegen hoch, und vor uns lag Ungewißheit und der fast unabwendbare Tod.

So habe ich denn auch den nicht gesehen, der gerade gesprochen hatte. Jemand rief: »Fertigmachen zum Marsch!« – Alles geriet in Bewegung. Eßgeschirre klapperten. Dann ging es weiter. Sie marschierten mit langsamen, schweren Soldatenschritten. Marschierten einem unbekannten Ort entgegen, der auf der Karte ihres Kommandeurs wahrscheinlich mit einem roten Kreuzchen gekennzeichnet war.

Ich stand noch lange da und horchte auf die Marschtritte, die sich entfernten und schließlich ganz verhallten ...

Es gibt Einzelheiten, die einem für das ganze Leben im Gedächtnis haftenbleiben. Und nicht nur haftenbleiben. Klein, scheinbar unbedeutend, bohren sie sich in dich ein, wachsen sich zu etwas Großem, Bedeutendem aus, werden zu Symbolen.

Ich entsinne mich eines gefallenen Soldaten. Er lag auf dem Rücken, die Arme weit ausgebreitet, auf seiner Lippe klebte ein Zigarettenstummel – ein kleiner, noch rauchender Stummel. Und das war schrecklicher als alles, was ich vorher und später im Kriege gesehen habe, schrecklicher als zerstörte Städte, aufgerissene Bäuche, abgerissene Hände und Füße. Ausgebreitete Arme und ein Stummel auf den Lippen. Eine Minute vorher waren da noch Leben, Gedanken, Wünsche und jetzt – Tod ...

In jenem Liede aber, in jenen einfachen Worten von der »wie Butter so fetten Erde« und vom »mannshohen Getreide« lag auch *etwas* ... Ich weiß gar nicht, wie ich es nennen soll. Tolstoi nannte es – die verhaltene Wärme des Patriotismus. Vielleicht ist das die beste Definition. Vielleicht ist es eben jenes Wunder, worauf Georgij Akimowitsch wartet, das Wunder, das stärker ist als deutsche Organisation und Panzer mit schwarzen Kreuzen.

Ich sehe jetzt zu Georgij Akimowitsch hinüber. Klein, gallig, in seiner glänzenden Jacke sitzt er zusammengekrümmt auf den Stufen, mit angezogenen mageren und spitzen Knien. Wahrscheinlich herrscht bei ihm zu Hause ein schreckliches Durcheinander, die Kinder ärgern ihn, und mit der Frau zankt er sich. Wahrscheinlich hat er auch vor dem Kriege alles schlecht gefunden, und alles hat ihn geärgert.

Und gestern ist vor meinen Augen neben ihm ein Geschoß explodiert, als er gerade eine gestörte Stelle suchte. Es geschah in etwa zwanzig Schritt Entfernung, nicht weiter. Er neigte sich nur leicht zur Seite, umwickelte die beschädigte Stelle und kontrollierte dann noch die ganze Leitung in der Nähe der Explosion.

»Sie müssen verstehen«, sagte er mir nachher, »mit diesem Werk ist mein ganzes Leben verknüpft. Ich bin als Praktikant hierhergekommen, als über diesen Platz noch Leute mit einem Theodolit gingen. Vor meinen Augen wuchsen das Kraftwerk und alle diese Werkabteilungen aus dem Boden. Ich habe fünf Nächte nicht geschlafen, als man den Generator Nr. 6 aufstellte, Sie kennen ihn, den amerikanischen, den zweiten vom Fenster. Ich kenne sie alle in- und auswendig, den Charakter, die Gewohnheiten eines jeden. Verstehen Sie, was für mich diese Sprengung bedeutet? Nein,

Sie können es nicht verstehen. Sie sind Militär – euch tut einfach das Werk leid, und das ist alles, aber für mich ...«

Er sprach nicht zu Ende, sondern ging fort zu seiner Wheatstoneschen Brücke.

Vor anderthalb Monaten hatten Igor und ich auf einem Knorren am Wege gesessen und zugesehen, wie sich unsere Truppen zurückzogen. Eine Frontlinie existierte nicht, es gab nur Straßen, auf denen Autos fuhren, irgendwohin, und Menschen gingen – auch irgendwohin ...

Das war vor anderthalb Monaten gewesen – im Juli.

Jetzt ist es September. Wir sind schon den zehnten Tag in diesem Werk. Den zehnten Tag greifen deutsche Flugzeuge die Stadt an. Sie werfen Bomben – das bedeutet, daß die Unseren noch da sind; bedeutet, daß Kämpfe im Gange sind; bedeutet, daß es eine Front gibt; bedeutet, daß es jetzt besser ist als im Juli ...

Neben dem Kraftwerk schlägt eine Granate ein. Der Nachmittagsbeschuß beginnt. Von drei bis halb vier, mit der Pünktlichkeit eines Uhrwerks. Nach einer halben Stunde muß man das Netz reparieren gehen. Walega und Sedych laufen mit den Eßgeschirren fort, um Mittagessen zu holen.

17

Etwa zwei Tage später, am frühen Morgen, erscheint Goldstab in unserem Graben, mit ihm nicht weniger als zehn Offiziere.

Wir sitzen auf den Stufen des Grabens und basteln Zigarettenetuis aus Zelluloid. Im Laboratorium des Werkes liegen Tonnen verschiedenartigsten Zelluloids sowie Birnätheressenz, die hübsch in allen Farben schimmert, in großen Apothekerflaschen. Wir sind vollauf mit unseren Zigarettenetuis beschäftigt, sägen, schaben, kratzen, schneiden, und reißen uns nur los, um das Netz zu reparieren oder Mittagbrot zu essen.

»Jetzt müssen wir Abschied nehmen«, sagt Goldstab und dreht in seinen Händen ein winzig kleines Etui Igors mit einem Schiebedeckel. »Ihre Ablösung ist gekommen, Pioniere des 217. Armeepionierbataillons.«

»Und wohin kommen wir?«

»Auf die andere Seite, zur Ingenieurabteilung des Frontstabes.«

Nun, desto besser. Wir übergeben unsere Objekte. Eine halbe Stunde später marschieren wir über die schwankenden Bretter der Sturmbrücke, die über den Wolga-Arm zur Insel geschlagen worden ist.

Mit Georgij Akimowitsch küssen wir uns sogar beim Abschied. Er schüttelt mir kräftig die Hand, zwinkert mit den Augen, legt die Stirn in Falten und sagt:

»Ich werde mich oft an unsere Unterhaltungen auf diesen Stufen erinnern. Ich hoffe, daß alles, was ich Ihnen zu beweisen versucht habe, niemals eintreffen wird. Wir werden uns nach dem Kriege wiedertreffen, und Sie werden mich fragen: ›Nun, wer hat recht behalten?‹ Und ich werde antworten: ›Sie‹.«

Er begleitet uns bis zum Pfad, der auf dem rötlichen Abhang zur Wolga hinunterführt, und winkt noch lange mit seiner Mütze mit dem Knopf.

Wieder ist ein Mensch in mein Leben getreten und hat eine zwar nicht bedeutende, aber unvergeßliche Spur hinterlassen und ist wieder verschwunden, wahrscheinlich für immer.

Später sitzen wir auf dem linken Ufer auf einem umgekippten, ausgetrockneten Boot und blicken auf die rauchenden Schornsteine des Traktorenwerkes, das keine Minute die Arbeit eingestellt hat, und Schapiro erzählt uns, daß das Werk im Juli jeden Tag dreißig Panzer hergestellt habe, im August sogar fünfzig, sich jetzt aber ausschließlich mit Reparaturen beschädigter Maschinen beschäftige, und daß ein Teil der Einrichtung schon nach dem Ural verlegt worden sei und man den anderen Teil abtransportieren wolle, sobald es nur gelungen sei, die Deutschen von einer bestimmten Stelle, wo es eine Brücke oder eine Anlegestelle gebe, zurückzuwerfen.

Wir übernachten in einer Hütte mitten im Walde. Den ganzen nächsten Tag verbringen wir auf der Suche nach dem Forsthaus, dem Richtungspunkt, von wo aus es möglich ist, die Ingenieurabteilung des Frontstabes zu finden.

Stäbe und rückwärtige Dienste sind in jedem Wäldchen und Gehölz so zahlreich, daß es gar nicht leicht ist, die für uns zuständige Abteilung zu finden. Überall Wachposten, Stacheldraht und Aufschriften: »Kein Eintritt.«

Gegen Abend finden wir es dennoch. Es ist wohl die Abteilung, aber kein Haus. Das Haus existiert schon lange nicht mehr, nur noch auf der Karte – ein schwarzes Rechteck mit einem Schrägstrich an der Seite. Die Abteilung hat sich in vier Unterständen eingerichtet. In einem von ihnen, der so gut getarnt ist, daß wir zehn Minuten um ihn herumirren, sitzt ein Major mit einer schrecklich dicken, randlosen Brille und mit einem Zelluloidkragen. Er überfliegt schnell mit den Augen den Inhalt des Marschbefehls und wird auf einmal lebendig:

»Ausgezeichnet! Einfach ausgezeichnet! Und ich wußte gar nicht, was ich tun sollte. Setzt euch, Freunde! Oder nein, besser, gehen wir hinaus, hier kann sich einer alleine schon nicht umdrehen ...«

Es stellt sich heraus, daß gerade vor uns – »Haben Sie sich nicht getroffen?« – ein Hauptmann aus der Ingenieurabteilung der 62. Armee dagewesen ist. Dort fehlt es an Regimentsingenieuren. Heute nacht soll die 184. Division über den Fluß setzen, und am Morgen sind während eines Luftangriffs der Ingenieur sowie der Pionier-Zugführer gefallen. In den kämpfenden Divisionen herrscht jetzt Mangel – Sergeanten versehen den Dienst von Regimentsingenieuren. In der Reserve – keine Seele. Wie lange schon müht man sich mit diesem Traktorenwerk ab – zweimal wurde schon angefragt.

»Kurz gesagt ... Sie sind wahrscheinlich hungrig? Gehen

Sie in unsere Kantine, immer diesen Pfad entlang, geradeaus, essen Sie Abendbrot, und kommen Sie wieder hierher. Ich werde Ihre Papiere fertigmachen. Es wird Ihnen gelingen, die Division noch auf dieser Seite einzuholen.«

Nachdem wir Reisgrütze mit Marmelade gegessen haben, gehen wir wieder zum Major. In seiner kleinen Damenhandschrift mit eleganten Schnörkeln am »D« beschriftet er die Umschläge.

»Wer von Ihnen ist Kershenzew?«

»Ich.«

»Sie bekommen eine Sonderorder. Sie müssen zur Hundertvierundachtzigsten. Ich rate Ihnen, sie noch diesseits einzuholen. Um acht Uhr wird sie von Burkowskij aus zur Überfahrt marschieren. Sonst werden Sie morgen die vorderste Linie absuchen müssen und sie schließlich doch nicht finden.« Er hält mir einen aus einer topographischen Karte zusammengeklebten Umschlag hin. »Versuchen Sie, den Divisionsingenieur zu finden, und dann erst zum Regiment. Sie werden es schon selber sehen ...«

Die übrigen erhalten einen gemeinsamen Marschbefehl zum Stab der Pioniertruppen der 62. Armee.

»Der Stab ist auf der anderen Seite. Gestern waren sie in der Bannyj-Schlucht, jetzt sind sie anscheinend woanders gelandet. Aber im gleichen Abschnitt. Suchen Sie!«

»Sind in der Hundertvierundachtzigsten keine Pioniere mehr nötig?« fragt Igor. »Sie sagten, daß dort der Zugführer ausgefallen sei.«

Der Major sieht Igor durch seine dicken Brillengläser an, und seine Augen erscheinen groß und rund wie die eines Vogels.

»Sie sind Oberleutnant. Wir schicken Sie als Ingenieur. An Ingenieuren hapert's jetzt bei uns am meisten«, und er fügt noch hinzu, nachdem er sich mit dem Bleistift den Nasenrücken gekratzt hat: »Es wird für Sie alle mit Ausnahme des Genossen, der zur Hundertvierundachtzigsten geht, das gescheiteste sein, hier zu warten. In der Nacht wird jemand von der Zweiundsechzigsten herkommen, um Spaten zu holen. Sie werden mit ihm fahren. Lagern Sie sich vorläufig hier unter den Espen.«

Wir legen uns unter die Espen.

»Gehst du zu Fuß?« fragt Igor.

»Ich gehe bis zum Verkehrsposten, und dort werde ich schon sehen.«

»Ich begleite dich.«

Ich verabschiede mich von Schapiro, Pengaunis und Samoilenko. Sedych drückt lange mit seiner rauhen Handfläche meine Hand.

»Genosse Leutnant, wir sehen uns wieder.«

»Gewiß«, antworte ich betont forsch, wie immer beim Abschiednehmen. Ich hätte ihn mit Vergnügen in meinen Zug genommen.

Nach einigen Minuten holt er uns ein.

»Genosse Leutnant, nehmen Sie mein Etui. Sie haben Ihres nicht mehr fertigmachen können, und meins ist gut, ein doppeltes.«

Er drückt mir ein durchsichtiges gelbes Etui von solchem Ausmaß in die Hand, daß ich nicht sicher bin, ob es in meine Tasche hineinpassen wird: gut ein halbes Pfund Tabak kann es fassen. Er drückt mir wieder die Hand, dann Walega, dann wieder mir. Es tut mir weh, mich von ihm trennen zu müssen.

Schweigend gehen wir bis zum Verkehrsposten.

»Die Hundertvierundachtzigste ist noch nicht vorbeigekommen. Ein Pionierbataillon ist vorhin vorbeimarschiert; sonst habe ich nur Autos gesehen«, sagt der Verkehrsposten, ein älterer Mann mit einem spärlichen rötlichen Tatarenschnurrbart und großen, wie Flügel abstehenden, staubbedeckten Ohren.

Wir setzen uns auf ein zertrümmertes Auto und rauchen. Die Sonne ist schon untergegangen, aber es ist noch hell. Im Westen über Stalingrad ist der Himmel ganz rot, und es ist schwer zu sagen, ob von der untergehenden Sonne oder von den Bränden. Drei schwarze Rauchsäulen lösen sich langsam in der Luft auf. Unten sind sie schmal, dicht und schwarz wie Ruß. Je höher sie steigen, desto mehr zerfließen sie, und ganz hoch oben verschwimmen sie zu einer einzigen langen Wolke. Sie ist flach und unbeweglich, und obgleich immer neue und neue Rauchmengen dazukommen, wird sie weder länger noch dicker. So steht sie schon länger als zwei Wochen still und reglos über der brennenden Stadt.

Ringsherum aber stehen goldene Espen auf schwarzem Hintergrund, schlank und zart. Auf der Landstraße fahren Autos vorbei. Man macht halt und fragt, wo der Weg zur Überfahrt der Zweiundsechzigsten oder zum Vorwerk Rybatschij ist, und fährt weiter. Die Straße ist breit, ausgefahren, über und über mit Reifenspuren bedeckt. Es ist schwer festzustellen, wo der Rand ist und wohin der Weg abbiegt. Der stachelige Wegweiser hat einst am Straßenrand gestanden. Jetzt steht er mitten auf der Fahrbahn. Jemand ist auch schon dagegengefahren. Nun steht er schief, und der Arm mit der Aufschrift »Stalingrad – 6 km« weist gen Himmel.

»Der Weg ins Paradies«, sagt Walega finster.

Also ist er auch nicht ohne Humor, das habe ich nicht gewußt.

Der Verkehrsposten kommt herbei.

»Daaa – Kraniche!« Er zeigt mit seinen schmutzigen krummen Fingern nach dem Himmel. »Für die gibt es keinen Krieg ... Sind Sie nicht reich an Tabak, Genosse Offizier?«

Wir geben ihm zu rauchen und verfolgen lange das wie mit Perlen in den Himmel gestickte Dreieck von Kranichen, die nach dem Süden ziehen. Man hört sie sogar krächzen.

»Ganz wie die Junkers«, sagt der Verkehrsposten und spuckt aus. »Es ist wirklich widerlich anzusehen ...«

Diese Gedankenverbindung ist anscheinend uns allen eingefallen, und wir lachen.

»Na? Nach vorn? Oder kommen Sie von dort?« fragt der Posten und hält meine Hand fest, um anzurauchen.

»Nach vorn.«

Er wiegt den Kopf und macht lange Züge.

»Tja … dort ist es nicht lustig … Was soll man schon sagen …« und geht.

Verwundete gehen vorbei. Einzeln und zu zweien. Grau, verstaubt, mit gleichgültigen, müden Gesichtern. Einer setzt sich zu uns und fragt, ob wir was zu trinken hätten. Walega gibt ihm Milch aus der Feldflasche. Er trinkt lange und langsam, bekleckert sich dabei mit Milch. Er hat einen Brustschuß, und durch die zerrissene Uniform sieht man graue, schmutzige, mit Blut beschmierte Verbände auf der knochigen, schwarzbehaarten Brust.

»Wie ist es dort vorn?«

»Dreckig«, antwortet er gleichgültig und wischt sich mühsam die trockenen Lippen mit seiner schmutzigen, blutbeschmierten Hand ab. In seinen Augen, die grau sind wie er selbst, ist nichts außer einer schrecklichen, tödlichen Müdigkeit.

»Machen sie euch viel zu schaffen?«

»Ach, was soll man sagen, man kann den Kopf nicht heben.«

Er will aufstehen, fängt aber an zu husten, und auf seinen Lippen erscheint rosa Schaum. Er setzt sich wieder hin, atmet schwer. Im Halse oder in der Brust gluckst etwas.

»Verdammt wenig Leute … das ist das schlimmste …«

»Und wer ist in der Stadt? Der Fritz oder wir?«

»Wer weiß es? Was heißt da noch Stadt? … Alles brennt. Bombardement vom Morgen bis jetzt … Gib mal noch einen Schluck, mein Lieber!«

Er preßt müde, beinahe widerwillig, die Lippen an den Hals der Feldflasche, und aus den Mundwinkeln läuft ein dünner Milchstrahl herab, rosa von Blut. Dann steht er auf und geht weiter. Mit Mühe schleift er die Füße und stützt sich auf einen krummen, knorrigen Stock.

Dem Verkehrsposten nähern sich drei Reiter.

Ich schicke Walega hin, um festzustellen, ob sie nicht aus der von uns gesuchten Division sind. Er geht zu ihnen und fragt etwas, wobei er sich mit der Hand am Zügel festhält. Dann kehrt er wieder zurück.

»Sie sagen, daß die Hundertvierundachtzigste querfeldein zur Übergangsstelle marschiert ist. Sie sind nicht von dieser Division, haben aber Soldaten von ihr gesehen.«

Die Reiter traben fort. Eine Staubwolke begleitet sie.

»Nun denn, ich werde jetzt gehen«, sagt Igor.

»Nun, dann geh«, sage ich und strecke ihm die Hand hin.

Eigentlich müßte man noch etwas sagen, aber es kommt nichts heraus.

»Ich sage dir aber nicht Lebewohl«, sagt Igor.

»Ich dir auch nicht.«

Wir schütteln einander die Hand

»Bleib gesund, Walega. Gib gut acht auf den Leutnant!«

»Selbstverständlich ... Was denn sonst?«

»Nun, ich gehe.«

»Auf Wiedersehen, Igorek!«

»Tja ... ich habe noch dein Taschenmesser.«

»Wirklich?«

»Hatte es gestern an mich genommen, als wir Brot schnitten.« Er sucht in den Taschen. »Hier ist es, war unters Futter gerutscht.«

Igor reicht mir das Messer. Ein Beutestück Walegas – ein herrliches Solinger Messer mit zwei Klingen, Korkenzieher, Ahle, einem Schraubenzieher und noch einer ganzen Menge unbekannter Werkzeuge.

»Nun, das wäre alles. Bleib gesund!«

»Bleib gesund!«

Er geht weg mit seinem üblichen ungezwungenen, lässigen Gang, die Feldmütze auf den Hinterkopf geschoben, Hände in den Taschen.

Werde ich ihn je wiedersehen?

18

An der Überfahrt ist es schwer wie immer, sich zurechtzufinden. Pferde, Wagen, Kanonen mit Protzen, Autos, die in der Dunkelheit nach hinten fahren. Und Menschen, Menschen, viele, viele Menschen, die schimpfend aneinandergeraten. Jemand hat einen anderen angefahren. Kisten sind vergessen worden. Ein gewisser Stezenko wird gesucht. Man wartet auf den Schleppdampfer. Schimpft auf ihn. Er hätte schon längst da sein sollen und ist immer noch nicht hier ...

Zwei Divisionen, die hundertvierundachtzigste und noch eine, ich glaube, die neunundzwanzigste, werden gemeinsam verladen.

Und in diesem tollen Durcheinander soll man einen Divisionsingenieur finden oder den Divisionskommandeur oder den Stabschef, ihm das Paket abliefern und weitere Befehle abwarten. Wahrscheinlich wird es gar keine weiteren Befehle geben; es weiß ohnehin keiner, wo ihm der Kopf steht, alle Kanonen muß man aufladen und Munition und Pferde, und Leute darf man keine verlieren, überhaupt, zum Teufel noch mal, was kommen Sie jetzt an, sehen Sie nicht, was da vor sich geht?

Ich finde einen Ingenieur, aber nicht den, den ich suche, einen Regimentskommandeur, aber auch nicht den, den ich brauche – sondern einen von den Neunundzwanzigern.

Jemand zupft mich am Ärmel.

»Hör mal, Freund, hast du nicht eine Taschenlampe?«

»Hab ich.«

»Leuchte doch mal, mein Lieber. Ich hab mir schon die Hacken abgelaufen. Man hat mir zwar eine Karte gegeben, aber in dieser ägyptischen Finsternis kann man ja nichts sehen ...«

Ich erkenne nur eine massige Gestalt in einer Jacke, mit einer Maschinenpistole, die auf der Brust hin und her baumelt.

»Komm, wir kriechen unter das Boot ... zwei Minuten nur ... Ehrenwort.«

Unter dem Boot ist es eng und riecht nach verfaultem Holz. Ich knipse die Taschenlampe an. Sie leuchtet trübe – die Batterie geht zu Ende. Der Massige hat – so stellt sich heraus – ein grobes, schweres Gesicht mit weit auseinanderstehenden Augen und fleischigen Lippen. Auf dem Kragenspiegel hat er das Rangabzeichen eines Hauptmanns. Mit Mühe zieht er die Karte aus der Hülle, die von Papieren förmlich platzt und mit einem Gummi umspannt ist.

»Hier finde sich einer durch.« Er zeigt mit dem schmutzigen Fingernagel auf ein rotes ungleichmäßiges Dreieck auf der Karte. »Das nennt sich Karte! Ein weißes Quadrat an Stelle einer Fabrik. Wie kann man daraus klug werden?« Und er schimpft lange und ausgiebig.

»Eine Division soll abgelöst werden. Es hieß, jemand würde uns an der Überfahrt erwarten. Ja, Kuchen! Keine Menschenseele. Und nun such dieses Dreieck in der Stadt ... ihren Divisionsgefechtsstand. Kein Richtungspunkt, nichts!«

Ich frage ihn, aus welcher Division er sei. Es stellt sich heraus, daß er Bataillonskommandeur des 1147. Regiments der 184. Division ist.

»Ist bei euch heute nicht der Ingenieur gefallen?«

»Ja, bei uns. Zigejkin. Weshalb fragst du?«

»Ich soll seine Stelle übernehmen.«

»Wirklich?« Der Grobgesichtige freut sich sogar. »Das ist gut. Du wirst mit uns fahren. Ich bin ganz allein geblieben. Der Kommissar liegt im Lazarett, der Stabschef ist nachtblind ...«

Wir kriechen unter dem Boot hervor.

»Wart nur einen Augenblick. Ich werde mich nach den Pferden umsehen. Du kennst doch diese Spieße ...«

Er verschwindet, als ob er sich in der Menge und im Geschrei aufgelöst hätte. Ich suche Walega. Er hat sich neben einigen Kisten eingerichtet und schläft friedlich, die Beine angezogen, damit man ihm nicht auf die Füße tritt. Er hat eine erstaunliche Fähigkeit, in jeder Umgebung zu schlafen. Ich setze mich neben ihn. Vom Fluß zieht eine leichte, beruhigende Kühle herauf. Es riecht nach Fisch und Naphtha. Neben mir stampfen Pferde und klirren mit ihrem Geschirr. Irgendwo, ganz weit weg, sucht man noch immer Stezenko.

Die Stadt brennt. Nicht bloß die Stadt, sondern das Ufer in seiner ganzen Länge, so weit das Auge reicht. Das kann man keine Feuersbrunst nennen, das ist mehr. Wahrscheinlich brennt die Taiga so: wochenlang, monatelang, in einer Ausdehnung von Dutzenden, von Hunderten Kilometern. Der Himmel ist purpurrot, mit geballten Rauchschwaden bedeckt. Die dunkle Silhouette der brennenden Stadt sieht aus, als wäre sie mit einer Laubsäge ausgesägt. Schwarz und rot. Andere Farben gibt's hier nicht. Eine schwarze Stadt und ein roter Himmel. Auch die Wolga ist rot – »wie Blut«, zuckt es mir durch den Kopf.

Flammen sind kaum zu sehen. Nur an einer Stelle, stromabwärts, bemerkt man kleine, hüpfende Zungen. Und uns gegenüber, wie aus Papier, zerdrückte Zylinder der Ölbehälter, zusammengefallen, zerdrückt durch das Gas. Aus ihnen schlagen Flammen hervor – mächtige Protuberanzen, die sich losreißen und in den schweren, langsam sich bildenden, phantastisch aussehenden grauroten Rauchwolken verlieren.

In meiner Kindheit pflegte ich gern ein altes englisches Journal aus dem Kriegsjahr 1914 anzusehen. Es hatte weder Anfang noch Ende, dafür aber erstaunliche Bilder, große, ganzseitige: »englische Tommies« in Schützengräben, Sturmangriffe, Seeschlachten mit schäumenden Wellen und Torpedobooten, die einander rammten, komische, schwebenden Regalen ähnelnde »Farmans«, »Tauben‹ und »Blériots«. Es war schwer, sich loszureißen.

Aber am allerschrecklichsten war das große, schauerlich-düstere Bild der brennenden Stadt Löwen. Hier waren Feuerschein, Rauchballen, die wie Watte aussahen, flüchtende Menschen, zerstörte Häuser und Scheinwerferkegel am unheildräuenden Himmel … Mit einem Wort, es war dermaßen schrecklich und faszinierend, daß ich keine Kraft hatte, diese

Seite umzuwenden. Ich habe unzählige Male dieses Bild abgezeichnet, mit Buntstiften, Farben, Kreide ausgemalt und dann an den Wänden aufgehängt. Mir schien, als ob es nichts Schrecklicheres und Grandioseres geben könne.

Jetzt kommt mir dieses Bild wieder in den Sinn. Es war nicht schlecht gezeichnet. Noch genau erinnere ich mich an jedes Detail, an jeden Schnörkel der Rauchwolken, und auf einmal wird mir ganz klar, wie unzulänglich und unbeholfen die Kunst manchmal ist. Keine Rauchwolken, keine Feuerzungen, die am Himmel lecken, kein unheilverkündender Widerschein vermag das Gefühl wiederzugeben, welches ich jetzt empfinde, während ich am Ufer dem brennenden Stalingrad gegenübersitze.

Am anderen Ufer tobt der Kampf. Salven mit Leuchtspurmunition aus Maschinengewehren und Maschinenpistolen streifen beinahe das Ufer. Sollte der Deutsche wirklich bis ans Wasser vorgedrungen sein? Einige lange Feuerstöße kommen über die Wolga auf diese Seite.

Hinter uns schießt eine »Katjuscha«. Die glühenden Geschosse fliegen ohne Eile, überholen einander im zitternden Feuerschein des Himmels und schlagen am gegenüberliegenden Ufer ein. Die Explosionen sind nicht zu sehen. Man sieht nur das Aufleuchten, und dann ertönt das Krachen.

An meiner Seite spuckt und krächzt jemand befriedigt. Ich bemerke jetzt erst, daß neben uns, lang ausgestreckt, Soldaten liegen.

»Hast du's noch geschafft, den Wallach zu beschlagen?« fragt jemand, der dicht neben mir liegt.

»Ja. Und du?«

»Den ›Hahnenfuß‹ habe ich noch geschafft, aber beim Rappen nur die beiden Vorderfüße. Er hat eine Wunde und war störrisch ...«

Der Bataillonskommandeur kommt, schwer atmend.

»Wahrhaftig, man kann verrückt werden bei diesen Übergängen. Fünf Jahre älter wird man dabei.« Er schneuzt sich laut. »Der General ist dagewesen. Hat klar gesagt: erst wir – und dann die Neunundzwanzigste. Ist nur für einen Augenblick beiseite gegangen, da haben sie schon ihre Kisten draufgewälzt. Siehst du, die Artillerie haben sie nämlich hinübergeschafft und die Munition auf dieser Seite gelassen. Wer mag sie gestört haben? Ich zum Beispiel führe auf jeder Kanone die Munition mit. Herrgott im Himmel, wieder dieser Teufel!«

Der Kommandeur verschwindet aufs neue. Man hört, wie er jemanden beschimpft. Er kehrt wieder zurück.

»Nun gut ... ist ja alles Quatsch. Wir werden schon irgendwie hinübergelangen. Wichtig ist nur, wie es drüben aussieht ...«

Es stellt sich heraus, daß das Regiment den Befehl erhalten hat, um zwei Uhr mit dem Übersetzen fertig zu sein und um vier Uhr die beinahe aufgeriebene Division am anderen Ufer im Bezirk »Metis«-Mamai-Hügel abzulösen. Jetzt ist es schon ein Uhr, und noch nicht ein Bataillon ist auf die andere Seite hinübergelangt. Drüben sind nur Pioniere, Spähtrupps und die Operativgruppe des Stabes. Der Regimentskommandeur und der Stabschef sind anscheinend auch dort. Hauptsache, die gesamte Artillerie, die Fünfundvierzig- und Sechsundsiebzig-Millimeter-Geschütze, die dem Bataillon zugeteilt sind, kommt bis zum Morgengrauen in die vorderste Linie – für direkten Beschuß.

»Gut«, sage ich. »Du gibst mir zwei Kompanien und die Panzerabwehrabteilung, und du mit einer Kompanie kümmerst dich um die Artillerie. Wieviel Mann sind denn in einer Kompanie?«

»An hundert Mann.«

»Ausgezeichnet. Also abgemacht. Gib mir nur genau den Bestimmungsort an.«

»Hier dieses Teufelsdreieck auf der Karte. Ehrlich gesagt, denke ich, daß dort niemand mehr lebt. Von jener Division sind nicht mehr als hundert Mann am Leben. Sie kämpfen schon zwei Wochen auf dem anderen Ufer ...«

Er spuckt kräftig aus und läuft wieder fort, um mit jemandem zu schimpfen. Er hat eine Stimme, die wahrscheinlich am anderen Ufer zu hören ist.

Der Schleppdampfer kommt. Er ist klein und niedrig, als ob er sich absichtlich im Wasser verstecke, um nicht gesehen zu werden.

Im Schlepptau hat er einen breiten, plumpen Kahn mit einem langen, herausragenden Steuer.

Der Schleppdampfer kann lange Zeit nicht anlegen. Er fährt rückwärts, peitscht mit der Schraube das Wasser. Endlich legt er die Laufplanken aus. In langer Kette kommen Verwundete herunter. Es sind viele. Erst die Gehfähigen, dann die auf den Tragbahren. Man trägt sie hinter die Büsche; von dort ist das Hupen von Autos zu hören.

Dann werden Kisten verladen und Kanonen hinaufgezogen; die Pferde stampfen über die Laufplanken, eins rutscht aus, wird aus dem Wasser gezogen und weitergeführt. Allen Befürchtungen zum Trotz geht alles ruhig und organisiert vor sich.

Wir stoßen ab, als es schon anfängt, hell zu werden. Die undurchdringliche Masse von etwas Unbestimmtem hinter uns verwandelt sich in das durchsichtige Spitzengewebe eines Espenhaines. Wir stehen eng zusammengepfercht. Jemand atmet mir direkt ins Gesicht. Er riecht nach Knoblauch. Dumpf stampft unter den Füßen die Maschine. Einer knabbert Sonnenblumenkerne und spuckt geräuschvoll aus. Walega lehnt sich auf seinen Mantel, der über die Reling geworfen ist, und blickt auf die brennende Stadt.

»Stalingrad ist trotz allem eine große Stadt«, sagt jemand hinter meinem Rücken, »wie Moskau.«

»Nicht groß, sondern lang«, berichtigt eine junge, knabenhafte Stimme. »Fünfzig Kilometer lang. Ich war vor dem Kriege da.«

»Fünfzig Kilometer?«

»Haargenau. Von Sarepta bis zum Traktorenwerk.«

»Oho!«

»Was, oho?«

»Viele Truppen sind nötig, um das Werk zu halten. Mindestens zehn Divisionen, vielleicht auch fünfzehn.«

»Und denkst du, daß hier weniger sind? Jede Nacht setzen welche über.«

Der Schleppdampfer umfährt eine spitze, in der Dunkelheit beinahe unsichtbare Landzunge. Über uns fliegt pfeifend eine Granate hin und schlägt hinter uns ins Wasser.

»Gefällt dem Fritz nicht, daß wir fahren. Er will uns in die Wolga stoßen.«

Die junge, knabenhafte Stimme lacht.

»Was soll er denn sonst wollen? Natürlich reinstoßen … ›Ruß bul, bul‹.« Und er lacht wieder.

»Der Fritz will so manches«, mischt sich ein Dritter ein, nach der Stimme zu urteilen, ein Älterer. »Weiter können wir auf keinen Fall zurückgehen. Wir sind schon bis zum äußersten Punkt zurückgewichen, bis an den Rand der Erde … Wohin denn noch weiter?«

Man hört, wie jemand einem andern auf den Mantel klopft.

»Richtig, Vater. Das ist so unsere Art, Seemannsart. Wir wollen um keinen Preis selbst baden gehen. Das Wasser ist gar zu kalt … Hab ich recht?«

Alle lachen.

Ich bemühe mich, den Kopf zu wenden. Das ist aber sehr schwer. Ich bin von allen Seiten so eingeengt. Ich drehe die Augen seitwärts und sehe nur weiße Flecke, Gesichter und ein Ohr. Wir nähern uns dem Ufer.

19

Der Schleppdampfer kann wieder nicht direkt am Ufer anlegen. Wir springen ins kalte, trübe Wasser.

Kästen werden ans Ufer gezogen. Sie bedecken das ganze Ufer. Die Füße verwickeln sich in Ketten und Taue. Auf den

Kästen und auf der bloßen Erde – Verwundete, schweigsam und ingrimmig, dicht aneinandergeschmiegt.

Das Ufer ist flach und sandig. In der Ferne ein hoher, beinahe senkrechter Abhang, und über alldem ein roter, rauchbedeckter Himmel. Ganz in der Nähe wird geschossen. Man hat den Eindruck, als ob die Schüsse direkt hinter unserem Rücken abgefeuert würden. Es wird kühl, und ich ziehe meinen Mantel an.

Der Bataillonskommandeur – sein Name ist Klischenzew – schimpft auf jemand, der die Kanone nicht richtig gewendet hat.

»Was, zum Teufel, stellst du sie mit der Lafette nach vorn? Ist dein Gehirnkasten nicht in Ordnung, du Schafskopf?«

Die Soldaten waten durchs Wasser, mit Maschinengewehren, Granatwerfern und Granaten, die ihnen auf der Brust und auf dem Rücken hin und her baumeln. Sie sammeln sich zu Grüppchen am Ufer, rauchen natürlich. Klischenzew kommt zu mir gelaufen, er ist schon ganz heiser.

»Nimm die vierte und fünfte – und los! Ich werde die Kanonen abladen und gleich hinter dir herkommen. Schick mir nur einen Melder, damit ich nicht umsonst hin und her irre. Ich habe einen, er heißt Sidorko, der findet alles. Frag bei Farber, dem Chef der fünften Kompanie.« Er zieht mich am Mantelsaum zu sich heran und flüstert mir ins Ohr: »Man sagt, daß von jener Division nichts übriggeblieben sei ... Versuche, unsere Spähtrupps zu finden. Sie sind dort irgendwo ... Laß dich nicht in ein Gefecht ein ohne mich ...« Er drückt mir eine Feldflasche in die Hand: »Hier, stärk dich für den Weg.«

Der Wodka brennt angenehm im Hals und läuft als heißer Strahl ins Innere.

Die Offiziere sammeln ihre Mannschaften. Einer, ein Langbeiniger, leicht Gebückter, trägt einen kurzen, bis zum Knie reichenden Mantel und eine Brille. Sein Name ist Farber. Anscheinend Intellektueller. – »Sehen Sie, an und für sich neige ich zum Denken ...« Der andere – Petrow – ist ein

Kleiner, Dünner, Magerer, noch ganz jungenhaft. Mich freut das nicht sehr.

Wir gehen längs des Ufers stadtwärts. Die Füße versinken im Sand. Manchmal hocken wir uns hin, wenn die Granaten vorbeisausen. Die Soldaten gehen schweigend, bewegen mit Mühe die Füße, atmen schwer und halten mit den Händen die hin und her schwankenden Granaten fest. Sie sind heute an vierzig Kilometer marschiert.

Uns entgegen kommen ganze Schlangen Verwundeter, zu zweien, zu dreien oder auch einzeln, sie stützen sich auf die Gewehre, fragen, wo die Überfahrt ist.

Kugeln pfeifen direkt über unsere Köpfe, platschen ins Wasser. Leuchtspurkugeln steigen auf und erlöschen in der Luft.

»Wo sind die Fritzen?« fragen die Soldaten die Entgegenkommenden.

Diese deuten unbestimmt in die Richtung, in der wir gehen.

»Nicht weit ... näher als nach Hause.«

Wir kommen an einem weißen Gebäude vorbei, es muß ein Wasserturm sein, Rohre gehen von ihm aus. Der Weg steigt dann in die Höhe. Eine Kanone wird nach unten geschleppt.

»Wohin?« frage ich.

Niemand antwortet.

»Wohin schleppt ihr die Kanone?«

»Was geht es dich an? Siehst du denn nicht, was los ist? Sollen wir sie vielleicht den Deutschen überlassen ...«

Ich ziehe die Pistole.

»Kehrt! Zurück!«

»Wohin?«

Jemand in einem aufgeknöpften Mantel, mit einer nach hinten gerutschten Feldmütze, stößt mich vor die Brust.

»Die kennen wir ... solche Helden! Kümmere dich nicht drum, Kazura. Schlepp weiter!«

Ich fühle, wie mir plötzlich die Luft fehlt und mir etwas die Kehle zuschnürt.

Die Kugeln schlagen schon unmittelbar am Ufer ein.

Oben auf dem Wege – von hier aus ist nur der hochgezogene Schlagbaum zu sehen, ein umgefallener Mast und Knäuel zusammengerollten Drahtes – erscheinen einige Gestalten. An den Mast geschmiegt, schießen sie und laufen dann nach unten.

Jemand stößt mich mit der Schulter und flucht.

Ich drehe mich um und schlage mit aller Wucht in das weiße Gesicht, das sich vor mir hin und her bewegt.

»Zurück!« schreie ich aus voller Kehle, daß es mir in den Ohren gellt, und laufe den Weg hinauf.

Die Deutschen sind direkt hinter der Eisenbahn. Die Schienen verlaufen beinahe am Rande des hohen Ufers. Reihen von stehengebliebenen Zisternenwagen heben sich von einem brennenden Hintergrund ab. Unser Maschinengewehr rattert von rechts unter den Rädern hervor.

Ich krieche unter dem Wagen durch. Der Mantel hakt sich fest und kracht in den Nähten. Er hindert mich schrecklich, verwickelt sich zwischen den Beinen. Ich presse das Gesicht an die Schiene – sie ist angenehm kalt – und versuche festzustellen, wo die Deutschen sind. Im rechten Winkel zu den Schienen eine Straße, eine gepflasterte, schnurgerade Straße. Links Ölbehälter. Aus einem steigt Rauch auf. In der verbeulten Wand klaffen drei von Geschossen herrührende Löcher mit ausgefransten, hochgebogenen Rändern – wie Wunden.

Rechts abgebrannte Scheunen, von Stacheldraht umsäumt.

Anscheinend halten die Deutschen die Ölbehälter besetzt. Rote, weiße, grüne Punkte fliegen von da heraus und schlagen klappernd auf den Zisternenwagen auf.

Ein Gedanke schießt mir blitzartig durch den Kopf. Sie haben Maschinengewehre, zwei, meines Erachtens leichte. Granatwerfer haben sie nicht. Das ist gut. Farber muß seinen Schlag von links führen – direkt gegen die Ölbehälter, ich umgehe vom Wege aus, von rechts her, die Ölbehälter.

Die Maschinengewehre schießen direkt auf uns. Man

muß es schaffen, über den Weg zu laufen und dann weiter längs der Steinwand.

Farber kriecht weg. Er kriecht ungeschickt auf einer Seite und kippt ständig nach rechts über.

Einige Kugeln schlagen auf den Zisternenwagen auf, gerade über meinem Kopf. Ein dünner, gebogener Petroleumstrahl trifft die Schienen vor mir, und ich fühle auf dem Gesicht kleine Spritzer wie aus einem Zerstäuber. Eine Rakete steigt hoch und beleuchtet die Ölbehälter, die Scheunen, die Steinwand. Unnatürlich tanzen die Schatten, bald kürzer, bald länger werdend. Die Rakete fällt hinter uns nieder, man hört sie zischen ...

Es ist Zeit ... Ich stecke die Finger in den Mund – meine Signalpfeife habe ich bei Kupjansk verloren. Es kommt mir vor, als pfiffe ein anderer, der neben mir steht.

Ich laufe gerade auf den Ölbehälter mit den drei Löchern zu. Von rechts und links wird geschrien. Maschinenpistolen knattern. Die Patronenmagazine in den Manteltaschen schlagen mir gegen die Knie. Vor mir läuft jemand mit einer Matrosenmütze mit fliegenden Bändern. Ich kann ihn nicht einholen. Die Ölbehälter verschwinden, und ich sehe nur die Bänder. Sie sind schrecklich lang, reichen wahrscheinlich bis zum Gürtel.

Auch ich schreie etwas. Es scheint einfach »A-a-a-a-a!« zu sein. Es ist leicht und fröhlich, so dahinzulaufen. Ich empfinde auf dem Bauch ein leichtes Hämmern, das kommt von der Maschinenpistole. Der Zeigefinger drückt den Abzug, daß es bis in die Gelenke schmerzt.

Wieder tauchen Ölbehälter auf, aber andere, kleinere, mit Röhrchen, die sich wie Schlangen winden. Es sind viele Rohre, wir müssen über sie hinwegspringen.

Hinter dem Ölbehälter sind die Deutschen. Sie laufen uns entgegen und schreien gleichfalls. Die schwarzen Bänder verschwinden. Statt ihrer ein grauer Mantel und ein geöffneter Mund. Er verschwindet auch. In den Schläfen fängt es an zu hämmern, die Kinnbacken schmerzen.

Deutsche sind nicht mehr zu sehen.

Vor uns ist ein weißes Tor mit einem eisernen Gitter. Bis zum Tor werde ich laufen, mich hinsetzen, und dann weiter … Aber ich kann nicht anhalten. Das Tor habe ich schon hinter mir, und vor mir sind ein asphaltierter Weg und mehrere Gebäude.

Später liege ich auf dem Bauch und bin nicht imstande, ein neues Magazin in die Maschinenpistole zu schieben. Die Hände zittern. Im Trommelhalter steckt etwas.

»Die Maschinenpistole ist zerschossen, nehmen Sie diese.«

Es scheint Walega zu sein, aber ich habe keine Zeit, mich umzudrehen.

Durch das Gitter – ich liege an einer niedrigen Steinwand, vor einem Gitter, dessen Stäbe dünn sind wie die eines Vogelbauers – sehe ich die Deutschen laufen. Es sind viele, sie laufen über den Fabrikhof, schießen aus ihren schwarzen Maschinenpistolen, die sie gegen den Leib pressen, und das wirkt wie ein sinnloses Feuerwerk. Die Deutschen schießen sogar am Tage mit Leuchtspurmunition.

Ich verschieße ein ganzes Magazin, dann ein zweites. Das Feuerwerk verschwindet. Es wird plötzlich ganz still. Ich trinke Wasser aus irgendeiner Feldflasche und möchte gar nicht aufhören.

»Sie haben wohl Hering gegessen, Genosse Leutnant?« fragt jener, der mir die Feldflasche hinhält, ein großer Mensch in einem Matrosenhemd, unter einer kleinen, zerdrückten Matrosenmütze hängt eine Haartolle hervor.

Ich trinke das Wasser aus. Es scheint mir, als ob ich noch niemals schmackhafteres und kälteres getrunken hätte. Ich suche Walega. Er ist auch hier, füllt das Magazin auf. Die Patronen liegen in einem kleinen goldenen Haufen. Neben ihm tut ein Bursche mit rundem Gesicht hastig einen Zug nach dem andern an einem Stummel. Dann spuckt er darauf und drückt ihn in die Erde.

Vor uns ist der Hof, ein vollkommen ebener, asphaltierter

Fabrikhof, dahinter ein Eisenhaufen, eine Lokomotive mit zertrümmerten Waggons und ein weißes Gebäude in der Art eines Weichenstellerhäuschens mit einem kleinen Balkon. Dahinter noch ein Hof, groß und leer.

Der Platz ist schlecht. Man kann sich weder eingraben noch in Deckung gehen. Nur ein niedriger Gitterzaun ist da.

Wir müssen das Häuschen sowie den Eisenhaufen in unseren Besitz bringen, das ist klar. Hier können wir uns nicht halten. Ich gebe den Befehl an Farber und Petrow. Sie liegen auch an der Wand, links und rechts von mir. Der Bursche im Matrosenhemd stopft Zündhütchen in runde, mit großen Kerben versehene Handgranaten.

»So … richtig …« Er blinzelt mit einem schwarzen, zusammengekniffenen Auge. »Ich kenn das Häuschen. Ein prima Häuschen, und der Keller – auch prima!«

»Bist du dort gewesen?«

»Eine ganze Nacht haben wir dort gesessen, bis die Fritzen uns daraus vertrieben haben. Gegen Abend sind wir gekommen. Spähtrupp. Haben einen Gefechtsstand gesucht.«

Er steckt eine Handgranate in die Tasche, eine andere in den Gürtel.

Farber gibt ein Zeichen, daß bei ihm alles fertig ist. Etwas später Petrow. Die Deutschen fangen an, von links aus einem Maschinengewehr zu schießen, haben sich also schon eingegraben, diese Schweinehunde. Man muß sich beeilen, solange die andern noch nicht angefangen haben.

Der Bursche im Matrosenhemd steht förmlich startbereit, ein Fuß ist zurückgestellt, der andere eingebogen. Aus dem einen Augenwinkel sieht er mich gespannt und unverwandt an. Auf dem linken Arm unterhalb des Ellbogens ist etwas eintätowiert, es scheint ein Name zu sein.

Ich gebe das Signal.

Etwas flitzt vorüber – etwas Dunkles und Schnelles, wie ein Windstoß. Von der Wand fällt der Putz herunter. Das Gitter zittert, als ob man stark daraufgeschlagen hätte. Der Bursche im Matrosenhemd läuft gerade auf das Häuschen zu, die Maschinenpistole schwenkend. Bis zum Häuschen sind es sechzig Meter, und der Hof ist vollständig eben.

Auf einmal füllt er sich mit laufenden, schreienden Menschen, grünen, schwarzen und gestreiften. Der Bursche im Matrosenhemd ist schon am Häuschen, verschwindet in der Tür. Die Deutschen schießen regellos, dann hören sie auf. Man sieht sie hinter dem Häuschen laufen, man erkennt sie leicht an ihren weiten Mänteln ohne Gurt.

All dies geschieht so schnell, daß ich gar nicht dazu komme, es zu begreifen. Ringsum ist alles leer. Ich und Walega. Eine Feldmütze auf dem grauen Asphalt.

Wir kriechen über das Gitter, laufen gebückt zum Häuschen. Mitten auf dem Hof drei oder vier Tote, alle mit dem Gesicht nach unten, so daß man sie nicht erkennt. Neben dem Häuschen ein langer Laufgraben, der sich im Eisenhaufen verliert. Wir springen hinein. Jemand wühlt in den Taschen eines toten Deutschen.

»Was machst du da?«

Der Soldat wendet den Kopf, ohne sich aufzurichten. Zwei kleine graue Augen in einem dunklen Gesicht voller Pickel sehen mich erstaunt an.

»Was ich mache? Ich suche den Fritz ab.«

Er steckt eilig etwas in die Tasche, anscheinend eine Uhr.

»Marsch, raus hier! Scher dich fort! ...«

Jemand stößt mich an die Schulter.

»Das ist ein Soldat von meinem Spähtrupp, Leutnant. Ein bißchen sachter ...«

Ich drehe mich um. Mit einer Zigarre im Mund steht der Bursche im Matrosenhemd da. Seine Augen, die unter dem Stirnhaar hervorfunkeln, sind schmal und verheißen nichts Gutes.

»Und wer bist du?«

»Ich?« Seine Augen werden noch schmaler, und auf den rauhen, gebräunten Wangen bewegen sich Schwellungen. »Tschumak, Kommandeur des Infanterie-Spähtrupps.«

Mit einer kaum merklichen Bewegung der Lippen wird

die Zigarre von einem Mundwinkel in den anderen geschoben.

»Mach diesem Unfug sofort ein Ende! Verstanden?«

Ich spreche langsam und unnatürlich ruhig.

»Such deine Leute zusammen! Stell Posten auf! In fünfzehn Minuten komm und erstatte Bericht! Verstanden?«

»Und wer sind Sie, daß Sie befehlen?«

»Hast du gehört, was ich dir gesagt habe? Ich bin Leutnant, und du bist Feldwebel, das ist alles ... Und keine Beute, bis ich's erlaube.«

Er antwortet nicht, guckt. Sein Gesicht ist schmal, die Lippen dünn, fest aufeinandergepreßt. Die Tolle hängt ihm schief in die Augen. Er steht da, die Beine gespreizt, die Hände in den Taschen, und wiegt sich leicht vor und zurück.

So stehen wir und sehen einander an. Wenn er nicht sofort kehrtmacht und weggeht, werde ich die Pistole ziehen.

Päng, päng ... Zwei Kugeln schlagen in die Grabenwand ein, zwischen ihm und mir. Ich gehe in die Hocke. Eine von den Kugeln dreht sich wie ein Kreisel zu meinen Füßen. Sie ist auf etwas Hartes gestoßen. Der vom Spähtrupp hat sich nicht einmal gerührt. Seine dünnen Lippen zucken kaum, und aus den Augen leuchtet Spott.

»Hat Ihnen nicht gefallen, Leutnant, was?«

Und mit einer trägen, gewohnten Bewegung schiebt er seine Matrosenmütze vom Hinterkopf direkt auf die Augen, und langsam, ohne sich zu beeilen, dreht er sich um und entfernt sich mit leicht schaukelndem Gang. Sein gewölbtes Hinterteil ist von der Hose stramm umspannt.

Zwei Soldaten ziehen ein Maschinengewehr den Laufgraben entlang. Der Laufgraben ist eng, und das Maschinengewehr kommt nicht durch.

»Was, zum Teufel, macht ihr hier? Versperrt nur den Weg!« schreie ich sie an, und mich reizt es, daß sie schweigen und nur mit den Augen zwinkern.

Sie stehen auf, drücken sich an die Wand, um mich vorbeizulassen.

»Was bleibt ihr denn hier stehen? Weiter!«

Sie packen beide gleichzeitig das Gestell und bemühen sich, das Maschinengewehr durchzustoßen. Ich klettere darüber hinweg und gehe weiter den Laufgraben entlang.

»Wie von der Kette losgelassen«, tönt die Stimme des einen hinter mir her.

Ich biege nach rechts ab. Die Soldaten graben sich schon ein. Petrow, voller Geschäftigkeit, schimpft auf die Soldaten, die das Maschinengewehr nicht fest aufstellen können – es rutscht immer wieder ab. Er ist noch sehr jung. Hat wahrscheinlich erst unlängst die Schule verlassen. Ein dünnes Hälschen, an den Füßen viel zu große, schlotternde Stiefel.

»Nun, Genosse Leutnant, steht es Ihrer Meinung nach gut so?« fragt er, nachdem er als Stütze einen Kasten unter das Maschinengewehr geschoben hat, und blickt mich aus unerträglich blauen Augen fragend an.

»Gut. Es geht so.«

»Das zweite habe ich dort hinter jener Biegung. Wollen Sie sich's ansehen? Von da aus ist der ganze Damm zu übersehen.«

Wir gehen hin. Tatsächlich hat man von hier aus gute Sicht. Die Deutschen sitzen hinter dem Damm. Manchmal tauchen ihre Helme auf.

Ich hocke mich nieder und schreibe eine Meldung. Die vierte und fünfte Kompanie sowie der Zug des Infanterie-Spähtrupps haben die Verteidigungsstellungen am Westrande des Werkes »Metis« bezogen. Soundso viele Leute, soundso viel Munition. Die letzte Ziffer verringere ich ein wenig, obwohl heute auf Heranschaffen von Munition ohnehin nicht zu rechnen ist.

Sidorko, derselbe, den mir Klischenzew empfohlen hat, flink, mit schrägstehenden Augen wie bei einem Chinesen, kann gerade noch die Meldung in die Feldmütze stecken, als die Deutschen ihren Angriff beginnen.

Von irgendwoher tauchen Panzer auf, sechs Stück. Sie kriechen von rechts heran, hinter dem Damm hervor. Dort scheint eine Brücke zu sein, von uns aus nicht sichtbar. Und wir haben nur vier Panzerbüchsen und etwa zwei Dutzend Handgranaten. Wo ist die Kanone geblieben? Ich habe sie ganz und gar vergessen. Sollten sie wieder zurückgegangen sein? Unsere ganze Hoffnung ist jetzt der Eisenhaufen, vielleicht können die Panzer ihn nicht überrollen ...

Mein Nachbar ist ein braungebrannter Panzerjäger mit blondem, gezwirbeltem Schnurrbart, der ihm ein schneidiges Aussehen verleiht. Ihm ist anscheinend heiß. Nacheinander wirft er die warme Jacke, die Feldbluse und das Hemd ab; er bleibt nackt, und sein unwahrscheinlich weißer, glatter Rücken leuchtet.

Im Laufgraben ist es eng und unbequem. Fortwährend kriecht jemand über einen hinweg, stößt einen mit den Knien, flucht.

Die Panzer rollen gerade auf uns zu.

Es ist schlecht, daß kein Telefon da ist. So läßt sich schwer feststellen, wie die Dinge stehen.

Die Panzer sind vor dem Eisenhaufen stehengeblieben und eröffnen das Feuer. Wahrscheinlich Stahlbarren ohne Sprengladung, denn man hört keine Explosionen. Von rechts her ertönt Tschumaks Stimme, scharf und kehlig. Er ruft einem gewissen Wanjuschka zu, er möge ihm Panzerabwehrgranaten holen.

»Im Keller ... in der Ecke ... Wo die Teekanne steht ...«

Ein Panzer überrollt dennoch das Eisen, klirrt mit den Ketten. Von einer Seite auf die andere watschelnd, kriecht er direkt auf uns zu. Das widerliche schwarze Kreuz ist gut sichtbar. Der halbnackte Panzerjäger zielt, die Beine breit gespreizt, das Hinterteil gegen die Grubenwand gedrückt. Die Feldmütze ist ihm heruntergefallen, und auf seinem glattrasierten Kopf sieht man, weiß wie seinen Rücken, einen Kreis, der nicht braungebrannt ist.

Trifft er oder trifft er nicht?

Das Kreuz kommt immer näher ...

Jemand schreit mir ins Ohr. Ich kann nichts verstehen.

»Was ist los?«

»Die Deutschen umgehen uns von links. Ihre Infanterie ist links von der Lokomotive durchgestoßen ...«

»Warum schweigen die Maschinengewehre? Dort sind doch zwei.«

Ich laufe den Graben entlang. Am Maschinengewehr liegt Petrow und noch jemand. Eine Störung. Der Gurt kommt nicht durch.

»Warum schweigt das zweite Maschinengewehr?«

Die blauen Kinderaugen sind dem Weinen nahe.

»Ehrenwort, ich weiß nicht ... Vor fünf Minuten ...«

»Handgranaten! Gib mir Handgranaten!«

Die Kugeln pfeifen direkt über unseren Köpfen.

Ich werfe eine Handgranate nach der andern – deutsche mit langen Griffen. Ich ziehe sie ab und werfe sie über die Brustwehr. Die Deutschen sind schon an den Gräben. Schreien ...

Warum schießt das Maschinengewehr nicht?

»A-a-a-a-a-a!«

Etwas fällt auf mich. Ich springe beiseite und schlage mit voller Wucht mit der Handgranate zu. Anderes habe ich nicht zur Hand. Etwas Schweres sinkt auf den Boden des Laufgrabens nieder. Ich werfe noch vier Handgranaten, die letzten – weiter gibt es keine. »Wo ist die Maschinenpistole, zum Teufel?«

Ich will die Pistole aus der Tasche ziehen, aber der Riemen hat sich festgehakt. Ich kriege sie nicht heraus ... Teufel!

Und auf einmal ... Stille!

Zu meinen Füßen liegt jemand in einem grauen Mantel, das Gesicht in die Ecke des Laufgrabens gepreßt. Vor den Gräben ist niemand. Haben wir sie wirklich zurückgeschlagen?

Ich laufe durch den Graben zurück. Die Soldaten knacken mit den Verschlüssen. Petrow sitzt an seinem Maschinengewehr.

»Alles in Ordnung, Genosse Leutnant. Funktioniert!«

Die blauen Augen lachen fröhlich wie Kinderaugen.

»Haben Sie gesehen, wie wir sie abgeschnitten haben? Auf einmal sind sie getürmt.«

Er wendet sich zum Maschinengewehr und schießt eine Salve. Sein dünner Hals zittert. Wie dünn er ist! Und hinten tief ausgehöhlt, und der Kragen ist so weit ...

Genauso hat er wahrscheinlich noch unlängst vor der Wandtafel gestanden, hat mit seinen guten blauen Augen gezwinkert, ohne zu wissen, was er dem Lehrer antworten soll.

»Warum hat das andere Maschinengewehr nicht funktioniert? Meines Erachtens haben Sie dafür zu sorgen.«

Verlegen schlägt er seine blauen Augen nieder.

»Ich werde gleich hingehen und mich erkundigen, Genosse Leutnant ...«

Er stützt sich auf den Maschinengewehrlauf und steht auf; auch seine Hände sind dünn, kindlich, mit Sommersprossen.

»Mir scheint ...«

Seine Augen werden plötzlich weit, als ob sie etwas ungewöhnlich Interessantes erblickt hätten, und er sackt seitwärts auf den Boden.

Wir haben den Schuß nicht einmal gehört. Die Kugel hat die Stirn genau zwischen den Augenbrauen durchbohrt.

Man schleppt ihn weg. Hilflos schleifen die Beine am Boden – dünne, in weiten, schlotternden Stiefeln. Am Maschinengewehr sitzt schon ein anderer. Er hat einen dicken, roten Hals. Zum Kompanieführer ernenne ich den politischen Leiter. Ich gehe zu dem weißen Häuschen.

Die Deutschen schweigen. Wahrscheinlich bereiten sie sich auf den nächsten Angriff vor.

Den Laufgraben entlang schleift man die Toten. Sie hindern jetzt die Lebenden. Man legt sie in den Seitengraben. Zwei Soldaten in gebückter Haltung tragen jemanden. Ich mache Platz. Weiße, glatte Arme, mit braungebrannten Händen wie Handschuhe, schleifen am Boden. Das Gesicht ist nicht zu sehen, es ist mit Blut bedeckt. Der Kopf baumelt hin und her. Auf dem Schädel ist ein weißer Kreis von der

Feldmütze. Ich erkenne den Panzerjäger mit dem Schnurrbärtchen. Man legt ihn auch in den Graben, auf jemanden mit blutbeschmierten Hosen und Wickelgamaschen, aus denen ein Aluminiumlöffel hervorguckt.

Es gelingt mir nicht, bis zum weißen Häuschen hinzukommen. Die Deutschen greifen wieder an. Wir schlagen sie zurück … Dann wieder …

So dauert es bis zum Mittag. Zwanzig, dreißig Minuten Ruhe – eine Zigarette, Auffüllen der Patronenmagazine, ein Stück Brot in den Mund – und wieder graue Gestalten, Geschrei, Geknatter, Wirrwarr …

Einmal werfen die Heinkel Bomben. Sie fliegen so hoch, daß wir sie nicht einmal sehen. Aber die Bomben fallen auf die Deutschen.

Die Soldaten lachen.

Sidorko ist noch immer nicht da. Auch die beiden anderen, später Abgeschickten sind nicht da. Es ist möglich, daß sie von einem Luftangriff überrascht worden sind. In der Luft hört nicht eine Minute das Dröhnen der Motoren auf. Vom Turm aus kann man gut sehen, wie eine weiße Wolke sich über das Ufer ausbreitet.

Nach dem Mittag fängt unsere Artillerie an zu schießen. Sie nimmt den Damm unter Feuer. Einige verirrte Geschosse fallen in unsere Gräben. Die Deutschen wollen sich nicht beruhigen. Die Panzer aber kommen nicht durch. Der mit dem Kreuz ist im Eisen steckengeblieben – er ist beschädigt. Die Granatwerfer lassen uns nicht in Ruhe. Wir haben viele Tote und Verwundete. Die »Leichten« schicken wir ans Ufer, die »Schweren« tragen wir in den Keller des Häuschens, der geräumig und mit Eisenbeton überdeckt ist.

Gegen neun Uhr geht den Deutschen die Puste aus. Um zehn Uhr wird alles still. Nur selten knattern noch die Maschinengewehre.

Der Keller ist voller Rauch, nicht zum Aushalten. Der Rauch legt sich in Schwaden. Der Docht in einem Tellerchen qualmt. Die Verwundeten, mit denen der Keller vollgepfropft ist, bitten um Wasser. Aber es gibt keins. Man muß es von der Wolga herbringen, und unterwegs wird es ausgetrunken.

Walega gibt mir ein Stück Brot und Speck. Ich esse ohne jeden Appetit.

Tschumak kommt herein, im zerrissenen Matrosenhemd, zerzaust, und setzt sich auf den Tisch. Mich sieht er nicht an. Er streift sein Matrosenhemd über den Kopf. Auf seiner muskulösen, braungebrannten Brust ist ein blauer Adler mit einer Frau in den Krallen eintätowiert. Unter der linken Brustwarze – ein von einem Dolch durchstoßenes Herz, auf der Schulter – ein Schädel und Knochen. Unterhalb des Ellbogens hat er ein kleines durchgehendes Loch, beinahe ohne Blut. Anscheinend ist der Knochen heil, das Gelenk bewegt sich. Die Sanitäterin Marusja, mit schrecklich roten Pausbacken und zwei gelben, hinten zusammengebundenen Zöpfen, verbindet die Wunde. Die Aufklärer haben heute zwei Panzer abgeschossen. Einen Tschumak, den andern jener Pickelige, dessentwegen wir den Zusammenstoß hatten. Ich frage ihn, warum er keine Meldung erstattet.

»Worüber soll ich Meldung erstatten?«

»Über den heutigen Tag. Über die Verluste. Es gibt beim Militär so eine Vorschrift, daß nach dem Kampf eine Meldung zu erstatten ist.«

Tschumak dreht sich langsam um. Ich sehe sein Gesicht nicht. Vor mir leuchtet sein schweißiger Rücken mit einer tiefen Höhlung längs des Rückgrats.

»Der Tag – nun, das haben Sie selbst gesehen, war sonnig, und Verluste – nun, was für Verluste? Habe meine Matrosenmütze verloren – das ist alles. Noch irgendwelche Fragen?«

»Jawohl, aber nicht hier. Gehen wir auf einen Augenblick hinaus.«

»Dort pfeifen aber Kugeln. Können töten.«

Ich schlucke die Pille und begebe mich zum Ausgang, er auch. Mit der Schulter gegen den Türpfosten gelehnt, kaut er an seiner Zigarette.

»Wissen Sie was, Genosse Leutnant? Einigen wir uns im guten. Lassen Sie die von der Aufklärung ungeschoren, es wird besser sein.«

»Besser oder schlechter – das ist eine andere Frage. Wieviel Mann haben Sie?«

»Vierundzwanzig. So viele wie es waren, so viele sind es noch. Und die Aufklärer rate ich ...«

»Wer hat den Panzer abgeschossen?«

»Ist es denn nicht egal, wer ihn abgeschossen hat?«

»Haben Sie ihn abgeschossen?«

»Nun ja – ich, Sie doch nicht ...«

»Erzählen Sie, wie Sie ihn abgeschossen haben.«

»Ich möchte schlafen gehen, wirklich. Nach dem Krieg werden wir von Panzern sprechen ...«

»Ich empfehle Ihnen, sich zu merken, daß ich jetzt den Bataillonskommandeur vertrete.«

»Woher soll ich das wissen?«

»Ich hab's Ihnen ja eben gesagt.«

»Bataillonskommandeur ist Klischenzew. Außerdem unterstehe ich nur dem Regimentskommandeur und dem Chef der Aufklärung.«

»Die sind aber nicht hier, folglich sind Sie jetzt mir unterstellt. Ich bin stellvertretender Regimentskommandeur für den Pionierdienst.«

Tschumak blickt mich schief und scharf an.

»An Stelle von Zigejkin, was?«

»Jawohl, an Stelle von Zigejkin.«

Pause. Er spuckt aus.

»Nun ... gewöhnlich sind wir mit den Pionieren ein Herz und eine Seele.«

»Ich hoffe, daß es auch künftig so sein wird.«

»Ich hoffe.«

»Wie heißt der, der den zweiten abgeschossen hat?«

»Korf.«

»Ein Gemeiner?«

»Ja.«

»Ist es sein erster Panzer?«

»Nein, sein vierter. Die ersten drei bei Kastornaja.«

»Ausgezeichnet?«

»Nein.«

»Warum nicht?«

»Der Kuckuck mag wissen, warum nicht. Unterlagen sind eingereicht worden ...«

»In einer Stunde bringen Sie mir eine neue Unterlage. Über ihn und über die anderen auch. Verstanden?«

Damit endet das Gespräch. Wir führen es in beherrschtem Ton.

»Gestatten Sie, daß ich gehe, Genosse stellvertretender Regimentskommandeur für Pionierdienst?«

Ich antworte nicht und gehe nach unten. Der ganze Körper schmerzt. Die Augen brennen. Wahrscheinlich vom Rauch – es ist schrecklich qualmig.

Ich stelle die Meldung zusammen. Nebenan schläft Farber, den Kopf auf die Hände gelegt. Er ist für eine Minute hergekommen, um Tabak zu holen und die Verluste zu melden. Da ist er eingeschlafen über dem offenen Etui, mit einer noch nicht zu Ende gedrehten Zigarette in der Hand. In der Ecke spricht jemand leise und pafft eine Zigarette. Nur einzelne Sätze sind zu vernehmen.

»Und bei mir hat sich ausgerechnet was verklemmt ... War gezwungen, mit dem Hacken zurückzustoßen ... Dann bitte ich Pawlenko um Patronen ... Der aber liegt da, das Gesicht in die Erde gepreßt, und etwas Graues fließt.«

Später erscheint plötzlich Igor. Er steht vor mir und lacht. Und sein Schnurrbart ist nicht klein und schwarz, sondern, wie bei jenem Panzerjäger, an den Mundwinkeln keck aufgezwirbelt. Ich frage ihn, wie er hergekommen ist. Er antwortet nicht, sondern lacht nur. Und auf seiner Brust ist ein blauer Adler mit einer Frau in den Krallen. Direkt auf der Feldbluse. Und der Adler hat zugekniffene Augen und lacht ebenfalls. Er muß aufhören zu lachen, man muß ihn von der Feldbluse herunterreißen! Ich strecke die Hand aus, aber jemand packt mich an der Schulter, packt mich und schüttelt mich.

»Leutnant … he, Leutnant …«

Ich öffne die Augen.

Ein unrasiertes Gesicht. Graue, kalte Augen. Eine gerade, knochige Nase. Haare unter die Feldmütze gekämmt. Ein ganz alltägliches, müdes Gesicht. Nur die Augen ein wenig zu kalt.

»Wach auf, Leutnant, du wirst dir die Haare versengen.«

Der Teller mit dem Docht dicht an meinem Kopf qualmt fürchterlich.

»Was wollen Sie?«

Der Mensch mit den grauen Augen nimmt die Feldmütze ab und legt sie auf den Tisch.

»Mein Name ist Abrossimow. Ich bin der Stabschef des Regiments.«

Ich stehe auf.

»Bleiben Sie sitzen.« Er geht plötzlich zum »Sie« über. »Sind Sie Leutnant Kershenzew? Der neue Ingenieur an Zigejkins Stelle – so habe ich aus Ihrer Meldung verstanden.«

»Ja.«

Er fährt sich mit der Hand übers Gesicht, über die Augen und starrt einige Zeit, ohne zu zwinkern, auf den qualmenden Docht. Man sieht, er ist genauso todmüde wie wir.

Ich erstatte Meldung. Er hört aufmerksam zu, ohne zu unterbrechen, und bohrt mit dem Nagel auf dem Tisch.

»Sie sagen also, daß Petrow gefallen ist?«

»Ja. Muß ein Scharfschütze gewesen sein. Mitten in die Stirn.«

»So …« Er nagt mit den unteren Zähnen an der Oberlippe.

»Die Verluste sind überhaupt ziemlich hoch. Fünfundzwanzig Tote. Verwundete etwa fünfzig. Ein Maschinengewehr beschädigt – ein Splitter hat den Lauf durchschlagen.«

»Wer sind die Nachbarn?«

»Links das zweite Bataillon unseres Regiments, rechts ...« Ich denke nach. Farber hatte es mir gesagt, aber es ist mir entfallen.

»Rechts das fünfundvierzigste, Genosse Hauptmann«, fällt Tschumak ein. Er steht auch hier, neben uns, die Hände in den Hosentaschen. »Ein Vertreter von ihnen ist hier gewesen. Wir haben mit ihm die Anschlußstelle festgelegt.«

»Das fünfundvierzigste Regiment ...«, sagt nachdenklich Abrossimow, steht auf und knöpft sich die Jacke zu.

»Nun denn, Kershenzew ... komm, wir wollen die Stellung besichtigen, und dann ... dann wirst du wohl das Bataillon übernehmen müssen.«

Er sieht mich durchdringend an, als ob er mich abschätzen möchte. Knöpft die Jacke zu. Die Knöpfe sind groß und gehen kaum durch die Knopflöcher.

»Klischenzew, der Bataillonskommandeur, ist gefallen. Eine Bombe. Volltreffer. Sie werden vorübergehend das Bataillon kommandieren müssen. Nichts zu machen ...« Und zu Tschumak gewandt: »Den Chemiker hat man ans andere Ufer hinübergeschafft. Ihm ist ein Fuß abgerissen worden. Nun komm, Ingenieur, oder richtiger, Bataillonskommandeur ...«

Erst als wir hinausgehen, merke ich, daß sich in der Ecke die Telefonisten zu schaffen machen – zwei, mit goldenen, aus Konservenbüchsenblech ausgeschnittenen Sternchen auf den Feldmützen.

Wir gehen nach oben. Am Eingang steht ein Wachposten. Ich kenne ihn schon. Sein Name ist Kalabin. Er hat einen großen Leberfleck auf der Wange und ist ein guter Schütze. Hat vor meinen Augen vier umgelegt. Er stammt aus Kostroma, und seine Frau zu Hause erwartet ein Kind.

Draußen ist es kühl. Ich atme mit voller Brust die frische

Nachtluft ein. Der Himmel ist klar und voller Sterne. Der Große Bär steht über dem Mamai-Hügel. Über meinem Kopf rattert monoton wie ein Motorrad ein »Kukurusnik«*. Als ob er nicht vom Fleck käme. Sobald das Auge sich an die Dunkelheit gewöhnt hat, erkenne ich die Umrisse. Er fliegt zum Mamai-Hügel. Rechts, wahrscheinlich über dem »Roten Oktober«, hängen Leuchtkugeln – an zehn Stück. Wie goldener Regen fallen sie herab. Kein Schuß. Stille.

Wir gehen den Laufgraben entlang. In Mäntel gehüllte Gestalten. Gewehre auf der Brustwehr. Der »Kukurusnik« wirft Bomben hinter dem Mamai-Hügel ab; man sieht das Aufleuchten. Deutsche Scheinwerfer tasten den Himmel ab. Die abgeschossenen Panzer – es sind während des Tages also doch drei Stück in Brand geschossen worden – brennen noch alle, und ekelhafter, beißender Rauch breitet sich über unseren Gräben aus. Der Wind weht ihn her.

Ich verabschiede mich vom Hauptmann an unserer linken Flanke, an dem Durchbruch in der Wand. Hier beginnt das zweite Bataillon.

»Nun sieh zu, Bataillonskommandeur, daß alles klappt. Morgen wird's wieder drunter und drüber gehen ... Werden dir Patronen schicken. Gegen Morgen werden Kanonen da sein. Dann wird es lustiger.«

Er entfernt sich mit seinem Melder in Richtung auf die halbzerstörten Gebäude. Dort ist anscheinend der Gefechtsstand des Nachbars.

Eine Zeitlang sind sie noch zu sehen, wie sie über das Eisen klettern. Dann verschwinden sie.

Ich stütze mich auf die Brustwehr und blicke in die Richtung, wo die Deutschen sind. Dort ist es still und dunkel. Nur an einer Stelle so etwas wie ein Flämmchen. Es glüht auf und verlischt. Ein unvorsichtiger Beobachter, der raucht. Vielleicht glimmt da auch etwas ...

* »Kukurusnik« – soviel wie »Maiswächter«. Spöttische Bezeichnung für den im Text beschriebenen Flugzeugtyp.

Wie still es ist …

Und morgen wird's wieder drunter und drüber gehen. Flieger, Geschrei, Geknatter …

Heute haben wir uns gehalten. Nur an einer Stelle sind wir von den Deutschen etwas zurückgedrängt worden – bei Farber, auf der rechten Flanke. Etwa vierzig Meter. Ich werde den hakennasigen Leutnant mit seinem Zug da hinüberschicken. Ramow, glaube ich, ist sein Name. Scheint ein braver Bursche zu sein, hat mir heute gefallen. Und gegen drei Uhr werden wir einen Gegenangriff unternehmen …

Ich gehe in den Keller.

Am Häuschen steht schon ein anderer Wachposten – ein kleiner, mit einer Zeltbahn, die am Boden schleift. Ihn kenne ich nicht.

Der Telefonist schimpft ins Telefon.

»›Marmor‹! Hier – ›Granit‹. Hörst du mich gut? ›Marmor‹, ›Marmor‹! Der Hundesohn ist wieder rauchen gegangen. ›Marmor‹! ›Marmor‹!«

In der Ecke blinkt gelb das Stroh; Walega hat natürlich dafür gesorgt. Werde mich gleich hinhauen. Zwei Stunden, zwei ganze Stunden werde ich schlafen … Wie ein Toter.

»Um zwei Uhr weckst du mich, Walega … Um Viertel drei …«

Die Antwort höre ich nicht mehr. Ich schlafe schon, den Kopf in jemandes warmen, nach Schweiß riechenden Bauch gedrückt.

ZWEITER TEIL

1

Ich kann mich nicht erinnern, je einen solchen Herbst erlebt zu haben.

Der September ist gekommen – ein klarer, blauer, mit Maiwärme, mit bezaubernden Morgenstimmungen und stimmungsvollen violetten Sonnenuntergängen. Am Morgen plätschern die Fische in der Wolga, und große Kreise breiten sich aus auf der spiegelnden Oberfläche des Flusses. Hoch am Himmel fliegen klappernd verspätete Kraniche. Das linke Ufer verwandelt sich von Grün in Gelb und dann in Rotgold. Im Morgengrauen, vor den ersten Salven unserer Artillerie, ist es verhangen von durchsichtigem Frühnebel, ist es sorglos, ruhig und weit, mit kaum erkennbaren Waldstreifen in weiter Ferne – zart und duftig wie ein Aquarell.

Langsam und unwillig zerteilt sich der Nebel. Einige Zeit hält er sich noch, gleich einem erstarrten, milchfarbenen Schleier, über dem Fluß, dann verschwindet er, löst sich auf in der durchsichtigen Morgenluft.

Lange vor den ersten Sonnenstrahlen schießt das erste Ferngeschütz. Schallend rollt das Echo über der noch nicht erwachten Wolga. Dann schießt das zweite Geschütz, das dritte, das vierte, und endlich fließt alles zusammen in ein ununterbrochenes feierliches Dröhnen der Morgenkanonade.

So fängt der Tag an. Und mit ihm …

Punkt sieben erscheint, unendlich hoch, mit dem bloßen Auge kaum zu erkennen, der »Rahmen«, und in den schrägen Morgenstrahlen blinken die Fensterscheiben seiner Kabine. Lange und sorgfältig kreist er über uns, aufdringlich brummend – sein ganz eigentümliches, ständig aussetzendes Motorengeräusch ist uns allen gut bekannt –, und fliegt langsam westwärts ab, wie ein phantastischer doppelschwänziger Fisch.

Das ist die Einleitung.

Hinter ihm kommen die Stukas – bei uns »Sänger« oder »Musikanten« genannt –, rotnasig, krummbeinig, gleichen sie Raubvögeln, die sich anschicken, etwas zu greifen. Seitwärts geneigt, fliegen sie in einer Kette am goldenen Herbsthimmel zwischen den Wattewölkchen der explodierenden Flakgeschosse.

Kaum haben wir uns die Augen gerieben, kriechen wir, hustend noch von der ersten Morgenzigarette, aus unseren Unterständen hervor und verfolgen mit zusammengekniffenen Augen die ersten zehn. Sie bestimmen den ganzen Tag. Durch sie erfahren wir, welches das Quadrat ist, wo nach dem Stundenplan der Deutschen die Erde heute beben wird wie Sülze, wo die Sonne nicht zu sehen sein wird vor Rauch und Staub, in welchem Abschnitt man die ganze Nacht Tote begraben, beschädigte Maschinengewehre und Kanonen reparieren, neue Gräben und Unterstände graben wird.

Wenn die Kette über uns hinwegfliegt, atmen wir erleichtert auf, werfen die Hemden ab und gießen aus dem Eßgeschirr einander Wasser auf die Hände.

Wenn jedoch der erste, ohne uns erreicht zu haben, anfängt, sich auf den rechten Flügel zu neigen, verstecken wir uns in unseren Gräben, schimpfen und blicken auf die Uhr: Herrgott im Himmel, bis zum Abend sind es noch gute vierzehn Stunden! – Und aus den Augenwinkeln schielend, zählen wir die über unseren Köpfen pfeifenden Bomben. Wir wissen schon, daß jeder der »Sänger« unter dem Rumpf elf bis achtzehn Bomben trägt, sie aber nicht mit einem Male abwerfen, sondern noch zwei bis drei Kurven machen wird, die Dosen psychologisch verteilend, daß bei der letzten Kurve die Sirenen aller besonders schreckeinjagend heulen werden, aber nur einer Bomben abwerfen wird. Vielleicht wird er sie auch nicht mal abwerfen, sondern nur mit der Faust drohen.

Und so wird es den ganzen Tag dauern, bis die Sonne hinter dem Mamai-Hügel untergeht. Wenn sie keine Bomben abwerfen, dann greifen sie an. Wenn sie nicht angreifen – dann hagelt es Bomben.

Von Zeit zu Zeit kommen schwere Junkers und Heinkel angeflogen. Man unterscheidet sie an den Flügeln und Motoren. Bei den Heinkel sind die Flügel abgerundet, bei den Junkers sind sie wie abgehackt, und die Motoren stehen mit dem Flugzeugrumpf in einer Linie, wie ein Kamm.

Sie fliegen hoch, mit der Winkelspitze nach vorn, und ihre Bomben – helle und schwere – lassen sie träge und unregelmäßig fallen, ohne zum Sturzangriff niederzugehen. Deshalb lieben wir sie nicht, diese schweren Junkers. Niemals weiß man, wohin sie die Bomben fallen lassen werden. Stets greifen sie von der Sonnenseite aus an, so daß die Augen geblendet werden.

Den ganzen Tag summen die Messerschmitt in der Luft, zu zweien treiben sie sich über dem Ufer herum. Sie schießen aus Kanonen. Manchmal werfen sie vier kleine, genau gezielte Bomben ab – sie haben deren zwei unter jedem Flügel – oder lange, zigarrenartige Kästen mit »Knarren« – Infanterieabwehrgranaten. Die Granaten fallen heraus, und der Behälter schießt noch lange Kobolz in der Luft. Wir waschen später Wäsche darin. Die beiden Hälften ähneln Waschtrögen.

Am Morgen, mit den ersten Sonnenstrahlen, fegen wild brummend über unsere Köpfe unsere »Iljuschas« dahin – Schlachtflugzeuge. Sie kehren beinahe sofort wieder zurück, durchlöchert, ohne Schwanz, uns mit den Rädern fast streifend. Nur die Hälfte kommt wieder; manchmal sind es auch noch weniger. Die Messerschmitt kreisen noch lange über der Wolga, und weit entfernt, hinter der Achtuba, dunkelt der traurige schwarze Pilz eines brennenden Flugzeugs.

Den Kopf zurückgeworfen, daß uns das Rückgrat schmerzt,

beobachten wir die Luftkämpfe. Ich kann nicht feststellen, wo die Unseren und wo die Deutschen sind; klein und schwarz drehen sie sich wie Verrückte hoch am Himmel ...

Nur Walega irrt sich nie, er hat scharfe Jägeraugen. In beliebiger Höhe unterscheidet er einen »MIG« von einer Messerschmitt.

Ein Tag ist schöner als der andere – blau, wolkenlos, wahrhaft sommerlich. Wenn doch einmal eine Wolke erscheinen, wenn es doch einmal regnen möchte. Wir hassen diese sommerlich klaren Tage, die Luft, die förmlich erstarrt ist in ihrer Bläue. Wir träumen von Wolken, Regen, Schlack, von einem trüben herbstlichen Himmel. Aber während des ganzen Septembers und Oktobers haben wir nur eine einzige Wolke gesehen. Von ihr ist viel gesprochen worden. Mit in die Höhe gehobenem, angefeuchtetem Finger rieten wir, wohin sie gehen würde, aber diese Elende, sie ist seitwärts vorbeigezogen, und der folgende Tag war wieder wie die früheren, klar, sonnig, die Luft voller surrender Flugzeuge.

Nur einmal, Anfang Oktober, ließen uns die Deutschen in Ruhe, zwei Tage lang – wahrscheinlich haben sie an diesen Tagen ihr Waffenmaterial in Ordnung gebracht. Außer Messerschmitt waren keine Flugzeuge da. In diesen zwei Tagen wurde gebadet und die Wäsche gewechselt. Dann ging es wieder los.

Die Deutschen wollen zur Wolga durchbrechen, betrunken, teufelswild, mit schief sitzenden Feldmützen und aufgekrempelten Ärmeln. Man sagt, eine SS-Division liege vor uns, entweder »Wiking« oder »Totenkopf« oder etwas noch Schrecklicheres. Sie schreien wie Besessene, überschütten uns förmlich mit einem Regen aus ihren Maschinenpistolen, werden zurückgeworfen, greifen wieder an.

Zweimal hätten sie uns beinahe aus dem »Metis« verjagt, aber ihre Panzer blieben in den Eisenabfällen stecken, die rings um das Werk herumgeworfen sind, und das rettete uns ...

Das dauerte so ... der Teufel weiß, wie lange ... fünf, sechs, sieben, vielleicht auch acht Tage.

Auf einmal – Halt, Stille. Sie haben sich nach rechts hinübergeworfen, auf den »Roten Oktober«. Bombardieren ihn von der Erde und von der Luft aus. Wir stecken die Köpfe aus dem Graben und schauen zu. Die Späne fallen nur so, die Späne – das sind zehn Tonnen schwere Eisenbalken, Träger, Drehbänke, Kessel ... Den dritten Tag schon schwebt eine orangegoldene Staubwolke über dem Werk. Wenn der Nordwind weht, legt sich diese Wolke auf uns, und dann jagen wir alle Soldaten aus den Unterständen heraus, weil die deutsche Frontlinie nicht zu sehen ist und diese Hundesöhne bei der Gelegenheit auch uns angreifen könnten.

Aber im allgemeinen ist es ruhig, nur die Granatwerfer schießen und unsere Artillerie vom anderen Ufer her. Wir sitzen neben unseren Unterständen, rauchen, schimpfen auf die Deutschen, auf die Luftwaffe und diejenigen, die sie ausgedacht haben. – »Ich möchte diese Erfinder, diese Wrights, in den Nachbargraben setzen – wäre interessant zu hören, was sie da sagen würden.« – Und wir ergehen uns in Vermutungen, wann der letzte Fabrikschlot vom »Roten Oktober« zusammenstürzen wird. Vorgestern waren es sechs, gestern drei, heute ist nur noch einer übrig; durchlöchert, mit abgeschlagener Spitze steht er da und stürzt nicht ein, trotz allem.

So vergeht der September.

Der Oktober kommt.

2

Ich werde von »Marmor« telefonisch zum »Einunddreißigsten« befohlen. Das ist der Regimentskommandeur, Major Borodin. Ich habe ihn noch nicht gesehen. Er ist am Ufer, beim Stab. Bei der Landung hat ihm eine Kanone den Fuß zerquetscht, und in der vordersten Linie ist er noch nicht gewesen.

Ich weiß nur, daß er eine tiefe, volle Stimme hat und daß er die Deutschen – Gott weiß warum – »Türken« nennt. »Halte stand, Kershenzew, halte stand«, dröhnt es durchs Telefon. »Überlaß das Werk nicht den Türken. Streng dich an, aber halte es.« Und ich strenge mich aus allen Kräften an und halte, halte, halte. Manchmal verstehe ich selbst nicht, wie ich mich noch halte – mit jedem Tag werden es immer weniger Leute.

Aber jetzt haben wir es hinter uns. Den dritten Tag schon ruhen wir uns aus. Sogar die Stiefel ziehen wir aus über Nacht ... Bloß auf wie lange?

Doch wozu raten? Ich nehme Walega mit und gehe zum Ufer.

In einem Unterstand, der winzig ist wie ein Hühnerstall, haust der Major. Er ist nicht mehr jung, hat graue Schläfen und ein gutmütiges, väterliches Aussehen. An einem Fuß trägt er einen Stiefel, am anderen einen Gummischuh; er trinkt Tee und ißt Brot mit Knoblauch dazu. Dabei ächzt er. Solche Leute lieben Kinder und werden von ihnen wiedergeliebt. Die Kinder geben ihnen keine Ruhe, lassen sich von ihnen auf den Knien schaukeln.

Der Major hört mir aufmerksam zu und schlürft seinen Tee aus einer großen, bemalten Tasse. Mit dem gesunden Fuß schiebt er den neben ihm stehenden Stuhl beiseite. Er streckt mir seine große, weiche Hand entgegen.

»Ach, so siehst du aus! Und ich habe – weiß nicht, warum – gedacht, du wärest groß, breitschultrig, mit massigem Kinn.« Seine Stimme ist gar nicht so rollend und schwerfällig wie am Telefon. »Möchtest du Tee?«

Ich habe nichts dagegen, habe schon lange keinen richtigen Tee getrunken.

Die Ordonnanz bringt die Teekanne und eine Tasse, eine ebenso große und bunte. Mit einem Taschenmesser schneidet er eine Zitronenscheibe ab. Das Wasser läuft mir im Munde zusammen. Der Major blinzelt mir mit seinen tiefliegenden blauen Augen zu.

»Siehst du, wie wir leben? Nicht so wie ihr in der Vordersten. Können mit Zitrone aufwarten.«

Einige Zeit trinken wir schweigend Tee und knabbern am Zucker. Dann stülpt der Major die Tasse um, legt darauf ein übriggebliebenes winziges Stückchen Zucker, schiebt sie beiseite und fegt sorgfältig alle Krümchen vom Tisch.

»Nun, wie steht es denn bei dir dort, Bataillonskommandeur?«

»Es geht, Genosse Major, vorläufig halten wir uns ...«

»Vorläufig?«

»Vorläufig.«

»Wie lange, glaubst du, wird dieses ›Vorläufig‹ dauern?«

Seine Stimme hat plötzlich einen anderen Tonfall bekommen, nicht besonders väterlich mehr.

»Solange Menschen und Munition da sind, denke ich, werden wir uns halten.«

»›Denke ich‹, ›vorläufig‹ ... Das sind keine guten Worte. Nicht für einen Soldaten ... Kennst du die Geschichte von dem Vogel, der zuviel gedacht hat?«

»Von dem Truthahn, nicht?«

»Eben, eben, von dem Truthahn«, und er lacht mit den Augenwinkeln. »Rauchst du? Rauch! Das ist eine gute Sorte, ›Gardetabak‹, glaube ich.«

Er schiebt das auf dem Tisch liegende Päckchen näher heran und betrachtet das Bild. Unter der roten schrägen Aufschrift laufen rote Soldaten in Helmen, ihnen folgen rote Panzer, und über den Köpfen sind rote Flugzeuge.

»So geht ihr wohl zum Angriff vor, was?«

»Wir wehren mehr ab, als daß wir selbst angreifen, Genosse Major.«

Der Major lächelt, dann wird sein Gesicht plötzlich ernst, und seine weichen, ein wenig welken Lippen werden hart und scharf.

»Wieviel kampffähige Soldaten hast du?«

»Sechsunddreißig.«

»In der Vordersten?«

»Ja, in der Vordersten. Dazu Telefonisten, Melder, den Wirtschaftszug am Ufer und auf dem anderen Ufer sechs Mann mit Pferden. Alles in allem werden es fünfzig Mann sein. Außerdem Granatwerferschützen, insgesamt also an siebzig Mann.«

»Sechsunddreißig und siebzig, ein schönes Verhältnis! Nicht gut.«

»Nicht gut, ich gebe es zu. Ich wollte schon die sechs zu mir nehmen und die Pferde zum Sanitätsbataillon schicken, aber Ihr Stellvertreter hat es nicht erlaubt; er sagte, man brauche sie zum Heuholen!«

Der Major nagt an seiner Pfeife. Die Pfeife ist nicht groß, verbogen und ganz zerkaut.

»Bist Ingenieur von Beruf, ja?«

»Architekt.«

»Architekt ... Also Paläste aller Art. Museen, Theater. Ist's so?«

»So ist's.«

»Wirst mir auch einen Palast bauen. Unser Pionier, Lissagor ... kennst du ihn noch nicht? Ich werde euch bekannt machen ... Er hatte bereits einen Palast gebaut, aber Tschuikow, der Befehlshaber, hat ihn belegt. So hause ich denn in diesem Loch, und nach jeder Bombe muß man die Erde hinter dem Kragen hervorklauben.« Der Major lächelt wieder, und Krähenfüßchen bilden sich rings um seine Augen. »Nun, Minen und – wie heißt es doch? – Drahtwalzen, die kennst du natürlich?«

»Die kenn ich.«

»Damit wirst du dich jetzt beschäftigen. Wenn die Bataillonskommandeure kommen, werden wir darüber sprechen. Vorläufig rauche.« Er schnipst mir die Packung herüber. »Wir haben schon einen Bataillonskommandeur für deine Stelle angefordert, aber man schickt keinen, und ohne Ingenieur ist man wie ohne Hände. Lissagor ist kein schlechter Bursche, aber Zeichnungen und Skizzen, das sind für ihn böhmische Dörfer ... So was gibt es.«

Irgendwo explodieren Bomben. Man hört kein Dröhnen; nur in den Ohren ist ein unangenehmer Druck, und die Flamme der Lampe zittert unruhig.

Später kommen die Bataillonskommandeure und andere Offiziere.

Die Besprechung dauert nicht lange – zwanzig Minuten, nicht mehr. Borodin spricht. Wir hören zu und schauen auf die Karte.

Es stellt sich heraus, daß der Abschnitt unserer Division der breiteste ist – anderthalb Kilometer Tiefe. Links von uns steht auf einem schmalen Uferstreifen die dreizehnte Gardedivision, die Rodimzew-Division. Der Streifen zieht sich beinahe bis zur Stadt hin, bis zur Anlegestelle, als ein schmales, gewundenes Band, nicht breiter als zweihundert Meter. Rechts, im »Roten Oktober«, liegen die neununddreißigste Gardedivision und die fünfundvierzigste Division. Also die sind es, die jetzt alles abkriegen. Die rote Frontlinie verläuft auf der Karte gerade über den weißen Fleck, durch den der Betrieb gekennzeichnet ist. Weiter rechts sind weitere zwei bis drei Divisionen – und dann ist Schluß. Das ist alles. Alles, was auf diesem Ufer geblieben ist – ein Streifen von fünf bis sechs Kilometer Länge und anderthalb Kilometer Breite. Und anderthalb Kilometer, das ist noch die breiteste Stelle. Im Zentrum der Stadt sind die Deutschen. Das Traktorenwerk ist auf der Karte nicht verzeichnet, aber irgendwo, so heißt es, hat sich noch eine Division festgeklammert, ich glaube, die Gorochow-Division.

Heute nacht soll die zweiundneunzigste Brigade herüberkommen. Sie hat sich schon in Stalingrad geschlagen. Nach zehntägiger Neuaufstellung kehrt sie jetzt zurück. Ihr Platz ist zwischen uns und der Rodimzew-Division. Wir müssen etwas nach rechts rücken und uns ein wenig zusammenzwängen. Das ist nicht schlecht.

Aber ich werde von »Metis« Abschied nehmen müssen. Dort wird das dritte Bataillon liegen. Ich bekomme den Abschnitt zwischen dem »Metis« und dem östlichen Ende der

Schlucht am Mamai-Hügel, die sich wie ein S windet. Der dreckigste Abschnitt. Vollkommen eben und fast ohne Laufgräben. Die Zugänge liegen alle unter Beschuß. Am Tage kann von einer Verbindung mit dem Ufer keine Rede sein. In meinem früheren Abschnitt lagen die Zugänge auch unter Beschuß, aber dort gab es viele Laufgräben, Öltanks und Gebäude. Das hat die Verbindung immerhin erleichtert.

Ja, Kandidi, der Kommandeur des ersten Bataillons, hat Glück. Er kann sich ins fertige Nest setzen. Und ich ... der Teufel weiß, wo ich mir einen Gefechtsstand aussuchen werde. Nichts ist da, was unserem sympathischen weißen Häuschen mit dem Keller ähnelt.

Der Major spricht langsam, ruhig, sogar ein wenig griesgrämig. Er nimmt die Pfeife nicht aus dem Mund, fährt mit dem Daumen über die Karte.

»Die Aufgabe ist einfach – eingraben, die Stellung mit Stacheldraht und Minen umgeben und sie dann halten. Einen Monat, zwei, drei, bis man sagt, was weiter werden soll. Verstanden? Wir sind außerstande, den Mamai-Hügel ganz einzunehmen, aber was wir haben, dürfen wir nicht aufgeben.«

Der Major reißt sich von der Karte los und heftet seine kleinen, tiefliegenden Augen auf mich.

»Du hast es am schwersten, Kershenzew, in deiner Hand liegt die Basis des Vorsprungs. Die andere Seite hält das fünfundvierzigste Regiment. Diese beiden Stellen werden die Deutschen bestürmen, um das erste Bataillon abzuschneiden – und zugleich auch zwei Bataillone des fünfundvierzigsten Regiments, die sich ebenfalls auf dem Mamai-Hügel befinden. Und Ersatz bekommt ihr keinen mehr. Rechnet nur mit dem, was da ist. Ersatz – das sind nur Flicken. Und es ist auch kein richtiger Ersatz – Grünschnäbel.«

Er nimmt die Pfeife aus dem Mund, spuckt auf den Boden und reibt den Speichel mit dem Fuß weg.

»Wieviel Alte hast du noch, Kershenzew?«

»Etwa fünfzehn, nicht mehr. Davon sind etwa zehn Matrosen.«

»Ist nicht schlecht, Sinizyn und Kandidi haben nicht mal das. Das ist euer Rückgrat, beachtet es. Schont sie. Habt ihr Spaten?«

Mit Spaten ist es schlecht bestellt. Bei der Abfahrt nach der Neuaufstellung hatte die Division keine Zeit mehr gehabt, das notwendige Pioniergerät zu fassen. Und das, was wir unterwegs in den Dörfern aufgelesen haben, ist verrostet und untauglich und gleich in den ersten zwei Tagen in die Brüche gegangen. Kreuzhacken sind überhaupt keine vorhanden. Von Tag zu Tag warten wir auf das fahrende Pioniergeräte-Lager, aber das ist auf dem anderen Ufer steckengeblieben, und wir behelfen uns mit altem Werkzeug, das wir zwischen den Trümmern gefunden haben.

»Man hat versprochen, heute Minen zu liefern, Genosse Major.« In der Ecke erhebt sich ein unrasierter Leutnant in offener Jacke. »Ich habe gestern mit dem Leiter des Armeelagers gesprochen. An tausend Infanterieabwehrminen sollen wir bekommen, aber Panzerabwehrminen erst in einer Woche.«

Der Major winkt mit der Hand ab: Weiß ich schon, setz dich.

»Kümmert euch jetzt doppelt um die Gräben. Solange keine Pionierspaten da sind, behelft euch mit Infanteriespaten, da ist nichts zu machen. Sinizyn, du hast mehr als die andern, ich entsinne mich dessen, und dein Abschnitt ist auch leichter zu halten. Du wirst Kershenzew die Hälfte abgeben. Das ist alles. Ach ja, Lissagor!« Der Leutnant in der Jacke steht stramm. »Heute abend muß der Plan der Pionierarbeiten bei mir sein. Du, Kershenzew, wirst ihm dabei helfen. In ein paar Tagen werde ich's von dir verlangen.«

Er steht auf und bedeutet uns damit, daß wir hier nichts mehr zu tun haben. Wir haben so geraucht, daß man kaum atmen kann.

Am Ufer gesellt sich Lissagor zu mir.

»Erlauben Sie, daß ich mich vorstelle: Leutnant Lissagor, Kommandeur des Pionierzuges des eintausendeinhundertsiebenundvierzigsten Schützenregiments der hundertvierundachtzigsten Schützendivision.«

Die Stimme ist klangvoll, an Meldungerstatten gewöhnt. Das Grüßen geschieht vorschriftsmäßig nach allen Regeln, die Finger aneinander, Unterarm und Handfläche in einer Linie, ein zackiger Ruck nach unten. Das Gesicht ein wenig verlebt, unrasiert. Kluge Augen, mit einem Ausdruck von Schläue. Die Gestalt stämmig und fest. Alter schätzungsweise dreißig Jahre.

»Sie interessieren sich für meine Bauten? Ein richtiger Untergrundbahnbau. Wir meißeln schon den fünften Tag.«

Er hakt sich bei mir ein.

Etwa zwanzig Schritt vom Unterstand des Majors entfernt graben Pioniere in das steile Wolga-Ufer einen Tunnel von etwa zehn Meter Länge, nicht weniger, in Form eines T.

»Rechts für den Major, links für den Stabschef«, erklärt Lissagor. »Drei zu vier, können Sie sich vorstellen? Und dort, noch weiter links, noch einen – für die Operationsgruppe und für den Kommissar. Leute aber habe ich im ganzen achtzehn, Sergeanten inbegriffen. ›Und daß es bis übermorgen fertig ist!‹ Schön, was?«

Die Soldaten meißeln mit Hacken den Boden aus, der hart wie Stein ist. Zwei meißeln, zwei tragen die Erde in Eimern hinaus, zwei befestigen die Holzverschalung. Auf der Erde steht eine Petroleumlampe. Es riecht nach Ruß, Schweiß und feuchter Erde.

Lissagor hockt sich nieder, lehnt sich mit dem Rücken gegen die Holzverschalung und raucht.

»Genauso einen habe ich bereits fertiggestellt. Mit Brettern verkleidet, Diele, Oberlage, Sperrholzwände. Habe ein Öfchen in der Ecke aufgestellt. Hier dieser Schnurrbärtige, mein stellvertretender Zugführer, hat alles mit eigenen Händen gemacht – Ofen, Rohre; er hat Geschick zu allem. Hatten eine Zweiliterlampe mit einem grünen Schirm aufgetrieben. Der Major hatte schon überlegt, wo das Bett hinzustellen sei. Da kam Tschuikow, setzte sich auf den Stuhl und fragte, wie hoch die Erdschicht über dem Kopf sei – und die ist etwa zwölf Meter dick –, und unser Major mußte seiner Wohnung Lebewohl sagen, und die Pioniere mußten ganz von vorn beginnen. So ist es im Krieg, Genosse Leutnant. Leute habe ich so gut wie keine.«

»Und ich wollte mir auch bei dir welche erbitten, etwa fünf Mann.«

Lissagor wird aufmerksam.

»Wozu?«

»Hast ja gehört, was der Major vorhin von den Minen sagte.«

»Das mögen die Divisionspioniere machen. Dazu sind sie da. Unsere Sache ist – Gefechtsstände, Beobachtungsstellen. Sie sind hundert Mann und wir achtzehn. Kommen ohnehin schon bei Tag und Nacht nicht zum Schlafen. Und außerdem diese Minen, weißt du denn, wann sie eintreffen werden?«

»Du hast ja selbst gesagt, daß tausend Stück in Aussicht gestellt worden sind.«

»Gesagt, gesagt ... was sagt man nicht alles ... Dazu ist er ja Lagerleiter, um zu lügen. Kennst du die denn nicht?«

»Gut. Wir wollen nicht streiten. Organisiere mir für die morgige Nacht fünf Mann – eigene oder fremde –, das übrige interessiert mich nicht.«

Lissagor schnauft und bohrt mit einem finnischen Messer in der Erde zwischen seinen Füßen.

»So ist es immer – organisiere, mach bis morgen früh, bis heute abend ... aber mit wem und wie, danach fragt niemand. Ich kann über Nacht kein Bataillon zur Welt bringen. Du siehst doch, was die Leute für Rücken haben – zum Auswringen.«

Ich stehe auf.

»Nun, was hilft's, ich werde gezwungen sein, dem Major zu melden: Die Pioniere sind mit dem Bau von Unterständen beschäftigt, für die Befestigung der Verteidigungslinien sind keine da.«

Lissagor steht auch auf.

»Du bist ja ganz eigensinnig ... Lauf doch nicht weg! Ich werde dir Leute schicken. Aber sie werden nichts zu tun haben dort. Du wirst noch wochenlang Laufgräben graben.«

»Laufgräben sind Laufgräben, und Minen sind Minen. Morgen abend werde ich dir Leute schicken.«

»Wozu? Minen zu holen?«

»Wozu denn sonst?«

Lissagor antwortet nicht. Gebückt kriecht er aus dem Tunnel.

»Komm an die Luft, solange keine Fritzen da sind.«

Die Sonne blendet die Augen. Das Ufer ist der reinste Ameisenhaufen. Man schleppt, gräbt, baut. Es rauchen die Küchen, die förmlich am Abhang kleben. Wäsche wird getrocknet: Hemden, Unterhosen. Es leuchten Kupferberge von Munition mit roten, blauen, gelben Köpfen. Kästen mit Patronen, Säcke. Wieder Kästen. Eine verunstaltete Kanone ohne Lauf, eine angeschossene »Katjuscha«. Ein aufgedunsener Pferdekadaver, von Fliegen übersät. Die Hinterbeine sind schon abgeschnitten.

Links ein halbversunkener Schleppkahn, nur die Rippen ragen heraus. Die Holzverschalung ist ins Lagerfeuer gewandert, und auf den Rippen sitzen, wie die Hühner auf der Leiter, vier Soldaten und waschen ihre Hemden, wiehern lustig und bespritzen sich gegenseitig. Ihre Rücken schimmern weiß.

Der Himmel ist blau, blendend, ohne ein einziges Wölkchen. Ein schneeweißes Kirchlein mit grüner Spitzkuppel lugt aus dem goldenen Espenlaub am anderen Ufer hervor. Dort sind auch viele Menschen, sie wimmeln und kribbeln am Strand herum, der in der grellen Sonne ganz weiß erscheint. Von Zeit zu Zeit breiten sich lautlos die schneeweißen Sträuße der Granatexplosionen aus, dann erst dringt das Geräusch bis zu uns. Die Menschen laufen auseinander. Nach einigen Minuten kommen sie wieder zusammen, hasten weiter, hin und her.

Ein kleines Boot paddelt am Ufer im Wasser wie ein Wasserkäfer. Die Strömung ist stark, und es wird nach rechts abgetrieben. Schnell, schnell blitzen die Ruder auf.

»Gleich werden sie anfangen zu schießen«, sagt Lissagor, nimmt aus der Tasche ein Zahnpulverkästchen mit Tabak und dreht sich eine Zigarette.

Etwa zwei Minuten später steigt neben dem Boot eine weiße Wasserfontäne hoch wie ein Geiser.

»Wunderliche Käuze, rudern stur geradeaus«, sagt Lissagor, klebt dabei sorgfältig die Zigarette zu und schüttet den auf der Handfläche verstreuten Machorka wieder ins Kästchen. »Sie kommen nur von Kräften und erleichtern den Deutschen die Arbeit. Wenn sie stromabwärts schwimmen würden, so müßten die Deutschen ständig die Zielrichtung ändern.«

»Stromabwärts schwimmen – hieße, zu den Fritzen gelangen«, sagt jemand hinter meinem Rücken.

Die Pioniere, auf ihre Spaten gestützt, verfolgen das Boot mit ihren Blicken. Die Fontänen werden immer zahlreicher. Das Boot schlägt wild mit den Rudern.

»Schlechter Granatwerfer«, erklärt kompetent ein magerer, schmalbrüstiger Soldat, der neben mir steht. »Gestern hat er beim dritten Male das Boot in Stücke geschlagen.«

»Gestern war das Boot ja auch fünfmal so groß«, antwortet ein anderer in heiserem, gedehntem Baß, »und hatte einen Berg geladen, daß es kaum vorwärts kam.«

Eine Mine explodiert ziemlich dicht am Boot. Es hüpft auf den Wellen, und für einige Sekunden setzt der Ruderschlag aus.

»Gleich wird das Maschinengewehr anfangen«, sagt ruhig Lissagor, zieht an seiner Zigarette und bläst Rauchringe in die Luft. Da kannst du Gift drauf nehmen – gleich wird es losknattern.«

Und fast im gleichen Augenblick schießt rings um das Boot eine ganze Serie kleiner, manchmal ineinanderfließender Fontänen empor.

Alle ringsherum werden still. Die im Boot hören auf, mit den Rudern zu schlagen.

»Solche Schweinehunde!« ruft jemand hinter meinem Rücken. »Sie werden ihm den Rest geben …«

Am Ufer und rings um uns verfolgen fast alle das Boot. Die Ruder blitzen wieder auf, aber nicht mehr vier, sondern nur noch zwei. Anscheinend ist einer der Insassen verwundet oder getötet worden.

Die Schaluppe hat schon die Mitte des Flusses erreicht. Sie befindet sich jetzt uns gerade gegenüber. Der Granatwerfer fängt wieder an.

»Noch fünfzig Meter, dann sind sie für die Fritzen nicht mehr sichtbar.«

»Schneller, schneller, Jungs!«

Die Dichte der Explosionen erreicht ihren Höhepunkt. Es ist einfach unbegreiflich, daß das Boot noch heil ist. Es wird freilich rasch vorwärts getrieben, und die Fontänen bleiben immer wieder zurück.

Jemand schreit am Ufer aus vollem Halse:

»Los, los, los!«

Auf einmal verschwinden wie auf Kommando die Fontänen. Zwei oder drei Granaten klatschen noch ins Wasser, aber das Boot ist schon weit von ihnen entfernt. Die Soldaten gehen auseinander, schimpfen gutmütig und zufrieden.

Lissagor wirft seine Kippe weg.

»So wird uns Essen und Munition gebracht. Hast du gesehen? Und ihr in der vordersten Linie – bringt Patronen, Patronen!«

Ich erfahre, daß für das ganze rechte Ufer nur eine Überfahrtstelle funktioniert – die der Zweiundsechzigsten –, zwei Kutter mit Kähnen. In einer Nacht schaffen sie sechs, mit höchster Anstrengung sieben Überfahrten. Und was bedeutet das schon für die acht oder zehn Divisionen, die an diesem Ufer liegen? Wie ein Tropfen im Meer ... Man ist gezwungen, mit eigenen Mitteln heranzuschaffen.

»In unserem Regiment gibt es eine ganze Flottille«, sagt Lissagor, »fünf Schaluppen, drei Flachboote und einen Ponton. Ursprünglich waren es fünfzehn, aber sie sind nicht mehr gebrauchsfähig, alt, von Splittern durchlöchert, lecken. Der Ponton ist wie ein Sieb. Drei von meinen Leuten haben ständig alle Hände voll zu tun, um ihn zu reparieren.« Er blickt mich von der Seite an. »Und da sagst du: Minen legen! Heute nacht muß ich noch Leute zum fünfundvierzigsten Regiment schicken. Gestern hat man bei uns zwei Schaluppen gemaust. Ach, es hängt einem schon zum Halse raus ... Komm zu mir! ...«

Auf allen vieren kriechen wir in Lissagors winzigen Unterstand, der so groß ist wie eine Hundehütte.

»Schau, wie wir leben. Schuster – ohne Schuhe ... Habe ihn mir selbst ausgeschachtet ...«

Ein schräger Sonnenstrahl dringt als schmaler Pfeil auf einen Mantel, der in der Ecke hängt, beleuchtet die verrußten Eßgeschirre, Konservenbüchsen und die mit einer Reißzwecke an der Wand befestigte Fotografie eines üppigen Mädchens im Barett.

Auf einmal taucht auf dem Tischchen, das wie in einem Eisenbahnabteil an der Wand befestigt ist, eine Flasche Wodka auf. Wir stoßen an, Becher gegen Flasche.

»Wir in der vordersten Stellung haben ein einziges Mal Wodka bekommen«, sage ich.

Lissagor grinst und reibt sich mit der Hand das unrasierte Kinn.

»Bis zur Frontlinie sind es anderthalb Kilometer, und ich habe das Lager nebenan. Außerdem sind unter meinen Soldaten fünf Nichttrinker.« Er blinzelt mir zu. »Überhaupt, sieh zu, daß du recht schnell loskommst von deinem Bataillon, und widme dich dem Ingenieurdienst. Wirst sehen, wie wir leben. Bei mir wirst du schon nicht untergehen. Unsern Major kenne ich in- und auswendig. Verstehe jede Andeutung von ihm. Ein feiner Alter. Manchmal braust er auf, das ist wahr, aber nach einer halben Stunde hat er alles vergessen. Er liebt nur gute Unterstände. Das ist seine Schwäche. Am liebsten möchte er noch Teppiche haben. Aber sonst läßt sich's leben. Magst du noch?«

Er langt noch ein Viertelliter vor.

»Sobald ich diesen Tunnel fertig habe, fange ich einen für mich an. So geht's doch nicht! Die Leute schlafen direkt am Ufer, und in einem Monat ist es Winter. Wenn du wiederkommst, wirst du staunen, was hier für Prachtsäle sein werden. Wirst dir die Finger danach lecken ...«

Ich blicke auf die Uhr, die an der Wand hängt, mit einem Schloß an Stelle der Gewichte.

»Geht sie richtig?«

»Ganz richtig. Aber nur keine Eile, Genosse Leutnant ... Wirst noch Zeit genug haben, die Vorderste zu genießen.« Er patscht mir auf das Knie. »Bist doch nicht beleidigt, daß ich dich mit du anrede. Eine Frontgewohnheit. Ich bin sogar mit Abrossimow auf du, und er ist Hauptmann. Übrigens« – Lissagor senkt die Stimme, beugt sich zu mir herüber und atmet mir direkt ins Gesicht – »ein gefährlicher Bursche. Schont keine Menschen. Äußerlich ruhig, und in Wirklichkeit kochendes Wasser. Verliert vollkommen den Kopf, tobt und sagt seine Meinung geradeheraus. Aber gib nicht nach. Versteh dich zu behaupten.«

Er wirft sich zurück, streckt die Beine aus und knackt mit den Fingern. Der Reihe nach mit jedem einzelnen. Ich stelle einige spezielle Fragen. Er antwortet, ohne zu stocken, lacht. Seine beiden Vorderzähne sind abgebrochen.

»Kontrollierst du? Ja? Nun, ich verstehe mich darauf, bin aktiver Offizier. Chalchingol, Finnland ... Ach, Leutnant, Leutnant, du kennst mich noch nicht. Komm nur recht bald zu uns ans Ufer, wirst sehn, wie man mit mir leben kann.

Magst du eine Apfelsine? Ich habe einen ganzen Kasten voll. Und Gebäck auch … Alles, was du willst, ist da.«

Ich unterbreche ihn:

»Wieviel Leute, sagst du, sind in deinem Zug?«

»Bei mir? Achtzehn, ich bin der neunzehnte. Einer tüchtiger als der andre. Zimmerleute, Tischler, Ofensetzer. Sogar ein Schneider und ein Friseur. Und einen Schuster habe ich – so einen findest du in ganz Moskau nicht. Hier die Stiefel, die ich anhabe – was sagst du dazu? Hacke, Spitze, Spann … eine Augenweide. Ein Uhrmacher ist auch da. Der da, der Sergeant mit dem Schnurrbart. Auch ein Kunsttischler …«

»Und verstehen sie sich auf Minen?«

»Auf Minen auch, natürlich, was denkst du? Doch im übrigen ist das nicht unsere Sache. Gefechtsstände, Befehlsstellen – das geht uns an, aber Minen mag das Bataillon legen. Was den Zug betrifft – nun gottlob, ich kann nicht klagen. Wenn du hier arbeitest, wirst du's ja selbst sehen. Habe sie mir selber bei der Aufstellung ausgesucht. Du wirst keinen zweiten solchen Zug in der Armee finden, Ehrenwort!«

Ich stehe auf.

»Also, ich erwarte morgen deine Leute.«

Lissagor erhebt sich ebenfalls, leicht schwankend.

»Du bist aber eigensinnig, Leutnant. Wozu diese Minenfelder? Deine eigenen Leute werden nur darauf geraten … Nun, schon gut, ich werde sie dir schicken.«

»Es wäre nicht schlecht, wenn du selber mal reingucken würdest.«

»Das verspreche ich nicht. Verspreche ich nicht. Siehst ja, wieviel Arbeit ich habe. Tunnel, Boote … heute muß ich noch die Minen in Empfang nehmen. Ich werde den stellvertretenden Zugführer Garkuscha schicken. Ein Prachtkerl. Mit geschlossenen Augen wird er dir die Minen legen.«

»Für mich ist's nicht nötig, aber das erste und das dritte Bataillon haben keine Pioniere …«

Lissagor hält sich mit den Händen am Tisch fest und blickt mich mit seinen schon ein wenig glasigen Augen einige Sekunden an.

»Weißt du, was ich dir sagen werde, Genosse Leutnant? ... Die Bataillonskommandeure haben Köpfe ... sollen sie damit auch denken. Meine Aufgabe ist klein: Befehle ausführen. Die sind wie kleine Kinder ... Beziehen sie eine Stellung – gleich heißt es: Pioniere, Minen legen! Beim Angriff – Pioniere, Minen räumen! Bei Spähtruppunternehmen – Pioniere voran, Minen suchen! ... Der Teufel hol's! ...«

»Wie du willst. Vorläufig bist du noch Ingenieur. Entscheide selbst, was besser ist. Bleib gesund!«

»Auf Wiedersehen ... Nimm ein paar Vitamine mit auf den Weg!«

Er steckt mir zwei kalte, rauhe, leuchtende Apfelsinen in die Jackentasche.

»Also, ich erwarte dich in den nächsten Tagen. Werde dich mit Klawa bekannt machen.« Er lacht ein kurzes, lockeres Lachen.

4

In der Nacht wechseln wir die Stellungen. Ich beeile mich, alles bis zwölf Uhr zu beenden, bis zum Mondaufgang. Aber die Deutschen stecken zwei Scheunen an, und mein ganzer Abschnitt ist taghell erleuchtet. Das zieht den Stellungswechsel fast über die ganze Nacht hin. Das Maschinengewehr unter der Brücke schießt beinahe pausenlos. Ich fühle, daß dieses Maschinengewehr mir noch viel Sorge bereiten wird. Es macht alle meine Pläne zunichte. Gegen Morgen erscheint auch noch eine Kanone dort. Ich habe nichts, womit ich antworten könnte. Die Patronen reichen kaum für den Tag. So ziehen wir denn hinüber unter Deckung der Kompaniegranatwerfer. Für den Zweiundachtzig-Millimeter-Granatwerfer habe ich keine Munition. Ich bitte um Unterstützung bei unserer Regimentsartillerie, aber bei ihnen ist die Munition auch knapp, sie schießen nur dreimal während der ganzen Nacht.

Der Abschnitt ist abscheulich. Er wird von einem hohen Eisenbahndamm durchschnitten. Dieser Damm, der sich am Fuße des Hügels hinschlängelt, ist voller Eisenbahnwaggons. Von der linken Flanke aus ist die rechte kaum sichtbar – nur der obere Teil der Schlucht. Keine Schutzgräben, keine Laufgräben – nichts. Die Soldaten des ersten Bataillons, die uns den Platz überlassen, hausen in Löchern und Trichtern, die mit Eisen aller Art zugedeckt sind. Längs der Schlucht, auf der anderen Seite des Bahndammes, gibt es jedoch so etwas wie Gräben, allerdings ohne die geringste Spur von Verbindungsgängen.

Ja, das ist eben nicht »Metis«. Dort konnte man von einem Ende bis zum anderen durchgehen, ohne sich bücken zu müssen. Der Abschnitt ist an und für sich nicht zu groß für ein normales Bataillon, etwa sechshundert Meter, aber ich habe nur sechsunddreißig Leute. Vierhundert sind es gewesen, und geblieben sind nur sechsunddreißig.

Ich suche mir einen Gefechtsstand, und wenn es nur ein vorläufiger ist, um das Telefon aufzustellen. Alles Trümmer, abgebrannte Scheunen, keine Keller. Walega hilft. Er findet ein Rohr unter dem Damm. Gut getarnt, aus Eisenbeton. Aber im Rohr sitzen schon Artilleristen.

Ein hochgeschossener Leutnant mit einem kleinen Bärtchen, dessen Haare nach allen Seiten auseinanderstehen, empfängt mich geharnischt:

»Ich lasse niemanden rein, und damit Schluß … Wir sind ohnehin schon fünf Mann. Und du schleppst noch einen ganzen Stab mit.«

Aber ich bin zu diplomatischen Verhandlungen nicht aufgelegt. Ich lasse das Telefon aufstellen, und dem Ersten Adjutanten befehle ich, eine Meldung zu schreiben. Die Artilleristen schimpfen, wollen ihre Kästen nicht beiseite schieben, drohen, daß sie sich bei Posharskij, dem Chef der Artillerie, beschweren werden. Ich kenne Posharskij nicht.

»Burschen, richtet euch ein und basta ... Rührt euch nicht vom Fleck, bis ich es sage.«

Die Telefonisten brauchen nichts mehr. Sie haben den Draht schon gezogen, lassen sich direkt auf dem Steinboden nieder und rufen schon nach »Vergißmeinnicht« und »Tulpe«.

Der Erste Adjutant, Charlamow, der immer alles verliert, hat natürlich die notwendige Mappe verlegt und stört nun alle, indem er – kurzsichtig wie er ist – zwischen unseren Beinen herumkriecht.

»Ich muß sie in dem alten Gefechtsstand vergessen haben«, brummt er vor sich hin und blickt sich nach allen Seiten um. Dieser Mensch hat einen sonderbaren Hang, immer und überall etwas zu vergessen. Seit wir bekannt sind, hat er es fertiggebracht, einen Mantel, drei Helme und die eigene Brieftasche zu verlieren. Von Bleistiften und Federhaltern ganz zu schweigen.

Gegen fünf Uhr kommen die Kompanieführer.

»Nun, wie steht's?« frage ich.

Karnauchow, Kompanieführer der vierten Kompanie an Stelle des gefallenen Petrow, zuckt seine gewaltigen Schultern.

»Habe sie vorläufig verteilt. Mit Maschinengewehren geht es noch, aber die Soldaten ... Tagsüber werden wir nichts unternehmen können, es wird schon hell, aber in der Nacht wird man zum Spaten greifen müssen ... In solchen Gräben kann man sich nicht lange halten.

Karnauchow hat eine tiefe, etwas dumpfe Stimme. Er spricht ein wenig stockend. Vielleicht sucht er einfach nach Worten. Im ganzen gefällt er mir.

Er ist vor ungefähr zehn Tagen zu uns gekommen, groß, ungelenk, mit dichten, über der Nasenwurzel zusammengewachsenen Augenbrauen, grauäugig, mit einem Sack über der Schulter. Mit Mühe hat er sich durch die enge, niedrige Tür gezwängt.

Wir aßen gerade zu Mittag, Suppe aus getrockneten Kartoffeln und Zwiebäcke. Er dankte und bat um Wasser; trank mit Appetit eine eimergroße Tasse aus, trocknete sich die Lippen und lächelte.

»Hab beinahe euern ganzen Vorrat ausgesoffen.«

Dann fragte er, wo sich seine Kompanie befände.

»Aber setzen Sie sich doch ein Weilchen, verschnaufen Sie erst mal.«

Er lächelte wiederum, wie zur Entschuldigung, und wischte sich mit der Hand über die schweißige Stirn, die von der Mütze einen roten Streifen hatte.

»Habe mich einen ganzen Monat im Lazarett verschnauft und sogar drei Kilo zugenommen. Nur Tabak hat man mir nicht mit auf den Weg gegeben. Und ohne Tabak – Sie wissen selbst, wie ...«

Ich gab ihm etwas zu rauchen. Er drehte sich eine Zigarre von unwahrscheinlichem Ausmaß und fing an, schweigend zu rauchen.

Ich stellte ihm einige der üblichen Fragen, wie man es bei der ersten Bekanntschaft tut. Er antwortete ruhig, ohne viele Worte zu machen, und setzte sich in die Ecke auf seinen Sack. Dann stand er auf und suchte mit den Augen, wohin er den Stummel werfen könnte. Und da er einen passenden Aschenbecher nicht fand, warf er ihn hinter die Tür.

»Nun, wer wird mich hinführen?«

Am Abend bekam ich von ihm eine sorgfältige Meldung mit beigelegter Schußkarte eines jeden Maschinengewehrs und einer Skizze über die Verteilung der feindlichen Feuerstärke.

Am folgenden Tag gewann er von den Deutschen einen Teil des Laufgrabens zurück, den wir tags zuvor verloren hatten, und büßte dabei nur einen Mann ein. Als ich am Abend zu ihm in seinen Unterstand gekrochen kam, der gar nicht frontmäßig ausschaute, sondern sauber, mit Spiegel und Rasierapparat, die Zahnbürste auf einem Wandbrettchen, saß er und schrieb etwas in ein Heft, das auf seinen Knien lag.

»Ein Brief in die Heimat, was?«

»Nein ... bloß so ... nichts von Belang ...« Er wurde verwirrt und versuchte sich aufzurichten, den Kopf eingezogen, die Schultern gegen die Decke gestemmt. Das Heft steckte er eilig in die Tasche.

Wahrscheinlich Gedichte, dachte ich und fragte nicht mehr.

In derselben Nacht stahl er mit seiner Kompanie den Deutschen ein Maschinengewehr und sechs Kästen Munition. Die Soldaten sagten, daß er selbst das Maschinengewehr geholt hätte. Aber als ich ihn fragte, lächelte er nur, ohne mir in die Augen zu blicken, und meinte, das wäre bloß Gerede, denn er würde sich nie so etwas erlauben, und überhaupt gehe ein Kompaniechef nicht, um Maschinengewehre zu erbeuten.

Er steht jetzt vor mir, leicht gebückt, unrasiert. Ich weiß, daß er – genau wie ich – jetzt am liebsten schlafen möchte. Aber er wird noch mit herausgestreckter Zungenspitze die Stellungsskizze zeichnen, oder er wird weglaufen, um zu kontrollieren, ob das Abendbrot gebracht worden ist.

Farber, der Chef der fünften Kompanie, sitzt auf dem Rande eines Munitionskastens, müde, zerstreut wie immer, gleichgültig. Er starrt auf einen Punkt, und die dicken Gläser seiner Brille blitzen. Die Augen sind geschwollen vor Schlaflosigkeit. Die Wangen, ohnehin schon mager, sind noch mehr eingefallen.

Ich kann bis zum heutigen Tage nicht klug aus ihm werden. Er erweckt den Eindruck, als ob ihn nichts auf der Welt interessiere. Hochaufgeschossen, gebückt, die rechte Schulter höher als die linke, krankhaft blaß wie die meisten Rothaarigen, furchtbar kurzsichtig, spricht er fast mit niemandem. Vor dem Kriege war er Aspirant der mathematischen Fakultät an der Moskauer Universität. Ich habe das aus dem Fragebogen erfahren. Selbst hat er es nie gesagt. Er spricht überhaupt über nichts.

Ich habe einige Male versucht, mit ihm ein Gespräch anzuknüpfen über Vergangenes, über die Gegenwart und über die Zukunft. Ich habe mich bemüht, ihn lebendig zu machen, ihn aufzuwecken durch irgendwelche Erinnerungen. Er hört schweigend und zerstreut zu, antwortet manchmal einsilbig, aber weiter kommt nichts dabei heraus. Alles geht an ihm vorbei, umfließt ihn, bleibt aber nicht hängen. Ich habe ihn noch nie lächeln sehen. Ich weiß nicht einmal, was für Zähne er hat.

Die Regung der Neugier sowie das Gefühl der Angst sind bei ihm einfach verkümmert. Einmal, es war noch im »Metis«, habe ich ihn in einem der Laufgräben getroffen. Er stand, an die Brustwehr gelehnt, in seinem kurzen, bis ans Knie reichenden Soldatenmantel, den Rücken dem Feind zugewendet, und bohrte zerstreut mit der Fußspitze in der abbröckelnden Wand des Laufgrabens. Zwei oder drei Kugeln schlugen in der Nähe ein. Dann explodierte eine Granate. Er fuhr fort, in der Erde zu bohren.

»Was machen Sie hier, Farber?«

Er wandte sich um, langsam, wie unwillig, und seine Augen mit den farblosen Wimpern und den schweren, leicht geschwollenen Lidern richteten sich fragend auf mich.

»So, einfach nichts ...«

»Aber die Fritzen werden Ihnen hier im Handumdrehen den Garaus machen.«

»Kann sein«, stimmte er mir zu und hockte sich nieder.

Es wäre falsch, ihn als liederlich zu bezeichnen – er ist immer rasiert und sein Kragen stets frisch, aber das ist offenbar Gewohnheit oder Erziehung, denn seinem Äußeren mißt er keinerlei Bedeutung bei. Der Mantel ist zwei Nummern zu klein, das Koppel sitzt unter den Schulterblättern, an den Beinen trägt er Wickelgamaschen, die Feldmütze ist zerknüllt, die Kragenspiegel fehlen. Einmal sagte ich zu ihm:

»Sie sollten sich Rangabzeichen annähen, Farber.«

Er sah mich, wie immer, verwundert an.

»Wegen der größeren Autorität, was?«

»Es ist Vorschrift bei der Armee, Rangabzeichen zu tragen.«

Er stand schweigend auf und ging weg. Am nächsten Tag bemerkte ich auf dem Kragen seines Mantels zwei Vierecke aus Stoff, schief und krumm mit weißem Garn aufgenäht.

»Sie haben eine schlechte Ordonnanz, Farber, er ist mit den Vierecken durchaus nicht zu Rande gekommen.«

»Ich habe keine Ordonnanz, habe die Vierecke selber angenäht.«

»Warum haben Sie keine Ordonnanz?«

»In der Kompanie sind achtzehn und nicht hundertfünfzig Mann.«

»Nun, dann soll einer gleichzeitig Ihre Ordonnanz sein.«

»Das ist ein überflüssiger Luxus, glaub ich.«

»Es ist nicht überflüssig und kein Luxus. Sie sind Kompaniechef.«

Er erwiderte nichts darauf. Er erwidert überhaupt niemals etwas und empört sich auch nie, aber einen Melder hat er, glaube ich, bis jetzt noch nicht.

Ein seltsamer Mensch. Ich fühle mich in seiner Gesellschaft immer gehemmt. Darum halte ich ihn auch nie auf. Sobald er seinen Befehl erhalten hat – auf Wiedersehen, führ ihn aus. Er hört schweigend und zerstreut zu, blickt zur Seite, nickt mit dem Kopf oder sagt: »Werd mich bemühen«, und geht dann fort.

Jetzt sitzt er teilnahmslos, gekrümmt da, die blassen, knochigen Hände ragen aus den kurzen Ärmeln heraus, er trommelt mit den Fingern auf den Tisch.

»Denken Sie daran, Farber«, sage ich zu ihm, »Sie haben einen schlechten Abschnitt, rechnen Sie nicht sonderlich auf die Artillerie. Alles hängt von den Maschinengewehren ab. Lassen Sie sich nicht zu sehr vom Frontalfeuer hinreißen, außer Geknatter hat es wenig Sinn.«

Er nickt schweigend mit dem Kopf. Seine langen Finger trommeln ohne Unterbrechung monoton auf den Tisch.

Man sieht durch den Spalt, daß es draußen schon ganz hell geworden ist. Ich entlasse die Kompanieführer, rufe beim Stab an und teile mit, daß der Stellungswechsel vollzogen ist, und schicke die Übernahmeunterlagen durch einen Melder hin.

Die Artilleristen haben sich mit unserer Anwesenheit abgefunden. Am anderen Ende des Rohres rufen sie ihre Koordinaten ins Telefon. Anscheinend werden unsere Kanonen bald zu dröhnen anfangen.

5

Am Morgen erwarten wir einen Angriff – undenkbar, daß die Deutschen unser nächtliches Rumoren nicht bemerkt haben. Aber gegen alle Erwartungen verläuft der Tag derart ruhig, daß es uns sogar gelingt, das Mittagessen während des Tages vom Ufer heranzubringen. Nach einem vierundzwanzigstündigen Durcheinander, endlosen Angriffen, Bombardements und Artillerieüberfällen fällt es einem schwer, an diese Ruhe zu glauben. Die ganze Zeit über wittert man irgendeine Tücke.

Aber vorläufig bleibt alles ruhig. Die übliche Schießerei, ziemlich träge und selten. Um sieben Uhr erscheint wie immer der »Rahmen«. Dann die »Sänger« über dem »Roten Oktober« …

Walega schleppt von der Wolga zwei Eimer Wasser heran, macht sie auf dem Primus warm und schrubbt mir den Rücken mit einem Bastwisch ab. Das Wasser ist nachher schwarz wie Tinte, und ich selbst bin ganz rot, und der ganze Körper juckt. Walega lacht.

»Ich werde Ihnen gleich deutsche Wäsche geben, seidene. Darin wird sich keine Laus einnisten. Rutscht ab, kann sich nicht halten.«

Ich ziehe dünne, lasuritfarbene Unterhosen und ein Hemd an, rasiere mich und gehe zu Karnauchow. Er kauert da und bemüht sich, in eine winzig kleine Spiegelscherbe zu sehen, die an der halbzerstörten Wand angebracht ist, und schabt sich das Kinn.

»Nun, wie ist das Leben?«

Karnauchow lächelt durch den Schaum und steht auf.

»So ein Leben könnte man bis zum Kriegsende aushalten. Der Fritz streikt aus irgendeinem Grunde …«

Ich setze mich neben ihn. Ringsum nur Schornsteine, keine Häuser. Schwarze, hier und da noch rauchende Balken und Schlote. Schlote, Schlote, unheilverkündende schwarze Schlote gegen einen durchsichtigen, klaren Himmel, beinahe wie auf der Krim. Die Schornsteine bleiben stets übrig, als ob sie jemand absichtlich stehengelassen hätte, um daran zu erinnern, daß hier einst ein Haus, eine Siedlung, eine Stadt gewesen ist …

Ich sitze auf einem Pfahl. Anscheinend war hier einst ein Torweg. Die Laterne mit der Nummer ist noch übriggeblieben. Eine dreieckige blaue Laterne mit der Aufschrift: »Zweite Krumme Gasse Nr. 24. Das Haus gehört Agarkowa I. N.« Auf einem Stück Wand, die Gott weiß warum erhalten geblieben ist, hängt ein schiefes Schild: »Herren- und Damenschneider Awerbuch. Annahme von Bestellungen.« Ein rotwangiges Geschöpf in gebügelter Hose blickt mich unverwandt und starr von dem Schild an, als ob es mich hypnotisieren wollte. Sie haben alle einen solchen Blick, diese Reklameschönheiten.

»Bei Ihnen hier ist es ruhig«, sage ich.

»Nur jetzt. Im allgemeinen ist es nicht so. Ich bin nur zum Rasieren herausgesprungen, im Loch ist es dunkel, nichts zu sehen – man schneidet sich kreuz und quer.«

Mit gequält verzogenem Gesicht rasiert sich Karnauchow die Oberlippe. Ich rasiere ihm den Nacken, und dann kriechen wir ins Erdloch. Hier sind ein Ofen, außerdem ein Tisch mit gekürzten Beinen und zwei Stühle. In der Ecke sitzen zwei Soldaten und ein Telefonist, den Kopfhörer über die Ohren gestülpt. Die Lampe aus einer oben zusammengedrückten Kartuschhülse qualmt. An der Wand hängt ein Kalender mit angestrichenen Daten, eine Aufstellung der Rufzeichen, ein aus der Zeitung ausgeschnittenes Bild Stalins und das eines jungen Mannes mit lockigem Haar und offenem, sympathischem Gesicht.

»Wer ist das?«

Karnauchow, der meinen Blick aufgefangen hat, wird verlegen.

»Jack London.«

»Jack London?«

Karnauchow steht gegen das Licht. Ich kann sein Gesicht nicht sehen, aber an seinen durchscheinenden Ohren erkenne ich, daß er rot geworden ist.

»Warum denn plötzlich Jack London?«

»Einfach so … Ich schätze ihn … Wollen Sie Milch?«

»Milch? Hier? Woher?«

»Kondensierte … amerikanische. Die Burschen haben sie beschafft.«

Mit großem Genuß lecke ich den Löffel mit der dicken, übermäßig süßen Milch ab, die wie Lindenhonig schmeckt.

»Woher haben Sie denn das Bild?«

»Woher?« Karnauchow lacht. »Natürlich aus dem Lazarett. Ida habe dort die ganze Bibliothek durchgelesen, aber ›Martin Eden‹ habe ich nicht geschafft, drum habe ich ihn für einige Zeit mitgenommen.«

»Lieben Sie Jack London?«

»Ja … ich habe einiges von ihm gelesen.«

»Ich liebe ihn auch.«

»Ihn lieben alle. Es ist unmöglich, ihn nicht zu lieben.«

»Warum?«

»Er ist irgendwie echt … Sogar Lenin liebte ihn. Krupskaja hat ihm seine Bücher vorgelesen.«

»Geben Sie ihn mir nachher zum Lesen?«

»Gut.«

»Welche Schriftsteller lieben Sie noch?«

Er wird wieder verlegen.

»Ich habe wenig gelesen. Unsere Lehrerin hatte nur London, ich weiß nicht, woher sie ihn sich beschafft hatte. Wissen Sie, in braunen Umschlägen, Zeitungsbeilagen ... Und noch Melnikow-Petscherskij und noch jemanden. Ich kann mich schon nicht mehr darauf besinnen, irgendeinen Ausländer.«

»Nun, das war in der Schule. Und dann?«

»Dann? Dann war keine Zeit mehr. Ich habe in einem Bergwerk gearbeitet, in Sutschan, kennen Sie es? Bei Wladiwostok.«

»Ich kenne es.«

»Als kleiner Knirps war ich fest entschlossen, nach Amerika durchzubrennen, um in Clondike Gold zu suchen. Habe meinem Vater eine Flinte gemaust, Zwiebäcke aufgespart. Habe mich sogar auf einem norwegischen Schiff versteckt. Wir lebten damals in Wladiwostok. Mein Vater war Schauermann im Hafen.«

»Nun?«

Karnauchow lächelt nur und besieht seine Nägel.

»Am Schlafittchen haben sie mich genommen und nach Hause geschleppt, wie einen jungen Hund. Ungefähr fünf Tage mußte ich dann das Bett hüten. Vaters Hände – stellen Sie sich vor ... Er konnte Silberrubel zu Röllchen zusammenbiegen ...«

Er lacht wieder.

Später taucht auf einmal ein Grammophon auf, ein altes, klirrendes, und wir erraten mehr, als daß wir genießen: die Dawydowa, Koslowskij und das Duett aus »Der Saporoger an der Donau«. Wir haben nur eine Nadel und schleifen sie an einem zerbrochenen Teller.

»Nun, das ist alles, was ich habe«, sagt Karnauchow und kratzt sich am Hinterkopf. »Soll ich Ihnen vielleicht noch die vorderste Linie zeigen? ... Nur an die Gräben selbst kommt man jetzt nicht ran, wir werden sie von hier aus, von den Trümmern, ansehen.«

Wir richten uns an einer niedrigen Steinwand ein. Wahrscheinlich ist hier einmal ein Zimmer gewesen. Ein eisernes

Bett, vom Feuer verbogen, eine Nähmaschine, ein Fleischwolf ...

Vor uns eine Schlucht. Sie fängt links von uns an und zieht sich im Bogen aufwärts zur Anhöhe hin. Uns gegenüber eine zerschossene Kanone. Das Rohr ist zerfetzt, und die Ränder sind wie bei einer phantastischen Blume zu Locken gedreht. Das gibt der Kanone ein erstauntes, verdutztes Aussehen. Daneben eine zu Splittern zerschossene Protze.

An der gegenüberliegenden Seite der Schlucht sind die deutschen Gräben, ganz nah, bloß ein Katzensprung.

»Die Unseren sind nicht zu sehen«, flüstert Karnauchow mir ins Ohr. »Der Abhang stört. Luftlinie bis zu den Fritzen etwa siebzig Meter. Sehen Sie, die Schweinehunde graben sogar bei Tage.«

Man sieht tatsächlich an einer Stelle, wie etwas Rötliches aus der Erde herausfliegt, und manchmal blitzt ein Spaten.

»Schade, daß keine Granaten da sind ... Ich würde ihnen zeigen, was es heißt, vor unserer Nase zu graben. Als ich heute morgen zu graben versuchte, haben sie sofort Granatwerferfeuer eröffnet. Woher haben sie bloß soviel Munition?«

Wir liegen lange und beobachten die Deutschen, versuchen, ihre Feuernester festzustellen. Sie sind gut getarnt, und wir bemerken sie nicht sofort. Zwei oder drei Maschinengewehre befinden sich auf einem kleinen Hügel, der dem Höcker eines Kamels gleicht – gerade uns gegenüber. Ein weiteres hat sich am Abhang der Schlucht eingenistet und beherrscht sie. Eins können wir nicht entdecken, obgleich seine Kugeln direkt neben uns einschlagen.

So habe ich mir vor dem Kriege die vorderste Linie nicht vorgestellt. Zickzacklinien von Stacheldraht in drei bis vier Reihen, ein endloses Spinnennetz von Laufgräben, Tarnnetzen, Schießscharten. Und hier? Direkt vor der Nase ist etwas Undefinierbares aufgeschippt. Eine angeschlagene Kanone und etwas in der Art einer Benzintonne, das von Kugeln durchlöchert ist.

Ich hatte einmal ein Buch: »Die Helden des Malachow-Hügels.« Natürlich mit Bildern. Die vierte Bastion, Redouten, Lünetten, Approchen, Berge von Sandsäcken, geflochtene Schanzkörbe, komische Kanonen auf grünen, hölzernen Plattformen, lange Lunten, runde, glänzende Bomben mit dünnen Rauchwölkchen ...

Seitdem sind beinahe neunzig Jahre vergangen. Panzer und Flugzeuge sind in dieser Zeit erfunden worden. Und nun sitzen wir in Löchern und nennen das Verteidigungsstellungen.

Ich werde noch heute nacht mit dem Minenlegen beginnen. Fürs erste werde ich dreihundert Stück legen. Hier sind Panzerabwehrminen nicht nötig, ein Panzer wird sowieso nicht durchkommen können, aber dort hinter dem Damm bei Farber ...

Karnauchow liegt da, mit zusammengezogenen Augenbrauen, die schwarz und zusammengewachsen sind und so aussehen, als ob sie zufällig auf sein gutmütiges, grauäugiges Gesicht geraten wären.

»Der Teufel soll's holen. Sie haben dennoch einen guten Feuerplan! Sehen Sie nur. Von diesem Kamelhöcker aus können sie unser ganzes drittes Bataillon unter Beschuß nehmen, unter der Brücke hervor – uns in den Rücken schießen. Und von der Schlucht her – die ganze vorderste Linie bestreichen.«

Und wie auf Verabredung fangen zur Illustration seiner Worte alle drei Maschinengewehre zu schießen an.

»Wie würden wir den Deutschen die Suppe versalzen, wenn wir den Höcker einnähmen! Aber was kann man mit achtzehn Mann schaffen ...«

Karnauchow hat recht. Wäre jener Höcker in unseren Händen, so würden wir dem dritten Bataillon das Leben erleichtern, die Brücke lahmlegen und die Feuernester, die das erste Bataillon flankieren, in unserer Hand haben!

Aber wie soll man das schaffen?

6

Am Abend schicke ich alle, die nicht in der vordersten Linie beansprucht werden, nach Minen. Gut, daß ich einen Wagen habe. Man kann damit in der Dunkelheit die Minen beinahe bis an den Damm heranfahren. Natürlich unter Gefahr. Aber es ist dennoch möglich. Von da aus ist es nicht so schwer, sie zu tragen. Gegen zehn Uhr sind schon an dreihundert Stück neben dem Rohr aufgestapelt. Zu dieser Zeit kommen auch die Pioniere, vier Soldaten und ein Sergeant, der mit dem Schnurrbart – Garkuscha.

Sie sitzen in der Ecke, knabbern Sonnenblumenkerne und werfen sich ab und zu ein Wort zu. Sie sehen müde aus.

»Wir haben den ganzen Tag den Tunnel ausgehöhlt, und wenn wir morgens zurückkommen, heißt es wieder, die Hacke zur Hand nehmen. Man spürt weder Hände noch Rücken mehr.«

Garkuscha streckt die Hand aus, eine rauhe, harte, schwielige, wie aus Horn.

Als von der vierten Kompanie mitgeteilt wird, daß etwa hundert Minen herübergebracht worden sind, steht Garkuscha auf und schüttelt die Schalen von den Knien.

»Also! Gehen wir, solange der Mond noch nicht scheint. Wer führt uns?«

Wir klammern uns mit den Händen an den Büschen und dem stechenden, trockenen Grase fest und kriechen direkt zur vordersten Linie hinunter. Die Gräben ziehen sich als einzelne Spalten von zwei bis drei Meter Länge gerade in der Mitte des Abhanges entlang.

Welcher Dummkopf mag sich so was ausgedacht haben? Warum hat man sie nicht etwa zwanzig Meter zurück verlegt und höher? Die Schußmöglichkeiten wären dort besser, die Verbindung leichter, und den Deutschen würde es schwerer fallen, an sie heranzukommen.

Die Soldaten graben, man sieht sie in der Dunkelheit nicht, aber man hört die Spaten klirren.

»Was zum Teufel grabt ihr denn hier, Karnauchow? Hier ist es doch ganz flach.«

Unwillkürlich werde ich gereizt. So ist es immer, wenn man fühlt, daß nicht nur die anderen schuld sind, sondern man selbst auch. Ich vergesse sogar, daß man hier nur im Flüsterton sprechen darf.

Karnauchow antwortet nicht. Ich erfahre erst später, daß der Zugführer Sendezkij auf eigene Initiative angefangen hat zu graben. »Die Soldaten waren steif gefroren, darum habe ich befohlen zu graben, damit ihnen wärmer würde.«

Ich befehle sofort, die Leute mehr nach oben zu holen. Sie sollen sich dort eingraben. Einerlei, diese Gräben sind nicht einen Groschen wert. Hier müssen zwei bis drei Soldaten zum Schutze zurückgelassen werden.

Die Soldaten kriechen, ächzend und halblaut schimpfend, nach oben und schleppen Mäntel, Spaten und Säcke hinter sich her.

»So etwas nennt sich nun Vorgesetzter ...«

Das ist auf mich gemünzt, aber ich tue so, als hätte ich es nicht gehört. Ein Glück, daß der Mond nicht scheint. Wenn er schiene, wäre mindestens die Hälfte der Leute umgekommen ...

Wir lassen uns noch tiefer hinunter. Der Abhang ist steil, und der harte Lehm, der schon anfängt zu frieren, rollt ständig unter den Füßen weg. Die Pioniere schleppen etwa zwanzig Minen im Sack mit sich. Von Zeit zu Zeit rattert das wachhabende deutsche Maschinengewehr, das oberhalb der Schlucht aufgestellt ist. Aber die Garben fliegen hoch über uns hinweg, knacken über unseren Köpfen. Sprengkugeln.

Wir stoßen auf Schlamm – anscheinend das Bett eines Baches; es ist schon lange kein Regen gefallen. Unter den Füßen quabbelt es. Eine Rakete steigt hoch. Wir klatschen mit Gesicht, Händen und Bauch in den klebrigen, kalten Matsch. Den Kopf unter dem Ellbogen, verfolge ich den langsam schwebenden, zitternden, grellen Stern am schwarzen Himmel.

»Nun, wo fangen wir an?«

Der Sergeant, der mit der Schulter auf mich gefallen ist, atmet mir direkt ins Ohr. Nach dem grellen Licht ist ringsherum nichts zu erkennen. Nicht einmal sein Gesicht. Ich spüre seinen warmen, nach Sonnenblumenkernen riechenden Atem.

»Sobald eine Rakete aufflammt, guck nach links.« Meine Stimme zittert vor Spannung. »Du wirst eine eiserne Tonne sehen … Fängst bei ihr an. Und rechts etwa fünfzig Meter … in drei Reihen … schachbrettartig … wie verabredet.«

Die Worte kommen nur mit Mühe heraus, man muß jedes beinahe mit Gewalt hervorstoßen.

Garkuscha antwortet nicht, sondern kriecht weg. Ich höre es nur, sehen kann ich nichts. Eine Minute später fühle ich wieder seinen Atem auf meinem Gesicht.

»Genosse Leutnant …«

»Was?«

»Ich werde es weiter oben versuchen. Sonst, wenn das Wasser gefriert, dann …«

Wieder eine Rakete. Garkuscha fällt auf mich. Ich presse das Gesicht in die Erde, bemühe mich, nicht zu atmen. Mund, Nase, Ohren sind voll Schmutz und Wasser. Die Rakete erlischt. Ich hebe den Kopf und sage:

»Gut.«

Was das Minenfeld anlangt, bin ich beruhigt.

Ich wische mir mit dem Ärmel das Gesicht ab.

Eine Hundearbeit ist doch die Arbeit der Pioniere. Dunkelheit, Schmutz. In dreißig Schritt Entfernung die Deutschen, die Eigenen aber irgendwo oben … Und für jede Mine muß man ein Loch graben, die »MUW« hineinlegen – ein Röhrchen mit Feder und einem Schlagbolzen, so spitz wie ein Nagel, und Zündhütchen –, das muß man überprüfen, ins Loch stecken, mit Erde zuschütten und tarnen … Und die ganze Zeit horchen, ob die Deutschen nicht angekrochen kommen, muß sich direkt in den Schlamm plumpsen lassen und darf sich nicht rühren, wenn eine Rakete aufleuchtet …

Man hört, wie die Soldaten die Minen vorsichtig aus den Säcken herausschütten.

Meiner Meinung nach müssen sie in einer Stunde fertig sein.

Und ich muß mich gleich, solange dies alles im Gedächtnis noch frisch ist, an die Formulare und Kartenskizzen der Minenfelder machen. Diese Schreiberei werde ich nun jede Nacht haben. In drei Exemplaren, außerdem noch eine Skizze mit Richtungswinkeln und Lageplan. Vordrucke sind nicht da, man muß alles selbst anfertigen …

Ich krieche den Abhang hinauf. Zwei- oder dreimal stürze ich beinahe. Es ist nichts zu sehen. Stockfinsternis. Die Hände habe ich mir zerstochen an den dornigen Büschen.

Die Soldaten graben schweigend. Man hört nur, wie die Spaten auf der Erde aufschlagen. Neben mir schimpft jemand (in der Dunkelheit sieht man nicht, wer es ist) auf die steinharte Erde – wie auf ein eigensinniges Pferd.

»Wenn wenigstens ein paar Hacken für das Bataillon ausgegeben worden wären! Das nennt sich Spaten … Butter kann man damit schneiden …«

Hacken … Der Teufel weiß, wo man sie herkriegt! Was würde ich nicht alles für ein paar Dutzend Hacken geben. Ich glaube, ich habe noch niemals in meinem Leben sehnsüchtiger an etwas gedacht als jetzt an diese Hacken. Wie viele haben auf der Station Morosowskaja herumgelegen! Ganze Berge! Keiner wollte sie auch nur ansehen.

Auf diese Weise werden wir in einem Monat noch nicht mit Schanzen fertig sein …

Nach Mitternacht geht der Mond auf. Schiefbäckig, orangefarben, steigt er jenseits der Wolga hoch und blickt in die Schlucht. In einer halben Stunde wird man dort schon nicht mehr arbeiten können. Und es sind nur vier Mann, aber hundert Minen …

Und der Mond steigt und steigt, wird gelb, dann weiß, ihm ist alles einerlei. Meiner Meinung nach steigt er heute sogar schneller als gewöhnlich, als ob er einem Ziele entgegeneilte oder sich beim Aufgang verspätet hätte. Und wie zum Schur liegt die deutsche Seite im Schatten, und unsere wird von Minute zu Minute heller ... Die letzten Reste des Schattens schwinden langsam, wie unwillig zurückweichend, kriechen nach unten, die Büsche einen nach dem anderen bloßlegend.

Jemand sucht mich. Eine junge, beinahe kindliche Stimme, die sich überschlägt. Es scheint der Melder Karnauchows zu sein.

»Habt ihr den Leutnant, den Bataillonskommandeur, nicht gesehen?«

»Welchen? Den mit dem Feldstecher?« fragt eine Stimme von unten, wahrscheinlich aus dem Graben.

»Aber nein, nicht den mit dem Feldstecher. Den Bataillonskommandeur. In blauer Feldmütze ...«

»Aha! In blauer Feldmütze ... Das hättest du gleich sagen sollen, in Feldmütze. Aber so – Bataillonskommandeur ... Wie kann man sich alle diese Kommandeure merken ...«

»Nun, wo ist er?«

»Hab ihn nicht gesehn«, antwortet gutmütig die Stimme. »Er war nicht hier. Ich weiß wirklich nicht ...«

»Du Strohkopf ...«

»Vielleicht weiß es Fessenko ... Fessenko, he, Fessenko! ...«

Ich gehe in die Richtung, aus der das Gespräch kommt. Fessenko antwortet aus einem anderen Graben genauso gutmütig und langsam, daß einer von den Kommandeuren dagewesen sei und auf den Kompanieführer geschimpft habe, weil der nicht richtig hätte graben lassen. »Aber wohin er gegangen ist, das weiß der Teufel ...«

»Wer sucht mich?«

»Sind Sie's, Genosse Leutnant?« Eine kleine, schmächtige Gestalt steht vor mir stramm.

»Ich ... Steh nicht stramm, leg dich hin!«

Die Gestalt hockt sich nieder.

»Nun, was ist los?«

»Aus Ihrem Gefechtsstand ist angerufen worden, Sie möchten sofort hinkommen.«

»Ich? Sofort? Wer hat angerufen?«

»Ich weiß nicht ... irgendein Oberst.«

Was für ein Oberst? Woher ist der aufgetaucht? Mir unbegreiflich.

»Hat gesagt, dringend, daß in drei Minuten ...«

Ehe ich Karnauchows Unterstand erreiche, stoße ich auf Walega. Er rennt Hals über Kopf, ist ganz außer Atem.

»Ein Oberst wartet auf Sie ... der Divisionskommandeur, glaub ich ... mit Orden. Und noch andere sind bei ihm. Unterleutnant Charlamow kann keine genauen Angaben machen. Und sie schimpfen ...«

Ewig und immer dieser Charlamow, verflucht soll er sein! Hängt mir wie ein Mühlstein am Halse. So was nennt sich Erster Adjutant, Stabschef. In die Küche gehört er und nicht in einen Stab.

Die Deutschen fangen plötzlich eine Schießerei an, und wir liegen gute fünfzehn Minuten mit der Nase in der Erde.

7

Der Oberst, ein ganz kleiner, schmächtiger Mann mit eingefallenen Wangen, die wie absichtlich eingezogen aussehen, und waagerechten, gespannten Falten zwischen den Augenbrauen, sitzt mit aufgestützter Hand am Tisch. Der Mantel mit den goldenen Knöpfen ist geöffnet. Daneben unser Major, ein Stöckchen zwischen den Knien. Und noch zwei andere.

Charlamow steht stramm, zugeknöpft. Ich sehe ihn zum ersten Male so. Er zwinkert mit den Augen.

Ich salutiere und erstatte Bericht: »Das Bataillon gräbt sich ein und legt Minen.« Zwei große schwarze Augen blicken mich unverwandt an aus einem mageren, schwindsüchtigen Gesicht. Dürre, schmale Finger klopfen leicht auf den Tisch.

Alle schweigen.

Ich lasse die Hand sinken.

Die Pause dehnt sich. Ich höre, wie Walega hinter meinem Rücken heftig atmet.

Die schwarzen Augen ziehen sich zusammen, verengen sich, und die blutlosen Lippen, schmal wie ein Fädchen, scheinen zu lächeln.

»Was ist mit Ihnen? Haben Sie sich mit jemandem gerauft, he?«

Ich schweige.

»Geben Sie ihm einen Spiegel. Er soll sich mal selber ansehen.«

Jemand reicht mir einen dicken, abgeblätterten Scherben. Ich erkenne mich kaum. Außer Augen und Zähnen kann man nichts erkennen. Hände, Jacke, Stiefel, alles von Schmutz bedeckt.

»Nun gut«, lacht der Oberst, und sein Lachen ist unerwartet fröhlich und jung. »Kommt alles vor ... Ich habe mal dem Befehlshaber des Wehrkreises in Sporthosen Bericht erstattet, bin aber glücklich davongekommen. Habe bloß zehn Tage Arrest bekommen, weil ich ohne Kopfbedeckung salutierte ...«

Das Lächeln verschwindet von seinem Gesicht, als ob es jemand weggewischt hätte. Die schwarzen großen Augen richten sich wieder auf mich – kluge, ein wenig müde Augen mit dreieckigen Säcken.

»Nun, Bataillonskommandeur, prahle damit, was du in den letzten vierundzwanzig Stunden geschafft hast. Wenn es in der vordersten Linie aussieht wie in deinen Akten, bist du nicht zu beneiden.«

»Es ist wenig getan worden, Genosse Oberst.«

»Wenig? Warum?« Er blickt mich unverwandt an.

»Wenig Leute, und mit Werkzeugen ist es schlecht bestellt.«

»Wieviel Mann hast du?«

»Kampffähige – sechsunddreißig.«

»Und Nichtstuer – wie Melder und ähnliche?«

»Alles in allem etwa siebzig.«

»Und weißt du, wieviel Mann im dreiundvierzigsten Regiment sind? Fünfzehn bis zwanzig Mann in einem Bataillon, und dennoch kämpfen sie.«

»Ich kämpfe auch, Genosse Oberst.«

»Er hat das ›Metis‹ gehalten, Genosse Oberst«, fällt der Major ein. »Wir haben ihn in der vergangenen Nacht nach rechts nachrücken lassen.«

»Verteidige ihn nicht, Borodin. Er sitzt jetzt nicht im ›Metis‹, und die Deutschen werden ihn nicht aus dem ›Metis‹ verjagen ...« Und wieder zu mir gewandt: »Sind Gräben vorhanden?«

»Werden gegraben, Genosse Oberst.«

»Zeig mal ...«

Zu einer Antwort komme ich nicht mehr. Er steht schon an der Tür und knöpft mit schnellen, nervösen Bewegungen den Mantel zu.

Ich versuche ihm zu sagen, daß dort heftig geschossen wird und daß es sich für ihn vielleicht nicht lohnt ...

»Belehr mich nicht! Ich weiß Bescheid.«

Borodin erhebt sich auch, stützt sich schwer auf den Stock.

»Du brauchst nicht mitzugehen. Wirst dein letztes Bein verlieren. Was werd ich denn ohne dich machen? Komm, Bataillonskommandeur.«

Wir – ich, Walega, der Adjutant des Divisionskommandeurs – ein junger Bursche mit unwahrscheinlich rundem und flachem Gesicht – holen ihn kaum ein. Mit kleinen, ganz unmilitärischen, leicht wiegenden Schritten geht er schnell und sicher, als ob er nicht zum ersten Male hier wäre. Vor Karnauchows Unterstand bleibe ich stehen. Der Oberst dreht sich ungeduldig um.

»Warum bleibst du stehen?«

»Hier ist ein Kompaniegefechtsstand.«

»Nun gut, laß ihn sein ... Wo sind die Gräben?«

»Weiter vorn, dort hinter jenen Schornsteinen.«

»Führe!«

Die Gräben sind jetzt gut sichtbar, unsere und die deutschen. Der Mond scheint hell.

»Legt euch hin.«

Wir legen uns hin, der Oberst neben uns, den Kopf auf die Hände gestützt. Ich erkläre ihm, wo die Gräben früher waren und wo ich jetzt neue graben lasse. Er sagt nichts. Er fragt, wo die Maschinengewehre sind. Ich zeige es ihm. Wo die Granatwerfer sind? Ich zeige. Er schweigt, hustet ab und zu verhalten, bemüht, es zu unterdrücken.

»Wo legst du die Minen?«

»Dort, mehr nach links, in der Schlucht.«

»Aufhören, die Leute zurückholen!«

Ich verstehe nicht.

»Hast du gehört, was ich gesagt habe? Die Leute zurückholen ...«

Ich schicke Walega nach unten. Sie sollen mit einem Holzstückchen die rechte Flanke markieren und zurückkehren. Geräuschlos kriecht Walega auf dem Bauch nach unten.

Wir schweigen. Man hört das schwere Atmen der Soldaten, die da unten graben. Irgendwo hinter dem Hügel kreischt widerwärtig der »Esel«, ein sechsläufiger Granatwerfer. Sechs rote, langschwänzige Minen fliegen langsam über unsere Köpfe wie Kometen und platzen mit betäubendem Krach hinten im Abschnitt des Fleischkombinats. Die Luftwelle pflanzt sich bis zu uns fort. Der Oberst hebt nicht einmal den Kopf, hüstelt.

»Siehst du seine Maschinengewehre? Auf der Anhöhe.«

»Ja.«

»Gefallen sie dir?«

»Nein.«

»Mir auch nicht.«

Pause. Ich verstehe nicht, worauf er anspielt.

»Sie gefallen mir gar nicht, Bataillonskommandeur ... ganz und gar nicht.«

Ich antworte nicht. Mir gefallen sie auch nicht. Aber Artillerie habe ich keine. Womit soll ich sie zum Schweigen bringen?

»Also dann … morgen sollst du dort sein.«

»Wo … dort?«

»Dort, wo diese Maschinengewehre sind. Klar?«

»Klar«, antworte ich, aber mir ist völlig unklar, wie ich dort hinkommen soll.

Der Oberst springt behende hoch, auf Jungenart, indem er sich mit den Händen aufstützt.

»Wir wollen gehen.«

Genauso leicht und schnell, ohne zu stolpern, geht er durch die Trümmer zurück. Im Gefechtsstand zündet er sich eine dicke aromatische Zigarette an, meiner Meinung nach »Unsere Marke«, und blättert in dem auf dem Tuch liegenden »Martin Eden«, schaut sich den Schluß an und zieht unzufrieden die Augenbrauen zusammen.

»Dummkopf …«

Er richtet die Augen auf mich: »Deins?«

»Gehört dem Chef der vierten Kompanie.«

»Hast du es gelesen?«

»Keine Zeit, Genosse Oberst.«

»Wenn du's gelesen hast, gibst du es mir. Hab es mal gelesen, aber wieder vergessen. Ich weiß nur noch, daß er ein hartnäckiger Bursche war. Nur der Schluß gefällt mir nicht, ein schlechter Schluß, nicht wahr, Borodin?«

Borodin lächelt verlegen mit seinen fleischigen, vollen Lippen.

»Weiß nicht mehr … schon lange her, daß ich's gelesen habe, Genosse Oberst.«

»Du lügst. Hast es überhaupt nicht gelesen. Nach mir liest du es. Vielleicht werde ich Neujahr damit fertig sein. Und später werde ich ein Examen veranstalten wie über das Reglement … Man kann vieles lernen von diesem Martin … Ein hartnäckiger, beharrlicher Bursche war er.«

Er klappt geräuschvoll das Buch zu und heftet die Augen

auf mich, denkt ein Weilchen nach, die Stirn in Falten gelegt.

»Eine Artillerievorbereitung schenken wir uns. Sobald es dunkel wird, schickst du einen Spähtrupp los. Ich glaube, eure Burschen sind nicht übel.« Er wendet den Kopf leicht in die Richtung des Majors.

»Kampferprobt, Genosse Oberst.«

»Also denn. Schick den Spähtrupp los, sobald es dunkel wird. Wann geht der Mond auf?«

»Nach Mitternacht.«

»Nach Mitternacht. Gut. Gegen halb elf werden wir die ›Kukurusniks‹ schicken. Tschuikow hat mir welche versprochen, wenn es nötig sein sollte. Um elf Uhr beginnst du mit dem Angriff. Verstanden?«

»Jawohl.« – Mein Ton ist nicht sehr sicher.

»Ohne ›Hurra‹. Ohne Geräusch. Alles auf dem Bauch kriechend. Nur überraschend kannst du die Stellung einnehmen. Du verstehst mich? Hast du noch Matrosen?«

»Habe ich, etwa zehn Mann.«

»Nun, dann wirst du's schon schaffen.«

Und seine dünnen, farblosen Lippen scheinen wieder zu lächeln. Ich kann mir gar nicht vorstellen, wie ich mit sechsunddreißig Mann, nein, nicht mal mit sechsunddreißig, sondern im Höchstfalle mit zwanzig Mann, die Anhöhe werde angreifen können, die durch drei Maschinengewehre, Hilfsmaschinengewehre nicht mitgezählt, verteidigt wird und außerdem sicherlich noch miniert ist. Ganz zu schweigen davon, daß Stürmen nur die halbe Arbeit ist, man muß sich auch noch verschanzen.

Aber ich sage nichts, stehe da, die Hände an der Hosennaht, und schweige. Am liebsten wäre ich in den Erdboden gesunken, als …

»Borodin, du wirst ihm etwa zehn Mann vom Ufer herüberschicken, alle diese Schneider, Schuster und anderen Nichtstuer. Sie sollen sich dran gewöhnen. Kriegst sie dann wieder zurück …«

Der Major nickt schweigend mit seinem großen Kopf und lutscht die ganze Zeit über an seiner röchelnden und gurgelnden Pfeife. Der Oberst klopft mit dem Fingerknöchel auf den Tuch und blickt auf die Uhr. Unmäßig groß wirkt sie auf seiner dünnen, vertrockneten Hand. Sie zeigt auf Viertel drei. Er erhebt sich mit scharfer, kurzer Bewegung.

»Nun, Bataillonskommandeur ...« Er streckt mir die Hand hin. »Ich glaube, Kershenzew ist dein Name?«

»Kershenzew.«

Seine Hand ist heiß und trocken.

In der Tür wendet er sich noch mal um.

»Und diesen ... wie heißt er doch ... der sich zum Schluß ertränkt hat ... diesen Martin gib keinem anderen ... Wenn du mir das Buch nicht bringst, werde ich selbst zu dir auf die Anhöhe kommen, um es zu holen.«

Der Major geht hinter ihm hinaus und klopft mir leicht auf die Schulter.

»Ein schroffes Wesen hat unser Divisionskommandeur, aber klug ist er, dieser Hundesohn ...« Er lächelt selbst über seinen nicht ganz passenden Ausdruck. »Komm morgen früh zu mir, werden alles durchdenken.«

Die Pioniere kehren zurück, schleppen etwas Plumpes und Schweres mit herein. Garkuscha wischt sich die Stirn ab, keucht.

»Bojadshijew ist verwundet.« Er läßt sich schwer auf die Pritsche nieder. »Den Kiefer hat es ihm abgerissen.«

Die Soldaten setzen schweigend und schwer atmend den Verwundeten auf die andere Pritsche gegenüber. Er fällt wie ein Toter darauf, schlapp, mit kraftlos auf die Knie herabhängenden Händen, mit gesenktem Kopf. Er ist mit etwas Rotem umwickelt. Brust, Hände, Hosen, alles ist mit Blut besudelt.

»Auf dem Rückweg. Da hat der Fritz uns bemerkt. Hat Granatwerferfeuer eröffnet. Kolzow ist tot ... Nicht mal Spuren haben wir von ihm gefunden, und dem da hat's den Kiefer ...«

Der Verwundete stöhnt, wackelt mit dem Kopf. Zu seinen Füßen bildet sich eine kleine runde Blutlache. Marusja nimmt ihm den Verband ab. Zwischen ihren Händen sieht man Nase, Augen, Wangen, Stirn mit einer angeklebten schwarzen Haarsträhne und unten nichts, schwarz und rot ... Die Hände krallen sich hilflos in die Knie, in den Rock. Er stöhnt, stöhnt, stöhnt ...

»War unser bester Soldat«, sagt müde Garkuscha. Seine Feldmütze ist ihm vom Kopfe gefallen und liegt auf dem Boden. »Hat fünfzig Stück heute gelegt, ohne ein Wort zu sagen ...«

Nach einer kleinen Weile des Schweigens:

»Haben wir also alles umsonst gelegt?«

Ich antworte nicht.

Man führt den Verwundeten fort.

Die Pioniere gehen auch, nachdem sie eine Zigarette geraucht haben.

Ich kann lange nicht einschlafen.

8

Vom frühen Morgen an ärgere ich mich über alles. Bin wohl mit dem linken Bein zuerst aufgestanden. Ein Floh krabbelt in dem Fußlappen herum und ist nicht rauszukriegen. Charlamow hat wieder den Bericht verlegt; mit seinen schwarzen armenischen Augen zwinkernd, steht er vor mir, fuchtelt mit den Wänden: »Hab ihn in den Kasten gelegt, und jetzt ist er weg.« ... Und die faulige Grützsuppe steht einem auch bis obenhin – jeden Tag, morgens und abends, morgens und abends. Der Tabak ist feucht, zieht nicht. Moskauer Zeitungen sind schon seit drei Tagen nicht gekommen. Acht Mann im ganzen hat man vom Ufer geschickt, alles Krüppel, Lahme und Blinde.

Alles ärgert mich ...

Bei Farber sind zwei Soldaten durch einen Volltreffer in

den Unterstand getötet worden. Ich hatte ihnen befohlen, die Unterstände mit Schienen zu überdecken, auf dem »Metis« liegt ein ganzer Stapel, aber er hat so lange getrödelt, bis er die Leute verloren hat. Ich schreie ihn sogar an, und als er schweigend kehrtmacht und weggeht, rufe ich ihn zurück und zwinge ihn, den Befehl zu wiederholen.

Habe überhaupt alles satt …

Ich schicke Charlamow ans Ufer, irgendwelche Formulare zu holen, die ich gar nicht brauche: bloß damit er mir nicht vor den Augen herumquirlt.

Ich werfe mich auf die Pritsche. Der Schädel brummt mir. Der Telefonist in der Ecke liest in einem dicken, zerfledderten Buch.

»Gib her! Könntest dich nützlicher beschäftigen …«

Ich nehme ihm das Buch weg. »Die schweren Tage von Sewastopol« – Dritter Band. Ohne Anfang, ohne Ende. Wahrscheinlich zum Rauchen verwendet. Schlage aufs Geratewohl eine Seite auf.

»… Die Verluste in den Regimentern waren groß. Ersatz, wenn überhaupt welcher kam, war so gering, daß selbst die Bezeichnungen wie ›Regiment‹, ›Bataillon‹, ›Kompanie‹ ihre gewöhnliche Bedeutung verloren hatten.

In einer kämpfenden Einheit wie dem Wolynskij-Regiment zum Beispiel waren statt viertausend nicht mehr als tausend Mann …«

Nicht mehr als tausend. Und bei uns? Wenn in meinem Bataillon achtzig Mann sind und im Regiment drei Bataillone, macht es zweihundertvierzig, plus Artilleristen, Gasabwehr, Telefonisten, Aufklärer – noch etwa hundert Mann. Alles in allem etwa dreihundertfünfzig. Nun, hoch gerechnet, vierhundert oder fünfhundert … Und der Divisionskommandeur sagte, in den anderen Regimentern seien es noch weniger. Und wie viele von ihnen sind denn noch kampffähig? Nicht mehr als ein Drittel. Was soll werden, wenn es den Deutschen langweilig wird, den »Roten Oktober« zu bombardieren? Wenn sie uns wieder angreifen, Panzer auf Farber loslassen? Allerdings würde sie dort der Bahndamm hindern, aber sie können ungehindert unter der Brücke durchkommen, dort, wo bei ihnen das Maschinengewehr und die Kanone stehen … Was soll ich dann machen? Sechzehn Mann sitzen in den Löchern, Minen sind nicht vorhanden. Borodin sagt, daß sie in den nächsten drei Tagen herangeschafft werden, sie würden irgendwo ausgeladen … Nehmen wir an, daß man uns nicht betrügt. Noch zwei oder sogar drei Nächte sind aber nötig, um sie zu legen … Also muß man fünf Tage warten und zu Gott beten …

Ich blättere weiter:

»… Am besten gingen die Geschäfte der Marketender, die in Reihen ihre geräumigen Zelte aufgestellt hatten. Die Offiziere besuchten jetzt nach dem Sturm diese Zelte, sie waren aus der Stadt, aus der Bastion gekommen, um sich ein wenig zu vergnügen … In diesen gastfreundlichen Zelten befand sich auch ein Büfett mit großer Auswahl an Weinen, Wodka und Gabelbissen. Für die Besucher stand ein Dutzend Tischchen bereit. Sogar eine Küche war da, verborgen hinter dem Büfett. Man aß, trank, riß Witze und lachte fröhlich …«

Eine Küche hinter dem Büfett … ein Dutzend Tischchen für die Besucher …

Ich lege das Buch beiseite, ziehe den Mantel über die Ohren und versuche einzuschlafen.

In der Ecke rumort und ächzt der Telefonist. Ungleichmäßig tickt die Uhr. Walega hat sie irgendwo aufgetrieben: eine kleine, blaue, mit selbstgemachten Zeigern aus Konservenbüchsenblech.

Ich würde jetzt gern ein Schweinskotelett essen, paniert, mit knusprigen Kartoffeln, in dünne Scheibchen geschnitten. Ich glaube, ein Schweinskotelett habe ich das letzte Mal gegessen … weiß der Teufel wo, ich weiß nicht einmal mehr … In Kiew, was? Oder schon bei der Armee … Aber nein, das war kein Schweinskotelett, es war einfach gebratenes Fleisch …

Ich drehe mich auf die andere Seite. Die Augen brennen von der rußenden Lampe.

Um halb elf wird der »Kukurusnik« angeflogen kommen, um elf muß ich den Angriff beginnen. Nach Mitternacht wird der Mond aufgehen. Also werde ich eine Stunde und fünfzehn Minuten zu meiner Verfügung haben. In dieser einen Stunde und fünfzehn Minuten muß ich zur Schlucht hinuntersteigen, am gegenüberliegenden Hang wieder hochklettern, die Deutschen aus den Laufgräben verjagen und mich festsetzen. Und wenn der »Kukurusnik« sich verspätet? Oder werden es vielleicht gar zwei oder drei sein? Der Divisionskommandeur hat gesagt, ich weiß es noch genau, *die* »Kukurusniks« und nicht *der* »Kukurusnik« ... Wie dumm, daß ich nicht genau gefragt habe, wie viele es sein werden. Sobald der erste seine Bomben abgeworfen hat, werde ich anfangen – und dann wird der zweite angeflogen kommen, und angreifen muß man gleich danach, ehe die Deutschen wieder zur Besinnung gekommen sind ... Ich muß beim Major anrufen, daß er genau beim Divisionskommandeur feststellt ...

Was für schwarze, durchdringende Augen er hat, dieser Divisionskommandeur. Es ist schwer, lange in sie zu blikken.

Man erzählt, daß er im Sommer bei Kastornaja die Division aus der Umzinglung herausgeführt habe, er selbst, mit dem Gewehr in der Hand, in den vordersten Reihen.

Tapfer, dieser Teufel!

Und wie er sich in der vordersten Linie benimmt! Weder Kugeln noch Minen, nichts existiert für ihn. Was ist das? Ist das etwas zur Schau Gestelltes, damit die Jugend daran lernen soll? Man sagt, daß auch Napoleon nichts gefürchtet habe. Die Brücke von Arcole, Pestlazarette ... Als er gestorben war, fand man an seinem Körper Narben, von denen niemand etwas gewußt hatte. Ich glaube, ich habe das bei Tarlé gelesen.

Was ist überhaupt Tapferkeit? Ich glaube denen nicht, die

da sagen, sie fürchteten keine Bombenangriffe. Sie fürchten sie auch, verstehen es aber, ihre Furcht zu verbergen. Und die anderen können das nicht. Ich entsinne mich, daß Maximow einmal sagte: »Menschen, die sich vor nichts fürchten, gibt es nicht. Alle fürchten sich, bloß die einen verlieren den Kopf vor Angst; bei den anderen ist es gerade umgekehrt: In solchen Augenblicken werden alle Kräfte in ihnen mobilisiert, das Gehirn arbeitet besonders scharf und präzise. Das sind eben die tapferen Menschen.«

So einer war Maximow selbst. War ... jetzt weilt er wahrscheinlich nicht mehr unter den Lebenden. Mit ihm zusammen war es in den schrecklichsten Minuten nicht schrecklich. Er erblaßte nur, preßte die Lippen zusammen und sprach ein wenig langsamer, als ob er jedes Wort wöge.

Sogar während der Bombenangriffe – und bei Charkow, während unserer mißglückten Mai-Offensive, hatten wir zum ersten Male erfahren, was solch ein Wort bedeutet – verstand er es, in seinem Stab immer eine gleichmäßige, sogar ein wenig humorvolle Stimmung aufrechtzuerhalten. Er scherzte, lachte, machte aus dem Stegreif Gedichte, erzählte lustige Geschichten. Er war ein guter Bursche, und nun ist er nicht mehr. Viele sind nicht mehr ...

Wo ist Igor? Schirjajew? Sedych? Vielleicht auch schon nicht mehr unter den Lebenden ... Es ist alles so sinnlos ...

Lebten, lernten, träumten, und dann ... geht alles zugrunde – Haus, Familie, Universität, Festigkeitslehre, Architekturgeschichte, Parthenon ...

Parthenon ... Weiß ich noch wie heute – 454 bis 438 vor Christus. Eine geschlossene Kolonnade, Peripteros, acht Säulen vorn, siebzehn an den Seiten. Und beim Theseion sechs und dreizehn ... Dorischer, ionischer, korinthischer Stil. Ich mag den dorischen lieber, er ist strenger und lakonischer.

Wer hat den St.-Peters-Dom in Rom gebaut? Zuerst Bramante, dann St. Gallo, glaube ich, oder Raffael ... Dann noch jemand und noch jemand. Dann Michelangelo. Er hat die

Kuppel gebaut ... Und den Säulengang? Wenn ich nicht irre, Berini.

Wie albern ... Was für Dummheiten kommen einem jetzt in den Kopf! Wer braucht das jetzt? Ich soll die Anhöhe nehmen und denke an Kuppeln. Kommt eine tonnenschwere Bombe angeflogen, dann ist die Kuppel weg ...

Was soll ich mit Farber machen, wenn ich doch die Anhöhe nehme? Es entsteht dann eine Lücke. Die vierte Kompanie vorn und die fünfte staffelartig dahinter. Wahrscheinlich wird befohlen werden, die Brücke zu nehmen. Vielleicht dem dritten Bataillon? Sie werden die Brücke abschneiden und sich mit uns auf der Anhöhe vereinigen. Das wäre gut!

Komisch ... Unlängst saß ich auf jenem Hügel mit Ljussja. Wir schauten auf die Wolga hinunter, auf den Güterzug unten, und sprachen von Maschinengewehren. Vielleicht schießt jetzt genau von jener Stelle aus das Maschinengewehr auf uns ...

Ljussja fragte damals, ob ich Block liebe. Komisches Mädchen! Sie hätte fragen müssen, ob ich Block *geliebt habe* – in der Vergangenheit. Ja, ich habe ihn geliebt. Aber jetzt ...

Jemand zupft mich am Mantel.

»Genosse Leutnant! Genosse Leutnant! Von der politischen Abteilung sind welche gekommen und fragen nach Ihnen.«

Ich blicke unter dem Mantel hervor. Zwei Männer in Jakken, mit umgehängten Felltaschen, vollgestopft mit Papieren. Kontrolle wahrscheinlich, oder Vertreter des Stabes für den nächtlichen Angriff.

Ich muß aufstehen.

Es ist zwei Uhr. Vor mir liegen noch neun Stunden ...

Der Spähtrupp kommt an, als es noch hell ist. Matrosenhemden, Matrosenkittel, Matrosenmützen, alles, wie es sich gehört. Über der Schulter deutsche Maschinenpistolen mit herausragendem Magazin.

Tschumak grüßt: »Zu Ihrer Verfügung zur Stelle.« Seine Augen glänzen unter dem Haarschopf. Er riecht nach Wodka. Seit damals, seit dem Tage unseres Streites, sind wir nicht mehr zusammengetroffen – er war auf das andere Ufer abkommandiert worden.

Unser Gespräch ist streng offiziell – Aufgabe, Zeitpunkt, Ausgangsstelle. Er weiß das alles auch ohne mich, und wir sprechen nur darüber, weil man darüber sprechen muß. Überhaupt haben wir einander nichts mehr zu sagen. Er bemüht sich durchaus nicht, es zu verbergen. Sein Ton ist kalt, trokken, gleichgültig. Seine Augen blicken, wenn sie den meinen begegnen, gelangweilt, ein wenig spöttisch. Seine Burschen, es sind ihrer drei, gleichen ihm: mit großen Haarschöpfen, aufgeknöpften Kitteln, Händen in den Hosentaschen, stehen sie an der Seite und blicken uns an, Zigarettenstummel zwischen den Lippen.

»Wollen Sie Tarnanzüge?«

»Nein.«

»Warum nicht? Ich habe gerade vier Stück hier.«

»Nicht nötig.«

»Wollen Sie Wodka?«

»Trinken eigenen. Fremden mögen wir nicht.«

»Wie Sie wollen.«

»Sie können auf unser Wohl trinken.«

»Danke.«

»Es lohnt sich nicht.«

Sie gehen fort, zu Karnauchow. Als ich dort hinkomme, sind sie nicht mehr da.

Im Keller ist es eng, man kann sich nicht umdrehen. Zwei Vertreter der politischen Abteilung, einer vom Divisionsstab und der Nachrichtenleiter des Regiments. Das sind alles Beobachter. Ich verstehe die Notwendigkeit ihrer Anwesenheit, aber sie ärgern mich. Alle rauchen fast ohne Unterbrechung. Das ist eben so vor allen wichtigen Unternehmungen. Der Vertreter des Divisionsstabes, ein Hauptmann, schreibt etwas in sein Notizbuch, ständig den Bleistift anfeuchtend.

»Haben Sie den Gang der Operation überdacht?« fragt er und richtet seine farblosen Augen auf mich. Er hat lange, vorstehende Zähne, die auf der Unterlippe ruhen.

»Ja, ich habe ihn durchdacht.«

»Das Kommando mißt ihr eine große Bedeutung bei. Wissen Sie das?«

»Ich weiß es.«

»Wie steht es mit Ihren Flanken?«

»Mit welchen Flanken?«

»Beim Vorrücken. Womit werden Sie die Flanken dekken?«

»Mit nichts. Die Nachbarbataillone werden mich unterstützen. Meine Leute reichen dazu nicht aus. Wir gehen auf Risiko.«

»Das ist schlecht.«

»Natürlich ist es schlecht.«

Er schreibt etwas in sein Notizbuch.

»Über welche Mittel verfügen Sie?«

»Ich verfüge über keine Mittel, sondern nur über ein Häuflein Leute. Am Angriff werden vierzehn Mann teilnehmen.«

»Vierzehn?«

»Jawohl, vierzehn. Vierzehn bleiben an Ort und Stelle. Alles in allem achtundzwanzig.«

»Ich würde es an Ihrer Stelle nicht so machen ...«

Er blickt in sein Notizbuch.

Ich wende die Augen nicht von seinen Zähnen ab. Mich interessiert, ob sie jemals von der Oberlippe bedeckt werden oder ob sie immer so herausragen. Ich bin fast überzeugt, daß er vor dem Kriege Buchhalter oder Rechnungsführer war.

Ich nehme langsam das Zigarettenetui aus der Tasche.

»Wenn Sie an meiner Stelle wären, dann könnten Sie so handeln, wie es Ihnen gefällt, aber vorläufig gestatten Sie mir, nach eigenem Ermessen zu handeln.«

Er schweigt. Die von der politischen Abteilung schreiben mit gesenkten Köpfen eifrig etwas in ihre Feldbücher. Es sind feine Burschen, sie verstehen, daß Fragen jetzt nicht am Platze sind, und widmen sich schweigend ihrer Sache.

Die Zeit verstreicht quälend langsam. Alle Augenblicke wird aus dem Stab angerufen: Ob der Spähtrupp schon zurück sei? Der Hauptmann schaltet auf Karnauchow um. Dieser beantwortet alle Fragen ruhig, ausführlich: Womit die Soldaten ausgerüstet sind? Wieviel Handgranaten sie haben? Wieviel Patronen auf jeden kommen? Eine himmlische Geduld hat dieser Mensch! Der Hauptmann schreibt alles auf.

Ich glaube, ich werde sie gleich alle bitten fortzugehen. Sie können sich auch im Bataillonsgefechtsstand aufhalten. Schließlich haben sie hier absolut nichts zu tun. Haben festgestellt, was nötig war, kontrolliert; den Kampfverlauf können sie von dort aus verfolgen.

Die Uhr zeigt auf Viertel zehn. Ich fange an, nervös zu werden. Der Spähtrupp müßte längst zurück sein. Ein Soldat von der vordersten Linie, der nach Wasser gekommen ist, sagt aus, daß sie schon vor längerer Zeit hingekrochen sind und daß jetzt nichts zu hören ist. Die Deutschen lassen Raketen steigen, schießen wie immer. Es sieht nicht so aus, als ob man unsere Leute gefangengenommen oder bemerkt hätte.

Ich gehe hinaus.

Die Nacht ist ganz dunkel. Irgendwo, weit hinter dem »Roten Oktober«, brennt es. Die dünnen Silhouetten der zerstörten Eisenkonstruktionen zeichnen sich ab, wie mit Tusche nachgezogen. Am anderen Ufer donnert einsam eine Kanone – schießt und schweigt, schießt und schweigt, als ob sie dem Schuß nachlausche. Maschinengewehre bellen. Raketen steigen hoch. Heute sind es gelbe; wahrscheinlich sind die weißen bei den Deutschen zu Ende gegangen. Es riecht nach verbranntem Holz und Petroleum. Ein paar Schritte von uns entfernt stehen Eisenbahnzisternen mit Treibstoff. Am Tage kann man sie von hier aus gut sehen. Tagelang fließt in dünnen Strahlen das Petroleum aus den von Kugeln durchlöcherten Zisternen. Die Soldaten laufen in der Nacht hin, um ihre Lampen aufzufüllen.

Nach alter, noch aus der Kindheit stammender Gewohnheit suche ich am Himmel bekannte Sternbilder. Der Orion: vier helle Sterne und ein Gürtel aus drei kleineren, und noch einer, ein ganz kleiner, beinahe unsichtbarer ... Einer von ihnen heißt Beteigeuze, ich weiß nicht mehr, welcher. Irgendwo muß der Aldebaran sein, aber ich habe vergessen, wo er sich befindet.

Jemand legt mir die Hand auf die Schulter. Ich zucke zusammen.

»Woran denkst du, Bataillonskommandeur?«

Mit Mühe erkenne ich in der Dunkelheit Karnauchows massige Gestalt.

»Bloß so ... an nichts ... blicke in die Sterne.«

Er antwortet nicht. Wir stehen und schauen zu den blinkenden Sternen empor. Gedanken tauchen auf, die für gewöhnlich in den Tiefen des Bewußtseins verborgen liegen, Gedanken über die Unendlichkeit, über den Kosmos, über verschiedene Welten, existierende und untergegangene, die noch bis zum heutigen Tage über uns blinken aus der Dunkelheit des endlosen Weltenraumes. Sterne erlöschen, flammen auf ... Und wir wissen von nichts. Und niemals wird es jemand erfahren, daß in dieser dunklen Oktobernacht ein Stern erloschen ist, der Jahrmillionen geleuchtet hat, oder daß ein neuer geboren wurde, den man nach Jahrmillionen erst entdecken wird.

»In Sibirien liegt schon Schnee«, sagt Karnauchow.

»Sicherlich«, antworte ich.

»Und Frost ist.«

»Und die Milch verkauft man als Eis in Stücken.«

»Und in Wladiwostok badet man noch.«

»Man sagt, das Meer sei dort kalt.«

»Ja. Trotzdem badet man dort.«

Irgendwo, weit, weit hinter der Wolga, kaum vernehmbar, knattert ein »Kukurusnik«. Vielleicht unserer? Und der Spähtrupp ist noch immer nicht zurück. Wir horchen auf das sich nähernde Geräusch. Es kommt von rechts her, kommt näher und verschwindet wieder. Nicht unserer. Dumpfe Explosionen weit hinter dem Traktorenwerk. Aufgeregt tasten die deutschen Scheinwerfer den Himmel ab, ihre Strahlen werden breit, wieder schmal, erlöschen, flammen wieder auf.

Wir stehen und sehen auf die Scheinwerferstrahlen, auf die sich in der Luft windende rot-gelb-grüne Kette der deutschen Flakgeschosse, auf die langsam erlöschenden Raketen über der Schlucht. Und so sehr haben wir uns schon an dieses Schauspiel gewöhnt, daß, wenn es plötzlich aufhörte, uns ganz seltsam zumute sein, uns etwas fehlen würde.

»Nun, Bataillonskommandeur, werden wir die Höhe nehmen?« fragt Karnauchow ganz leise dicht an meinem Ohr.

»Wir werden sie nehmen«, antworte ich.

»Ich meine auch, daß wir sie nehmen werden.« – Und er berührt leicht meine Schulter mit der Hand

»Wie heißen Sie mit Vornamen?« frage ich.

»Nikolai.«

»Und ich Jurij.«

»Jurij? Mein Bruder heißt auch Jurij. Er ist Matrose.«

»Ist er noch am Leben?«

»Ich weiß nicht. Er war in Sewastopol. Auf einem Unterseeboot.«

»Er lebt gewiß noch«, sage ich.

»Gewiß«, gibt Karnauchow etwas zögernd zur Antwort. Mehr sprechen wir nicht.

Hoch am Himmel fällt eine Sternschnuppe. Eine Seele ist in die andere Welt gewandert – sagte man früher ...

Wir gehen nach unten.

In den Rauchschwaden kann man kaum die Gesichter erkennen. Die von der politischen Abteilung haben sich hingehockt und essen Konserven. Der Nachrichtenleiter schläft, an die Wand gelehnt, mit hängendem Kopf. Der Hauptmann liest Zeitung beim Lichte der Petroleumlampe.

Bei unserem Anblick hebt er den Kopf.

»Drei Viertel zehn.«

»Drei Viertel zehn ...«

»Und der Spähtrupp ist noch nicht da.«

»Noch nicht.«

»Das ist schlimm.«

»Mag sein.«

Mit einer Sicherheitsnadel pule ich den Docht heraus. Die Lampe leuchtet kaum noch, die Luft reicht nicht aus.

»Ich bitte alle, die nicht direkt an der Operation teilnehmen, sich in den Bataillonsgefechtsstand hinüberzubegeben.«

Die Augen des Hauptmanns werden ganz rund. Er legt die Zeitung beiseite.

»Warum?«

»Darum ...«

»Ich bitte Sie, nicht zu vergessen, daß Sie mit einem Rangälteren sprechen.«

»Ich vergesse nichts, sondern bitte Sie nur, von hier fortzugehen, das ist alles.«

»Ich störe Sie?«

»Ja, Sie stören.«

»Womit?«

»Mit Ihrer Anwesenheit. Mit dem Tabak. Sehen Sie denn nicht, was sich hier tut? Man kann ja nicht atmen.«

Ich fühle, daß ich anfange, Dummheiten zu reden.

»Mein Platz ist auf der Beobachtungsstelle des Bataillons. Ich muß Ihre Arbeit verfolgen.«

»Das heißt, Sie beabsichtigen, sich die ganze Zeit bei mir aufzuhalten?«

»Ja, das beabsichtige ich.«

»Werden Sie auch die Anhöhe mit mir zusammen stürmen?«

Einige Sekunden blickt er mich unverwandt an, ohne mit der Wimper zu zucken. Dann steht er demonstrativ auf, legt sorgfältig die Zeitung zusammen, steckt sie in seine Feldtasche, wendet sich wieder zu mir um und sagt langsam, jedes Wort sorgfältig artikulierend:

»Gut. Wir werden uns woanders wieder sprechen.«

Er kriecht hinaus. Unterwegs bleibt er mit seiner Tasche an einem Nagel hängen und kann sich lange Zeit nicht losmachen. Die von der politischen Abteilung lachen. Gegen sie habe ich nichts. Aber ich konnte doch nicht den Hauptmann allein an die Luft setzen. Sie lachen verständnisvoll, wünschen guten Erfolg und gehen fort.

Im Keller wird es sofort freier, man kann wenigstens die Beine ausstrecken und muß nicht die ganze Zeit in der Hocke sitzen.

Ich weiß nicht, warum ich dem Hauptmann gesagt habe, daß ich auf die Anhöhe mitgehen werde. Ich hatte nicht die Absicht, selbst am Angriff teilzunehmen. Wir hatten noch am Morgen mit dem Major darüber ein Gespräch. Er zeigte mir den Leitartikel in der »Krasnaja Swesda«: »Der Platz des Kommandeurs während des Gefechts.« Darin wurden jene Kommandeure getadelt, die ihre Einheiten persönlich in den Kampf führen. Ein Kommandeur muß alles übersehen und das Gefecht leiten. In den ersten Reihen aber kann er nichts sehen. Das ist wohl richtig.

Aber eben, im Gespräch mit dem Hauptmann, ist dieser Satz über die Anhöhe mir unwillkürlich entschlüpft. Übrigens, der Teufel weiß, wie man nachts auf Entfernung ein Gefecht leiten soll. Es ist nichts zu sehen. Die Verbindung kann jeden Augenblick gestört werden. Dann sitzt man wie ein Maulwurf in der Höhle, ohne Augen, ohne Ohren ...

Die Zeiger der Uhr vereinigen sich und erstarren auf der Zehn.

Wieder wird aus dem Stab angerufen, ob der Spähtrupp zurückgekehrt sei. Es fragt der Gehilfe des Regimentskommandeurs für rückwärtige Dienste, Korobkow, der Diensthabende. Wenn er Dienst hat, gibt es keine Ruhe: »Berichten Sie über die Lage! Haben Sie genügend Sonnenblumenkerne? Brauchen Sie vielleicht Gurken?« Sonnenblumenkerne – das sind Patronen (schwarze – für Gewehre, weiße – für Maschinenpistolen); Gurken – das sind Granaten …

Tschumaks Kopf taucht im Loch auf, gerade in dem Augenblick, als ich dem Telefonisten den Hörer zurückgebe. Hinter Tschumak die anderen. Schmutzig, außer Atem, mit schweißnassen Gesichtern, füllen sie mit einemmal den ganzen Raum.

Ich frage nichts. Warte.

Tschumak watschelt schweigend zum Tisch, setzt sich auf einen Kasten, trinkt mit großen Schlucken Wasser aus dem Kochgeschirr, wischt sich langsam Lippen, Stirn und Hals ab. Nimmt aus der Tasche einige Schachteln deutscher Zigaretten in grüner Verpackung heraus, wirft sie auf den Tisch.

»Rauchen Sie.«

Er steckt in eine durchsichtige Zigarettenspitze aus Plexiglas eine Zigarette mit Goldmundstück.

»Ihr könnt anfangen. Das Signal ist offen.« Er nickt seinen Leuten zu: »Feierabend. Bis morgen früh lasse ich euch in Ruhe.«

Ich frage:

»Sind Minen da?«

»Nur an einer Stelle. Gegenüber der Kanone mit dem aufgerissenen Lauf. Etwas höher.«

»Viele?«

»Habe sie nicht gezählt. Etwa fünf Stück haben wir entfernt. Mit Fühlfäden, Schrapnellminen, glaube ich.«

In seiner Hand glänzt ein kupferner deutscher Zünder von einer Mine mit drei nach oben ragenden Drähten. Die

Pioniere nennen sie Fühlfäden. Die Mine wird in die Erde eingegraben, und nur die Fühlfäden bleiben über der Erdoberfläche. Tritt man darauf, so schlägt der Schlagbolzen in das Zündhütchen, das Zündhütchen entzündet das Pulver, das Pulver die Ausschußladung, die Mine springt aus der Erde hervor, explodiert in der Luft und streut Schrapnellkugeln nach allen Richtungen. Ein ekliges Zeug.

»Also, links von der Kanone geht's nicht. Rechts haben wir etwa zweihundert Meter abgefühlt – da ist nichts.«

»Und Fritzen sind viele da?«

»Der Teufel weiß es ... Anscheinend nicht viele. Sitzen in den Unterständen, das Grammophon spielt unsere ›Katjuscha‹.«

Tschumak wühlt in den Taschen.

»Schreiben Sie nicht Gedichte?«

Seine schwarzen Augen mit der goldenen Umrandung sehen mich spöttisch unter dem Haarschopf hervor an.

»Nein. Warum denn?«

»Wollte Ihnen einen Füllfederhalter schenken. Guter Füller. Und Spezialtinte, in einem Fläschchen.«

»Nein, ich schreibe nicht.«

»Schade. Und ich dachte, daß Sie schrieben. Sie haben so ein poetisches Aussehen.«

Er dreht in den Händen einen hübschen Füllfederhalter mit Malachitverzierungen und steckt ihn dann in die Tasche.

»Wir haben dort einen Fritzen kaltgemacht, der Posten stand.«

Ich rufe den Stab an, teile mit, daß der Spähtrupp zurückgekehrt ist.

Walega schenkt mir Wodka ein. Ich mag eigentlich nicht, trinke dennoch an zweihundert Gramm. Tschumak lacht ironisch:

»Damit den Soldaten lustiger zumute ist?«

Ich antworte nichts. Suche meine Maschinenpistole. Karnauchow macht sich auch fertig. Tschumak kaut an seiner Zigarettenspitze.

»Weit?«

»Nein, nicht sehr.«

»Auf die Anhöhe zu gehen, würde ich nicht empfehlen. Hier ist es gemütlicher.«

Ich wecke den Nachrichtenleiter. Er ist also nicht fortgegangen. Er zwinkert verständnislos mit seinen noch vom Schlaf trüben Augen.

»Übernimm hier das Kommando an meiner Stelle, ich gehe.«

»Wohin?«

»Dorthin.«

An seinen Augen sehe ich, daß er nichts versteht.

»Bleibt hier bei meinem Stabschef Charlamow. Wenn ihr seht, daß es uns schlecht geht – eröffnet das Feuer.«

Er steht auf und reibt sich eilig mit den Fäusten die Augen.

»Gut ...«

Ich kenne ihn kaum, habe ihn nur einmal während einer Besprechung bei Borodin gesehen. Man sagt, daß er ein gescheiter Bursche sei. Oberleutnant. Hat Kurse an der Akademie absolviert.

Walega will auch gehen. Aber es ist wohl nicht ratsam. Er hat sich den Fuß verstaucht und hinkt schon seit drei Tagen.

»Wie denn, wie denn?« Er blickt mich verständnislos an mit seinen kleinen, unzufriedenen Augen unter der runden, gewölbten Stirn.

Ich schiebe das Magazin in die Maschinenpistole.

»Vielleicht wollen Sie noch was essen, bevor Sie gehen? Ich habe Konserven, Schmorfleisch. Sie haben ja auch nicht richtig Mittag gegessen. Ich mache eine Dose auf.«

Nein, ich mag nicht essen. Wenn ich zurückkomme, werde ich essen. Dennoch steckt er mir einen Kanten Brot und ein Stück Speck, beides in eine Zeitung eingewickelt, in die Tasche. Als ich noch zur Schule ging, steckte mir die Mutter auch im Gehen das Frühstück zu. Bloß damals waren es Brötchen oder Kringel, mittendurch geschnitten und mit Butter beschmiert.

10

Der »Kukurusnik« verspätet sich um zehn Minuten, die mir wie eine Ewigkeit erscheinen. Im Schützengraben darf man nicht rauchen. Man weiß einfach nicht, was man tun soll. Der Schützengraben ist eng, von der unbequemen Haltung schlafen die Füße ein. Ich kann mich gar nicht bequem einrichten. Ein nicht mehr junger Soldat, ein Sibirier, sitzt neben mir und knabbert an einem Zwieback. Heute ist wieder anstatt Brot Zwieback ausgegeben worden. Beim Schein der Raketen sieht man, wie sich die Muskeln auf seinen eingefallenen, unrasierten Wangen bewegen.

Karnauchow ist auf der rechten Flanke. Hier kommandiert der Zugführer Sendezkij, kein sehr kluger, aber ein tapferer Bursche. Auf dem »Metis« hat er die Deutschen nicht schlecht abgewehrt. War sogar verwundet, allerdings nur leicht, aber ins Lazarett ist er nicht gegangen.

Mein Nachbar hat aufgehört zu knabbern. »Hören Sie?«

»Was?«

»Ist das nicht der ›Kukurusnik‹?«

Von der Wolga her knattert es, noch sehr weit entfernt. Wir halten den Atem an. Das Geräusch nähert sich. Ja, das ist unserer. Fliegt direkt auf uns zu. Wenn er bloß nicht über uns abwirft. Zwischen uns und den Deutschen sind es nur siebzig Meter, nicht mehr. Vielleicht deckt er auch uns zu. Man sagt, daß sie einfach mit den Händen die Granaten abwerfen, gewöhnliche Granatwerfergeschosse.

Das Geräusch nähert sich. Ein aufdringliches, vertrautes Geräusch; es hat gar nichts Militärisches … »Kukurusnik«, »Russ-Fanjer« … Die Deutschen hatten sich zuerst über ihn lustig gemacht. Später aber begriffen sie, welchen Nutzen uns dieses billige, bequeme, anspruchslose Sperrholzflugzeug bringt. In den Zeitungen nennt man es »leichtmotoriger Nachtbomber«. Wie ein großer Käfer brummt es. Es gibt solche monotone Nachtkäfer, sie brummen und brummen, und man bekommt sie nicht zu Gesicht.

Der »Kukurusnik« ist direkt über unseren Köpfen. Er fliegt eine Runde, sucht gewiß das Ziel. Die Deutschen fangen an zu schießen, hinter dem Hügel hervor. Scheinwerferstrahlen sieht man nicht. Mit Scheinwerfern kann man ihn auch nicht einfangen, dazu fliegt er zu niedrig.

Gleich wird er abwerfen ...

Man könnte meinen, er stelle absichtlich unsere Geduld auf die Probe.

Der Major hat angerufen, daß nur ein Flugzeug kommen wird. Es wird zweimal bombardieren, dann fünf bis zehn Minuten kreisen, um uns die Möglichkeit zu geben heranzukriechen.

Der »Kukurusnik« macht eine zweite Runde. Ich bilde mir ein, der Soldat müsse hören, wie mein Herz klopft. Ich bin aufgeregt. Für mein Leben gern möchte ich jetzt rauchen. Wenn ich allein wäre, würde ich mich hinhocken und es tun.

Der »Kukurusnik« wirft seine Bomben ab. Sie knattern wie Knallbüchsen. Ein wenig zu hoch. Die deutschen Gräben sind näher. Aber dort scheinen die Maschinengewehre zu sein.

Noch eine Runde ... Die zwischen die Zähne geklemmte Signalpfeife ruft Speichelbildung hervor. Mit solchen schalmeienähnlichen Pfeifen zeigen die Schiedsrichter beim Fußballspiel die Tore an.

Der »Kukurusnik« wirft wieder ab. Dieses Mal direkt über den Gräben. Wir ziehen die Köpfe ein. Einige Splitter jagen mit ihrem charakteristischen Pfeifen über unsere Gräben hinweg. Einer summt lange über uns, genau wie eine Hummel, und fällt gerade auf die Brustwehr zwischen mir und dem Soldaten nieder. Er ist so heiß, daß man ihn nicht in die Hand nehmen kann, klein und gezackt. Ich weiß nicht, warum mir eine Gänsehaut über den Rücken läuft.

Der »Kukurusnik« streut aus dem Maschinengewehr mit schnellen, kurzen Salven; als ob er spucke.

Es ist Zeit!

Ich gebe das Zeichen, decke die Trillerpfeife dabei kaum mit der Hand zu. Lausche. Man hört, wie rechts Lehmklumpen rollen.

Werden wir die Höhe nehmen oder nicht? Unmöglich, sie nicht einzunehmen. Ich entsinne mich der Augen des Divisionskommandeurs, als er sagte: »Nun, dann wirst du sie einnehmen.«

Ich nehme die Maschinenpistole vom Hals und krieche nach unten. Das Minenfeld bleibt hinter mir. Die Kanone steht etwa zwanzig Meter abseits. Links von mir sind noch drei Soldaten. Sie wissen, daß sie dorthin nicht dürfen. Ich habe sie gewarnt. Ich sehe sie nicht, höre sie nur kriechen.

Der »Kukurusnik« kreist noch immer. Keine Raketen. Die Deutschen fürchten, sich zu verraten. Das ist gut so.

Vielleicht wird er noch einmal bombardieren? Vielleicht liegt eine Verwechslung vor? Nicht zweimal, sondern dreimal ... Solche Irrtümer kommen manchmal vor.

Ich krieche über die Sohle der Schlucht hinweg, klammere mich an die Sträucher und krieche am gegenüberliegenden Hang hoch. Daß ich nur nicht unversehens auf die Deutschen stoße ... Allerdings hat Tschumak gesagt, ihre Gräben fingen erst hinter den Büschen an. Rechts knacken Zweige. Die Büsche sind trocken. Wie unvorsichtig!

Ich krieche. Immer höher und höher. Gebe mir Mühe, nicht zu atmen. Warum, weiß ich nicht. Als ob jemand meinen Atem hören könnte. Vor mir leuchtet ein Stern, ein großer, heller, unbeweglicher, der Bethlehemstern. Ich krieche gerade auf ihn zu.

Auf einmal – tack-tack-tack-tack ... unmittelbar über meinem Ohr. Ich presse mich in die Erde hinein. Mir will es scheinen, als ob ich sogar den Wind spürte, den die Kugeln hervorrufen. Hol's der Teufel, wo steht dieses Maschinengewehr?

Ich hebe den Kopf. Man kann nichts unterscheiden ... Irgend etwas zeichnet sich ab. Ringsum Stille. Weder Knacken noch ein anderes Geräusch. Der »Kukurusnik« ist schon weit hinten. Gleich werden die Deutschen anfangen, ihr Vorfeld zu beleuchten.

Ich verspüre einen Niesreiz. Mit aller Kraft presse ich die Nase mit den Fingern zusammen. Reibe den Nasenrücken. Krieche weiter. Die Sträucher liegen schon hinter mir. Gleich werde ich auf die Gräben stoßen, auf die deutschen Gräben ... Noch fünf bis zehn Meter ... Es ist nichts da. Ich krieche vorsichtig, taste mit den Händen den Boden vor mir ab. Die Deutschen lieben es, die Minen unregelmäßig zu verstreuen. Von irgendwoher, förmlich aus der Erde, dringen Foxtrottklänge zu mir, Saxophon, Klavier und noch etwas, ich weiß nicht, was ...

Tack-tack-tack-tack ...

Wieder ein Maschinengewehr. Aber schon hinter mir. Was ist das für ein Spuk? Sollte ich wirklich vorbeigekrochen sein? Ein erstickter Schrei. Ein Schuß. Wieder das Maschinengewehr. Es hat begonnen ...

Ich werfe aufs Geratewohl eine Handgranate nach vorn auf das, was sich in der Dunkelheit abzeichnet. Schnelle mit einem Ruck vor. Ich fühle jeden Muskel im Körper, jeden Nerv. In der Dunkelheit huschen Gestalten wie aufgescheuchte Vögel ... Einzelne Aufschreie, dumpfe Schläge, Schüsse, Flüche zwischen den Zähnen. Ein Laufgraben. Fallende Erdbrocken. Die Füße verwickeln sich in Maschinengewehrgurte. Etwas Weiches, Warmes, Klebriges. Jemand taucht vor mir auf und verschwindet wieder.

Nachtgefecht. Komplizierteste Gefechtsart. Kampf des einzelnen. Der Soldat ist hier alles, seine Macht unbegrenzt. Initiative, Tapferkeit, Instinkt und Findigkeit entscheiden den Ausgang. Hier gibt es nicht die Selbstvergessenheit des Massenrausches wie bei einem Tagesangriff, es gibt nicht die Tuchfühlung, nicht das »Hurra«, das erleichternde, alles verdeckende, erregende »Hurra«. Es gibt nicht die graugrünen Uniformen. Es gibt keine Helme und Mützen. Es gibt keine Sicht. Und es gibt keinen Weg zurück. Es läßt sich nicht bestimmen, wo vorn und wo hinten ist.

Wann das Gefecht zu Ende ist, siehst du nicht, du fühlst es bloß. Hinterher ist es schwer, sich an Einzelheiten zu erinnern. Man kann ein Nachtgefecht nicht beschreiben oder davon erzählen. Am Morgen entdeckst du auf deinem Körper Schrammen, blaue Flecke, Blut. Aber während des Gefechtes existiert das alles nicht. Bloß Laufgräben ... eine Biegung ... irgend jemand ... ein Schlag ... ein Schuß ... ein Gewehrkolben ... ein Schritt zurück, wieder ein Schlag. Dann Stille ...

Wer ist das? Einer von den Unseren. »Wo sind Unsere?« – »Der Teufel weiß es.« Weiter. »Halt! Ein Fritz?« – Nein, einer von den Unseren ...

Haben wir wirklich die Anhöhe genommen? Es kann nicht sein. Auf welcher Seite sind die Deutschen? Wohin sind sie verschwunden? Wir sind von jener Seite gekommen. Wo ist Karnauchow?

»Karnauchow! Karnauchow!«

»Die sind dort vorn.«

»Wo?«

»Dort. Am Maschinengewehr.«

Weit vorn bellt schon unser Maschinengewehr.

11

Karnauchow hat seine Feldmütze verloren. Er tastet in der Dunkelheit unter den Füßen danach.

»War eine gute, aus Tuch. Hab mich den ganzen Krieg über nicht von ihr getrennt. Schade!«

»Wirst sie am Morgen finden. Niemand nimmt sie.«

Er lacht:

»Nun, Genosse Bataillonskommandeur? Die Anhöhe haben wir also doch genommen.«

»Ja, wir haben sie genommen, Karnauchow, wir haben sie genommen.« Ich lache auch, und ich möchte ihn umarmen und küssen.

Im Osten wird es gelb. In einer Stunde wird es ganz hell sein, der Mond wird aufgehen.

»Schicken Sie jemanden zum Gefechtsstand. Man soll die Telefonleitung legen.«

»Ist schon geschehen. In einer halben Stunde werden wir mit dem Major sprechen können.«

»Haben Sie schon die Mannschaften gezählt?«

»Hab schon überprüft. Vorläufig sind zehn da. Vier fehlen noch. Die Maschinengewehrschützen sind vollzählig. Die leichten Maschinengewehre habe ich bereits verteilt. Und das schwere ließe sich meiner Meinung nach hier ganz gut aufstellen. Das zweite dann …«

»Das zweite – dorthin nach rechts. Sehen Sie?«

»Vielleicht gehen wir hin, sehen uns den Platz an?«

»Gehen wir.«

Wir gehen im Laufgraben entlang. Gebückt untersuchen wir, ob keine Maschinengewehrnester da sind. Die Deutschen hatten anscheinend eine Verteidigung nach allen Seiten hin. Von den Deutschen selbst ist nichts zu sehen noch zu hören. Rechts und links wird geschossen, im Abschnitt des ersten und dritten Bataillons. Die Augen haben sich an die Dunkelheit gewöhnt. Einiges kann man schon erkennen. Ein-, zweimal stoßen wir auf die Körper toter Deutscher. Hinter dem »Roten Oktober« brennt es noch immer.

»Und wo ist Sendezkij?«

»Ich bin hier«, ertönt unerwartet aus der Dunkelheit eine Stimme, dann taucht eine Gestalt auf.

»Lauf schnell zum Gefechtsstand. Sag Charlamow, daß er schleunigst die Leute aus den alten Gräben zurückziehen und sich mit unserer rechten Flanke vereinigen soll. Unterwegs stell genau seine Flanke fest. Meiner Meinung nach ist schon hinter diesem Strauch Schluß. Nicht wahr, Karnauchow?«

»Ja, weiter ist niemand mehr.«

»Verstanden, Sendezkij? Los! Nimm die Beine in die Hand!«

Sendezkij verschwindet. Wir finden eine passende Stelle

für das Maschinengewehr und gehen wieder zurück. In der Dunkelheit stoßen wir auf jemanden.

»Bataillonskommandeur?«

»Ja. Was ist los?«

»Hab einen wundervollen Unterstand ausfindig gemacht ... Kommt, wollen ihn uns ansehen. So einen habt ihr noch nicht gesehen.«

Es ist Tschumaks Stimme.

»Was machst du hier?«

»Dasselbe wie ihr ...«

»Wolltest doch Feierabend machen.«

»Hab mir's anders überlegt.«

Tschumak bleibt plötzlich stehen, und ich stoße gegen ihn.

»Na ... warum bleibst du stehen?«

»Hören Sie, Bataillonskommandeur ... Sie sind doch ...«

»Was?«

»Ich dachte, Sie wären Poet ... verfassen Gedichtchen. Und da stellt sich heraus ...«

»Genug damit. Führ uns in den Unterstand.«

Er antwortet nicht. Wir gehen weiter. Ein leichter Wind kommt plötzlich auf, fächelt angenehm in den Haaren, dringt durch den Kragen unter die Feldbluse bis auf die Haut. Im Kopf ein leichtes Schwindelgefühl, im Körper eine seltsame Leichtigkeit. So ist einem im Frühling zumute, im Vorfrühling, nach dem ersten Spaziergang ins Freie. Man ist wie trunken von der Luft. Die Füße schmerzen, weil sie ans Laufen nicht mehr gewöhnt sind. Im ganzen Körper spürst du ein leichtes Ziehen, und dennoch kannst du nicht stehenbleiben und gehst, gehst, gehst immer der Nase nach, mit offener Jacke, ohne Mütze, und atmest mit voller Brust die warme, berauschende, aromatische Frühlingsluft ein ...

Zum Teufel noch mal! Da haben wir also doch die Anhöhe genommen! Und es hat sich als gar nicht so schwierig erwiesen. Offenbar waren bei den Deutschen die Leute auch nicht so dicht gesät. Sie haben eine Sicherung zurückgelassen und sich auf den »Roten Oktober« geworfen. Aber ich kenne sie – sie werden es dabei nicht bewenden lassen. Sie werden zum Gegenangriff antreten, wenn nicht sofort, dann bestimmt gegen Morgen. Wenn wir es nur fertigbringen, die Fünfundvierzig-Millimeter-Geschütze hier herüberzubekommen und den Zugang zur Schlucht zu verlegen ... Charlamow wird gleich anfangen herumzuquirlen, zu suchen, zu packen, allmählich in Trab zu kommen. Wenigstens ist der Nachrichtenleiter bei ihm. Zu zweit werden sie es schon schaffen, ist ja nicht so schwer. Sinizyns Spaten habe ich noch, bis zur Morgendämmerung werden die Soldaten sich eingraben, und morgen nacht werde ich anfangen, Minen zu legen.

Der Stern von Bethlehem steht jetzt direkt über meinem Kopf, grünlich, unbeweglich, wie ein Katzenauge. Er hat uns hergeführt und ist dann stehengeblieben. Bis hierher und nicht weiter.

Der Mond ist hervorgekrochen; gelb, ohne zu leuchten, hängt er über dem Horizont. Ringsum ist alles still. Ist es denn wirklich wahr, daß hier eben noch gekämpft wurde?

Später sitzen wir im Unterstand. Er ist tief, mit vier Knüppellagen, darüber noch ein halber Meter Erde. Bretterwände, mit Papier beklebt, das wie Wachstuch aussieht. Über dem Spieltischchen – es ist mit grünem Tuch bespannt und hat geschweifte Beine – sind in Fächerform Postkarten angebracht: ein Tannenzweig mit tropfendem Wachslicht, ein rundäugiger Mops, der ein Tintenfaß umgekippt hat, ein Gnom mit roter Zipfelmütze und ein himmelwärts fliegender Engel. Etwas höher der »Führer«, exaltiert, mit zusammengepreßten Lippen, in einem glänzenden Mantel.

Auf dem Tisch eine Lampe mit grünem Schirm. Etwa fünf Flaschen. Sprotten. Glacéhandschuhe, auf die Pritsche hingeworfen.

Tschumak fühlt sich als Hausherr, er gießt Kognak in dünnstielige Gläser mit Monogramm.

»Der Führer hat für unseren Magen gesorgt ... Dafür sei ihm Dank!«

Es ist guter Kognak, kräftig, verschlägt einem den Atem. Karnauchow trinkt und geht fort. Tschumak betrachtet neugierig die ineinandergeschlungenen Weinreben auf den Etiketten der Flaschen. Es ist französischer Kognak.

»Sie haben eine schwere Hand, Leutnant. Hätte ich nie gedacht.«

»Welche Hand?«

Seine golden schimmernden Augen lachen.

»Die da, in der Sie die Zigarette halten.«

»Ich verstehe nicht.«

»Meine linke Schulter ist noch jetzt ganz taub davon.«

»Welche linke Schulter?«

»Wissen Sie nicht mehr?« Er lacht lustig, mit zurückgeworfenem Kopf. »Wissen Sie nicht mehr, wie Sie mich mit der Maschinenpistole bedient haben? Mit vollem Schwung ... Auf das linke Schulterblatt.«

»Halt ... Halt ... Wann war das?«

»Wann? Vor einem halben Stündchen, im Graben. Haben mich für einen Fritzen gehalten. Und wie Sie mir eins verpaßt haben! Hab die Engel singen hören. Und ich hatte gedacht – ein Dichter, macht Gedichtchen. Hab ihm noch einen Federhalter angeboten ... Wollte es Ihnen schon aus Wut heimzahlen, aber da kam mir ein richtiger Fritz in die Quere. Nun, da hab ich's dem verpaßt ...«

Ich entsinne mich, wirklich jemanden mit der Maschinenpistole geschlagen zu haben, aber in der Dunkelheit konnte ich nichts unterscheiden.

»Solch ein Schlag ist eine Uhr wert«, sagt Tschumak und sucht in seiner Tasche. »Gute, auf Steinen. ›Tawan-Watch‹ ...«

Wir lachen beide.

In den Unterstand poltern die Telefonisten herein, mit Kästen und Rollen; sie schnaufen wie Lokomotiven.

»Sind kaum durchgekommen ... Beinahe hätten wir den Fritzen einen Besuch abgestattet.«

»Welchen Fritzen?«

Ein weißblonder Telefonist mit wäßrigen Augen nimmt keuchend den Apparat von der Schulter.

»Die kriechen doch dort in der Schlucht wie Schaben umher.«

»In welcher Schlucht?«

»Na, dort ... wo unsere Vorderste verlief.«

Tschumaks Augen werden plötzlich klein und scharf.

»Bist du allein oder mit deinen Leuten?« frage ich.

»Die Leute können nichts dafür. Ich werde selbst ...«

Er ergreift die Maschinenpistole, vergißt sogar den Kittel und verschwindet aus der Tür.

Sollten wir wirklich abgeschnitten sein?

Die Telefonisten legen die Leitung durch die Tür.

»Ist es wahr, daß die Fritzen in der Schlucht sind?«

»Stimmt aufs Haar«, antwortet der Weißblonde. »Wir sind mit den Nasen zusammengestoßen. Etwa fünf Mann kamen angekrochen. Wir haben noch auf sie gefeuert.«

»Vielleicht haben Unsere eine neue Verteidigungsstellung bezogen?«

»Was heißt Unsere? Unsere haben noch in den Gräben gesessen, als wir weggingen. Wir haben unterwegs noch den Zugführer getroffen, den mit dem verbundenen Hals. Er hat den Stabschef gesucht.«

»Nun, verbinde mich mit dem Bataillon.«

Der Weißblonde setzt sich den Kopfhörer auf.

»›Jupiter‹ ... ›Jupiter‹ ... hallo, ›Jupiter‹ ...«

An seinen farblosen Augen mit den weißen Wimpern sehe ich, daß niemand antwortet.

»›Jupiter‹ ... ›Jupiter‹ ... hier ›Mars‹ ...«

Pause.

»Schluß. Das Kabel ist durchgeschnitten. Diese Schweinehunde! Ljoschka, geh, kontrolliere ...«

Ljoschka, mit einer roten Nase, abstehenden Ohren und übermäßig großer Mütze, brummt, aber geht.

»Durchgeschnitten. Tatsache ...«, sagt ruhig der Weißblonde und holt hinterm Ohr eine Zigarette hervor, die er sich wahrscheinlich noch vor dem Weggehen gedreht hat.

Ich krieche hinaus. Von der Schlucht her hört man Maschinenpistolengeknatter und einzelne Gewehrschüsse.

Dann erscheint Tschumak.

»So ist's, Bataillonskommandeur – umzingelt.«

»Reingefallen also?«

»Reingefallen. In den Gräben auf dieser Seite der Schlucht haben sich die Fritzen eingerichtet.«

»Viele?«

»Kann man das rauskriegen? Sie schießen von allen Seiten.«

»Und wo ist Karnauchow?«

»Er stellt das Maschinengewehr um. Kommt gleich.«

Tschumak nimmt ein grünes Zigarettenpäckchen heraus.

»Rauchen Sie! Sind von den Fritzen.«

Wir rauchen.

»Ja, Tschumak, reingefallen ... Eine heikle Lage.«

»Reingefallen«, lacht Tschumak. »Tut nichts, Bataillonskommandeur. Wir kommen schon wieder raus. Meine Burschen sind auch hier. Maschinengewehre haben wir. Vorräte sind genügend da, sie haben ja alles im Stich gelassen. In den Thermoskübeln ist sogar noch heißer Kaffee. Was brauchen wir mehr?«

Karnauchow kommt heran. Er hat Verteidigungsstellung nach allen Seiten bezogen, hat zwei deutsche Maschinengewehre gefunden. Auch Handgranaten sind reichlich vorhanden, ungefähr zehn Kästen. Außerdem liegen in jeder Maschinengewehrstellung und in den Nischen welche ...

»Schlecht ist nur, daß von unserer Stellung aus ihre Gräben nicht zu beschießen sind. Zu steil.«

»Wie viele Leute haben wir im ganzen?«

»Zwölf Mann Infanterie, zwei habe ich nicht gefunden. Zwei schwere Maschinengewehre, zwei leichte. Noch zwei deutsche. Also sechs.«

»Meine drei Burschen sind auch noch da«, wirft Tschumak ein, »und wir drei. Außerdem noch zwei Nachrichtenleute. Wird schon gehen.«

»Sechsundzwanzig also«, sage ich.

Karnauchow rechnet im Kopf nach.

»Nein, zweiundzwanzig. Die leichten Maschinengewehre darf man nicht zählen, die sind schon in den zwölf mit eingerechnet.«

Aus der Richtung der Schlucht hört die Schießerei nicht auf, bald wird sie stärker, bald verstummt sie. Anscheinend schießen unsere von der anderen Seite, die Deutschen antworten. Leuchtspurkugeln ziehen sich wie Fäden von einer Seite der Schlucht zur anderen. Aus der Schlucht auf uns zu schießen ist den Deutschen unbequem. Ihre Lage ist auch nicht sonderlich angenehm – von zwei Seiten sind sie eingeklemmt.

Dann fängt die Schießerei links von uns an. Die Deutschen kommen näher, belagern uns. Raketen werden allerdings nicht geschossen. Es ist schwer, genau festzustellen, wo ihre vorderste Linie jetzt verläuft.

Wir gehen die Stellungen kontrollieren.

12

Es ist alles so dumm abgelaufen. Ich hätte nicht selbst am Angriff teilnehmen sollen. Ein Bataillonskommandeur muß leiten und nicht mit in den Angriff gehen. Nun, fein habe ich das gemacht. Hatte mich auf das erste Bataillon verlassen. Hatte doch ausdrücklich mit Sinizyn verabredet, daß er aus allen Rohren feuert, sobald ich eine rote Rakete steigen lasse. Durch diese kleine Demonstration sollte er meinen Überresten die Möglichkeit geben, neue Stellungen zu beziehen. Übrigens, sie haben, glaube ich, auch gefeuert. Charlamow hat mit dem Nachrichtenleiter herumgetrödelt. Der Hauptmann mit den großen Zähnen hat sich in richtiger Voraussicht nach den Flanken erkundigt. Jetzt ärgert er sich wahrscheinlich – oder triumphiert. Meiner Meinung nach gehört er zu dieser Sorte Menschen. Durch alle Telefone teilt er jetzt wahrscheinlich mit: »Ich hab's ihm ja gesagt, hab ihn gewarnt ... Aber er wollte nicht auf mich hören, hat mich rausgeworfen. Nun sitzt er in der Klemme ...«

Es wäre natürlich möglich, jetzt zu den Unseren durchzubrechen. Aber wozu sollte das dienen? Die Anhöhe ginge uns dann verloren, und wir würden sie nie zurückgewinnen ... Nichts tun, nur dasitzen und zurückschießen, ist auch dumm. Aber die Unseren werden doch nicht jenseits der Schlucht stehenbleiben und die Hände in den Schoß legen. Für das dritte Bataillon bietet sich jetzt die beste Gelegenheit zu handeln – die Brücke abschneiden und sich mit uns vereinigen.

Für zwei Tage wird unser Munitionsvorrat reichen. Sogar wenn wir gezwungen sein sollten, die ganze Zeit Angriffe abzuwehren. Unsere Maschinengewehre haben absichtlich beinahe den ganzen gestrigen Tag geschwiegen, haben Patronen gespart. Handgranaten sind auch da, nur zu wenig Leute. Und alles auf einem kleinen Fleckchen. Die deutschen Granaten lassen keine Ruhe.

Gleich nach fünf Uhr gehen die Deutschen zum Angriff über. Sie versuchen, unbemerkt heranzukommen. Unsere Maschinengewehre sind noch nicht eingeschossen, aber wir wehren diesen ersten Angriff ziemlich leicht ab. Die Deutschen gelangen nicht einmal bis an die Gräben.

An zwei Stellen vereinigen sich unsere Laufgräben mit denen der Deutschen. Zwei lange, tiefe, beinahe mannshohe Verbindungsgänge ziehen sich in richtigem Zickzack gegen die Wassertürme hin. Von unserer Seite aus waren sie überhaupt nicht zu sehen. Ich befehle, sie an einigen Stellen quer durchzugraben.

Wieder eine Fahrlässigkeit. Wir haben die Pionierspaten nicht mitgenommen, und unter den eroberten haben wir nur drei gefunden, allerdings feste, aus Stahl, mit haltbaren Stielen.

Gerade als wir uns ans Graben machen, fängt der Granatwerferbeschuß an. Zuerst feuert eine, dann feuern zwei und gegen Abend sogar drei Batterien. Die Granaten explodieren eine nach der andern. Mit echt deutscher Systematik werden wir bearbeitet. Wir sitzen in den Unterständen und haben nur Beobachtungsposten draußen.

Zwei Mann werden kampfunfähig. Einem ist der Fuß durchschossen worden, dem anderen ein Auge ausgerissen. Wir verbinden sie mit dem Material aus den Verbandpäckchen, anderes haben wir nicht.

Am Nachmittag werden wir wieder angegriffen, dreimal hintereinander. Zwei Kompanien, keinesfalls weniger. Solange MG da sind, ängstigt es mich nicht. Mit vier Maschinengewehren – die beiden andern haben wir der Schlucht gegenüber aufgestellt – können wir ein ganzes Regiment aufhalten. Schlimmer wird es werden, wenn Panzer erscheinen. Die Landschaft auf der Seite der Öltanks ist flach wie ein Tisch. Und wir haben nur zwei »Simonow«-Panzerbüchsen. Vielleicht fällt es den Unseren ein, einige Fünfundvierzig-Millimeter-Kanonen auf der gegenüberliegenden Seite der Schlucht aufzustellen ...

Gegen drei Uhr beginnt unsere Fernartillerie vom anderen Ufer her zu feuern, etwa eine Stunde lang, ziemlich zielsicher. Es gelingt uns sogar, Mittag zu essen. Die Granaten explodieren gar nicht weit von uns, etwa hundert Meter von unserer Front. Eine Serie ganz nahe – die Splitter fliegen über uns hinweg. Zwei Stunden lang belästigen uns die Deutschen nicht.

Gegen Abend folgen noch zwei Angriffe, ein Artillerieüberfall, und dann ist Schluß. Stille zieht ein. Die ersten Raketen steigen hoch.

13

Lang ausgestreckt auf der Holzpritsche, erzählt Tschumak von einer gewissen Musja aus dem Lazarett.

Wir – Karnauchow und ich – putzen unsere Pistolen.

Erstaunlich friedlich leuchtet die Lampe unter ihrem grünen Schirm.

»Hast du eine Ahnung, was dort in Kuibyschew für eine Ordnung herrscht!« sagt rauchend und spuckend Tschumak. »Die Tore verschlossen, Wache; spazierengehen darfst du nur im Hof. Und der Hof ist nicht größer als ein Fünfkopekenstück. Auf allen Seiten Mauern, in der Mitte Asphalt, Bänke. Eis wird verkauft. Nun spaziere auf diesem Hof und taxiere die Krankenschwestern. Sie sind nicht schlecht, kampferprobt ... Haben aber Angst vor den Vorgesetzten. Sitzen wohl neben einem auf der Bank oder setzen sich ans Bett, aber mehr – auf keinen Fall ... Verboten – und Schluß ... Als ich bettlägerig war, da ging's, da hatte ich keine Lust, wurde sogar ängstlich. Aber später, als ich anfing zu gehen, da stellte ich fest, daß ich wieder lebendig wurde, daß das Blut in Wallung geriet. Es kam wohl in Wallung, aber es hatte keinen Sinn: ›Verboten, Genosse Kranker. Sie müssen sich erholen und ausruhen.‹ Nicht zu sagen, was für eine gute Erholung. Den ganzen Tag wälzt man sich auf dem Bett herum, und abends geht man ins Kino. Lauter alte Filme: ›Alexander Newskij‹, ›Posharskij‹, ›Mädchen mit Charakter‹. Die Filmstreifen reißen wie alte Lumpen. Stinken tut's nach Gips. Brrrr ...«

Karnauchow lächelt mit einem Mundwinkel.

»Komm zur Sache. Hattest von irgendeiner Musja angefangen ...«

»Musja kommt auch noch dran. Unterbrich mich nicht. Gefällt's dir nicht, hör nicht zu. Geh deine Maschinengewehre kontrollieren. Ich werd's dem Leutnant erzählen. Der Leutnant hat noch nie im Lazarett gelegen. Man muß ihm ein paar Fingerzeige geben.« Er greift nach einer neuen

Zigarette. »Leichte, man kann sich nicht satt rauchen ...« Er fährt fort, demonstrativ sich mir zuwendend: »Der Arm liegt also in Gips. Die linke Speiche ist zerschmettert. Nachts beim Schlafen weiß man gar nicht, welche Lage man einnehmen soll. Der Haken ragt heraus und stört. Bloß gut, daß der Knochen unterhalb des Ellbogens zerschlagen ist. Bei denen, wo es höher ist, oder gar das Schlüsselbein, da ist es erst Mist. Um die ganze Brust ein Panzer aus Gips, und die Hand auf einem Gestell. Man nennt sie im Lazarett ›Flugzeuge‹. Beim Gehen ragt die Hand einen halben Meter nach vorn ... Und die zweite Wunde – etwas unterhalb des Rückens, dort sitzt bis jetzt noch ein Splitter ... Jetzt spüre ich nichts mehr. Aber damals auf den Eimer gehen – war auch ein Spaß. Und vor Musja geniert man sich dabei ... Und sie ist, wie es sich gehört! Solche Zöpfe! Kittel auf Taille. Sie setzt sich ans Bett – ich konnte damals noch nicht gehen –, füttert mich vom Löffelchen mit Rührei aus Pulver, und ich liege dabei wie auf Nadeln ... Später fingen wir an, aus dem Fenster zu klettern ... Aus dem Badezimmer konnte man auch gut springen, zwei Meter, nicht höher. Wenn man sich auf den Heizkörper stellte, reichte man mit dem Kinn gerade bis zum Fensterbrett. Ein Hauptmann lag dort mit mir. Ingenieur, wie du! Kultivierter Bursche, gebildet, hatte bis zum Kriege als Erster Ingenieur in einem Werk gearbeitet. Wir haben mit ihm gemeinsam, nur in Unterhosen und Nachthemden mit Lazarettstempeln, Sturzflüge gemacht. Gleich um die Ecke war ein uns bekanntes Haus. Dort zogen wir uns um, und dann ging's in die Stadt. Der Hauptmann hatte einen Bauchschuß, war aber schon auf dem Wege der Genesung. Er kroch als erster hinaus und zog mich dann am Gipshaken nach. Als das Fenster verschalt wurde – die Badewärterin hatte uns einmal erwischt –, lernten wir, an der Regenrinne runterzuklettern. Wir hatten einen ohne Fuß bei uns. Der hakte seine Krücken an einem Arm fest, und dann wie ein Affe, daß der Putz nur so bröckelte ... Ja, der Mensch paßt sich an. Noch unter der kalten Erde wird er Streiche machen.«

Karnauchow lacht.

»Bei uns in Baku türmten sie während der Kinovorstellungen. Man konnte es nur hören, wie einer nach dem andern aus dem Fenster sprang, hopp, hopp, hopp. Am Schluß der Vorstellung waren nur noch die Bettlägerigen auf Bahren anwesend.«

»Was heißt Kino«, unterbricht ihn Tschumak, ohne sich umzudrehen. »Wir hatten uns im Krankenzimmer Sechs eine Strickleiter gemacht, ganz vorschriftsmäßig, mit Querstiegen, alles, wie es sich gehört. Haben sie etwa zwei Wochen benutzt. Ein ganz dicker Baum stand dort vor dem Fenster, so hat es niemand gesehen. Dann fingen sie an, die Fenster zu putzen – Vorgesetzte wurden erwartet –, und haben unsere Leiter abgerissen. Alle Kranken wurden zur Abteilungsleiterin gerufen … Aber was hatte das für Sinn! Am nächsten Tag haben wir aus Saal Sieben Sturzflüge gemacht.«

Erstaunlich friedlich leuchtet die Lampe unter dem grünen Schirm. Zwischen den Balken nagen Mäuse. Hoch oben krachen vereinzelt Granaten.

Der gelbbärtige Zwerg sitzt auf einem Fliegenpilz und raucht eine lange, gewundene Deckelpfeife. Der Engel fliegt über den dunklen, tintenblauen Himmel hin. Erstaunt blickt der Mops auf das umgestülpte Tintenfaß.

Jemand hat Hitler einen Vollbart und einen wunderbaren »Maupassant«-Schnurrbart angemalt, und er ähnelt jetzt einer Friseurreklame.

Im Nachbarunterstand liegen die Verwundeten. Wir haben sie nur mit dem Material aus den Verbandpäckchen verbinden können – was anderes haben wir nicht. Sie bitten ständig um etwas zu trinken. Und Wasser ist bei uns knapp – zwei deutsche Thermoskübel für zwanzig Mann.

Im Laufe des Tages haben wir sieben Angriffe zurückgeschlagen, haben vier Tote und vier Verwundete gehabt und ein Maschinengewehr verloren.

Ich schmiere die Pistole mit Öl und stecke sie in die Pistolentasche. Strecke mich auf der Pritsche aus.

»Schlafen, was, Leutnant?« fragt Tschumak.

»Nein, ich will bloß ein wenig liegen.«

»Langweilig geworden, zuzuhören?«

»Nein, nein, erzähl nur weiter, ich höre.«

Und er fährt fort zu erzählen. Ich liege auf der Seite und höre diese ewige Geschichte von der Liebelei mit der Krankenschwester, blicke auf die träg daliegende Gestalt im Matrosenhemd, auf Karnauchows dicke, von Öl glänzenden Finger, die in der Pistole herumbohren, auf die Haarsträhne, die ihm in die Augen fällt. Mit dem Handgelenk, um das Gesicht nicht mit Öl zu verschmieren, streicht er sie alle Minuten zurück. Und es erscheint unglaubwürdig, daß wir vor einer oder zwei Stunden Angriffe abgewehrt und Verwundete durch die schmalen, unbequemen Laufgräben geschleppt haben, daß wir auf einem ganz kleinen Fleckchen von allen abgeschnitten sind.

»Dennoch ist es schön im Lazarett, was, Tschumak?« frage ich.

»Gewiß«, antwortet er.

»Besser als hier?«

»Ohne Frage! Liegst da, denkst an nichts, ißt und schläfst nur und gehst zur Behandlung.«

»Hast du keine Sehnsucht nach den Deinen gehabt?«

»Nach welchen Meinen?«

»Nach dem Regiment, nach den Kameraden?«

»Natürlich hab ich Sehnsucht gehabt. Habe mich deshalb auch einen Monat früher gesund schreiben lassen.«

»Und behauptest, daß es im Lazarett schöner sei«, lacht Karnauchow.

»Was grinst du da? Als ob du es selbst nicht wüßtest. Bist ja auch schon dort gewesen. Schön ist es immer da, wo man nicht ist. Sitzt du hier, zieht's dich ins Lazarett, Unsinn zu treiben, dich auf sauberen Betten herumzurekeln ... und liegst du im Lazarett, weißt du nicht, wohin mit dir, da zieht's dich an die Front, zu den Kameraden.«

Karnauchow setzt seine Pistole wieder zusammen. Es ist

eine große mit einem bequemen Griff, eine erbeutete »Walther«. Er schiebt sie in die Pistolentasche.

»Wie oft bist du im Lazarett gewesen, Tschumak?«

»Dreimal. Zweimal im Armeelazarett und einmal im Hinterland. Und du?«

»Zweimal.«

Karnauchow lacht.

»Es ist seltsam, wenn man wieder an die Front zurückkehrt, nicht wahr? Man muß sich von neuem dran gewöhnen.«

»Aus dem Armeelazarett ist es noch nicht so schlimm – dort liegt man ja nicht lange. Aber aus dem Hinterland … Als ich von Kuibyschew kam, war es sogar ausgesprochen unangenehm. Du gehst in die Hocke, sobald eine Granate explodiert.«

Beide lachen – Tschumak und Karnauchow.

»Es ist schon eine komische Sache, Genosse Leutnant«, sagt Karnauchow und wischt sich die öligen Hände gleich an den wattierten Hosen ab. »Sitzt du im Graben, so scheint es dir, als ob es nichts Besseres und Ruhigeres als deinen Unterstand gäbe. Euer Bataillonsgefechtsstand – das ist schon ganz und gar Hinterland, und erst der des Regiments oder der Division … Die Soldaten nennen ja auch alle, die am Ufer liegen, ›Etappenhasen‹ …«

»Und solche hast du nicht gesehen«, unterbricht Tschumak – er kann überhaupt nicht schweigen –, »solche, die hundert Kilometer von der Front sitzen, sich aber brüsten: ›Seht, was für Frontsoldaten wir sind!‹ Bei uns im Lazarett war auch so einer …«

Er unterbricht sich plötzlich, und seine Augen heften sich auf die Tür.

»Woher kommst *du* denn?«

Karnauchow blickt auch auf die Tür.

Der Teufel hol's! Walega … Walega, wie er leibt und lebt, mit großem Kopf, runder Stirn, in seinen unermeßlichen Stiefeln mit nach oben gebogenen Spitzen. So steht er in der

Tür. Der Mantel – ich glaube, es ist der meine – reicht ihm bis an die Fersen. Steht da und ist verlegen.

»Woher kommst du denn, Walega?«

»Von da. Von uns.«

Er grüßt ungeschickt. Das kommt immer schlecht bei ihm heraus. Er nimmt einen Sack von der Schulter.

»Habe Büchsenfleisch gebracht ... den Mantel ...«

»Du bist verrück!«

»Wieso verrückt? Durchaus nicht verrückt. Hier ist auch ein Zettel an Sie.«

»Von wem?«

»Charlamow hat ihn mir gegeben, der Stabschef.«

»Hat er dich geschickt?«

»Durchaus nicht. Bin von selber gekommen ...« Walega nimmt aus dem Sack Konservenbüchsen und zwei Brotlaibe. »Als ich den Sack packte, haben sie gerade mit dem aus dem Regimentsstab etwas beraten; sprachen davon, daß man sich mit Ihnen irgendwie in Verbindung setzen müßte. Da habe ich denn gesagt, daß ich mich gerade auf den Weg zu Ihnen machen wollte. Da haben sie angefangen, etwas zu suchen, und mir dann diesen Zettel gegeben.«

Er holt aus der Seitentasche, die wie bei jedem Soldaten vollgepfropft ist mit Papieren und Briefen, ein vierfach zusammengefaltetes Blatt von einem Notizblock und reicht es mir. In Charlamows sorgfältiger Handschrift steht da geschrieben:

»5. 10. 42, 12.15, Gefechtsstand ›Orkan‹

Genosse Leutnant. Aufgrund des uns erteilten Befehls vom 31. teile ich mit, daß heute von uns aus ein Angriff unternommen wird mit dem Ziel, sich mit Ihnen an der rechten Flanke zu vereinigen und die Gruppe des Gegners, die in die Schlucht eingedrungen ist, abzuschneiden und zu vernichten. Ich teile mit, daß ich Nachschub bekommen habe in Stärke von 7 (sieben) Mann, außerdem ist aus ›Sturm‹ angerufen und mitgeteilt worden, daß ein neuer Kommandeur *unserer Wirtschaft* an Ihre Stelle gekommen ist. Wir haben ihn noch nicht gesehen. Wie steht es bei Ihnen dort, Genosse Leutnant? Hauptmann Abrossimow kam heute ganz früh mit einigen Leuten aus der großen Wirtschaft. Halten Sie sich, Genosse Leutnant! Wir kommen Ihnen zu Hilfe.*

Leutnant Charlamow (Charlamow)«

Die Unterschrift ist wie die eines Ministers, weitläufig, schief, mit einem wunderbaren barocken »Ch« und einer ganzen Schar von Kringeln, Klammern und Pünktchen, die wie Vögel um sie herumflattern.

Ich zerreiße den Zettel und verbrenne die Fetzen. Was ist ihm eingefallen, durch die Frontlinie einen solchen Zettel zu schicken. Ach, Charlamow, Charlamow! Er ist in Wirklichkeit gar nicht schlecht, gibt sich sogar Mühe, bloß eben sehr …

Walega öffnet mit einem deutschen Büchsenöffner die Konservendosen. Du Teufelskerl mit den großen Ohren! … Bist mit den Konserven durch die Frontlinie gekrochen. Hast meinen Mantel mitgeschleppt und auch den Zettel mitgebracht. »Da habe ich denn gesagt, daß ich mich gerade auf den Weg zu Ihnen machen wollte« … Als ob's um die Ecke wäre, im zweiten Stockwerk.

Walega schnauft, es will ihm nicht gelingen, mit dem ungewohnten Öffner die Büchse aufzumachen. Er fragt gar nicht mal, ob ich hungrig bin. Ich stelle keine Fragen. Ich spüre, daß ich nicht den richtigen Ton treffen würde. Andere stellen sie – Karnauchow, Tschumak. Walega antwortet ungern.

»Der Mantel war ein bißchen hinderlich, paßt nicht … Sonst ging's. Dort, ein wenig mehr nach links, ist bei ihnen eine Lücke. Zwischen den Gräben. Hab es am Tage ausgekundschaftet, und in der Nacht … Soll ich's vielleicht aufwärmen, Genosse Leutnant?«

* Deckwort für »Truppenteil«.

»Nein, ist nicht nötig. Außerdem ist nichts da, worauf man wärmen könnte.«

»Einen Primuskocher mitzubringen, darauf bist du wohl nicht gekommen?« lacht Tschumak.

Statt einer Antwort zieht Walega aus dem Mantel einen deutschen Taschenspirituskocher und eine Handvoll weißer zuckerähnlicher Hartspiritusstücke. Schweigend, ohne den Anflug eines Lächelns, legt er beides auf den Tisch.

»Lohnt sich nicht, Walega. Wir werden es auch so auffuttern.«

Und alle vier leeren wir mit Appetit die Büchse. So ein Schmorfleisch ist doch eine wunderbare Sache ...

14

Die Uhr zeigt halb vier. Vier. Wir warten. Halb fünf. Fünf. Stille ... Sechs, sieben ... Es wird hell. Wir geben das Warten auf.

Also noch einen Tag ...

Während der ersten Hälfte des Tages überschütten die Deutschen uns förmlich aus mittleren und sogar aus schweren Granatwerfern. Gegen drei Uhr sind von uns sechzehn nur noch zwölf übrig. Vier, die gestern verwundet wurden, sterben. Meiner Meinung nach Blutvergiftung. Einer hat Starrkrampf. Das ist eine schreckliche Sache. Er stirbt vor meinen Augen – er ist nicht mehr ganz jung, etwa vierzig. Ein Explosivgeschoß hat den rechten Unterarm getroffen. Er hat die ganze Zeit gefürchtet, daß man ihm die Hand amputiert. Vor dem Kriege war er Metalldreher. »Was soll ich ohne Hand?« sagte er und legte seine Hand, die auf ein Brettchen von einem Patronenkasten festgebunden war, auf dem Knie zurecht. »Ohne Hand kann man in unserm Beruf nichts leisten. Dann schon lieber ein Bein.« Fragend blickte er bald mich, bald Karnauchow an, als ob unsere Meinung was wert wäre. Wir sagten ihm, daß Knochen schnell wieder zusammenheilen und daß Fleisch wieder nachwächst, daß der Nerv bei ihm heil geblieben ist, wenn er die Finger bewegen kann. Das beruhigte ihn. Er erzählte sogar von irgendwelchen Vervollkommnungen, die er vor dem Krieg an seiner Drehbank gemacht hat. Dann fing sein Gesicht zu zucken an. Der Mund verzog sich zu einem schrecklich angespannten Lächeln. Der Hals wurde steif. Die Krämpfe ergriffen den ganzen Körper. Er krümmte sich wie ein Bogen, Füße und Hinterkopf auf die Erde gestützt. Schrie. Es war unmöglich, ihn geradezurichten, der Körper war wie Eisen.

»Das ist Starrkrampf«, sagte Karnauchow. »Bei uns im Lazarett ist auch einer daran gestorben.«

Nach zwei Stunden starb er.

Sein Name war Fessenko. Ich erfahre das aus seinem Soldbuch. Der Name kommt mir bekannt vor. Ich muß ihn irgendwo gehört haben. Später fällt es mir ein. Das ist einer von den beiden Soldaten, die nachts gegraben haben, als ich vom Minenfeld zurückkehrte. Sie konnten damals dem Melder nicht klarmachen, wo sich der Bataillonskommandeur befände.

Auf unseren Unterstand fällt eine Hundertzwanzig-Millimeter-Granate. Theoretisch müßte er das aushalten – vier Knüppellagen aus fünfundzwanzig Zentimeter dicken Stämmen, darüber noch Erde. Praktisch aber wird er unbrauchbar. Die Überdachung hält wohl aus, aber die Holzverkleidung fällt ab, und alles wird mit Erde verschüttet.

Wir ziehen um in den Nachbarunterstand, wo die Verwundeten liegen. Es sind vier. Einer spricht im Fieber. Er hat einen Kopfschuß, spricht von Zinktrögen, dann ruft er nach jemandem, dann spricht er wieder von den Zinktrögen. Er hat ein ganz wächsernes Gesicht, und die Augen sind die ganze Zeit geschlossen. Wahrscheinlich wird auch er sterben.

Die Toten graben wir nicht ein. Die Granaten pfeifen und explodieren ringsum ohne Unterlaß. In einer Minute zähle ich sechs Explosionen. Es gibt auch Pausen, aber keine dauert länger als sechs bis sieben Minuten. In diesen sieben Minuten schaffen wir es gerade, festzustellen und anzufragen, ob die Beobachter noch leben.

Die letzte Zigarette, zusammengeholt aus allen Taschen, gefüllt halb mit Machorka, halb mit Brotkrumen, rauchen wir zu dritt – ich, Karnauchow und Tschumak. Wir haben keinen Tabak mehr. Die Kippen sind auch längst alle gesammelt.

Das Wasser geht zu Ende. Ein Thermoskübel ist von einem Splitter getroffen worden. Wir bemerkten es erst, als beinahe alles Wasser schon ausgelaufen war: Ich bückte mich, um einen Bleistift aufzuheben, und geriet mit der Hand in die Pfütze. Im anderen sind zehn Liter, nicht mehr. Die Verwundeten bitten ständig um etwas zu trinken. Wir wissen nicht, ob man ihnen etwas geben darf. Einer hat einen Bauchschuß – der darf auf keinen Fall etwas trinken. Die ganze Zeit bittet und bettelt er: »Nur einen Tropfen, Genosse Leutnant, nur einen Tropfen, der Mund ist so trocken ...« und blickt mich mit solchen Augen an, daß ich am liebsten in die Erde sinken möchte. Auch die Maschinengewehre wollen trinken.

Nach drei Uhr fangen die deutschen Angriffe an. Das geht abwechselnd so bis zum Abend: Angriff, Beschuß, Angriff, wieder Beschuß. Den letzten Angriff schlagen wir ab, schon ganz erschöpft. Die Maschinengewehre zischen wie Teekessel. Woher soll man Wasser kriegen? Wenn wir kein Wasser haben, werden die Maschinengewehre morgen verstummen. Und das bedeutet ...

Am Abend machen wir Bilanz.

Mannschaften elf, ich, Tschumak, Karnauchow, Walega, zwei Telefonisten, vier MG-Schützen – zwei für jedes Maschinengewehr – und ein Gemeiner: der Sibirier, mit dem ich im Graben saß. Ihm ist der kleine Finger der rechten Hand zerschossen worden, aber er hält sich wacker. Außerdem noch drei Verwundete. Der phantasiert hat, stirbt gegen Abend. Wir tragen ihn in den Laufgraben hinaus. Dort legen wir alle Toten hin.

Wir haben vier Maschinengewehre. Zwei sind kaputt. Für die deutschen Maschinengewehre ist genügend Munition vorhanden, für die eigenen wird sie mit Mühe und Not bis Mittag reichen.

Die Hauptsache aber ist Wasser. Ohne Wasser sind alle diese Patronen keinen Groschen wert. Sollten wirklich die Unseren diese Nacht nicht zu einer Vereinigung mit uns kommen? Es kann nicht sein, daß sie nicht kommen. Sie müssen doch wissen, daß wir nicht imstande sind, uns hier ewig zu halten. Und wenn wir alle fallen, dann kann man über diese Anhöhe ein Kreuz machen.

Vor Verlangen zu rauchen wird einem ganz schwindlig. Walega findet bei einem toten Deutschen eine feuchte, zerdrückte Zigarette. Wir rauchen sie der Reihe nach, tun tiefe Züge, schließen die Augen, verbrennen uns dabei die Finger. Nach etwa zwei Stunden sehnen wir uns genauso nach Wasser. Im Thermos sind nur noch zwei Liter. Eiserne Ration für die Maschinengewehre.

Die Telefonisten ziehen aus dem Innern des Unterstandes zwölf appetitliche fette Heringe hervor, in Pergament eingewickelt. Unwillkürlich schlucke ich den Speichel hinunter. Silbrige, glatte, mit weichen Rücken und kleinen, wie Tau aussehenden Fetttropfen am Kopfe. Es gelüstet einen, mit den Zähnen hineinzubeißen. Ich krieche in den Laufgraben hinaus und schleudre sie fort, so weit wie möglich, in Richtung der Deutschen. Kehre dann zurück.

Die Verwundeten sind still geworden, atmen nur schwer, sie liegen direkt auf der Erde. Wir haben ihnen Mäntel untergelegt. Dieser Unterstand ist weit weniger komfortabel. Ein aus Brettern roh zusammengezimmerter, mit einer Zeitung bedeckter Tisch – das ist alles. Auf dem Hintergrund der feuchten, abbröckelnden Wand nimmt sich unsere Lampe mit dem grünen Schirm recht dumm aus. Wir haben sie herübergebracht aus dem anderen Unterstand. Unverständlich, wie sie heil geblieben ist.

Karnauchow zeichnet mit einem Bleistiftstummel Blumen auf den Zeitungsrand. Er ist abgemagert, und unter seinen Augen sind große schwarze Ringe. Tschumak hat das Hemd abgeworfen und untersucht die Nähte.

»Gut wäre es, zu baden«, sagt er müde und kratzt sich. »Wenn wir uns vereinigt haben, werde ich eine Badegelegenheit einrichten. Wir werden nachts aus der Wolga Wasser holen und dann baden. Am ganzen Körper juckt es einen.«

»Bis der Krieg zu Ende ist, wirst du sie sowieso nicht los«, beruhigt ihn Karnauchow, »da wir die Wäsche nicht kochen. Das bißchen Auswaschen in der Wolga, was hat das schon für einen Sinn.«

Ich beobachte Tschumaks Muskeln, die unter der gespannten Haut wie Bällchen springen. Man kann an ihm gut Anatomie studieren.

Tschumak steht auf.

»Ach, wär es schön, wenn man was zu rauchen hätte ...«

Karnauchow seufzt.

»Ja ... das wäre nicht schlecht. Und wenn es bloß eine ›Motor‹ für fünfunddreißig Kopeken wäre. Eine für uns drei.«

»›Motor‹ ... Was heißt hier ›Motor‹! Wenn man sich schon was wünscht, dann was Ordentliches ...«

»Was haben Sie vor dem Kriege geraucht, Genosse Leutnant?«

»›Belomor‹ ... und ›Trud‹. Die gab es in Kiew, kosteten zwei Rubel.«

»Ich auch ›Belomor‹, gute, dicke. Besonders die aus Leningrad.«

»Was versteht ihr denn von Zigaretten?« sagt Tschumak. »Träumen von ›Belomor‹ ... ›Kasbek‹, das sind Zigaretten. Ich habe täglich zwei Packungen geraucht ... Waren das Zeiten!«

Er geht auf und ab im Unterstand. Zwei Schritte hin, zwei Schritte zurück. Reckt sich, die Hände hinter dem Kopf.

»Ziehst dir Charliehosen an, fünfunddreißig Zentimeter

breit, die Mütze schief in der Stirn, ein Mädchen am Arm ...« – er wölbt die Brust und hakt Karnauchow unter –, »und gehst auf die Strandpromenade.«

Karnauchow stößt ihn weg.

»Was warst du vor dem Kriege?«

»Ich? Chauffeur. Habe einen ›Sis‹ gefahren. Später meine Zeit auf der ›Roten Ukraine‹ abgedient ... Reibst dir die Schnalle blank mit Kreide, den Kragen glattgebügelt, weiße Hosen mit Keilen – und ab in die Stadt.«

»Hast du vor dem Kriege an etwas anderes als an Mädchen gedacht? He, Tschumak?«

Tschumak scheint nachzudenken.

»An Wodka habe ich noch gedacht ... Und woran noch? Geld hatte ich genug. Gelehrter wollte ich nicht werden.« Pause. »Aber jetzt ...«

»Solltest du wirklich erkaltet sein?«

Tschumak antwortet nicht gleich. Die Hände in den Hosentaschen, breitbeinig, bemüht er sich, die richtigen Worte zu finden.

»Nicht, daß ich erkaltet wäre, die Weiber habe ich stets gern gehabt und werde sie auch weiterhin gern haben, aber – im Kriege ...« Wieder Pause. »Verstehst du, vor dem Kriege war ich mir selber Gott und Zar. Ich hatte meine Freunde. Wir haben zusammen getrunken, gemeinsam andern die Fressen eingeschlagen, solchen ...« Er lächelt schwach und zwinkert mir mit seinem wie immer schlauen Auge zu – »solchen Bürschchen. Aber davon ist hier nicht die Rede ...«

Er setzt sich auf die Tischkante und baumelt mit den Beinen. Es fällt ihm schwer, seine Gedanken in Worte zu kleiden. Er müht sich sichtlich, aber ins Schwarze trifft er nicht.

»In Sewastopol zum Beispiel. So ein Vorfall. Noch ganz zu Anfang der Belagerung. Im Dezember oder Ende November? Ich weiß nicht mehr ... Ich hatte einen Kameraden. Eigentlich nicht mal Kamerad. Wir hatten einfach zusammen auf der ›Roten Ukraine‹ gedient. Terentjew. War auch Matrose. Dann sind wir gemeinsam an Land und in die Gräben gekommen. Neben dem Französischen Friedhof. Bis zum Krieg haben wir beide wie Hund und Katze miteinander gelebt. Er wollte mir ein Frauenzimmer abspenstig machen. Sonst war der Bursche in Ordnung. Mir haben die Fäuste gejuckt, ihm ein paar Zähne einzuschlagen …«

In der Ecke fängt ein Verwundeter an, unruhig zu werden, bittet um etwas zu trinken. Wir geben ihm ein nasses Läppchen zum Lutschen – das ist alles, was jetzt in unseren Kräften steht. Er zieht den Mantel übers Gesicht und wird wieder ruhig. Ich bemühe mich, nicht in die Richtung zu sehen, wo der Thermosbehälter mit Wasser steht. Tschumak legt das nasse Läppchen darauf und setzt sich wieder auf den Tischrand.

»Im ganzen mochte ich ihn nicht und er mich auch nicht …«

Karnauchow sitzt da, den Kopf in die Hände gestützt, und wendet seine grauen Augen nicht von Tschumak. Tschumak baumelt mit den Beinen.

»Hab ihm denn auch ein paar Zähne eingeschlagen, und er hat mir ein paar Rippen eingedrückt. Habe zwei, vielleicht auch drei Wochen nicht richtig durchatmen können. Aber das ist es nicht … Kurz gesagt, einmal haben mir die Fritzen den ganzen Rücken mit einem Explosivgeschoß aufgerissen. Etwa in fünfzehn Schritt Entfernung von ihren Gräben. Ich dachte, mein Ende sei gekommen. Hab schon Blasen hochsteigen lassen. Und weiß der Teufel, ob ich nicht ganz auf Grund gegangen wäre … Und morgens bin ich in unserem Graben zu mir gekommen. Da stellte sich heraus – Terentjew hatte mich hergeschleppt …«

Einige Augenblicke sitzen wir schweigend. Tschumak knaupelt mit dem Fingernagel am Tischrand. Karnauchow sitzt, wie er gesessen hat, den Kopf auf die Hände gestützt. Das Zünglein der Flamme in der Lampe zittert. Eins ihrer Enden ist lang und dünn und leckt mit einem schwarzen Streifchen am Glas.

»Jener Terentjew ist nachher gestorben. Ihm sind beide

Beine abgerissen worden. Ich habe es im Lazarett in Gagry erfahren. Man hat mir seine Fotografie gegeben. Er hatte vor seinem Tode darum gebeten ... Im übrigen – Terentjew ist nicht mehr, was gibt's da noch zu reden ...«

Er springt vom Tisch und fängt wieder an, im Unterstand auf und ab zu gehen. Karnauchow verfolgt ihn mit den Augen, ohne den Kopf zu wenden.

»Verstehst du? Vor dem Kriege waren die Kameraden für mich nur ... wie soll ich sagen ... nur da, damit es einem nicht langweilig ist, allein zu trinken. Und jetzt ... da habe ich einen im Spähtrupp. Du kennst ihn, Bataillonskommandeur, derselbe, um dessentwillen wir beide uns gestritten haben. Weißt du, für ihn würde ich bereit sein, einem die Kehle mit den Zähnen durchzubeißen ... Oder Gellmann – ein Jude. Schick ihn, wohin du willst, er wird alles machen. Seine ganze Familie haben die Fritzen in irgendeinem Städtchen restlos umgebracht ...«

Er unterbricht sich mitten im Satz, macht scharf kehrt und geht aus dem Unterstand. Man hört die Stufen unter seinen Schritten knarren. Karnauchow macht sich wieder an seine Zeichnung.

»Hatten Sie eine Auseinandersetzung mit Tschumak, Genosse Leutnant?« fragt er zartfühlend, ohne den Kopf zu heben.

»Ja, ich hatte so etwas Ähnliches«, antworte ich.

Karnauchow lächelt.

»Er hat es mir unlängst erzählt. Wegen eines toten Fritzen, nicht wahr?«

»Ja. Mit dem Fritz hat es angefangen.«

»Sie hätten ihm damals gar nicht gefallen, sagte er.«

»Was ist da zu tun? Allen kann man es nicht recht machen.«

»Und wie ist es jetzt? Hat sich's eingerenkt?«

»Was soll sich eingerenkt haben?«

»Haben Sie sich versöhnt?«

»Haben wir uns denn verzankt? Er hat bloß einen widerspenstigen Charakter. Will sich nichts befehlen lassen. Mir gefallen solche. Das heißt, nicht solche, die keine Befehle ausführen, sondern solche, wie Tschumak einer ist, solche Draufgänger.«

»Das kann man ihm nicht absprechen.«

»Nicht bloß das.«

»Und mir schien, daß gerade solche Ihnen kaum gefallen dürften.«

»Warum nicht? Welche denn?«

»Nun, wie soll ich's Ihnen sagen ... Sie sind nicht vom gleichen Schlage, sozusagen ...«

»Aber vielleicht ...«

Damit endet das Gespräch. Tschumak kommt herein.

»Wo ist der leere Behälter? Der für Wasser?«

»Welcher Behälter?«

»Nun, der Thermos. Ist es denn nicht egal? Der am Eingang stand.«

»Ist er nicht da?«

»Nein.«

»Wohin ist er verschwunden?«

»Der Teufel weiß es ...«

»Als ich hinausging, stand er am Eingang«, sagt Karnauchow, »bin noch darüber gestolpert.«

»Und jetzt ist er fort. Ich hab alles abgesucht.«

»Wahrscheinlich hat ihn Walega genommen, um das Loch zu flicken.«

»Und wo ist Walega?«

»Der war hier, erst unlängst. Hat die Maschinenpistole gereinigt. Was willst du von ihm?«

»Man muß doch etwas wegen des Wassers tun. Durst hat man, außerdem diese Teufelsmaschinengewehre.«

»Was willst du denn tun? Ich verstehe nicht.«

»Irgend etwas ... Der Alte meint, es murmele etwas. Er steht links an der Schlucht. Er sagt – es murmelt. Vielleicht eine Quelle.«

»Und was für eine Quelle! Da fließt das Petroleum aus den Zisternen. Du weißt doch, wie es in der Nacht zu hören ist. Bis zu den Gleisen sind's doch höchstens zweihundert Meter, nicht mehr.«

»Warum soll man nicht nachsehen?«

»Sieh nach, wenn du Lust hast.«

Wir schütten das übriggebliebene Wasser in Kochgeschirre. Es langt nicht einmal für zwei Kochgeschirre. Tschumak geht, den Thermosbehälter auf dem Rücken. Etwa fünf Minuten später erscheint Walega, setzt sich in die Ecke und reinigt die Maschinenpistole, als ob er überhaupt nicht fort gewesen wäre.

»Wohin warst du denn verschwunden?«

»Gar nicht verschwunden«, antwortet er und holt mit einem Spänchen den Schmutz aus der Pistole.

»Hast du den Behälter genommen? Den Thermos?«

»Ja.«

»Wozu zum Teufel? Wir haben uns hier halbtot gesucht.«

Walega guckt mich vorwurfsvoll an.

»Sie haben doch selbst gesagt, es sei kein Wasser da.«

»Na, und?«

»Da bin ich nach Wasser gegangen.«

»Nach Wasser?«

»Nun ja, nach Wasser.«

»Bis zur Wolga, was?«

»Nein, bis zur Wolga bin ich nicht gekommen.«

»Sprich vernünftig. Hast du Wasser gebracht?«

»Wasser hab ich nicht gebracht. Hab Wein gebracht.« Und er bohrt wieder in seiner Maschinenpistole.

Allmählich klärt sich das Bild. Er hat sich noch am Tage die Marschroute gemerkt. Irgendein Pfad rechts von der Brücke, in Richtung des dritten Bataillons.

»Warum hast du denn kein Wort gesagt?«

»Sie hätten mich doch nicht gehen lassen.«

Kurz gesagt, bis zum dritten Bataillon ist er nicht gekommen, sondern ist auf eine deutsche Küche gestoßen.

»Dort neben dem Bahndamm, wahrscheinlich kommen sie nachts dorthin gefahren. Mit Pferden, starken, kräftigen

Zugtieren. Da bin ich rangekrochen. Dort ist gerade ein Graben. Dahinein gießen sie ihre Abfälle. Zwei Fritzen sitzen und rauchen. In der Dunkelheit ist nur das Feuer zu sehen. Sie sprechen halblaut auf ihre Art – hau, hau, hau … Dann ließ einer sein Feuerzeug aufflammen. Ich sehe: an der Küche stehen Thermosbehälter. Solche wie dieser. In fünf Schritt Entfernung. Wahrscheinlich Tee oder Kaffee, denke ich mir. Und sie reden und reden. Dann ist einer fortgegangen, der andere ist geblieben. Sitzt und raucht. Und ich warte. Hab etwa zehn Minuten gewartet. Der ganze Bauch ist mir naß geworden von den Abfällen. Dann ist er austreten gegangen, hinter die Küche. Da habe ich den einen Thermos genommen und unseren dort gelassen, leer … Sie werden wohl schimpfen.«

Walega lächelt, kaum merklich, mit einem Mundwinkel. Das kommt bei ihm selten vor.

»Der Wein ist schlecht, sauer … Gerade richtig für die Maschinengewehre.«

Wir trinken jeder ein halbes Glas, mit kleinen Schlucken, um den Genuß in die Länge zu ziehen, spülen uns den Mund. Dann legen wir uns schlafen.

Ich träume vom Schwarzen Meer. Tauche vom Felsen in das durchsichtige, von Sonnenstrahlen zitternde Wasser. Und ringsherum sind Quallen, große und kleine, wie Schirme.

15

Den Unseren gelingt der Angriff nicht. Wir stehen in den Laufgräben und verfolgen die Schießerei. Die Deutschen streuen ohne Unterbrechung aus Maschinengewehren. Die Salven stoßen zusammen, überschneiden sich, fliegen hoch in den Himmel. Mal hier, mal auf der anderen Seite der Schlucht flammen Granatwerfer auf, dann verstummen auch sie. Es bleibt nur das methodische Feuer der Wachhabenden. Wir kehren in den Unterstand zurück.

Bis zum Morgen schlafen wir nicht mehr. Ein Gespräch kommt nicht in Gang. Der Mangel an Tabak macht uns alle gereizt. Die Verwundeten bitten ständig um etwas zu trinken. Gegen Morgen stirbt noch einer.

Gegen sieben Uhr kommt der »Rahmen« angeflogen. Brummt, brummt ohne Ende, blinkt beim Drehen mit den Fenstern. Dann gehen die Deutschen zum Angriff über, ohne jede Vorbereitung.

Wir verteidigen uns mit vier Maschinengewehren. An zwei Maschinengewehren MG-Schützen, an den beiden anderen Tschumak mit Karnauchow und ich mit Walega. Die Telefonisten halten mit dem Alten die Flanke.

Die Sonne haben wir im Rücken. Man kann gut schießen. Dann folgt der Beschuß. Wir nehmen die Maschinengewehre herunter und hocken uns hin. Die Splitter fliegen über unsere Köpfe.

Ich merke erst jetzt, wie abgemagert Walega ist. Seine Wangen sind ganz eingefallen und haben sich mit einer Flechte bedeckt. Die Augen sind groß und ernst. Wie er so dahockt, berühren seine Knie fast die Ohren.

Eine Granate explodiert im Gang, wenige Schritte von uns entfernt.

»Schweinehunde!« sagt Walega.

»Schweinehunde!« sage ich.

Der Beschuß dauert etwa zwanzig Minuten. Das ist sehr anstrengend. Dann stellen wir das Maschinengewehr auf die Plattform und warten. Tschumak winkt mit der Hand. Ich sehe nur seinen Kopf und seine Hand.

»Die zwei linken sind getroffen!« schreit er.

Uns bleiben noch drei Maschinengewehre.

Wir wehren noch einen Angriff ab. Bei mir frißt sich das Maschinengewehr fest. Es ist ein deutsches, und ich verstehe mich schlecht darauf, rufe Tschumak.

Er kommt den Laufgraben entlang, hinkend. Ein Splitter hat die Weichteile seines Körpers gestreift. Die Matrosenmütze ist über dem rechten Ohr durchschossen.

»Die beiden dort sind tot«, sagt er und nimmt den Verschluß heraus, »nur Fetzen sind übriggeblieben.«

Ich antworte nichts, Tschumak macht etwas am Verschlußstück – was er tut, kann man nicht verfolgen – und setzt es wieder ein. Schießt eine Salve. Alles in Ordnung.

»Werden die Patronen reichen, Bataillonskommandeur?«

»Vorläufig reichen sie.«

»Dort am Unterstand liegt noch ein Kasten. Ich glaube, der letzte ...«

»Eine Granate hat ihn getroffen.«

Er schaut mir gerade in die Augen. Ich sehe in seinen Pupillen mein Spiegelbild.

»Wir kommen hier nicht raus, Leutnant?« Seine Lippen bewegen sich kaum, sie sind trocken und weiß.

»Nein«, sage ich.

Er streckt mir die Hand hin. Ich drücke sie aus aller Kraft.

Dann wird der Alte, der Sibirier, getötet.

Wir schießen wieder. Das Maschinengewehr zittert wie im Schüttelfrost. Ich fühle, wie kleine Schweißrinnsale mir die Brust, den Rücken und unter den Armen entlangrieseln.

Vor mir ist alles eben. Ekelhafte, graue Erde. Nur ein krummer Strauch, wie eine Hand mit Podagrafingern. Dann verschwindet auch er – das Maschinengewehr mäht ihn ab. Ich weiß nicht mehr, wie oft die Deutschen auftauchen. Ein-, zwei-, zehn-, zwölfmal. Im Kopf brummt es. Vielleicht sind auch Flieger über uns? Tschumak schreit etwas. Ich kann nichts verstehen. Walega reicht die Gurte zu, einen nach dem andern. Wie schnell werden sie leer. Ringsum liegen Hülsen, kein Platz zum Stehen ...

»Gib mehr! Mehr ... Mehr, Walega!«

Er schleppt einen Kasten ... Schweiß rinnt über die Augen, warmer, klebriger Schweiß ...

»Los ... Los!«

Dann ein Gesicht, rot, ohne Feldmütze, glänzend.

»Erlauben Sie, Genosse Leutnant.«

»Geh weg!«

»Aber Sie sind doch verwundet.«

»Hau ab, zum Teufel!«

Das Gesicht verschwindet, an seiner Stelle erscheint etwas Weißes oder Gelbes oder Rotes. Eins geht ins andere über. Im Film gibt es solche auseinanderfließenden Kreise und darüber Schrift. Die Kreise werden breiter, blasser, farblos. Die Kreise verschwinden. Statt ihrer ein Gesicht. Ein goldener Schopf, aufgeknöpfter Kragen, Augen, lachende blaue Augen. Schirjajews Augen. Und auch Schirjajews Schopf. Und die Lampe mit dem grünen Schirm. Der Salmiak stinkt so, daß man weinen möchte.

»Erkennst du mich wieder, Ingenieur?«

Es ist auch Schirjajews Stimme. Jemand rüttelt mich, umarmt mich, ein rauher, stachliger Kragen gerät mir direkt in den Mund. Natürlich, das ist ja unser Unterstand. Und Walega. Und Charlamow. Und Schirjajew. Der wirkliche, lebendige, greifbare Schirjajew mit dem goldenen Haarschopf.

»Erkennst du mich wieder?«

»Herrgott im Himmel, natürlich.«

»Nun, Gott sei Dank!«

»Gott sei Dank!«

Wir schütteln einander die Hände, lachen und wissen nicht, was wir noch sagen sollen. Ringsherum lachen alle, ich weiß nicht, warum.

»Seien Sie vorsichtiger, Genosse Oberleutnant, er ist doch verwundet. Sie werden ihn noch ganz und gar durcheinanderschütteln.«

Das ist natürlich Walega. Schirjajew winkt abwehrend:

»Was heißt verwundet! Die Haut ist etwas abgeschürft, mehr nicht ... Morgen wird es geheilt sein.«

Ich fühle Schwäche. Mir schwindelt es, besonders beim Wenden des Kopfes.

»Willst du trinken?«

Ich komme gar nicht dazu, zu antworten. Zwischen meinen Zähnen ist eine säuerliche Blechbüchse, und etwas Kaltes, Angenehmes fließt durch den ganzen Körper.

»Woher kommst du, Schirjajew?«

»Bin vom Mond gefallen.«

»Nein, im Ernst.«

»Im Ernst. Habe die Ernennung bekommen, und das ist alles. Zum Bataillonskommandeur deines Bataillons ... Unzufrieden?« Er hat sich überhaupt nicht verändert. Nicht einmal magerer ist er geworden. Genauso kräftig, starkknochig, straff, die Feldmütze über der einen Braue.

»Du siehst aber elend aus«, sagt er, und ein breites, seine weißen Zähne entblößendes Lächeln weicht nicht von seinem Gesicht. »Viel Ruhe habt ihr hier anscheinend nicht gehabt.«

»Ja, was Erholung anbetrifft, so ist es hier nicht sonderlich damit bestellt ... Aber warte, warte. Woher seid ihr denn jetzt aufgetaucht?«

»Ist es nicht egal, woher? Wir sind hier, und damit Schluß.«

»Und die Fritzen?«

»Die Fritzen sind Fritzen geblieben. Sind aus der Schlucht getürmt. Haben sogar zwei Gefangene hinterlassen.«

»Seid ihr viele?«

»Wie man's nimmt. Zwei Bataillone. Deins und das dritte. Etwa fünfzig Mann.«

»Du lügst!«

Er lacht wieder, und alle ringsherum lachen auch.

»Warum soll ich denn lügen? Deiner Meinung nach viel?«

»Und deiner Meinung nach?«

»Wie man's nimmt ...«

»Halt ... Und die Brücke? Was ist mit der Brücke?«

»Da sitzen noch etwa fünf Mann«, wirft Charlamow ein, »aber nicht mehr lange.«

»Wunderbar. Einfach wunderbar ... Und Tschumak, Karnauchow?«

»Sie leben!«

»Na, Gott sei Dank. Gib mir noch etwas Wasser.«

Ich trinke noch anderthalb Becher. Schirjajew steht auf.

»Bring dich in Ordnung, und ich werde unterdes sehen, was sich da tut. Am Abend werden wir uns was erzählen, werden uns an den Oskol, an Petropawlowka erinnern. Weißt du noch, wie wir am Ufer saßen?« Er streckt mir die Hand hin. »Kannst du dich noch an Filatow erinnern? An den Maschinengewehrschützen? War so ein Älterer, ein Nörgler.«

»Ja, ich erinnere mich.«

»Der ist von einem deutschen Panzer zermalmt worden. Ist nicht vom Maschinengewehr weggegangen. So sind sie denn beide zusammen zerquetscht worden.«

»Schade um den Alten.«

»Schade. War ein guter Alter.«

Wir schweigen einige Sekunden.

»Nun, ich gehe.«

»Geh! Also am Abend.«

Er geht fort, die Mütze auf die linke Braue geschoben.

Am Abend sitzen wir, Schirjajew und ich, im Bataillonsgefechtsstand – im Rohr unter dem Damm.

Meine Wunde ist unbedeutend – die Stirnhaut ist abgeschürft, und eine kleine Schramme zieht sich bis zum Haar hin. Ich kann sogar trinken, allerdings nicht viel. Wir trinken ein schrecklich stinkendes Gesöff, Sprit oder Branntwein, essen Heringe dazu, dieselben, die ich auf der Höhe hinausgeworfen habe. Walega konnte es natürlich nicht mit ansehen.

»Wie kann man so was wegwerfen«, sagt er. »Als Sie das letzte Mal getrunken haben, haben Sie selbst gesagt: ›Ein Hering wäre jetzt gut, Walega‹ …« Er breitet sie, säuberlich entgrätet und zerteilt, auf einer gestohlenen Zeitung aus Charlamows Archiv aus. Aus diesem Grunde entstehen zwischen ihnen immer Streitigkeiten.

Wir sitzen und trinken, erinnern uns an den Juni, den Juli, an die ersten Tage des Rückzuges, an die Scheunen, in denen wir uns trennten. Danach hat Schirjajew fast sein ganzes Bataillon verloren. Sie sind von den Deutschen bei Kantemirowka umzingelt und fast alle aufgerieben worden. Er selbst wäre beinahe in Gefangenschaft geraten. Dann ist er mit vier übriggebliebenen Soldaten nach Weschenskaja marschiert. Dort wären sie wieder beinahe den Deutschen in die Hände gefallen, konnten sich aber aus der Schlinge ziehen und über den Don entkommen. Hinter dem Don ist er in irgendeine Division geraten, die aus Überresten zerschlagener Divisionen zusammengestellt worden war. Hat bei Kalatsch gekämpft, war leicht verwundet und ist nach Stalingrad zur Frontreserve versetzt worden. Dort hat er etwa einen Monat gesteckt, und nun ist er zum Bataillonskommandeur in unserem Regiment ernannt worden.

Ich liege auf einer hölzernen Pritsche, die aus Brettern zusammengezimmert ist, und betrachte Schirjajew. Ich bemühe mich, in ihm eine, wenn auch nur kleine, Veränderung zu entdecken. Nein, er ist genau derselbe, sogar das blaue Dreieck des Sporthemdes guckt unter dem aufgeknöpften Kragen hervor.

»Hast du von Maximow nichts gehört?« frage ich.

»Nein ... Mir hat jemand erzählt, ich weiß nicht mehr, wer, daß er ihn irgendwo auf dieser Seite des Don gesehen habe. Ist aber wenig glaubhaft. Ich bin die ganze Seite abgefahren, habe ihn aber nicht ein einziges Mal getroffen.«

»Wen hast du von den Unseren getroffen?«

»Von den Unseren?« Schirjajew kraust die Nase. »Einige von den Kompanieführern. Goglidse, den Chef der Aufklärung. Ist auf einem Auto vorbeigefahren, hat mit der Hand gewinkt. Nun, wen noch? Mädels aus dem Lazarett ... Den Parteiorganisator Kostritschnyj ... Ja!« Er schlägt mit der Handfläche auf den Tisch. »Auch deinen Freund, den Chemiker ... wie heißt er doch?«

»Igor? Wo?« Ich richte mich sogar auf.

»Auf dieser Seite. Vor etwa fünf Tagen.«

»Du lügst!«

»Wieder ›du lügst‹! Auf dem ›Roten Oktober‹ ist er. In der Neununddreißigsten.«

»In der Neununddreißigsten?«

»Und nicht als Chemiker, sondern als Ingenieur, so wie du. Minenfelder, Sprengminen und ähnlicher Unfug.«

»Was hast du in der Neununddreißigsten gemacht?«

»Ach, gar nichts. Ist alles zufällig rausgekommen. Hab den Armeestab gesucht, und irgendein Dummkopf sagte mir, daß er sich in der Bannyj-Schlucht befände. Da bin ich hingegangen. Hast du eine Ahnung, was sich dort tut? Auf drei Schritt Entfernung ist nichts zu sehen. Rauch, Staub und weiß der Teufel was noch ... Die Fritzen machten gerade einen Luftangriff. Ich – rein in den Graben. Später, als die Fritzen fortgeflogen waren, ergriff jemand meine Hand. Ich sehe – dein Igor. Hab ihn anfangs gar nicht erkannt. Der Schnurrbart wegrasiert. Ganz schwarz, verrußt. Hab ihn nur an den Augen erkannt.«

»Aber lebendig, gesund?«

»Lebendig, gesund. Hat natürlich nach dir gefragt. Aber was konnte ich sagen? Ich weiß nichts, und das ist alles. Haben wir bedauert, und abermals bedauert, und dann sagte er, er glaube, daß du in der Hundertvierundachtzigsten wärst. War nur bange, daß er vielleicht die Zahl verwechselt hätte. Aber ich habe mir's dennoch aufgeschrieben. War fest entschlossen, zu dir zu gelangen. Stellen sind jetzt genügend frei in der Division – du weißt ja, wie viele. Habe mich im Armeestab in die Hundertvierundachtzigste gemeldet. Sie haben mich dort mit offenen Armen empfangen. Bei der Division erfuhr ich, in welchem Regiment du bist.«

»Ein Prachtkerl bist du, wirklich.«

»So ist es also herausgekommen.« Schirjajew streckt die Hand nach der Flasche aus. »Noch einen, was?«

Wir trinken jeder noch einen.

»Hast du Sedych gesehen?«

»Nein, hab ihn nicht gesehen. Hab auch vergessen, nach ihm zu fragen. Wir haben bloß etwa zehn Minuten miteinander gesprochen.«

»Sein Zigarettenetui bewahre ich heute noch auf. Er hat es mir zum Abschied geschenkt.«

Ich nehme aus der Tasche das Zelluloidetui.

»Ein gutes«, sagt Schirjajew.

»Ein gutes. Selbstgemacht. Im Traktorenwerk. Hast du eine Ahnung, wieviel Zelluloid dort war!«

»Gut gemacht. Wirklich selbstgemacht?«

»Gewiß.«

»Und wer hat das auf dem Deckel eingeritzt?«

»Ich. Das ist ein Monogramm. Ich habe es einfach mit dem Messer eingeritzt.«

»Gut! Hast du nur eins?«

»Ja. Meins habe ich verschenkt. Dieses ist von Sedych, als Andenken. Ein feiner Bursche war er.«

»Ja, das war er.«

Schirjajew schenkt noch einmal ein.

»Mir nicht mehr«, sage ich »mir dreht es schon im Kopf.«

Später kommt Abrossimow, der Stabschef des Regiments. Blaß, mit unzufriedenem Aussehen. Er sagt, daß der Divisionskommandeur ihn beinahe abgesetzt hätte dafür, daß er in der vergangenen Nacht, nicht in dieser, in der vorhergegangenen, den Angriff hintertrieben hatte. Aber was konnte er machen? Das Regiment sollte wieder neue Stellungen beziehen. Später ist der Befehl widerrufen worden.

Schirjajew und er gehen zur vordersten Stellung, Charlamow und ich machen die Unterlagen für die Übergabe des Bataillons fertig. Gegen zwölf Uhr kehrt Schirjajew zurück. Ich übergebe das Bataillon, und beim Mondaufgang begebe ich mich mit Walega ans Ufer. Karnauchow und Tschumak sind noch immer in der vordersten Stellung, so kann ich mich von ihnen nicht verabschieden.

Charlamow streckt mir die Hand hin.

»Wenn es Ihnen langweilig wird am Ufer, gucken Sie mal zu uns rein.« Und er schaut mich mit seinen guten armenischen Augen an.

Mir ist ein wenig traurig zumute. Ich habe mich schon an das Bataillon gewöhnt. Der Soldat am Eingang – er hat einen solch langen, komplizierten Namen, daß man ihn gar nicht behalten kann – grüßt sogar, indem er das Gewehr aus der rechten in die linke Hand wirft.

»Gehen Sie von uns fort, Genosse Bataillonskommandeur?«

»Ja.«

Er hustet und grüßt wieder, diesmal abschiednehmend.

»Kommen Sie wieder, vergessen Sie uns nicht!«

»Unbedingt, unbedingt«, sage ich und krieche mit Walegas Hilfe aus dem Laufgraben heraus. Der Soldat mit dem komplizierten Namen stützt mich zartfühlend von hinten.

16

Drei Tage tue ich nichts. Ich esse, schlafe, lese. Sonst nichts. Lissagors neuer Unterstand ist großartig. Ein Wunder der Tiefbaukunst. Ein sieben Meter langer Tunnel direkt in der Böschung. Am Ende rechts befindet sich ein Zimmer, ein richtiges Zimmer, nur ohne Fenster. Alles ist sorgfältig mit Brettern verkleidet, mit dünnen Brettern, die aneinander passen. Diele, Decke, zwei Betten mit einem Tischchen dazwischen. Über dem Tischchen ein ovaler Empirespiegel mit einem pausbackigen Amor. In der Ecke ein Primuskocher und ein Kanonenöfchen. Matratzen, Kissen, Decken. Was ist noch nötig? Gerade gegenüber hämmern noch immer die Pioniere, schon für sich.

»Wir werden wie die Götter leben«, sagt Lissagor. »Werden Pritschen in zwei Etagen bauen, eine Pyramide für Gewehre und Geräte, Tisch, Bank, Küchenecke. Im Korridor Lager für Explosivstoff. Weißt du, wieviel Erde über uns ist? Vierzehn Meter! Und alles Lehm. Hart wie Granit. Mit einem Wort, wir haben uns für lange eingerichtet.«

Mir gefällt das alles. Eine gute, schützende Unterkunft an der Front ist, wenn auch nicht die Hälfte, doch auf jeden Fall ein Viertel des Erfolges. Drei Tage lang genieße ich dieses Viertel.

Morgens füttert mich Walega mit einer Makkaronisuppe, so fett und dick, daß man kaum den Löffel umdrehen kann, dann mit Tee aus dem eigenen Samowar, der gemütlich in der Ecke summt. Das Kissen in den Rücken gestopft, löse ich Kreuzworträtsel aus alten Nummern des »Krasnoarmejez« und genieße die Lektüre der Moskauer Zeitungen.

Auf dem Erdball ist alles ruhig.

In Neuseeland ist ein neuer Jahrgang einberufen worden. An der ägyptischen Front rege Tätigkeit englischer Patrouillen. Wir haben diplomatische Beziehungen mit Kuba und Luxemburg aufgenommen. Die Luftwaffe der Alliierten hat kleinere Angriffe auf Laer, Buna auf Neuguinea und auf die Insel Tenor unternommen. Die Gefechte mit den Japanern im Abschnitt Owen-Stanley sind etwas intensiver geworden.

Auf Madagaskar bewegen sich die englischen Truppen auch irgendwohin, besetzen irgend etwas, kämpfen mit irgendwem, es ist nur schwer festzustellen, mit wem, und machen sogar Gefangene.

Im Großen Theater spielt man »Dubrowskij«, im Kleinen »Die Front« von Kornejtschuk, bei Nemirowitsch-Dantschenko »Die schöne Helena« …

Und hier, in einer Tiefe von vierzehn Metern, anderthalb Kilometer von der vordersten Stellung entfernt, von der jetzt die ganze Welt spricht, fühle ich mich so gemütlich, so ruhig wie im Hinterland. Gibt es denn wirklich noch ruhigere Orte? Beleuchtete Straßen, Straßenbahnen, Omnibusse, Hähne, aus denen Wasser fließt, wenn man sie aufdreht? Verwunderlich …

Ich liege, blicke zur Decke empor und stelle tiefgründige Betrachtungen an, darüber, daß in der Welt alles relativ ist, daß für mich im Augenblick das höchste Ideal dieser Unterstand ist, der Topf mit Nudeln, Hauptsache, daß sie recht heiß sind. Und vor dem Kriege mußte ich Anzüge haben und gestreifte Schlipse; im Bäckerladen zankte ich mich herum, wenn man mir für zwei Rubel siebzig einen »Kalatsch«* gab, der nicht genügend knusprig war … Sollten wir wirklich nach dem Kriege, nach all diesen Bombardements wieder … Und so weiter in diesem Sinne.

Dann wird es mir langweilig, die Decke anzustarren und mir Gedanken über die Zukunft zu machen. Ich klettere hinaus.

Wie früher greifen Flugzeuge den »Roten Oktober« an, wie früher explodieren Granaten auf der Wolga, mal auf jenem und manchmal auch auf diesem Ufer. Boote huschen auf dem Fluß vorbei und werden von den Deutschen beschossen. Aber nur wenige achten darauf. Sogar als ein Pärchen toller Messerschmitt das Ufer beschießt und die Junkers zur Abwechslung ihre Bomben nicht über dem »Roten Oktober«, sondern über uns abwerfen, regt sich niemand sonderlich auf. Alle verkriechen sich unter Stämme oder in Gräben und gucken von da raus wie Zieselmäuse. Dann kriechen alle hervor, und wenn jemand getötet worden ist, dann begräbt man ihn gleich am Ufer, in den Bombentrichtern. Die Verwundeten werden ins Lazarett geschafft. Und das alles geschieht ruhig, unter Rauchen und Witzemachen.

Ich habe mir's auf einem dicken Rohr (mir unbekannten Ursprungs) bequem gemacht, das sich längs des ganzen Ufers hinzieht, und baumele mit den Beinen. Ich rauche eine Mischung, die einen umwirft und den Atem verschlägt, genieße die letzten Sonnenstrahlen, den blauen Himmel, die Kirche am anderen Ufer und denke …

Nein, wahrscheinlich denke ich an gar nichts. Ich rauche nur und baumele mit den Beinen.

Garkuscha, der schnurrbärtige Gehilfe des Kompanieführers, kommt zu mir heran. Ich zeige ihm meine Uhr – sie bleibt oft stehen. Er schaut sie sich an, schüttelt sie und meint, der Zylinder sei Dreck, und gleich zu meinen Füßen, nachdem er sich ein Brett auf die Knie gelegt hat, fängt er an,

* Kalatsch – Weizengebäck.

sie zu reparieren. Seine Bewegungen sind erstaunlich knapp und präzis, obgleich es den Anschein hat, als ob die Uhr von der bloßen Berührung seiner gewaltigen schwieligen Hände gleich zerdrückt und zermalmt werden würde.

Seinen Vorkriegsberuf kann ich so nicht feststellen. Er ist sechsundzwanzig Jahre alt, aber er ist schon Uhrmacher, Ofensetzer, Taucher gewesen, sogar Zirkusakrobat, ja, er hat es fertiggebracht, dreimal verheiratet gewesen zu sein, und korrespondiert regelmäßig mit allen drei Frauen, obgleich zwei von ihnen neue Ehemänner haben.

Im Gespräch ist er zurückhaltend, aber er antwortet bereitwillig auf alle Fragen. Da ich nichts zu tun habe, frage ich viel. Er antwortet ausführlich, als ob er einen Fragebogen ausfülle. Von der Uhr reißt er sich nicht für eine Minute los. Nur einmal geht er in den Tunnel, um die Pioniere zu kontrollieren.

Dann erscheint Astafjew, der Operationsgehilfe des Stabschefs, in unserer Sprache »PNSch-l«. Er ist jung, elegant, trägt einen Backenbart wie Onegin, seine Augen haben einen bleiernen Blick. Er spricht etwas schnarrend, auf französische Art. Offenbar glaubt er, daß ihm das steht. Wir sind erst zwei Tage miteinander bekannt, aber er betrachtet mich schon, glaube ich, als seinen besten Freund und nennt mich »George«. Er heißt Ippolit. Meiner Meinung nach sehr treffend. Irgendwie erinnert er an den Ippolit Kuragin von Tolstoi.* Er ist genauso beschränkt und anmaßend. Er ist Dozent der Geschichte an der Universität Swerdlowsk. Wenn er eine Zigarette raucht, spreizt er geziert den kleinen Finger und bläst den Rauch aus, indem er den Mund zu einem Röhrchen formt. Der Beruf verpflichtet, und so sammelt er bereits Material für die künftige Geschichtsschreibung.

»Verstehen Sie, wie interessant das ist, George?« sagt er und stützt sich elegant auf das Rohr, von dem er vorher den Staub weggepustet hat. »Gerade jetzt, im Brennpunkt des

* Ippolit Kuragin – Gestalt aus »Krieg und Frieden«.

Geschehens, darf man es nicht vergessen. Am wenigsten dürfen wir das, wir Leute von Kultur und Bildung, die wir Teilnehmer dieser Geschehnisse sind. Jahre werden vergehen, und für einen halbvermoderten Schießplan Ihres Zugführers wird man Tausende zahlen und ihn durch die Lupe betrachten. Nicht wahr?«

Er faßt einen meiner Knöpfe und dreht ihn mit Zeigefinger und Daumen leicht hin und her.

»Sie werden mir helfen, George, nicht wahr? Auf Abrossimow und ähnliche kann ich nicht zählen, das verstehen Sie selbst. Außer der Ausführung eines Befehls oder der Einnahme einer Höhe interessiert sie nichts.«

Er lächelt leicht mit dem Ausdruck eines Menschen, der nicht eine Minute daran zweifelt, daß man sich mit ihm nicht einverstanden erklären könnte.

Der Teufel weiß es … Vielleicht hat er auch recht. Aber mich interessiert es im Augenblick nicht. Er reizt mich überhaupt, sein Backenbart und »George« und die rosa Nägel, die er ständig mit dem Federmesser reinigt.

Über dem Abhang erscheint eine Kette von Junkers-Flugzeugen mit gelben Flügeln. Astafjew schielt nach ihnen und macht eine graziöse Bewegung mit der Hand.

»Nun, ich gehe … Die Formulare fressen einen auf. Zwanzig Stück am Tage. Die müssen völlig verblödet sein im Divisionsstab. Kommen Sie rein zu mir, George.« Und er verschwindet in seinem Unterstand.

Die Junkers richten sich in einer Linie aus und machen einen Sturzangriff auf den »Roten Oktober«.

Die Zunge zwischen den Zähnen, setzt Garkuscha sorgfältig mit einer Pinzette ein Rädchen in meine Uhr.

In der Offiziersküche hämmern die Hackmesser. Zu Mittag gibt es wohl Koteletts.

17

Am Ende des dritten Tages werde ich in den Stab gerufen. Das Pioniermaterial ist eingetroffen. Ich bekomme tausend Minen: fünfhundert Panzerminen, gewaltige, sechs Kilo schwere Kästen aus ungehobelten Brettern, und genauso viele kleine Schrapnellminen mit zweihundert Gramm schweren Sprengkörpern. Vierzig Rollen amerikanischen Draht mit bunten Etiketten »Made in USA«, zweihundert Spaten, dreißig Picken. Einiges ist Ramsch, vor allem die Spaten. Sie sind aus Eisen, biegen sich und haben ungehobelte Griffe.

Dieser ganze Reichtum wird auf dem Ufer, gegenüber dem Eingang zu unserem Tunnel, ausgebreitet. Ringsum halten die Pioniere Wache. Auf die Ehrlichkeit der Nachbarn ist kein Verlaß.

Am Morgen fehlen zwanzig Spaten und zehn Picken. Der Wachhabende, Tugijew, ein stämmiger Bursche mit rundem Gesicht, zwinkert erstaunt mit den Augen. Seine Finger, die an der Hosennaht liegen, zittern vor Erregung.

»Ich bin nur austreten gegangen, Genosse Leutnant. Ehrenwort. Sonst nirgendwohin. Und austreten bin ich gewesen hinter den Steinen – von da aus war alles zu sehen.«

»Austreten oder nicht austreten, das geht uns nichts an«, sagt Lissagor, und seine Stimme und sein Blick sind so schrecklich, daß Tugijews Finger noch mehr zittern. »Daß zum Abend alles da ist.«

Am Abend während der Kontrolle stellen wir zweihundertzehn Spaten und fünfunddreißig Picken fest. Tugijew strahlt.

»Das ist Erziehung!« sagt Lissagor fröhlich, und nachdem er am Ufer die Soldaten versammelt hat, liest er ihnen lange die Leviten darüber, daß der Spaten dem Gewehr gleichzustellen sei, und wenn nur jemand, Gott behüte, einen Spaten oder eine Picke verliere oder sogar bloß die Drahtschere, er sofort vor das Kriegsgericht komme. Die Soldaten hören alle gespannt zu und schneiden in die Stiele ihre Namen ein. Wenn sie schlafen gehen, legen sie den Spaten unter den Kopf …

Ich beschäftige mich mit den Skizzen. Ich fertige eine große Karte unserer Verteidigungsstellung auf Pausleinwand an, male sie mit Buntstiften aus und gehe damit zum Divisionsingenieur.

Er haust etwa drei- bis vierhundert Meter von uns entfernt, auch am Ufer, beim Pionierbataillon. Sein Name ist Ustinow. Hauptmann. Nicht mehr jung, an die Fünfzig, Brillenträger, höflich. An allem erkennt man, daß er das erstemal an der Front ist. Während er spricht, dreht er einen großartig gespitzten gelben Bleistift zwischen den Fingern. Jeden formulierten Gedanken bringt er zu Papier in mikroskopisch kleiner, abgerundeter Handschrift: Erstens, zweitens, drittens …

Auf dem Tisch im Unterstand ein Haufen Bücher – Uschakows »Befestigungskunst«, »Befestigung des Geländes« von Gerbanowskij, Anleitungen, Nachschlagebücher, Reglements.

Ustinows Pläne über die Befestigung der vordersten Stellung sind phänomenal in ihren Maßstäben, der Mannigfaltigkeit der angewandten Mittel und der ausführlichen Durcharbeitung dieser Mannigfaltigkeit.

Er nimmt eine Karte heraus, die mit verschiedenfarbigen Klammern, Bögen, Kreuzen, Rhomben und Zickzacken besät ist. Das ist keine Karte mehr, sondern ein Teppich. Er breitet sie sorgfältig auf dem Tisch aus.

»Ich brauche Ihnen nicht zu erklären, wie wichtig das alles ist. Ich denke, das verstehen Sie selbst. Aus der Kriegsgeschichte wissen wir beide ganz genau, daß unter den Bedingungen des Stellungskrieges – und gerade diese Art des Krieges streben wir jetzt an – die Zahl, die Qualität und die Durcharbeitung der Verteidigungsanlagen eine führende, ich möchte sogar sagen, eine erstrangige Rolle spielen.«

Er schluckt Speichel und blickt mich über die Brille hinweg mit seinen kleinen Augen an, über deren Lidern die Haut in Falten hängt.

»Vor siebenundachtzig Jahren hielt Sewastopol gerade deshalb stand, weil unsere Kollegen – die Pioniere – und jener Totleben* es verstanden hatten, einen beinahe unbezwingbaren Gürtel aus Befestigungen und Hindernissen zu errichten. Die Franzosen und die Engländer und sogar die Sardinier haben dieser Frage ebenfalls große Beachtung geschenkt. Wir wissen zum Beispiel, daß vor dem Malachow-Hügel ...«

Und er erzählt ausführlich, mit Angabe einer ganzen Menge Zahlen, über die Befestigungen von Sewastopol, springt dann auf den Russisch-Japanischen Krieg über, auf Verdun, auf die berühmten Drahtverhaue bei Kachowka.

Sorgfältig legt er die Zeichnungen, auf denen die Lage der Retranchements und Approchen von Sewastopol markiert ist, in eine Mappe mit der Aufschrift: »Historische Beispiele.«

»Sie sehen, wir haben Arbeit ohne Ende. Und je schneller wir sie bewältigen, desto besser.«

Er schreibt auf ein Blatt Papier eine »1« und umgibt sie mit einem Kreis.

»Das ist erstens. Zweitens bitte ich Sie gehorsamst, mir täglich Punkt sieben eine Meldung zu erstatten über die während der Nacht durchgeführten Arbeiten: a) durch Ihre Pioniere, b) durch die Divisionspioniere, c) durch die Armeepioniere, falls welche dasein sollten – und ich hoffe, daß dies der Fall sein wird, d) durch die Schützeneinheiten. Außerdem ...«

Das Papier bedeckt sich wieder mit Zahlen – römischen, arabischen, in Kreisen, kleinen Bögen, Quadraten oder auch ganz ohne.

Zum Abschied streckt er mir die Hand hin, eine schmale, intelligente Hand mit Podagraschwellungen an den Gelenken.

* Totleben – russischer General im Krimkrieg.

»Vor allem bitte ich Sie, nicht zu vergessen, an jedem Vierzehnten und Neunundzwanzigsten die Formulare einzusenden – 1, 1b, 13 und 14. Und den Monatsbericht zum Dreißigsten. Noch besser ebenfalls am Neunundzwanzigsten. Und jede Woche eine zusammenfassende Tabelle der durchgeführten Arbeiten. Das ist sehr wichtig ...«

In der Nacht, bei einer Büchse Fischkonserven, lacht Lissagor fröhlich und laut:

»Nun, Leutnant, bist du rettungslos verloren! Du mußt ein ganzes Planungsbüro eröffnen. Hast du ihn nicht gefragt, woher er kommt? Ist er vielleicht von der Ingenieur-Akademie gekommen?«

18

Die Tage gehen dahin.

Die Kanonen schießen. Kleine, mit kurzen Rohren, das sind die Regimentskanonen. Sie schießen aus nächster Nähe, direkt aus der vordersten Linie. Etwas größere – die Divisionskanonen – schießen vom steilen Abhang über dem Ufer, aufgestellt zwischen einem Ofen und einem zerschlagenen Bett. Die ganz großen, mit den langen, hochragenden Rohren unter den Tarnungsnetzen, schießen vom anderen Ufer der Wolga. Auch die ganz schweren lassen ihre Stimme vernehmen. Sie werden auf Raupenschleppern gefahren, Rohr und Lafette für sich. Der Oberzahlmeister, Lasar – so wird er im ganzen Regiment genannt –, ein beweglicher, sympathischer, an allem interessierter Mann, der von drüben gekommen ist, um die Löhnung auszuzahlen, sagt, daß dort kein Platz mehr zum Spucken sei, unter jedem Strauch stehe eine Kanone.

Die Deutschen feuern wie früher eifrig mit sechsläufigen Granatwerfern auf die Überfahrtstelle, und die Wolga glänzt hinterher noch lange von den silbrigen Bäuchen betäubter Fische.

Flugzeuge brummen: die deutschen am Tage, unsere »Kukurusniks« in der Nacht. Allerdings sind auch bei den Deutschen Nachtflugzeuge erschienen, und man kann jetzt nachts gar nicht mehr sagen, wo unsere sind und wo ihre. Wir graben, legen Minen, schreiben lange Meldungen: »In der Nacht sind angelegt worden: Schützengräben – soundso viele, Laufgräben – soundso viele, Granatwerferstellungen, Unterstände, Minenfelder – soundso viele, Verluste – die und die, in der gleichen Zeit zerstört – das und das ...«

Am Ufer werden bei uns Werkstätten eröffnet. Zwei kränkliche Pioniere drehen eine Holztrommel, fertigen Drahtwalzen an – ein Mittelding zwischen einer Harmonika und einer Wurst aus Stacheldraht. Später werden sie von den Divisionspionieren vor der vordersten Linie aufgestellt. Jeden Abend stellt sich ein Zug der zweiten Kompanie des Pionierbataillons ein. Meine Pioniere legen Minen und leiten die Arbeiten in der zweiten Verteidigungsstellung. Hier arbeiten die sogenannten »Nichtstuer«: Schneider, Friseure und Flammenwerferschützen, die ihre Ausrüstung noch nicht bekommen haben. Mit dem Minenlegen beschäftigen sich natürlich Garkuscha und der Kommandeur der zweiten Gruppe, Agniwzew – ein energischer, gewissenhafter Mensch, aber unbeliebt bei den Soldaten wegen seiner Grobheit.

Lissagor ist wie früher emsig und brummig. Er hat immer einen unaufschiebbaren Auftrag des Regimentskommandeurs – mal muß er einen Schuppen für das Kleiderlager bauen, mal eine Waffenwerkstatt oder sonst etwas. Er riecht immer noch nach Wodka, wie ein Faß, aber er hält sich gut.

Am Tage ruhen wir uns aus, richten die Unterstände ein, kalfatern die Boote. Sobald die ersten Sterne auftauchen, nehmen wir Spaten und Picken und gehen in die vorderste Stellung. Es gibt nur noch wenige Brandstellen. Raketen erhellen den Weg.

Nach der Arbeit sitzen wir mit Schirjajew und Karnauchow – im zweiten Bataillon bin ich am häufigsten – in dem engen, überheizten Unterstand, rauchen Machorka, schimpfen auf das Soldatenleben und beneiden die in der Etappe. Manchmal spielen wir Schach, und Karnauchow setzt mich systematisch matt. Ich bin ein schlechter Schachspieler.

Gegen Morgen, wenn der Tag zu grauen anfängt, gehen wir nach Hause. Morgens ist es schon kalt. Bis gegen zehn Uhr verschwindet der Reif nicht. Im Unterstand erwarten mich Tee, von gestern übriggebliebene Konserven und der in der Ecke gemütlich knisternde Ofen …

In der Sprache der Heeresberichte nennt man das alles zusammen: Unsere Truppenteile führten Feuergefechte mit dem Gegner und befestigten ihre Stellungen. Die Worte »hart« und »schwer« fehlen schon seit zehn Tagen im Heeresbericht, obgleich die Deutschen wie früher von morgens bis abends Bomben abwerfen, schießen, hier und da angreifen. Aber sie haben nicht mehr den früheren Schwung und das Selbstvertrauen, und immer seltener und seltener werfen sie über unseren Köpfen Wolken von Flugblättern ab mit der Aufforderung, wir möchten uns ergeben und die Hoffnung auf den vom Norden her anmarschierenden Shukow aufgeben.

Der November beginnt mit verstärkten Morgenfrösten. Endlich bekommen wir Winterbekleidung: Wintermützen, warme Jacken, gesteppte Hosen, Tuchfußlappen und Fäustlinge aus Kaninchenfell. Man verspricht uns, daß in den nächsten Tagen Filzstiefel und Fellwesten eintreffen werden. Wir nähen die Sternchen von den Feldmützen auf die grauen Wintermützen und stellen uns auf die Winterordnung um – gehen nicht mehr an die Wolga zum Waschen und fangen an zu rechnen, wie viele Tage es noch bis zum Frühling sind.

Ustinow überschüttet mich mit einer ganzen Flut von Zetteln – kleinen, sorgfältig zusammengefalteten und zusammengeklebten, mit dem unvermeidlichen »Streng geheim!« und »Nur für Kershenzew!« rechts in der Ecke; sie fordern von mir beharrlich und in verschiedenartigen Ausdrücken bald ein nicht zugeschicktes Formular, bald einen verspäteten Bericht; bald machen sie auf die Notwendigkeit aufmerksam, die Minenfelder für die Winterverhältnisse vorzubereiten: die Zünder mit Fett einzuschmieren und die schlecht getarnten Minen mit weißer Farbe anzustreichen.

Diese Zettel bringt ein lustiger pockennarbiger und stupsnasiger Pionier, Ustinows Melder. Schon vor der Tür ruft er mit seiner schallenden Jungenstimme:

»Machen Sie auf, Genosse Leutnant! Die Morgenpost ist da!«

Mit Walega ist er befreundet. Sie rauchen die unvermeidliche Zigarette, hocken sich am Eingang hin und stellen Betrachtungen an über ihre und fremde Offiziere.

»Meiner schreibt in einer Tour«, tönt durch die Tür die Stimme des Melders. »Sowie er aufsteht, greift er zum Bleistift. Ich glaube, er geht nicht einmal auf die Toilette. Fürchtet sich zu sehr vor Minen. Hat sogar befohlen, eine Schutzwand aus Stämmen vor dem Eingang zu errichten und die Toilette mit Schienen zu bedecken.«

»Meiner hingegen schreibt höchst ungern«, sagt im tiefen Baß Walega. »Schimpft immer auf deinen, weil er ihm so viele Zettel schickt. Dafür muß ich ihm Bücher beschaffen; er liest alles. Schlürft Schtschi* und guckt dabei mit einem Auge entweder ins Buch oder in die Zeitung. Ist sehr gebildet!«

»Nicht mehr als meiner«, antwortet beleidigt der Melder. »Hast du gesehen, wie viele Bücher bei uns auf dem Tisch liegen? Das eine – ich habe es selbst gesehen – hat fünfhundert Seiten. Und alles in ganz kleiner Schrift, ohne Brille kann man sie gar nicht lesen.«

»Geht deiner auch manchmal in die vorderste Stellung?« fragt plötzlich Walega.

»Wie sollte er denn! Ist schon zu alt. Und außerdem kann er nachts nichts sehen.«

Walega schweigt triumphierend. Der Melder geht mit meinem Bericht.

Manchmal kommt Tschumak zu uns – er haust nebenan,

* Schtschi – Kohlsuppe.

in zehn Schritt Entfernung –, bringt Karten mit, und wir spielen »17 und 4«.

Manchmal gehen wir mit Lissagor zu ihm hin, um Grammophon zu hören.

Von Zeit zu Zeit kommt vom anderen Ufer der Oberzahlmeister Lasar. Er quartiert sich bei uns ein. Walega breitet ihm zwischen den Pritschen den Mantel aus und schlägt sein eigenes Lager am Ofen auf. Lasar erzählt Neuigkeiten vom linken Ufer: Man will uns angeblich zur Neuaufstellung schicken, vielleicht nach Leninsk oder nach Sibirien. Wir wissen, daß das alles Unsinn ist, daß man uns nicht zurückziehen wird, aber wir tun so, als ob wir es glaubten – glauben ist ja viel angenehmer als nicht glauben –, und machen Pläne vom friedlichen Leben in Krasnoufimsk oder in Tomsk. Den größten Platz in all diesen Plänen nehmen Pelmeni ein und saure Sahne, natürlich auch das weibliche Geschlecht.

Einmal stürzt im Abschnitt unseres Regiments eine Messerschmitt ab. Wer sie abgeschossen hat, ist unbekannt, aber in den Abendmeldungen aller drei Bataillone heißt es: »Durch treffsicheres Gewehr- und MG-Feuer der Einheiten unseres Bataillons ist ein Flugzeug des Gegners zum Absturz gebracht worden.« Es stürzt in der Nähe der Fleischfabrik ab, und trotz des Beschusses, trotz der Rufe der Kommandeure fängt eine förmliche Wallfahrt zu ihm an. Eine halbe Stunde nach dem Absturz bringt Tschumak eine bezaubernde Uhr mit Leuchtzeigern und ein großes Stück Plexiglas. Eine Woche später protzen wir alle mit riesigen durchsichtigen Zigarettenspitzen, von Garkuscha hergestellt. Er hat keine Ruhe mehr vor Auftraggebern. Sogar der Major, der drei Pfeifen hat und niemals Zigaretten raucht, bestellt sich eine besondere Spitze mit Metallfassung.

19

Am Sechsten abends ruft mich Schirjajew an.

»Die Fritzen greifen nicht an. Ich langweile mich. Bei mir gibt's heute Koteletts. Und morgen ist Feiertag. Komm herüber!«

Ich lasse nicht auf mich warten, gehe hin. Später kommen noch Farber und Karnauchow.

»Weißt du noch«, sagt Schirjajew, »wie wir damals bei Kupjansk beide tranken? In der letzten Nacht ... Bei mir im Keller. Dazu haben wir Bratkartoffeln gegessen. Mein Philipp war Meister im Zubereiten von Bratkartoffeln. Erinnerst du dich noch an Philipp? Ich hab ihn verloren. Bei Kantemirowka. War kein schlechter Bursche ...«

Er dreht den Becher in den Händen.

»Woran hast du damals gedacht? He, Jurka? Als wir am Ufer saßen? Das Regiment war weg, und wir saßen und blickten nach den Raketen. Woran hast du damals gedacht?«

»Was soll ich dir sagen ...«

»Brauchst nichts zu sagen ... Ich weiß. Es tat weh. Tat teuflisch weh, nicht wahr? Und dann, weißt du noch, in einem Dorf, der Alte, der uns Wasser gab? ›Ihr wollt nicht kämpfen‹, so sagte er. ›Seid kräftig, wollt aber nicht.‹ Und wir wußten nicht, was wir antworten sollten. Verstanden es selbst nicht. Wenn er doch jetzt hier wäre, dieser Alte mit dem einen Zahn.«

Er verstummt plötzlich, seine Augen werden schmal und stechend. Solche hatte er damals, als er erfuhr, daß zwei Soldaten desertiert waren.

»Sag mal, Ingenieur, hast du auch während des Rückzuges das Gefühl gehabt: Jetzt ist alles zu Ende ... Alles ist auseinandergefallen ... Nichts ist geblieben. Hast du so ein Gefühl gehabt? Ich hatte es einmal. Als wir über den Don gingen. Weißt du, was sich da getan hat? Einer ist da über den andern gestolpert. Ich habe mit einem Hauptmann, auch einem Pionier – sein Bataillon hat dort die Brücke geschlagen –, versucht, Ordnung zu schaffen. Die Pontonbrücke war schlüpfrig, voller Korken und Stopfen nach dem Bombenangriff. Die Autos fuhren einzeln, bis zum Bauch im Wasser. Wir haben Ordnung geschaffen. Eine Reihe aufgestellt. Auf einmal kommt auf einem ›Willys‹ ein Major im Panzerschützenhelm angefahren. Bis zur Brücke ist er in seinem ›Willys‹ herangekommen, hat sich dort in seiner ganzen Größe aufgepflanzt und mich angebrüllt: ›Verflucht noch mal, warum läßt du niemand durch? Die deutschen Panzer sind in drei Kilometer Entfernung! Und du machst hier Ordnung!‹ Weißt du, ich war ganz starr. Und er steht da mit der Pistole in der Hand, mit roter Fresse und herausquellenden Augen. Nun, denke ich mir, wenn schon Majore so sprechen, dann steht es schlecht ... Die Autos aber kriechen schon aufeinander. Ich sehe, daß man meinen Hauptmann zu Boden gerissen hat. Und weiß der Kuckuck, in mir stieg eine maßlose Wut auf. Ich bin auf den ›Willys‹ raufgesprungen und patsch! – ein-, zwei-, dreimal direkt in seine widerliche Schnauze. Habe ihm die Pistole aus der Hand gerissen und alle acht Patronen abgefeuert ... Und von Panzern, stellte sich heraus, war überhaupt keine Rede. Und der Chauffeur ist verschwunden. Vielleicht waren es Fritzen, Provokateure?«

»Möglich, daß es Fritzen waren«, antworte ich.

Schirjajew wird still und starrt auf einen Punkt vor sich hin. Man hört, wie durchs Telefon jemand schimpft.

»Was muß er doch für einen Willen haben ...«, sagt Schirjajew, ohne aufzublicken. »Wahrhaftig ...«

»Wer?« – Ich verstehe nicht.

»Stalin natürlich. Zwei solche Rückzüge aufzuhalten. Überleg doch mal! Im Jahre einundvierzig und jetzt hier ... Es fertigzukriegen, sie von Moskau fortzujagen. Und hier aufzuhalten. Wie lange stehen wir schon hier? Den dritten Monat? Und die Deutschen können nichts machen mit allen ihren Junkers und Heinkel. Und das nach einem solchen Durchbruch. Nach den Julitagen ... Wie mag ihm da zumute gewesen sein? Was denkst du? Das zweite Jahr schon leisten wir diese schwere Arbeit. Er aber denkt für alle. Wir halten da fünf- bis sechshundert Meter und schimpfen schon. Hier ist es nicht recht, und dort ist es nicht gut, und das Maschinengewehr frißt sich fest. Aber er – für die ganze Front ... Wahrscheinlich hat er nicht einmal Zeit, die Zeitung zu lesen. Was meinst du, Kershenzew, hat er Zeit dazu oder nicht?«

»Ich weiß nicht. Ich denke, daß er trotzdem Zeit dazu hat.«

»So, meinst du? Nun, ich denke, er hat keine Zeit dazu. Du hast es gut. Sitzt im Unterstand, rauchst Machorka. Gefällt dir was nicht, kriechst du raus, fluchst, drohst auch manchmal mit der Pistole ... Kennst alle in- und auswendig. Jeden Hügel, jeden Höcker hast du kreuz und quer durchkrochen. Und was hat er? Eine Karte! Und darauf Fähnchen: Geh, find dich zurecht. Und behalt alles im Kopf – wo angegriffen wird, wo gehalten wird, wo zurückgegangen wird. Und sieh da – er hält uns alle ... Und wird uns zum Siege führen. Wirst schon sehen!« Schirjajew steht auf. »Spiel was, Karnauchow. Die Gitarre hängt sonst so einsam an der Wand und ist traurig.«

Karnauchow nimmt die Gitarre von der Wand. Gestern hat der Bataillonsspähtrupp sie in einem zerstörten Hause gefunden. Ein blaues seidenes Band hängt daran, und eine Aufschrift ist eingebrannt: »Dem lieben Witja zur Erinnerung an Wolja.«

»Spiel etwas, irgendwas Zigeunerhaftes.«

Schirjajew macht es sich bequemer auf der Pritsche und streckt die Beine aus, die in enganliegenden chromledernen Stiefeln stecken.

»Wie ist es in der Vordersten, Ljoschka? Ruhig?«

»Alles ruhig, Genosse Oberleutnant«, antwortet betont munter der großohrige Ljoschka, daß man ja nicht denken soll, er sei eingeschlafen. »Für die Fünfte hat man Abendbrot gebracht. Die Leute schimpfen, weil es so wenig ist ...«

»Ich werde diesem Feldwebel einmal zeigen, wo der Pfeffer wächst. Wenn er nachts kommt, dann wecke mich. Nun los, Karnauchow!«

Karnauchow schlägt einen Akkord an. Es stellt sich heraus, daß er eine angenehme Bruststimme hat, ein Mittelding zwischen Bariton und Tenor, und ein wunderbares Gehör. Er singt nicht laut, aber mit Hingabe und schließt manchmal sogar die Augen. Lauter russische Lieder, besinnliche, viele von ihnen höre ich zum erstenmal. Er singt gut. Und ein gutmütiges Gesicht hat er, ein wenig grob, aber klar und echt. Buschige Augenbrauen, blaue Augen, kluge, ruhige. Und immer liegt in ihnen ein tiefes, niemals schwindendes Lächeln. Sogar dort, auf der Anhöhe, haben seine Augen dieses Lächeln bewahrt.

Farber sitzt da, die Augen mit der Hand bedeckt. Zwischen seinen Fingern winden sich rote Locken. Woran denkt er jetzt? Ich kann es mir nicht vorstellen. An seine Frau, an seine Kinder, an Integrale, an unendlich kleine Größen? Oder interessiert ihn überhaupt nichts auf der Welt? Manchmal will es mir scheinen, als ob sogar der Tod ihn nicht schrecke, mit solch einem abwesenden, gelangweilten Gesichtsausdruck raucht er während der Bombenangriffe.

Karnauchow wird müde, oder es wird ihm einfach langweilig zu singen. Er hängt die Gitarre an den Nagel. Einige Zeit sitzen wir schweigend da. Schirjajew erhebt sich, auf einen Ellbogen gestützt.

»Farber ... Warst du vor dem Kriege auch so?«

Farber hebt den Kopf.

»Wie?«

»So wie jetzt.«

»Wie bin ich denn jetzt?«

»Der Teufel weiß es ... Ich verstehe dich nicht. Trinken magst du nicht, schimpfen magst du nicht, Weiber magst du nicht ... Sieh dir unsern Ingenieur an, das ist doch auch einer mit Hochschulbildung.«

Farber lächelt kaum merklich.

»Ich verstehe nicht ganz den Zusammenhang zwischen Wein, Frauen und Hochschulbildung.«

»Es handelt sich nicht um den Zusammenhang.« Schirjajew setzt sich auf die Pritsche, die Beine weit gespreizt. »Ich verstehe einfach nicht, wie man an der Front ohne Wodka leben kann. Und ohne zu schimpfen. Wie kann man ohne das auskommen? Karnauchow ist ein stiller, bescheidener Bursche – hör nicht drauf, Karnauchow! –, aber wenn er anfängt zu fluchen, dann halte dich fest.«

»Ja, auf diesem Gebiet bin ich nicht sonderlich stark«, antwortet Farber.

Schirjajew lacht.

»Denk bloß nicht, daß ich dich verderben oder dich das Fluchen und Schimpfen lehren will. Gott behüte! Ich verstehe bloß nicht, wie das möglich ist ... Aber schwimmen kannst du?«

»Schwimmen? Nein, kann ich nicht.«

»Und radfahren?«

»Radfahren auch nicht.«

»Hast du jemandem mal die Schnauze vollgedroschen?«

»Was rückst du einem Menschen auf den Leib«, mischt sich Karnauchow ein. »Sprich mit Tschumak über dieses Thema. Er wird dir schon was erzählen.«

»Die Schnauze habe ich schon einem vollgehauen«, sagt ruhig Farber und steht auf.

»Vollgehauen? Wem?«

»Ich gehe jetzt.« – Farber antwortet nicht auf die Frage und knöpft den Mantel zu.

»Nein, sag, wem hast du sie vollgehauen?«

»Belanglos ... Gestatten Sie, daß ich gehe ...«

Er geht fort.

»Seltsamer Bursche«, sagt Schirjajew und steht auf.

Karnauchow lächelt. Er hat zwei Grübchen in den Wangen, wie ein Kind.

»Gestern hab ich ihn aufgesucht, als ich vom Ufer kam. Sitzt und schreibt. Wahrscheinlich einen Brief. Hatte die vierte Heftseite fertig. Mit kleiner, finzliger Handschrift. Ich hätte es schrecklich gern gelesen.«

Schirjajew zwinkert mir kaum merklich zu.

»War vielleicht gar kein Brief.«

»Was denn?«

»Vielleicht Gedichte.«

Karnauchow errötet.

»Warum wirst du rot?«

»Ich werde nicht rot«, und er errötet noch mehr.

Schirjajew unterdrückt ein Lächeln und schweigt, er wendet kein Auge von Karnauchow.

»Und wie sind deine?«

»Was – meine?«

»Deine Gedichte natürlich.«

»Welche Gedichte?«

»Denkst du, wir wissen es nicht? Die im Heft, in dem Wachstuchheft. Was steht da, Kershenzew, weißt du es nicht mehr?«

Karnauchow ist in die Enge getrieben.

»Ach, das ist bloß so ... Aus lauter Langweile.«

»Aus lauter Langweile ... Alle seid ihr so – aus lauter Langweile. Puschkin, wahrscheinlich auch aus lauter Langweile. Ich trinke Wodka aus lauter Langweile, und ihr schreibt Gedichte. Sicher für deine Liebste, gestehe!«

»Wollen wir lieber trinken.« Karnauchow mißt mit dem Finger ein Drittel des Wodkarestes in der Flasche ab und gießt es ins Glas.

Nach einer halben Stunde gehen wir mit Karnauchow fort. Am Signal trennen wir uns, er geht nach rechts, ich nach links.

»Deine Gedichte wirst du mir dennoch vorlesen«, sage ich ihm beim Abschied.

»Irgendwann ...«, antwortet er unbestimmt und verschwindet in der Dunkelheit.

20

Die Nacht ist dunkel. Kein Stern ist zu sehen, nur hier und da trübe, auseinandergeflossene Flecke. Ringsum ist Stille, nur vereinzelte Schüsse kommen vom Hügel her.

An der zerstörten Brücke sitzt jemand. Eine brennende Zigarette glimmt auf.

»Wer, zum Teufel, raucht da?«

»Hier kann man nicht gesehen werden«, antwortet aus der Dunkelheit eine dumpfe Stimme, Farbers Stimme.

»Was machen Sie hier?«

»Schnappe ein bißchen Luft.«

Ich komme näher, setze mich zu ihm. Farber sagt nichts mehr, sitzt da und raucht. Ich rauche auch. Wir schweigen. Ich weiß nicht, wovon ich mit ihm sprechen soll.

»Gleich wird es ein Konzert geben«, sagt Farber.

»Ich glaube nicht«, antworte ich. »Die ›Esel‹* schweigen bei ihnen schon seit zwei Tagen.«

»Nein, davon spreche ich nicht, sondern von richtiger Musik. Auf der anderen Seite ist ein Lautsprecher angebracht. Erst kommen die letzten Nachrichten, und dann kommt ein Konzert. Gestern wurde um dieselbe Zeit eins übertragen.«

»Aus Moskau?«

»Muß wohl aus Moskau sein.«

Soldaten gehen vorbei. Etwa zehn Mann, einer hinter dem andern, in einer Kette. Sie tragen Granaten und Munition. Man hört, wie Steine unter ihren Füßen kollern, wie sie schimpfen beim Stolpern. In etwa zwanzig Minuten werden sie zurückkehren. Nach einer weiteren halben Stunde werden sie wieder gehen, stolpernd und auf die Dunkelheit schimpfend, auf das herumliegende Eisen, auf Hitler und den Feldwebel, der sie zwingt, vier Bataillonsgranaten auf einmal zu tragen. Während der Nacht werden sie sechs- bis

* Mehrläufige Granatwerfer.

achtmal den Gang machen. Am Tage wird alles verschossen sein, und sowie nur die Sonne untergeht – wieder ans Ufer, vom Ufer in die vorderste Stellung, von der Vordersten ans Ufer.

»Wie steht's in der Kompanie?« frage ich.

»Es geht«, antwortet Farber gleichmütig. »Ohne besondere Vorfälle.«

»Wieviel Mann haben Sie jetzt?«

»Noch genauso viele. Mehr als achtzehn bis zwanzig werden es nicht. Von den alten, die damals landeten, ist bald niemand mehr da.«

»Und Ersatz?«

»Was ist das schon für Ersatz!«

»Lauter Grünschnäbel?«

»Sie sehen zum erstenmal ein Gewehr. Einer ist gestern getötet worden. Ihm ist eine Handgranate in den Händen explodiert.«

»Hm, ja ...«, sage ich. »Eine eklige Sache, der Krieg ...«

Farber antwortet nicht, nimmt aus der Tasche ein Kästchen mit Tabak, dreht sich eine Zigarette und steckt sie am eigenen Stummel an. Für einen Augenblick wird sein mageres Gesicht mit den eingefallenen Wangen beleuchtet, seine knochige Nase, die Falten am Mund.

»Ist Ihnen nie das Leben als eine unsinnige Sache erschienen?« fragt Farber. Die Zigarette will nicht brennen. Der Stummel ist zu klein, der ganze Tabak fällt heraus.

»Das Leben oder der Krieg?« frage ich.

»Nein, das Leben.«

»Eine schwierige Frage ... Unsinniges ist natürlich genügend vorhanden. Aber in welchem Zusammenhang ...«

»Ohne jeden Zusammenhang ... Ich philosophiere. Eine Art Bilanz.«

»Ist das nicht ein wenig zu früh?«

»Natürlich ist es zu früh, aber einiges kann man dennoch schon zusammenfassen.«

Er zertritt langsam den Stummel mit dem Stiefelabsatz.

Die Glut wird in die Erde gedrückt und glimmt noch lange zwischen den Füßen.

»Haben Sie früher niemals über Ihr vergangenes Leben nachgedacht? Schien es Ihnen nicht, daß wir, Sie und ich, bis zu einem gewissen Grade ein Leben auf Straußenart geführt haben?«

»Auf Straußenart?«

»Wenn man Parallelen ziehen darf, so wird das wohl der treffendste Vergleich sein. Haben wir nicht gleichsam den Kopf in den Sand gesteckt?«

»Das müssen Sie deutlicher erklären.«

»Ich spreche vom Krieg. Von uns und dem Krieg. Unter ›uns‹ verstehe ich mich, Sie, überhaupt Menschen, die in Friedenszeiten nicht direkt mit dem Kriege zu tun hatten. Kurzum – wußten Sie, daß es Krieg geben würde?«

»Ich wußte es wohl.«

»Nicht ›wohl‹, sondern Sie wußten es genau. Und noch mehr – Sie wußten, daß Sie selbst daran teilnehmen würden.«

Er tut tiefe Züge und atmet geräuschvoll den Rauch aus.

»Bis zum Krieg waren Sie Reserveoffizier, nicht wahr? Höhere Ausbildung außerhalb der Armee oder so was Ähnliches.«

»Zugführer der Reserve.«

Ich habe Farber noch niemals so viel sprechen hören.

»Einmal in der Woche hatten Sie Ihren Wehrsporttag. Sie waren alle eifrig bemüht, sich zu drücken. Im Sommer – Lager. Rechts um, links um, im Gleichschritt marsch. Die Kommandeure verlangten zackige Wendungen, klingende Lieder. Während der taktischen Übungen schliefen Sie im Busch versteckt oder rauchten, sahen nach der Uhr, wie lange es noch bis zum Mittag sei. Ich denke, daß ich mich kaum irre.«

»Offen gesagt, so war es etwa.«

»Eben hier liegt der Hund begraben ... Wir haben uns auf andere verlassen. Während der Maiparaden standen wir auf dem Bürgersteig, die Hände in den Hosentaschen, und sahen auf die vorbeirollenden Panzer, auf die Flugzeuge, auf die marschierenden Soldaten ... Ach, wie fein, ach, welche Macht! Das war alles, woran wir damals dachten. Ist doch wahr? Aber daran, daß auch wir einmal würden marschieren müssen und nicht auf Asphalt, sondern auf staubigen Straßen, mit dem Rucksack auf dem Buckel, daß von uns das Leben, wenn auch nicht von Hunderten, so doch von Dutzenden von Menschen abhängen würde – haben wir damals daran gedacht?«

Farber spricht langsam, sogar schleppend, mit Pausen, tut nach jedem Satz einen Zug. Äußerlich ist er vollkommen ruhig, aber an bestimmten Kleinigkeiten, an den häufigen Zügen, an den unregelmäßigen Pausen, an den zusammengezogenen Brauen, die von der Zigarette beleuchtet werden, fühlt man, daß er schon lange über dies alles hat sprechen wollen – aber entweder war kein Partner da oder keine passende Gelegenheit, keine Zeit oder weiß der Teufel was! Und mir ist klar, daß er erregt ist, aber seine Erregung ist ihm wie vielen Menschen seines Typs, die verschlossen und schweigsam sind, äußerlich fast gar nicht anzumerken, sondern macht ihn nur noch zurückhaltender.

Ich schweige, höre zu, rauche. Farber fährt fort:

»Am vierten Tage nach Kriegsbeginn wurden vor mir in zwei Reihen etwa dreißig junge Burschen aufgestellt – Zimmerleute, Schlosser, Schmiede, Traktorenführer, und mir wurde gesagt: ›Kommandiere sie, bilde sie aus.‹ Das war im Ersatzbataillon.«

»In einem Pionierbataillon?«

»Ja.«

»Sind Sie denn Pionier?«

»Ja, ich bin Pionier. Oder, besser gesagt, ich war Pionier.«

»Warum sind Sie denn plötzlich Infanterist geworden?«

»Zwischendurch war ich auch bei den Granatwerfern. Nach der ›Charkowreise‹ mußte ich Infanterist werden.«

»Das wußte ich gar nicht. Also Kollegen.«

»Kollegen«, lächelt Farber und fährt fort: »Man sagt also,

›Kommandiere sie, bilde sie aus.‹ Im Tagesplan steht: Sprengungen – vier Stunden, Befestigungen – vier Stunden, Wege und Brücken – vier Stunden. Sie stehen vor mir, treten von einem Fuß auf den andern, blicken auf ihre Sachen, die unter den Bäumen aufgestapelt liegen, stehen und warten, was ich ihnen sage. Und was kann ich ihnen sagen? Ich weiß nur, daß der Explosivstoff wie Seife aussieht und Dynamit wie Gelee, daß es bei den Gräben volle und halbe Profile gibt und daß, wenn man mich fragt, aus wie vielen Teilen ein Gewehr zusammengesetzt ist, ich mich lange am Hinterkopf kratzen und dann eine beliebige Zahl nennen werde.«

Er macht eine Pause, sucht in der Tasche die Schachtel mit Tabak. Ich habe es früher nie gemerkt, daß er soviel raucht, eine nach der andern.

»Und wer ist daran schuld? Der Kuckuck – wie mein Feldwebel sagt? Nein, nicht der Kuckuck ... Ich bin selbst schuld. Mir war es einfach vor dem Kriege langweilig, mich mit Kriegswesen zu beschäftigen. Die Lagerübungen sah ich als eine unvermeidliche, im höchsten Maße unangenehme Pflicht an. Sie waren eben eingeführt, und man konnte nichts dagegen machen ... Ich betrachtete sie als Pflicht, nicht als Berufung ... Meine Sache ist Mathematik und ähnliches. Die Wissenschaft ...«

Farber sucht in den Taschen.

»Womit sollen wir die Zigaretten anzünden?« sagt er. »Meine Streichhölzer sind alle.«

»Die Kippe ist auch ausgegangen?«

»Ja.«

»Wir müssen auf die Soldaten warten. Sie werden gleich zum Ufer gehen.«

»Ja, wir werden wohl warten müssen.«

Und wir warten. Nach einer Weile des Schweigens fährt Farber fort, mit derselben gleichmäßig ruhigen, müden Stimme.

»Vier Monate habe ich sie unterrichtet. Können Sie sich vorstellen, was das für ein Unterricht war und was ich sie lehren konnte? Für das ganze Bataillon hatten wir nur ein Lehrbuch über Sprengungen, das war alles. Keine andere Literatur. Ich habe nachts studiert. Und am Morgen habe ich den Soldaten erzählt, wie ein Explosionsgerät gebaut ist, ohne es je im Leben in der Hand gehalten zu haben ... Brrr ... Die Erinnerung allein macht mich schaudern.«

Die Soldaten gehen vorbei. Wir bitten um Feuer. Hingehockt, steckt ein Soldat sein Feuerzeug an. Wir rauchen der Reihe nach am glimmenden Dochte an. Dann gehen die Soldaten fort. Ihre plumpen Gestalten, in Mänteln über den warmen Jacken, verschwinden eine nach der andern in der Dunkelheit.

Farber wendet den Kopf.

»Miesmacher? Ja?« sagt er ganz leise.

Er hat bis jetzt gesprochen, ohne sich umzudrehen, ins Weite starrend. Jetzt, in der Dunkelheit, fühle ich den Blick seiner kurzsichtigen Augen auf mich gerichtet.

»Wer ist ein Miesmacher?« frage ich.

»Ich. Das ist doch wahrscheinlich Ihre Meinung über mich. Nörgelt herum, beklagt sich. Nicht wahr?«

Ich finde nicht gleich eine Antwort. Er hat in vielem recht. Doch lohnt es sich denn überhaupt, über Vergangenes zu sprechen? Das Vergangene zu analysieren – oder, richtiger gesagt, das Schlechte im Vergangenen – hat nur dann einen Sinn, wenn man aufgrund dieser Analyse die Gegenwart verbessern oder die Zukunft vorbereiten könnte.

»Meiner Meinung nach macht man sich das Leben schwer, wenn man ständig an seine früheren Fehler denkt und sich dafür immer beschimpft. Mit Schimpfen ist da nichts getan. Das Gewehr, denke ich, kennen Sie nun und könnten auch einen Soldaten lehren, damit umzugehen ...«

»Vielleicht haben Sie recht.« – Pause. – »Aber wissen Sie ... Wenn ich vor dem Kriege zum Beispiel Schirjajew getroffen hätte ... hätte ich nie geglaubt, daß ich ihn einmal beneiden würde.«

»Beneiden Sie ihn?«

»Ich beneide ihn.« – Wieder eine Pause. – »Ich kenne mich nicht schlecht aus in den Fragen der höheren Mathematik. Habe doch acht Jahre studiert. Aber eine so einfache Sache, wie den Feldwebel bloßzustellen, weil er den Soldaten Lebensmittel stiehlt, bietet für mich beinahe unüberwindliche Schwierigkeiten.«

»Sie neigen zur Selbstkritik«, antworte ich.

»Möglich. Ich denke, daß auch Sie damit zu tun haben, aber nicht darüber sprechen.«

»Aber warum beneiden Sie denn Schirjajew?«

»Warum? ...« Er steht auf, macht einige Schritte, setzt sich wieder. Ringsherum ist es erstaunlich still. Nur irgendwo, weit hinter dem »Roten Oktober«, spuckt manchmal ohne jeden Eifer ein Maschinengewehr.

»Weil ich, wenn ich ihn ansehe, meine Minderwertigkeit besonders stark fühle. Ihnen erscheint das lächerlich. Aber es ist so. Er ist ein einfacher Mensch, aus einem Guß, es macht ihm nichts aus zu fragen, ob ich schwimmen oder radfahren kann. Er fühlt nicht, daß er mit diesen Fragen den Nagel auf den Kopf trifft. Ich habe doch gelogen, als ich sagte, ich hätte jemandem ins Gesicht geschlagen. Niemals habe ich jemanden geschlagen. Ich mochte keine Schlägereien, keine körperlichen Übungen. Und jetzt ...«

Er schweigt plötzlich. Schnauft mit der Nase. Das ist bei ihm anscheinend Nervosität. Allmählich fange ich an, ihn zu verstehen, seine Zurückhaltung, seine Verschlossenheit, seine Schweigsamkeit.

»Macht nichts«, sage ich und versuche, mir etwas Tröstliches auszudenken. Ich entsinne mich, wie ich ihn angeschrien habe, als ich noch Bataillonskommandeur war. »Für alle ist es schwer im Krieg!«

»Herrgott im Himmel! Haben Sie mich wirklich so verstanden?« Seine Stimme zittert sogar, er bricht ab vor Aufregung. »Mir hat man doch eine gute Stelle angeboten im Frontstab. Ich kann fremde Sprachen. Man hat mir vorgeschlagen, in die Aufklärungsabteilung zu gehen – mich mit

Gefangenen zu beschäftigen. Und Sie sagen, für alle ist es schwer im Krieg ...«

Ich fühle, daß ich mich wirklich ungeschickt ausgedrückt habe.

»Haben Sie eine Frau?« frage ich.

»Ja. Warum?«

»Nur so. Interessiert mich.«

»Hab ich.«

»Auch Kinder?«

»Kinder nicht.«

»Und wie alt sind Sie?«

»Achtundzwanzig.«

»Achtundzwanzig. Ich bin auch achtundzwanzig. Haben Sie Freunde gehabt?«

»Gehabt, aber ...«, er unterbricht sich.

»Sie brauchen nicht zu antworten, wenn Sie nicht wollen. Das ist kein Fragebogen. Nur so ... Meiner Meinung nach sind Sie sehr einsam.«

»Ach, Sie sprechen darüber ...«

»Ja, darüber. Wir kennen einander bald anderthalb Monate und haben während dieser Zeit heute eigentlich das erstemal miteinander gesprochen.«

»Ja, heute ...«

»Es erweckt den Eindruck, als ob Sie sich von den Menschen fernhielten, sie mieden.«

»Möglich ...« Und nach einer Weile des Schweigens: »Ich schließe mich überhaupt schwer an Menschen an. Oder, richtiger gesagt, die Menschen an mich. Ich bin, im Grunde genommen, eine wenig interessante Persönlichkeit. Wodka liebe ich nicht, Lieder singe ich nicht und bin im ganzen kein besonders guter Offizier.«

»Sie haben keinen Grund, so zu denken.«

»Fragen Sie mal Schirjajew.«

»Schirjajew benimmt sich gar nicht schlecht zu Ihnen.«

»Es geht nicht ums Benehmen ... Im übrigen ist das alles wenig interessant.«

»Meiner Meinung nach doch. Ich werde Ihnen offen etwas sagen: Als ich Sie das erstemal gesehen habe – entsinnen Sie sich, dort am Ufer, in der Nacht nach der Ausbootung? ...«

Farber unterbricht mich mit einer Handbewegung.

»Halt!«, und er berührt mit der Hand mein Knie. »Hören Sie?«

Ich lausche. Von der anderen Seite der Wolga schweben, zuweilen vom Winde verweht, feierlich und langsam heisere Klänge von Flöten und Geigen heran. Bald kommen sie näher, bald entfernen sie sich wieder. Sie schweben dahin über den Fluß, über die zerstörte, jetzt schweigsame Stadt, über uns, über die Deutschen, über die Gräben, über die Frontlinie, über den Mamai-Hügel.

»Kennen Sie es?«

»Der Teufel weiß es ... Es ist etwas Bekanntes ... etwas sehr Bekanntes ... Ist es nicht Tschaikowskij?«

»Tschaikowskij. Aus der Fünften Sinfonie, der zweite Satz.«

Wir sitzen schweigend und hören zu. Hinter unseren Rücken fängt aufdringlich ein Maschinengewehr an zu hämmern, wie eine Nähmaschine. Dann verstummt es.

»Hier, diese Stelle ...«, sagt Farber und berührt mit der Hand wieder mein Knie. »Sie ist wie ein Aufschrei, nicht wahr? Im Finale ist es nicht so. Dieselbe Melodie, aber nicht so. Lieben Sie die Fünfte?«

»Ja.«

»Ich auch ... Sogar mehr als die Sechste, obgleich die Sechste als die ... Gleich wird der Walzer kommen. Lassen Sie uns schweigen.«

Und wir schweigen. Schweigen bis zum Schluß. Ich erinnere mich wieder an Kiew, an die Kastanien, die Linden, an Ljussja, an leuchtende Blumen, an den Dirigenten mit etwas Weißem im Knopfloch ...

Dann kommt ein Bomber angeflogen – ein schwerer dreimotoriger Nachtbomber. Er wird bei uns aus unerfindlichen

Gründen »Tuberkulose« genannt. Aufreizend, monoton brummt er über unseren Köpfen. Einer von den Unseren.

»Komisch, nicht wahr?« sagt Farber und steht auf.

»Was ist komisch?«

»Das alles ... Tschaikowskij, der Militärmantel, die ›Tuberkulosen‹ ...«

Wir stehen auf und gehen auf Farbers Unterstand zu. Der Bomber kreist über einer Stelle. Hinter dem Mamai-Hügel strecken sich die Fühler der Scheinwerfer hervor.

Ich bleibe über Nacht bei Farber.

21

Am Siebenten abends kommen die Zeitungen mit dem Bericht Stalins. Wir warten schon lange darauf. Mit gespannter Aufmerksamkeit lesen wir jede Zeile. Im Rundfunk konnten wir nichts verstehen – im Äther knatterte es. Wir haben nur herausbekommen: »Auch unsere Straßen werden wieder im Festschmuck prangen.«

Dieser Satz wird in allen Unterständen und Laufgräben besprochen.

»Es wird eine Offensive geben«, erklärt autoritativ Lissagor; er spricht immer sehr autoritativ über alles. »Du wirst es sehen. Nicht umsonst hat Lasar das letztemal gesagt – weißt du noch –, daß irgendwelche Divisionen bei Nacht marschieren ...«

Stalin hat am sechsten November gesprochen.

Am siebenten November landen die Alliierten in Algier und Oran.

Am zehnten dringen sie in Tunis und Casablanca ein.

Am elften November, um sieben Uhr morgens, werden die Kriegshandlungen in Nordafrika beendet. Zwischen Darlan und Eisenhower wird ein Abkommen getroffen. Am gleichen Tage, zur gleichen Stunde, überschreiten deutsche Truppen auf Befehl Hitlers die Demarkationslinie bei Chalon-sur-

Saône und marschieren in Richtung Lyon. Um fünfzehn Uhr besetzen italienische Truppen Nizza. Am zwölften November besetzen die Deutschen Marseille und landen in Tunis.

Am dreizehnten November bombardieren die Deutschen zum letzten Male Stalingrad. Zweiundvierzig »Ju 87« werfen in drei Anflügen Bomben auf die Stellungen unserer schweren Artillerie im Abschnitt Krasnaja Sloboda auf dem rechten Ufer der Wolga. Und fliegen fort.

In der Luft herrscht eine unfaßbare, ungewohnte, erstaunliche Stille.

Nach zweiundachtzig Tagen unaufhörlichen Donners und Rauchs, nach ununterbrochenen, von sieben Uhr morgens bis sieben Uhr abends andauernden Bombardements tritt etwas völlig Ungewohntes ein. Die Wolke über dem »Roten Oktober« verschwindet. Es ist nicht mehr nötig, alle Augenblicke den Kopf zurückzuwerfen und am wolkenlosen Himmel die widerlichen Dreiecke zu suchen. Nur der »Rahmen« erscheint mit seiner früheren Pünktlichkeit morgens und vor Sonnenuntergang, und manchmal rasen die Messerschmitt über unsere Köpfe dahin und verschwinden beinahe sofort wieder.

Klar – dem Fritzen ist die Puste ausgegangen ... In den Gräben sind erregte Diskussionen im Gange – woher und wieso, und ob man die afrikanischen Ereignisse als eine zweite Front werten kann. Die politischen Funktionäre werden überall gefragt. Unser Regimentsagitator, Senitschka Losowoi, klein, schwarz wie ein Käfer, immer aufgeregt, läuft sich die Hacken ab. Er läßt sich kaum noch am Ufer blicken, kommt auf einen Augenblick in den Stab gestürzt, um Radio zu hören, und dann wieder zurück. Und dort, in der vordersten Stellung, hört man nur: »Senitschka, komm her! Senitschka, komm zu uns.« Alle nennen ihn so. »Senitschka.« Die Soldaten und die Kommandeure. Der Kommissar hat ihm sogar einmal einen Vorwurf gemacht:

»Was soll das heißen, Losowoi? Du bist doch Leutnant, und alle rufen dich einfach: ›Senitschka‹ ... Das geht nicht.«

Er hat nur verlegen gelächelt:

»Was kann ich machen? Sie haben sich so dran gewöhnt. Wie oft habe ich es ihnen schon gesagt. Aber sie vergessen's ja ... Und ich vergesse es auch.«

So ist es denn dabei geblieben: Senitschka. Der Kommissar hat es aufgegeben:

»Er arbeitet wie ein Teufel ... Wie kann man ihn schelten?«

Senitschka arbeitet wirklich wie ein Teufel. Er hat so viel Initiative und Phantasie, daß man nicht verstehen kann, wo das alles in ihm Platz hat, in ihm, der so klein und mager ist. Eine Zeitlang hat er ein Sprachrohr mit sich herumgeschleppt. Die Pioniere hatten ihm ein gewaltiges Megaphon aus Blech gebaut, und er hat tagelang durch dieses Sprachrohr mit Hilfe des Dolmetschers bei den Deutschen agitiert. Die Deutschen wurden wütend, beschossen ihn, er aber klemmte das Sprachrohr unter den Arm und zog an einen anderen Platz. Später begeisterte er sich für Flugblätter und Karikaturen Hitlers. Sie gelangen ihm gar nicht übel. Damals war gerade eine Sendung von Agitationsgeschossen beim Regiment angelangt.

Als diese zu Ende waren, hat er lange darüber gebrütet, wie er welche aus Konservenbüchsen herstellen könnte; er hat sogar eine Armbrust aus Gummi anfertigen lassen. Aber die Sache klappte nicht recht, die Büchsen erreichten die Deutschen nicht. Da hat er sich eine Vogelscheuche gebaut. (Nach ihm fingen alle Divisionen an, sich solche Vogelscheuchen anzufertigen. Das bereitete den Soldaten großen Spaß.) Er machte aus Lumpen und deutschen Uniformstücken eine Gestalt, die Hitler ähnlich sah, mit einem Schnurrbart und einem Schopf aus gefärbtem Werg, und hängte ihr eine Tafel um: »Schießt auf mich!« Dann hat er sie bei einem Spähtruppunternehmen eines Nachts im Niemandsland aufgestellt, zwischen uns und den Deutschen. Diese gerieten in Wut, haben einen ganzen Tag lang aus Maschinengewehren nach ihrem Führer geschossen, und nachts wurde die Vogelscheuche gestohlen. Sie haben sie gestohlen, aber dabei drei Mann verloren. Unsere Soldaten hielten sich den Bauch vor Lachen:

»Ach, unser Senitschka!«

Die Soldaten liebten ihn sehr.

Leider wurde er uns bald genommen. Als der beste Agitator in der Division wurde er nach Moskau auf eine Schule geschickt. Wir warteten lange auf einen Brief von ihm. Als er endlich kam, wurde im Gefechtsstand des ersten Bataillons – dort war er am häufigsten gewesen – den ganzen Tag an einer Antwort gedrechselt. An Text wurden es nicht mehr als zwei Seiten – und auch da mehr Fragen (»Bei uns ist alles beim alten – wir kämpfen ein bißchen weiter«), aber die Unterschriften fanden kaum auf vier Seiten Platz. Etwa hundert Unterschriften waren es.

Noch lange Zeit hatten ihn die Soldaten in guter Erinnerung. »Wann endet denn seine Schulung?« fragten sie und wünschten sich, daß Senitschka zu uns ins Regiment käme. Aber er kehrte nicht zurück – er ist, glaube ich, an die Nordfront gekommen.

22

Der neunzehnte November ist für mich ein denkwürdiger Tag. Es ist mein Geburtstag. In der Kindheit wurde er mit Torten und Geschenken gefeiert, später durch Trinkereien. Aber so oder so, gefeiert wurde er immer. Sogar im vergangenen Jahr, im Ersatzregiment, haben wir an diesem Tage selbstgebrannten Schnaps getrunken und aus einer großen emaillierten Schüssel rosa Sauermilch mit goldgelber Sahnenschicht gegessen. Auch dieses Mal haben sich Lissagor und Walega etwas ausgedacht.

Am Abend vorher zwingt mich Walega, in den Baderaum, eine schiefe Hütte ohne Dach am Ufer der Wolga, zu gehen. Gibt mir frische, sogar gebügelte Wäsche und verschwindet dann für den ganzen Tag. Erscheint nur auf einen Augenblick, besorgt, auf der Suche nach jemand, mit geheimnisvollen Paketen unterm Arm. Lissagor lächelt rätselhaft.

Ich mische mich nicht ein.

Gegen Abend gehe ich zu Ustinow. Er ruft mich schon den dritten Tag zu sich. Zuerst lädt er mich nur ein, dann befiehlt er, und schließlich: »Zum letztenmal befehle ich Ihnen, zur Vermeidung von Unannehmlichkeiten ...« Ich weiß schon im voraus, wovon die Rede sein wird. Ich habe nicht rechtzeitig den Plan der Pionierarbeiten zur Befestigung der Stellungen, die Aufstellung des vorhandenen Pioniergeräts, die Meldung der Verluste und der in der letzten Woche erfolgten Lieferungen sowie die Skizzen der vorgesehenen Beobachtungsstellen hingeschickt. Eine lange und langweilige Lektion steht mir bevor, gewürzt mit historischen Beispielen – Verdun, Port Arthur, Totleben und Clausewitz. Weniger als eine Stunde wird es auf keinen Fall dauern.

Ustinow empfängt mich ungewöhnlich feierlich. Er liebt Vorschrift und Zeremoniell. Überhaupt scheiden sich Geistesarbeiter, die an die Front geraten sind, grundlegend in zwei Kategorien. Die einen bedrückt und quält der Drill – an ihnen hängt alles wie ein Sack, die Uniform bauscht und knüllt sich, die Gurtschnalle sitzt an der Seite, die Stiefel sind drei Nummern zu groß, der Mantel bildet einen Höcker, der Zunge fällt das Sprechen schwer. Bei den anderen ist es das ganze Gegenteil. Ihnen gefällt diese äußere Seite des Kriegslebens sehr. Mit Vergnügen, ja mit einer gewissen Begeisterung grüßen sie, flechten alle Augenblicke »Genosse Leutnant«, »Genosse Hauptmann« ins Gespräch ein, protzen mit ihren Kenntnissen der Vorschriften und der deutschen wie der eigenen Flugzeugtypen. Wenn sie dem Sausen der Granaten und Geschosse lauschen, sagen sie: »Eine Regimentsgranate fliegt da«, oder »Die Hundertzweiundfünfziger haben angefangen«. Von sich sprechen sie nicht anders als »wir Frontsoldaten« oder »bei uns an der Front ...«

Ustinow gehört zur zweiten Kategorie. Man merkt, daß

er sich etwas einbildet auf seine Genauigkeit und die buchstäbliche Ausführung aller Regeln der Vorschrift. Das alles gelingt ihm durchaus nicht schlecht, trotz seinem vorgeschrittenen Alter, seiner Brille und seinem Hang zum Schreiben. Wen er auch begrüßen mag, er steht auf jeden Fall auf; wenn er mit einem Ranghöheren spricht, hat er die Hände an der Hosennaht.

Heute empfängt er mich mit besonderer Feierlichkeit. Alles an ihm ist beherrscht: der verschlossene Ausdruck des Gesichts, die zusammengezogenen Augenbrauen, die langsame schauspielerische Bewegung, mit der er mir einen Hokker anbietet. Alles deutet darauf hin, daß unser Gespräch sich nicht auf zusammenfassende Tabellen und Skizzen beschränken wird.

Ich nehme auf dem Hocker Platz. Er sitzt mir gegenüber. Einige Zeit schweigen wir. Dann hebt er den Kopf und blickt mich über die Brille an.

»Sind Sie schon über die letzten Ereignisse im Bilde, Genosse Leutnant?«

»Welche Ereignisse?«

»Wie? Sie wissen nichts?« Seine Brauen heben sich erstaunt in die Höhe. »Hat Ihnen der KSR nichts gesagt?« Der »KSR« ist in seiner beliebten Meldesprache der »Kommandeur des Schützenregiments«, in diesem Falle Major Borodin.

»Nein, er hat nichts gesagt.«

Die Augenbrauen senken sich langsam, wie schwankend, und nehmen wieder ihren gewöhnlichen Platz ein. Die Finger drehen einen langen, sorgfältig gespitzten Bleistift mit einer Hülse.

»Heute pünktlich um sechs beginnen wir die Offensive.«

Der Bleistift zeichnet einen Kreis auf das Papier, und zur Hervorhebung der Wichtigkeit des Satzes setzt er in die Mitte einen Punkt.

»Was für eine Offensive?«

»Offensive an der ganzen Front«, sagt er langsam, jedes Wort auskostend. »Verstehen Sie, was das bedeutet?«

Vorläufig ist mir nur eins verständlich: Bis zum Beginn der Offensive sind es nur zehn Stunden, und mein gestern den Soldaten gegebenes Versprechen, ihnen während der heutigen Nacht Ruhe zu gönnen – es ist die erste in den letzten zwei Wochen –, ist damit hinfällig.

»Die Aufgabe unserer Division ist beschränkt, aber wichtig«, fährt er fort. »Wir müssen uns der Wassertürme bemächtigen. Sie verstehen, wieviel Verantwortung jetzt auf uns liegt. Um vier Uhr dreißig beginnt die Artillerievorbereitung. Die ganze Artillerie der Front, das ganze linke Ufer wird zu Worte kommen. Zu unserer Verfügung – jetzt ist es sieben Minuten nach acht – steht eine ziemlich begrenzte Zeitspanne, nur etwa zehn Stunden. Ihr Regiment bekommt eine Kompanie des Pionierbataillons zugeteilt. Sie haben jedem Schützenbataillon einen Zug dieser Kompanie zuzuteilen, mit dem Ziel, die Pioniererkundung und Entminung der feindlichen Minenfelder durchzuführen. Die Regimentspioniere beauftragen Sie mit der Bahnung der Sturmgassen durch die eigenen Minenfelder.«

Das vor ihm liegende Blatt Papier füllt sich allmählich mit gleichmäßigen, sorgfältigen Zeilen.

»Vergessen Sie keinen Augenblick, alles genau einzutragen. Jede entfernte Mine muß vermerkt, jedes festgestellte Minenfeld fixiert und seine Lage bestimmt werden, und zwar unbedingt durch ständige Geländemarken. Sie verstehen mich? Nicht durch Fässer oder Kanonen, sondern durch ständige Geländemarken! Die Meldungen über die geleistete Arbeit schicken Sie mir alle drei Stunden durch einen besonderen Melder.«

Er spricht noch lange und ausführlich, ohne die geringste Einzelheit auszulassen, und teilt mir die Zeit beinahe in Stunden und Minuten auf. Ich schreibe schweigend mit. Die Divisionspioniere bereiten sich schon für ihre Aufgaben vor: Sie reinigen die Geräte, binden geballte Ladungen zusammen, fertigen Brandrohre an.

Ich höre, schreibe mit und blicke auf die Uhr. Um neun

Uhr gehe ich fort. Mit dem Kompanieführer der mir zugeteilten zweiten Kompanie – derselben, die bei mir ständig arbeitet – vereinbare ich, daß sie um zwei Uhr nachts zu mir kommt.

Lissagor kommt mir entgegen, aufgebracht und zerzaust. Seine kleinen Augen blitzen.

»Wie gefällt dir das? He, Leutnant?« Und ohne meine Antwort abzuwarten: »Eine Offensive … Ah?«

Vor Aufregung verschluckt er sich, kann nicht ruhig sitzen, springt auf, läuft im Unterstand hin und her.

»Nun, wird's gelingen? … Haben uns eingegraben, eine unzählige Menge Minen gelegt, daß der Teufel sich selbst ein Bein brechen könnte. Haben alles eingerichtet … Und nun, sehen Sie, ist eine Offensive nötig. Bahne Sturmgassen! Nimm die Drahtwalzen weg! Die ganze Arbeit ist für die Katz … Hätten in den Gräben sitzen und ab und zu schießen können, wenn der Deutsche schon nicht kommt. Was brauchten wir mehr?«

Lissagor fängt an, mich zu reizen.

»Laß uns dieses idiotische Gespräch beenden. Paßt es dir nicht, dann kämpfe nicht, es ist deine Sache …«

Lissagor beruhigt sich nicht. In seiner Stimme schwingt ein klagender Unterton mit.

»Aber es ärgert einen doch, zum Teufel noch mal! Guck dir doch den Tisch an. Endlich einmal wollten wir auf menschliche Art und Weise Geburtstag feiern – und jetzt ist alles zum Teufel.«

Der Tisch ist wirklich nicht wiederzuerkennen. In der Mitte vier entkorkte Halbliterflaschen, Wurst in dünnen, elliptischen Scheiben, eine Packung »Puschkin«-Gebäck, Schokolade in braungoldener Packung, Hering und – als Höhepunkt der Bewirtung – dampfendes Fleisch im Topf, das mit seinem Duft den ganzen Unterstand erfüllt.

»Verstehst du – einen Hasen, einen richtigen Hasen hat Walega beschafft. Ist eigens auf die andere Seite hinübergefahren. Tschumak sollte kommen. Kondensierte Milch, die du so liebst ... Und was soll man jetzt machen? Bis Neujahr aufheben, was?«

Offen gesagt, würde ich mich jetzt auch mit weit größerem Vergnügen hinsetzen und gemächlich den Hasen verspeisen, ihn mit Wein hinunterspülen, als mich mit Vorbereitungen zu der Offensive beschäftigen. Aber was soll man machen ...

Wir gießen uns jeder ein halbes Glas ein und trinken es aus, ohne anzustoßen. Wir essen den Hasen. Er ist ein wenig zäh, aber das ist schließlich nicht wichtig. Wichtig ist, daß es ein Hase ist. Die Stimmung hebt sich ein wenig. Lissagor zwinkert mir sogar zu:

»Beeil dich, Leutnant, eh man dich ruft. Zweimal hat man schon nach dir geschickt.«

Eine Minute später erscheint der Stabsmelder. Abrossimow läßt mich zu sich rufen.

Der Major und Abrossimow sitzen über der Karte. Im Unterstand kann man sich nicht umdrehen – Bataillonskommandeure, Stabsoffiziere, Kommandeure der Spezialeinheiten. Tschumak in seiner unvermeidlichen Matrosenmütze, mit aufgeknöpfter Jacke und leuchtendem Matrosenhemd.

»Nun, Ingenieur, mit dem Festmahl war's Essig.«

»Essig!«

»Macht nichts ... Versteck's im Büfett ... Wenn wir zurückkehren, werden wir dir helfen.« Und er lacht fröhlich mit seinen blitzenden Augen.

Ich dränge mich zum Tisch durch. Nichts Erfreuliches. Bis zum Beginn der Offensive muß ein neuer Beobachtungsstand für den Regimentskommandeur gebaut werden. Der alte taugt nichts: Die Wassertürme sind nicht zu sehen. Das ahnte ich schon. Na, und natürlich Minen räumen, Sturmgassen bahnen, das Vorgehen der Infanterie sichern.

»Sieh zu, Ingenieur, daß alles klappt« – Borodin pafft seine Pfeife –, »habt eure Kartoffeln dort an der vordersten Stellung gesetzt – außer euch findet sich da keiner durch ... Unsere eigenen könnten hochgehen. Jeder Mann wird gebraucht, das kannst du dir selbst denken.«

Es ist zu merken, daß er aufgeregt, aber bemüht ist, es zu verbergen. Die Pfeife geht jeden Augenblick aus, und die Streichhölzer wollen nicht zünden – die Reibflächen taugen nichts.

»Den Beobachtungsstand decke mit Schienen ab. Und daß ein Ofen da ist! Mein Rheumatismus hat sich wieder gemeldet. Um fünf Uhr – auf die Minute – werde ich dasein. Wenn du nicht fertig bist, werde ich dir die Hammelbeine langziehen, verstanden? Mach Druck dahinter!«

Ich gehe fort.

Lissagor sitzt und wechselt die Fußlappen.

»Nun?«

»Nimm eine Gruppe, und daß um fünf Uhr ein neuer Beobachtungsstand fertig ist!«

»Ein neuer? Um fünf Uhr? Die sind wohl verrückt geworden ...«

»Verrückt oder nicht, du hast sieben Stunden zu deiner Verfügung.«

Lissagor stößt so wütend den Fuß in den Stiefel, daß die Strippe abreißt.

»Wenn man auf Jagd gehen will, soll man die Hunde vorher nicht füttern! Ich habe gleich gesagt, daß von diesem Beobachtungsstand aus die Wassertürme nicht zu sehen sein werden. Tut nichts, hat man mir gesagt, die Wassertürme wird man nicht uns, sondern dem Fünfundvierzigsten zuweisen. Unser Angriffsziel wird mehr links liegen. Hier hast du mehr links.«

»Gut. Schimpfen kannst du morgen, jetzt vertrödle nicht die Zeit. Benutze die Beobachtungsstelle der Aufklärer. Die Aufklärer bringe bei den Artilleristen unter. Sag, Borodin habe es befohlen. Verstanden?«

»Alles verstanden ... Hat natürlich doch auch befohlen, den Beobachtungsstand mit Schienen zu überdecken, ja?«

»Du wirst Schienen legen und einen Ofen aufstellen. Nur

drehe den Schornstein in unsere Richtung. Die Scharte machst du kleiner, und die linke kannst du überhaupt zumachen.«

»Mit gehobelten Brettern zu verkleiden, hat er nicht befohlen?«

»Das ist deine Sache. Kannst auch einen Diwan hinstellen, wenn du willst ... Du wirst Nowochatko mit seiner Gruppe mitnehmen.«

»Der sieht bei Nacht nichts.«

»Für den Beobachtungsstand wird's gehen. Garkuscha und Agniwzew werden Sturmgassen bahnen.«

»Soll er dann zu Hause sitzen und auf die Spaten aufpassen.«

»Wie du willst. Um fünf Uhr muß der Beobachtungsstand fertig sein.«

Lissagor zieht den zweiten Stiefel an. Ächzt.

»Welcher Teufel hat sich diesen Krieg ausgedacht? ... Könnte jetzt schön auf dem Ofen liegen und Sonnenblumenkerne knabbern ...«

Er geht, nachdem er die Hälfte der auf dem Tisch liegenden Wurst in den Mund gesteckt hat.

Ich bleibe und warte auf die Divisionspioniere.

23

Gegen vier Uhr gehe ich in die vorderste Linie. Die Deutschen knattern fast ununterbrochen aus Maschinengewehren und beleuchten die Hauptkampflinie, als ob sie etwas ahnten.

Ich suche die Bataillone auf. Agniwzew und Garkuscha haben die Sturmgassen fertiggemacht; sie wärmen sich im Unterstand und rauchen. Ich gehe zum Beobachtungsstand. Schon von weitem höre ich Lissagor flüsternd schimpfen. Er sitzt rittlings auf dem Unterstand und legt gemeinsam mit dem kräftigen Tataren Tugijew Schienen darüber. Beide ächzen und schimpfen. Die deutschen Kugeln pfeifen ganz dicht über ihren Köpfen. Das Maschinengewehr steht in etwa fünfzig Meter Entfernung, deshalb fliegen die Kugeln über sie hinweg und schlagen weit hinten ein.

Ich krieche in den Unterstand. Dort sind die Telefonisten und der Adjutant des Regimentskommandeurs. Die Scharte ist mit einer Decke verstopft, damit kein Licht durchscheint. Die rußende Hülse steht direkt auf dem Boden. Einer von den Telefonisten macht mit zusätzlichen Granatwerferladungen Feuer im Ofen. Es scheint ihm Spaß zu machen zuzusehen, wie das Pulver aufflammt; in kleinen Häufchen wirft er es immer wieder in den Ofen.

Nach etwa zehn Minuten stampft Lissagor herein. Sein ganzes Gesicht ist mit Schweißtropfen bedeckt. Die Hände sind rot von Rost und Lehm.

»Schau auf die Uhr, Ingenieur ...«

»Zwanzig nach vier.«

»Hast du ein solches Tempo gesehen? Genau auf die Minute fertig zum Anfang der Artillerievorbereitung. Hast du Tabak?«

Ich gebe ihm zu rauchen. Er wischt sich mit dem Ärmel das Gesicht ab. Es bekommt davon Streifen wie eine Matratze.

»Dieser Tugijew, das ist ein richtiger Bär. Packt sich eine halbe Schiene auf die Schulter und sagt nicht Mucks ... Weißt du, woher wir sie geschleppt haben? Beinahe von der Fleischfabrik. Haben sie in Teile gesprengt und dann auf den eigenen Schultern ... Da, fühle mal. Geschwollen wie ein Kissen. Der reinste Kurort – Sotschi, Mazesta ...«

»Wieviel Blindböden hast du gelegt?«

»Aus Schienen zwei, außerdem war noch ein alter hölzerner da.«

»Ist ein Hügel entstanden?«

»Weißt du, wieviel Hügel es hier gibt? Auf Schritt und Tritt ein Unterstand, und wo ein Unterstand ist, da ist auch ein Hügel.«

»Gab's Verwundete?«

»Tugijews Mantel ... Drei Löcher. Der Bursche aber ist nicht mit Gold zu bezahlen. Man müßte ihn auszeichnen. Als ob er seinen Garten zu Hause umgrübe. Halt ... Es hat wohl angefangen?«

Wir lauschen. Vom anderen Wolga-Ufer dringen die ersten Salven herüber. Ich blicke auf die Uhr. Vier Uhr dreißig.

»In die Grä-ä-ben!« schreit Lissagor. »Telefonist, ruf doch mal den Pionieren zu, daß sie reinkommen.«

Die Pioniere drängen sich in den Unterstand, rauchen, behindern sich gegenseitig mit ihren Gewehren und Spaten.

»Und wo ist Tugijew?«

»Noch dort oben.«

»Hast du so was gesehen? Streut noch Sand. Verschönert die Umgebung. Ruf ihn her, Sedelnikow. Ihm wird noch eine Granate den Kopf abreißen.«

Die Kanonade wird stärker. Durch die schlecht eingehängte Tür hört man, wie die Granaten über den Unterstand hinwegrauschen. Der Donner der Explosionen übertönt das Dröhnen der Abschüsse. Der Unterstand zittert. Der Sand fällt von der Decke. Lissagor stößt mich in die Seite.

»Was nun? Wollen wir die Leute nach Hause schicken, solange es nicht zu spät ist? Sonst, wenn Abrossimow kommt – dann ist's aus. Der jagt alle in den Angriff.«

Die Leute müßte man wirklich zurückschicken, solange die Vorbereitung im Gange ist und die Deutschen schweigen. So machen wir's auch.

Kaum sind sie fort, als der Major, Abrossimow und der Chef der Aufklärung erscheinen. Der Major atmet schwer – das Herz ist wahrscheinlich nicht in Ordnung.

»Nun, wie steht's, Ingenieur, werden wir hier nicht verschüttet werden?« fragt er gutmütig, und es bilden sich Fältchen rings um seine Augen. Er greift schon nach seiner Pfeife.

»Ich denke, nein, Genosse Major.«

»Wieder ›Ich denke‹ ... Ich werde dich dafür bestrafen. Für jedes ›Ich denke‹ fünf Rubel. Hast du Schienen gelegt?«

»Jawohl. In zwei Reihen.«

Abrossimow kommt heran. Die Lippen zusammengepreßt, die Augen zugekniffen.

»Und wo ist Lissagor?«

»Er ist ausruhen gegangen. Mit den Mannschaften.«

»Ausruhen? Hätte hierbleiben sollen. Haben sich die richtige Zeit ausgesucht zum Ausruhen ...«

Ich antworte nichts. Ist nur gut, daß ich sie rechtzeitig ans Ufer zurückgeschickt habe.

»Und wo sind die übrigen?«

»Sind auf die Bataillone verteilt.«

»Was machen sie?«

»Sturmgassen.«

»Hast du kontrolliert?«

»Ja.«

»Und wo sind die Divisionspioniere?«

»Auf Erkundung.«

»Warum ist die Erkundung nicht gestern durchgeführt worden?«

»Weil der Befehl erst heute gekommen ist.«

Abrossimow kaut auf den Lippen. Seine Augen sind kalt und scharf, blicken unfreundlich. Der linke Mundwinkel zuckt leicht.

»Nimm dich in acht, Ingenieur, wenn die Unseren auf Minen stoßen – wird's dir schlecht ergehen.«

Sein Ton gefällt mir nicht. Ich antworte, daß die Sturmgassen mit Pfählen gekennzeichnet und die Bataillonskommandeure in Kenntnis gesetzt worden seien. Abrossimow sagt nichts mehr. Er ruft das erste Bataillon an.

Die Kanonen donnern immer stärker und stärker. Die Explosionen und Schüsse verschmelzen zu einem ununterbrochenen Gedröhn, das nicht eine Minute aufhört. Die Tür schlägt alle Augenblicke hin und her. Sie wird mit Draht festgebunden.

»Sie arbeiten gut«, sagt der Major.

Ganz in der Nähe explodiert eine Granate. Erde fällt von der Decke, die Lampe erlischt beinahe.

»Das muß man zugeben – gut«, lächelt gezwungen der Aufklärungschef. »Gestern ist eine Hundertzweiundzwanziger beinahe zu Posharskij, dem Chef der Artillerie, in den Unterstand geflogen.«

Der Major lächelt auch, ich ebenfalls. Aber das Gefühl ist nicht angenehm. Die deutschen Stellungen sind etwa fünfzig Meter von uns entfernt, für die Fernartillerie ist das der normale Streukreis.

Wir sitzen und rauchen. In solchen Minuten fällt es schwer, nicht zu rauchen.

Später kommt ein Divisionspionier von der Erkundung. Sie haben achtzehn Minen, Marke »SK«, ausgesucht und durch Ausschrauben der Sprengzünder entschärft; die Minen haben sie liegenlassen. Er geht fort.

Abrossimow legt den Hörer nicht aus der Hand.

Sollten sich die Deutschen noch halten können nach einer solchen Vorbereitung?

Es wird heiß. Der Ofen ist orangerot. Ich knöpfe den Mantel auf.

»Leg nichts mehr nach«, sagt der Major zum Telefonisten. »Wenn es hell wird, werden sie nach dem Rauch schießen.«

Der Telefonist kriecht in seine Ecke.

Gegen sechs Uhr verstummt die Kanonade. Wir sehen jeden Augenblick nach der Uhr ... Drei Viertel ... Zehn vor ... Fünf vor ...

Abrossimow klebt förmlich am Hörer.

»Vorbereiten!«

Die letzten, vereinzelten Schüsse. Dann – Stille. Eine schreckliche, unnatürliche Stille. Die Unseren sind am Ende. Die Deutschen haben noch nicht angefangen.

»Los!« schreit Abrossimow in die Muschel.

Ich klebe förmlich an der Scharte. Am grauen Himmel zeichnen sich undeutlich die Wassertürme, Rohre, deutsche

Laufgräben, ein abgeschossener Panzer ab. Mehr nach rechts – ein Stück unserer Gräben. Ein Vogel fliegt, langsam die Flügel bewegend. Man sagt, daß Vögel den Krieg nicht fürchten.

»Los!« schreit Abrossimow ins Telefon. Er ist blaß, und sein Mundwinkel zuckt ständig.

Links von mir der Major, ebenfalls an der Scharte. Er zieht an seiner Pfeife. Mich fröstelt plötzlich. Meine Hände zittern, und eine Gänsehaut läuft mir über den Rücken. Wahrscheinlich vor Aufregung. Tatenlosigkeit ist das schrecklichste.

Über unseren Gräben erscheinen Gestalten. Sie laufen … Hurra-a-a! … Direkt auf die Wassertürme zu … A-a-a-a! … Ich höre nicht mehr, wie das deutsche Maschinengewehr zu rattern anfängt. Sehe nur, wie die Gestalten hinfallen. Weißer Rauch der Granatexplosionen. Noch ein Maschinengewehr, weiter links.

Immer mehr und mehr Explosionen. Weißer Rauch, wie Watte, legt sich auf die Erde, verzieht sich allmählich. Auf der grauen, kahlen Erde liegen Menschen. Es sind viele. Die einen kriechen, die anderen liegen. Laufende gibt es nicht mehr.

Der Major zieht an seiner Pfeife, hustet.

»Nichts zum Schweigen gebracht … Nichts …« Abrossimow ruft das zweite und dritte Bataillon an. Dasselbe Bild. Die Soldaten liegen gegen die Erde gepreßt. Maschinengewehre und Granatwerfer machen es ihnen unmöglich, den Kopf zu heben.

Der Major geht von der Scharte fort. Sein Gesicht ist verquollen, müde.

»Anderthalb Stunden gedonnert – und nicht einzunehmen … Verflucht noch mal … Zählebig, diese Teufel …«

Abrossimow steht da, den Hörer am Ohr, den Fuß auf einem Kasten, spielt mit nervösen, trockenen Fingern an der Schnur.

»Blick mal durch die Scharte, Ingenieur … Viele Tote? Oder haben sie sich in den Trichtern eingerichtet?«

Ich sehe nach. Etwa zwölf Mann liegen da. Es müssen wohl Tote sein. Füße und Hände weit ausgebreitet. Die anderen sind nicht zu sehen. Das Maschinengewehr feuert direkt auf die Brustwehr, daß der Staub nur so aufsteigt. Dreckige Sache.

»Kershenzew«, sagt der Major ganz leise.

»Ich höre.«

»Du hast hier nichts zu tun. Geh mal zu deinem früheren Bataillon, zu Schirjajew. Hilf ihnen ...« Und nachdem er an seiner Pfeife gezogen hat: »Ihr habt dort deutsche Verbindungsgänge, Schirjajew hat sich ausgedacht, wie sie einzunehmen sind. Stellt die Maschinengewehre auf, und hackt den Fritzen in die Flanke ...«

Ich mache kehrt.

»Sie schicken ihn zu Schirjajew?« fragt Abrossimow, ohne vom Telefon fortzugehen.

»Laß ihn gehen. Er hat hier nichts zu tun. Im Frontalangriff werden wir sowieso nichts einnehmen.«

»Wir werden einnehmen!« schreit Abrossimow unnatürlich auf und wirft den Hörer weg. Der Telefonist fängt ihn geschickt im Fluge auf und setzt ihn sich auf. »Wir werden es auch im Frontalangriff nehmen, wenn sie sich nicht in den Löchern verstecken. Geh, Kershenzew, in das zweite Bataillon, organisiere dort. Sonst grübeln die da und raten, und es kommt nichts Gescheites dabei heraus ... ›Siehst du, das Feuer ist so stark, man kann nicht aufstehen.‹«

Seine für gewöhnlich ruhigen, kalten Augen sind jetzt rund und blutunterlaufen. Die Lippen zittern.

»Bring sie zum Aufstehen, zum Aufstehen! Sie haben sich festgelegen. Können den Hintern nicht von der Erde losreißen ...«

»Immer mit der Ruhe, Abrossimow«, sagt beschwichtigend der Major und winkt mir mit der Hand zu: ›Geh!‹

Ich gehe. Bis zu Schirjajews Gefechtsstand laufe ich, ohne anzuhalten, laviere zwischen den Explosionen. Die Deutschen sind in Wut geraten, schießen wahllos. Immer mehr, immer mehr! Schirjajew ist nicht da. Er ist in der vordersten Linie. Ich laufe dorthin. Stoße am Eingang zum Unterstand mit der Nase auf ihn, vor demselben Unterstand, in dem wir damals während der Umzingelung gesessen haben.

»Wie steht's?«

»Wie's steht! ... Die Hälfte des Bataillons ist nicht mehr.«

»Tot?«

»Der Teufel weiß es ... Sie liegen da ... Mit Abrossimow kann man schon Krieg führen!«

»Was ist denn?«

An Schirjajews Hals schwellen die Adern.

»Der Major sagt hü, und Abrossimow sagt hott. Es schien, als sei ich mit dem Major einig geworden. Ich habe ihm alles klipp und klar erzählt. So und so ist es. Ich habe mit den Deutschen gemeinsame Verbindungsgräben.«

»Das weiß ich. Und?«

»Nun habe ich alles während der Nacht vorbereitet. Habe Sprengladungen eingebaut, um Durchgänge zu schaffen ... Dieselben, die du zugemauert hast. Habe die Pioniere verteilt. Plötzlich – bauz! Da ruft Abrossimow an – keine Durchgänge, marsch in den Angriff ... Ich erkläre ihm, daß dort Maschinengewehre sind ... ›Pfeif drauf, die Artillerie wird sie niederhalten, und die Deutschen fürchten das Bajonett ...‹ Na also ...«

»Wieviel Leute hast du?«

»Über sechzig Schützen. Dreißig habe ich in den Angriff geschickt, dreißig zurückgelassen. Abrossimow wird deswegen noch schimpfen. ›Führe einen massierten Schlag‹, sagte er, ›laß nur die Maschinengewehr- und Granatwerferschützen zurück. Auch die Pioniere treib in den Angriff ...‹«

»Ist der Major im Bilde?«

»Weiß ich? ...«

Mit Wucht läßt sich Schirjajew auf dem Hocker nieder, daß es kracht.

»Was soll man jetzt tun? Die Leute werden bis zum Abend in den Löchern liegen – der Fritz wird sie nicht den

Kopf hochheben lassen. Und der wird gleich wieder am Telefon anfangen ...«

Ich erkläre Schirjajew, was mir der Major gesagt hat. Seine Augen fangen an zu glänzen. Er springt auf, packt mich an der Schulter und schüttelt mich wie einen Birnbaum.

»Wunderbar! Bleib du mal hier sitzen, und ich werde gleich mit Karnauchow und Farber ... Ach ... Wie soll man bloß die Leute aus den Trichtern rausholen? ...«

Er langt nach seiner Mütze.

»Wenn er anruft, melde dich nicht. Laß den Telefonisten antworten. Ljoschka, du sagst: ›Ist in der Vordersten.‹ Verstanden? Aber nur, wenn Abrossimow anruft.«

Ljoschka nickt verständnisvoll mit dem Kopf.

Kaum hat Schirjajew die Tür hinter sich zugeschlagen, als Abrossimow anruft. Ljoschka zwinkert listig.

»Sind fortgegangen, Genosse Hauptmann ... Soeben fortgegangen ... Jaja, beide ... Sind gekommen und weggegangen.«

Er lacht, das Mikrofon mit der Hand verdeckend.

»Er schimpft ... Warum Sie ihn nicht angerufen haben, gleich, nachdem Sie gekommen sind.«

Eine halbe Stunde später ist Schirjajew mit allem fertig. An drei Stellen auf der Anhöhe und in der Schlucht vereinigen sich unsere Laufgräben mit denen der Deutschen. In jedem Graben sind zwei verminte Sperren. In der Nacht hat Schirjajew mit den ihm zugeteilten Pionieren Zündschnüre dorthin gezogen. Die Laufgräben wurden von uns bis zu den Deutschen kontrolliert, und etwa zehn Minen sind weggeräumt worden.

Alles in Ordnung. Schirjajew klatscht sich auf die Knie.

»Dreizehn Kerle sind zurückgekrochen gekommen. Wir leben! Sollen sie sich vorläufig ausruhen und wachen. Von den anderen werden wir jeweils zehn Mann an die drei Durchgänge schicken. Ist doch nicht so schlimm, wie?«

Seine Augen glänzen. Die zottige weiße Mütze sitzt ihm schief auf einem Ohr, die Haare kleben an der Stirn.

»Karnauchow und Farber werde ich auf die Anhöhe schicken und selbst in die Schlucht gehen.«

»Und wer wird das Unternehmen leiten?«

»Du.«

»Laß das. Ich bin jetzt nicht Bataillonskommandeur, sondern Ingenieur, Vertreter des Stabes.«

»Nun, und was ist dabei? Wenn du auch Vertreter bist, kannst du doch kommandieren.«

»Schick Sendezkij in die Schlucht. Ein tapferer Bursche, das muß man sagen.«

»Sendezkij? Ist noch zu jung. Übrigens ...«

Wir stehen im Laufgraben am Eingang zum Unterstand. Auf einmal werden Schirjajews Augen schmal, die Nase zieht sich kraus. Er packt mich an der Hand.

»Teufel, Teufel ... Er kommt schon angetobt.«

»Wer?«

Am Abhang der Schlucht klettert, sich an den Sträuchern festhaltend, Abrossimow. Hinter ihm sein Melder.

Schirjajew spuckt aus und schiebt die Mütze in die Stirn.

Abrossimow schreit schon von weitem:

»Wozu, zum Teufel, habe ich dich hierhergeschickt? Zum Schwatzen, was?«

Er hat seine Jacke aufgeknöpft und ist ganz außer Atem.

»Ich läute, läute ... Niemand kommt ans Telefon ... Wollen Sie kämpfen oder nicht?«

Er atmet schwer und leckt sich mit der Zunge die trocken gewordenen Lippen.

»Ich frage Sie – wollen Sie kämpfen oder nicht?«

»Wir denken, doch«, antwortet ruhig Schirjajew.

»Dann kämpft, zum Teufel! ... Verflucht noch mal, was steckst du hier, Ingenieur? ... Und ich muß wie ein Trottel herumlaufen ...«

»Erlauben Sie, daß ich Ihnen erkläre«, sagt Schirjajew genau noch so ruhig und beherrscht, nur die Nasenflügel beben.

Abrossimow läuft rot an.

»Ich werde dir was erklären!« Er greift zur Pistolentasche. »Marsch, zum Angriff!«

Ich fühle, wie es in mir kocht. Schirjajew atmet schwer, den Kopf vornübergebeugt, die Hände zu Fäusten geballt.

»Marsch, zum Angriff! Hast du gehört? Noch einmal wiederhole ich es nicht ...«

In seinen Händen hält er die Pistole. Seine Finger sind ganz weiß, völlig blutleer.

»Ich werde in keinen Angriff gehen, ehe Sie mich nicht angehört haben«, sagt Schirjajew mit zusammengebissenen Zähnen, jedes Wort schrecklich langsam aussprechend.

Einige Sekunden blicken sie einander in die Augen. Gleich werden sie sich aufeinander stürzen. Ich habe Abrossimow noch niemals so gesehen.

»Der Major hat mir befohlen, diese Laufgräben dort zu erobern. Ich habe mit ihm verabredet ...«

»Bei der Armee verabredet man sich nicht, sondern führt Befehle aus«, unterbricht ihn Abrossimow. »Was habe ich Ihnen am Morgen befohlen?«

»Angreifen.«

»Wo ist Ihr Angriff?«

»Steckengeblieben, weil ...«

»Ich frage nicht, warum.« Und wieder plötzlich von Wut übermannt, fuchtelt er mit der Pistole in der Luft. »Marsch, in den Angriff! Werde euch als Feiglinge niederschießen ... Befehle nicht auszuführen!«

Mir scheint, als ob er gleich hinfallen und sich in Krämpfen winden wird.

»Alle Offiziere nach vorn ... Und du selber nach vorn. Ich werde euch zeigen, was das heißt, seine Haut zu retten ... Redet von Laufgräben! ... Drei Stunden ist es her, daß der Befehl erteilt wurde ...«

Ich kann das nicht mehr mit anhören. Ich drehe mich um und gehe fort.

Die Maschinengewehre zwingen uns, sofort Deckung zu nehmen.

Der neben mir laufende Soldat schlägt längelang hin, mit weit ausgebreiteten Armen. Ich springe in einen frischen Trichter, der noch nach Explosion riecht. Ich werde mit Erde überschüttet. Jemand springt über mich hinweg. Er fällt auch hin. Kriecht zur Seite, schnell, schnell die Füße bewegend. Die Kugeln pfeifen direkt über der Erde, schlagen in den Sand ein, heulen auf. Ganz in der Nähe schlagen Granaten ein.

Ich liege auf der Seite, zu einem Häufchen zusammengerollt, die Füße ans Kinn gezogen. In der rechten Hand halte ich die Pistole. Sie ist ganz mit Sand bedeckt. Am Abend hat Walega sie dick eingefettet. Ich habe vergessen, sie morgens abzuwischen. Niemand schreit mehr »Hurra«.

Wo ist Schirjajew? Wir sind fast gleichzeitig aus den Gräben gesprungen. Ich bin gestolpert und habe mit der linken Hand etwas Eisernes ergriffen, das aus der Erde herausragte. Dann sah ich seinen Mantel vor mir, etwas weiter rechts. Ein großer, leuchtender gelber Fleck darauf fiel sofort ins Auge.

Die deutschen Maschinengewehre verstummen nicht eine Sekunde. Man kann ganz deutlich unterscheiden, wie der Soldat das Maschinengewehr schwenkt – in Fächerform von rechts nach links, von links nach rechts.

Mit aller Kraft presse ich mich an die Erde. Der Trichter ist ziemlich groß, aber die linke Schulter guckt, so scheint es mir, dennoch heraus. Ich grabe mit den Händen die Erde aus. Sie ist durch den Einschlag aufgelockert und gibt ziemlich leicht nach, aber nur die obere Schicht, darunter folgt Lehm. Fieberhaft wie ein Hund scharre ich in der Erde.

Krach! Eine Granate. Ich werde ganz mit Erde überschüttet.

Krach! Eine zweite. Dann eine dritte, vierte. Ich schließe die Augen und höre auf zu graben. Sie haben wahrscheinlich gemerkt, wie ich die Erde hinauswarf.

Ich liege und halte den Atem an. Links von mir stöhnt jemand. A-a-a-a! ... Weiter nichts, nur A-a-a-! ... Gleichmäßig, ohne jegliche Betonung, in gleichbleibender Tonhöhe. Ich weiß nicht, wie lange ich so liege. Ich fürchte, mich zu bewegen. Der Mund ist voll Erde. Außer Erde sehe ich nichts. Von oben – grau, fein wie Puder; unten Lehm, rötlichbrauner, rissiger Lehm. Weder Gras noch Äste, nur Staub und Lehm. Wenn wenigstens ein Wurm darin kröche. Wenn ich den Kopf drehe, ist der Himmel sichtbar. Auch er ist glatt, grau und unfreundlich. Wahrscheinlich wird es Schnee oder Regen geben, eher Schnee, ich friere an die Zehen.

Das Maschinengewehr fängt an, mit Unterbrechungen zu schießen, aber immer noch flach über die Erde hin. Ich verstehe gar nicht, wie es kommt, daß ich noch heil, nicht verwundet, nicht tot bin. Aus fünfzig Meter Entfernung ein Maschinengewehr zu stürmen, das ist der sichere Tod. Als erste sind Schirjajew, Karnauchow, Sendezkij und ich herausgesprungen. Und noch einer, ein Zugführer, einer von den neuen. Ich habe mir nur gemerkt, daß unter seiner Mütze eine Strähne völlig grauen Haares hervorlugte. Farber habe ich nicht gesehen.

Ich bin wahrscheinlich nicht weit gelaufen und habe mich gleich niedergeworfen. Ich kann mich nicht erinnern, was mich gezwungen hat, mich hinzuwerfen. Ringsherum ist plötzlich alles leer geworden. Erst waren viele da – und plötzlich niemand. Es war ein schreckliches Gefühl, so ganz allein zu bleiben. Übrigens, ich weiß nicht mal, ob mir schrecklich zumute war. Ich weiß nicht mal, wie und warum ich in diesem Trichter gelandet bin.

Infolge der unbequemen Lage bekomme ich einen Krampf im rechten Bein, erst in der Wade, dann im Fuß, dann im Muskel, der vom Knie über die Hüfte nach oben führt. Ich drehe mich auf die andere Seite und versuche, das Bein auszustrecken. Aber es ist kein Platz da zum Ausstrecken – ich fürchte, mich aus dem Trichter herauszurecken. Ich reibe mit den Händen, bewege die Zehen. Der Wadenkrampf vergeht nicht, der Stiefelschaft stört.

Der Verwundete stöhnt noch immer. Ohne Unterbrechung, aber schon leiser.

Die Deutschen verlegen das Feuer in die Tiefe der Verteidigungsstellung. Die Explosionen sind weit im Rücken zu hören. Die Kugeln fliegen bedeutend höher. Die Deutschen haben sich entschlossen, uns in Ruhe zu lassen. Ich stecke die Mütze einen Fingerbreit zum Trichter hinaus. Sie schießen nicht. Noch ein bißchen. Sie schießen nicht. Auf die Hände gestützt, luge ich mit einem Auge hinaus. Bis zu den Deutschen ist es ein Katzensprung. Man kann mit einem Steinwurf die Spanischen Reiter, die vor ihren Gräben stehen, erreichen. Das Maschinengewehr befindet sich mir gerade gegenüber.

Ich häufe aus Erde einen kleinen Wall auf, nach der Seite der Deutschen hin. Jetzt kann ich ringsherum und auch nach hinten sehen, werde selber aber nicht gesehen.

Bis zu unseren Gräben ist es weiter als bis zu den deutschen. Etwa dreißig Meter, vielleicht auch mehr. Jemand läuft gebückt in ihnen – man sieht nur, wie die Ohrenklappen hin und her wackeln. Er verschwindet. Der Soldat, der neben mir gelaufen war, liegt weiter so, die Arme von sich gestreckt. Das Gesicht ist mir zugewendet, die Augen sind geöffnet. Es sieht aus, als ob er das Ohr an die Erde gepreßt hätte, um auf etwas zu lauschen. Einige Schritte von ihm entfernt ein anderer. Man sieht nur die Füße in dicken Tuchgamaschen und gelben Stiefeln.

Alles in allem zähle ich vierzehn Leichen. Einige liegen wahrscheinlich noch vom Morgenangriff da. Weder Schirjajew noch Karnauchow sind unter den Toten. Ich hätte sie sofort erkannt. Ringsherum sind viele Trichter, große und kleine. In dem einen blinkt etwas, verschwindet dann.

Der Verwundete stöhnt noch immer. Er liegt einige Schritte von meinem Trichter entfernt, mit dem Gesicht nach unten, den Kopf zu mir gewandt. Seine Mütze liegt daneben. Schwarze, lockige Haare, schrecklich bekannt. Die Arme sind angezogen und an den Körper gepreßt. Er kriecht, kriecht langsam, langsam, ohne den Kopf zu heben, kriecht nur auf den Ellbogen. Hilflos zieht er die Beine hinter sich her. Er stöhnt die ganze Zeit, jetzt schon ganz leise. A-a-a-a! …

Ich wende kein Auge von ihm. Ich weiß nicht, wie ich ihm helfen kann. Ich habe nicht mal ein Verbandpäckchen bei mir.

Er ist schon dicht neben mir. Ich kann ihn mit der Hand erreichen.

»Komm her, komm her«, flüstere ich und strecke die Hand aus.

Der Kopf hebt sich. Große schwarze Augen, bereits getrübt durch den nahenden Tod. Charlamow, mein früherer Stabschef … Er sieht mich an, ohne mich zu erkennen. Auf dem Gesicht gar kein Ausdruck des Leidens, sondern der Abgestumpftheit. Stirn, Wangen, Zähne, alles mit Erde bedeckt. Der Mund halb geöffnet, die Lippen weiß.

»Schnell, schnell, hierher! …«

Die Ellbogen auf die Erde gestützt, kriecht er an den Trichter heran, fällt mit dem Gesicht in die Erde. Ich stecke die Hände in seine Achselhöhlen und ziehe ihn in den Trichter herein. Er ist ganz weich, als hätte er keine Knochen. Der Kopf fällt kraftlos nach vorn. Die Beine sind völlig leblos.

Mit Mühe lege ich ihn zurecht. Für zwei ist es eng im Trichter. Ich muß seine Beine auf die meinen legen. Er liegt, den Kopf zurückgeworfen, und blickt in den Himmel, atmet schwer und selten. Die Feldbluse und der obere Teil der Hose sind mit Blut bedeckt. Ich öffne seinen Gürtel, hebe das Hemd hoch. Zwei kleine akkurate Löcher in der rechten Seite des Bauches. Ich begreife, daß er sterben muß.

Er wendet den Kopf nach meiner Seite. Seine Lippen bewegen sich, murmeln etwas. Ich kann nur verstehen: »Genosse Leutnant … Genosse Leutnant …« Mir scheint, er hat mich doch erkannt. Dann wirft er den Kopf zurück und hebt ihn nicht mehr. Er stirbt ganz ruhig, hört einfach auf zu atmen.

Ich drücke ihm die Augen zu. Sein strenges, plötzlich langgewordenes Gesicht bedecke ich mit seiner Mütze.

Er hat den Tod sehr gefürchtet …

Es fängt an zu schneien. Erst nur ein klein wenig, dann kommen große zottige Flocken. Alles wird plötzlich ringsherum weiß – die Erde, die liegenden Menschen, die Brustwehr der Gräben. Hände und Füße fangen an zu frieren, die Ohren auch … Ich schlage den Kragen hoch.

Die Deutschen schießen. Unsere antworten. Die Kugeln pfeifen über meinem Kopf.

So liegen wir, ich und Charlamow – er kalt, ausgestreckt, mit Schneeflöckchen auf den Händen, die nicht tauen. Meine Uhr ist stehengeblieben. Ich kann nicht feststellen, wie lange wir liegen. Hände und Füße schlafen ein. Der Krampf kommt wieder. Wie lange kann man so liegen? Vielleicht sollte ich einfach aufspringen und laufen? … Dreißig Meter – im höchsten Falle fünf Sekunden – bis der Maschinengewehrschütze sich besinnt. Sind doch morgens dreizehn Mann herausgestürmt …

Im Nachbartrichter regt sich etwas. Auf dem weißen Schnee, der schon zu tauen anfängt, bewegt sich der graue Fleck einer Ohrenklappenmütze. Für eine Sekunde taucht ein Kopf auf. Verschwindet. Zeigt sich wieder. Dann plötzlich springt ein Mensch aus dem Trichter hoch und läuft. Läuft schnell, schnell, die Hände an die Seiten gepreßt, gebückt, und wirft die Beine hoch.

Er legt drei Viertel des Weges zurück. Bis zu den Gräben bleiben lediglich acht bis zehn Meter. Das Maschinengewehr mäht ihn nieder. Er macht noch einige Schritte und fällt mit dem Kopf vornüber. So bleibt er liegen, drei Schritt von unseren Gräben entfernt. Einige Zeit noch zeichnet sich sein Mantel auf dem Schnee ab, dann wird auch er weiß. Die Flocken fallen und fallen …

Später laufen noch drei. Einer in einer kurzen Jacke. Wahrscheinlich hat er den Mantel abgeworfen, um besser laufen zu können. Er wird getroffen, als er schon beinahe auf der Brustwehr ist. Der zweite – in einigen Schritten Entfernung von ihm. Dem dritten gelingt es, in den Graben zu springen. Das Maschinengewehr auf der deutschen Seite sendet noch lange Kugel auf Kugel dorthin, wo der Soldat verschwunden ist.

Mit dem Stiefelabsatz grabe ich eine Vertiefung im Trichter. Jetzt kann man wenigstens die Beine ausstrecken. Noch eine Vertiefung für Charlamows Beine. Sie sind schon steif geworden und lassen sich nicht im Kniegelenk biegen. Irgendwie schiebe ich sie dennoch hinein. Jetzt liegen wir nebeneinander, der Länge lang ausgestreckt. Ich auf der Seite, er auf dem Rücken. Es macht den Eindruck, als ob er schliefe, das Gesicht durch die Mütze vor dem Schnee geschützt.

Die Arbeit erwärmt mich ein wenig. Ich drehe mich auf die linke Seite, um Charlamow nicht zu sehen. Grabe mir eine Höhlung unter der Hüfte – so liegt sich's bequemer. Jetzt ist es gut. Wenn nur unsere Fernartillerie auf die vordersten deutschen Stellungen kein Feuer eröffnet ... Und rauchen möchte ich ... Und wären es auch nur drei Züge. Ich habe meinen Tabak bei Schirjajew im Unterstand vergessen. Nur die Streichhölzer rascheln in der Tasche.

Ich bin müde. Der Schnee taut unter mir. Der graue Staub verwandelt sich in Schmutz. Die Knie sind naß, ich friere am Kopf. Ich nehme Charlamow die Mütze ab und bedecke sein Gesicht mit dem Taschentuch. Putze die Pistole, um nicht einzuschlafen. Es stellt sich heraus, daß nur vier Patronen darin sind. Ein Reservemagazin habe ich nicht.

Wie spät mag es jetzt wohl sein? Wahrscheinlich schon nach zwölf ... Dunkel wird es erst um sechs. Noch sechs Stunden liegen müssen ... Sechs Stunden, eine ganze Ewigkeit ...

Ich lasse die Ohrenklappen herab und schließe die Augen. Der Teufel hol's! Komme, was da mag ...

Der Schlaf kommt nicht. Mir scheint es die ganze Zeit, als ob Charlamow sich hinter meinem Rücken bewege. Mir fällt ein, daß ich ihm seine Papiere abnehmen muß. Das ist nicht so leicht. Er pflegte sie in der hinteren Hosentasche zu tragen. Ich entsinne mich, daß er die Kandidatenkarte aus der Gesäßtasche herausnahm, als er die Parteibeiträge bezahlte. Ich mühe mich lange – Charlamow ist schwer geworden, als ob er an der Erde angewachsen wäre. Dennoch hole ich sie heraus. In ein kleines Stückchen Wachstuch sorgfältig eingewickelt und zugesteckt mit einer Sicherheitsnadel – die Kandidatenkarte, zwei Briefe, ein ganz abgegriffener, zerknitterter Ausweis mit auseinandergeflossener Tinte und einige Photographien. Die Fotografien sind besonders eingewickelt. Ich hätte mir niemals träumen lassen, daß Charlamow so ordentlich ist. Als er bei mir im Stab war, hat er stets alles vergessen und verloren.

Ich betrachte die Bilder. Auf dem einen ist Charlamow mit einer Frau. Sie hat langes lockiges Haar und weit auseinanderstehende Augen. Wahrscheinlich seine Frau. Auf dem Arm hält sie ein Kind, das genauso große schwarze Augen hat wie der Vater. Auf dem anderen Bild: noch einmal seine Frau, nur allein, mit einer Baskenmütze. Auf dem dritten: eine Gesellschaft am Ufer eines Flusses. Alle lachen. Ein Bursche mit einer Gitarre. Charlamow, in Badehose, liegt auf dem Bauch. In der Ferne sieht man ein Feld und einen Heuschober ... Auf der Rückseite steht geschrieben: »Tscherkisowo, Juni 1939. Die zweite von links ist Mura.« Ich wickle wieder alles ins Wachstuch, stecke es mit der Nadel fest und schiebe es in meine Tasche.

Ein kleiner Lehmklumpen trifft mich am Ohr. Ich zucke zusammen. Der zweite fällt daneben, gegen mein Knie. Jemand wirft nach mir. Ich hebe den Kopf. Aus dem Nachbartrichter guckt ein unrasiertes, breites Gesicht heraus.

»Brüderchen ... hast du Streichhölzer? Oder eine ›Katjuscha‹*?«

»Hab ich.«

* Selbstangefertigtes Feuerzeug (Soldatenausdruck).

»Wirf sie um Gottes willen bloß herüber.«

»Läßt du mir die Kippe übrig?«

»Gut.«

Ich werfe die Schachtel hinüber. Sie bleibt zwei Schritte entfernt liegen. Pfui Teufel ... Der im Trichter streckt die Hand aus. Ach, zu kurz gezielt ... Wir wenden beide kein Auge von der Schachtel. Klein, mit schwarzen Seiten, liegt sie da im Schnee und scheint über uns zu lachen. Dann taucht ein Gewehr auf. Langsam, vorsichtig kommt es aus dem Trichter, bewegt sich auf dem Schnee, zielt nach der Schachtel. Diese Operation zieht sich eine Ewigkeit hin. Die Schachtel gleitet, bewegt sich fort, will sich durchaus nicht hinter das Korn verhaken. Dem Besitzer des Gewehrs steht vor lauter Anstrengung der Mund offen. Endlich hakt es sich ein. Kopf und Gewehr verschwinden. Über dem Trichter erscheint leichter Rauch.

»Vorsichtiger«, flüstere ich, aber ich glaube, er hört mich nicht.

Er raucht eine gute halbe Stunde, bestimmt nicht weniger. Mir wird ganz schwindlig im Kopf vor Neid und Begierde. Dann kehrt die Streichholzschachtel zu mir zurück, mit einem winzig kleinen, speichelfeuchten Stummel im Innern. Ich sauge und sauge mit aller Kraft, verbrenne mir beide Lippen.

»Kamerad! Hast du eine Uhr?« frage ich im Flüsterton.

»Drei Viertel zwölf«, ertönt es aus dem Trichter.

Ich traue meinen Ohren nicht ... Ich hatte gedacht, daß es zwei oder drei sei, und jetzt stellt sich heraus, daß es noch nicht mal zwölf ist ... Um das Maß voll zu machen, setzt neuer Beschuß ein. Ob von den Unseren oder den Deutschen, mag der Teufel wissen! Die Granaten explodieren ganz in der Nähe. Etwa zehn bis fünfzehn Minuten lang. Dann eine Pause. Dann wieder Feuerüberfall.

Ich muß laufen; noch sechs Stunden zu warten, das halte ich nicht aus. Schießen sie einen tot, nun gut – dem Tode entgeht man nicht.

Aus dem Trichter krächzt es mich wieder an:

»Freund ... h-e-e ... Freund ...«

»Was willst du?«

»Wollen wir laufen?«

Er hält es auch nicht aus.

»Los«, antworte ich.

Wir wenden eine kleine List an. Die vorhergehenden drei sind kurz vor der Brustwehr getötet worden. Wir müssen uns hinwerfen, ehe wir unsere Gräben erreicht haben. Beim Abschuß werden wir bereits liegen. Dann mit einem Sprung direkt in die Gräben. Vielleicht gelingt es. Ich drehe mich nach unseren Gräben um. Hauptsache, daß der Krampf nicht wiederkommt. Das Gelände vor uns ist eben – nur ein kleiner Trichter und daneben ein Toter.

»Nun, fertig?«

»Fertig ...«

Ich stütze mich auf das linke Bein, das rechte ist im Knie gebeugt. Ein letzter Blick auf Charlamow. Er liegt ruhig da, die Knie angezogen, die Hände auf dem Bauch. Er hat nichts mehr nötig ...

»Los!«

»Los!«

Schnee ... Trichter ... Ein Toter ... Wieder Schnee ... Ich werfe mich auf die Erde ... Und beinahe im selben Augenblick: ta-ta-ta-ta-ta ... Ich atme nicht ... Ta-ta-ta-ta-ta ... Ich liege ... Ta-ta-ta-ta-ta ...

»Lebst du?«

»Ja ...«

Ich liege mit dem Gesicht im Schnee, die Arme von mir gestreckt, das linke Bein unterm Bauch angezogen, um leichter aufspringen zu können. Bis zu den Gräben sind es noch fünf oder sechs Schritte. Aus einem Augenwinkel verschlinge ich dieses Stückchen Erde.

Man muß zwei oder drei Minuten warten, bis der Maschinengewehrschütze sich beruhigt hat. Jetzt kann er uns nicht treffen – wir sind zu tief.

Man hört, wie jemand durch die Gräben geht und spricht. Die Worte versteht man nicht ... Es ist Zeit ...

»Fertigmachen!« spreche ich, ohne den Kopf zu heben, in den Schnee.

»Fertig«, tönt es von links.

Ich spanne alle Muskeln an. In den Schläfen hämmert es.

»Los!«

Ich stoße mich ab. Drei Sprünge – und wir sind im Graben ...

Wir sitzen noch lange nachher im Schmutz auf dem Boden des Grabens und lachen. Jemand gibt mir eine Kippe.

Es stellt sich heraus, daß es schon fünf Uhr ist. Die Uhr des Soldaten war ebenfalls stehengeblieben. Wir haben von sieben bis fünf Uhr – also zehn Stunden – im Trichter gelegen. Jetzt erst merke ich, daß ich wahnsinnigen Hunger habe.

Am Morgen beerdigen wir die Kameraden: Charlamow, Sendezkij und den Zugführer mit der grauen Strähne. In der Nacht haben Sanitäter ihre Leichen vom Schlachtfeld geholt. Karnauchow hat man nicht gefunden. Es heißt, man hätte gesehen, wie er mit vier Soldaten in die deutschen Gräben gestürmt sei. Dort ist er wahrscheinlich auch umgekommen.

Schirjajew kam selbst angekrochen – blutüberströmt und mit einer hilflos herabhängenden Hand. Mit Mühe ist er über die Brustwehr gekrochen und hat sofort das Bewußtsein verloren. Man hat ihn zum Verbandplatz geschafft. Ich ging dorthin. Eine halbe Stunde zuvor war er aufs andere Ufer ins Lazarett gebracht worden.

Im ganzen hat das Bataillon sechsundzwanzig Mann verloren – beinahe die Hälfte, die Verwundeten nicht mitgezählt.

Das Bataillon hat Farber übernommen. Als einziger von allen Offizieren hat er an dem Angriff nicht teilgenommen. Abrossimow hatte ihn bei sich behalten.

Wir beerdigen die Kameraden direkt an der Wolga.

Einfache Särge aus ungehobelten Fichtenbrettern. Bleigraue schwere Wolken ziehen über unsere Köpfe hin. Der Wind spielt mit den Schößen der Mäntel. Nasser, ekliger Schnee kriecht hinter den Kragen. Auf der Wolga schwimmen Eisschollen – Herbsteisgang.

Drei Gruben gähnen.

Hier an der Front ist alles einfach. Gestern waren sie noch – heute sind sie nicht mehr, und morgen wirst du vielleicht auch nicht mehr sein. Und die Erde wird genauso dumpf auf den Deckel deines Sarges fallen. Vielleicht wird auch gar kein Sarg da sein, sondern du wirst vom Schnee verweht werden und wirst liegen, mit dem Gesicht in die Erde gepreßt, bis der Krieg zu Ende ist …

Drei kleine rostbraune Hügel erheben sich am Ufer der Wolga. Drei graue Fellmützen auf drei Pfählen. Salut – ein trockener Wirbel aus Maschinenpistolen. Wie ein Echo dröhnen die Ferngeschütze jenseits der Wolga. Eine Minute des Schweigens. Die Pioniere sammeln die Spaten ein und richten die Gräber her.

Das ist alles.

Wir gehen fort.

Keiner von ihnen war älter als vierundzwanzig Jahre. Karnauchow war fünfundzwanzig. So hat er mir seine Gedichte doch nicht vorgelesen. Zusammen mit dem Brief der Mutter und der Fotografie von Ljussja trage ich sie in meiner Tasche. Die Verse sind einfach, klar und sauber, wie er selber war.

… Du bist vom Unterstand, dem kleinen,
So weit entfernt wie eine fremde Welt.
Doch will es mir so nah erscheinen,
Als ob dich meine Hand noch hält.

Ich sehe die Zweige sich biegen,
In Birken, da rauschet der Wind,
Er läßt deine Zöpfe sich schmiegen,
Umwinden und fesseln mich lind …

Das Porträt Jack Londons hänge ich über dem Tischchen unter dem Spiegel auf. Sie sehen sich sogar etwas ähnlich – London und Karnauchow.

Das letztemal habe ich mit Karnauchow etwa drei Minuten vor dem Beginn des Angriffs gesprochen. Er hockte in der Ecke des Laufgrabens und legte Zündungen in die Handgranaten ein. Ich fragte ihn etwas, ich weiß nicht mehr, was. Er hob den Kopf, und zum ersten Male sah ich nicht in seinen Augen jenes tiefe Lächeln, das stets auf ihrem Grunde war, jenes stille Lächeln, das ich so liebte. Er antwortete mir etwas, und ich ging fort. Später habe ich ihn nicht mehr gesehen.

Ich liege lange, das Gesicht ins Kissen gepreßt.

Lissagor kommt, setzt sich auf seine Pritsche, zieht die Füße hoch, schnauft. Raucht schweigend, das Kinn auf die Knie gestützt.

»Abrossimow wird vor Gericht gestellt werden, heißt es«, sagt er finster und spuckt über die Knie hinweg auf den Boden.

»Wer hat das gesagt?«

»Der Schreiber Ladygin hat es gehört.«

»Ein Schwindler ...«

»Ein Schwindler, aber nicht immer. Weiß sich trotzdem immer bei den Vorgesetzten lieb Kind zu machen.«

»Warst du im Stab?«

»Ja.«

»Was ist dort los?«

»Nichts. Wie immer. Astafjew malt die Zeichnungen bunt. Hat nur gefragt, wieviel Mann wir haben. Hab ihn angelogen, hab gesagt: nur zwölf. Bei ihm muß man auf der Hut sein. Schreiberseele.«

»Hast du den Major gesehen?«

»Er ist auf eine Minute hereingekommen. Traurig, finster, hat sich die Verlustliste von Ladygin geholt ...«

»Trinken möchte ich jetzt ...«

Am Abend hält mich der Major in der Offizierskantine an.

»Bereite dich auf morgen vor, Ingenieur ...«

Ich verstehe ihn nicht.

»Worauf?«

Der Major pafft seine Pfeife, hört nicht. Er ist abgemagert und blaß.

»Worauf?« wiederhole ich.

Langsam hebt er den Kopf.

»Du mußt davon erzählen ... wie alles war ... dort auf der Anhöhe.« Er geht fort, auf den Stock gestützt. Er hinkt bis zum heutigen Tage.

Ich frage nicht mehr. Mir ist alles klar.

Ladygin, der Stabsschreiber, die erste Klatschbase im Regiment, erzählt, daß man den Major und Abrossimow in den Divisionsstab gerufen hätte. Drei Stunden wären sie dort geblieben. Hinterher habe sich Abrossimow in seinen Unterstand eingeschlossen und sei bis jetzt nicht herausgekommen, habe Mittag- und Abendbrot zurückgeschickt.

»Seine Ordonnanz hat sich im Verpflegungslager herumgetrieben, ist dann im Trab in den Unterstand gerannt, hat die Taschen mit den Händen festgehalten. Am Morgen war gerade Wodka angekommen.«

Er zwinkert mit seinen frechen grünen Augen.

25

Ich komme zu spät zur Gerichtssitzung. Der Major spricht bereits.

In dem Rohr, das den Unterstand des zweiten Bataillons bildet – es ist der größte Raum in unserem Abschnitt –, ist es so rauchig, daß man kaum die Gesichter unterscheiden kann. Abrossimow sitzt an der Wand. Seine Lippen sind weiß und trocken und fest zusammengepreßt. Die Augen starren die Wand an.

Astafjew – als Sekretär – knistert mit den Papieren, blättert die Bogen um und probiert die Tinte an der Ecke eines Blattes aus. Neben ihm sitzen noch zwei: der Chef der Aufklärung und der Chef der Panzerjägerkompanie. Es ist ein Ehrengericht. Der Major steht da, die Hände auf den Tisch gestützt. Er ist in diesen vierundzwanzig Stunden um zehn Jahre gealtert. Von Zeit zu Zeit hebt er ein Glas Tee an die Lippen und trinkt mit kleinen, nervösen Schlucken. Er spricht leise, so leise, daß es am Ende des Rohres nicht zu hören ist.

Ich dränge mich nach vorn durch.

»Man kann im Kriege nicht ohne Vertrauen auskommen!« sagt er. »Tapferkeit allein ist zuwenig. Auch Wissen genügt nicht. Man muß noch den Glauben haben. Den Glauben an die Menschen, mit denen man gemeinsam kämpft. Ohne den ist es unmöglich ...«

Er hakt den Kragen auf. Im Rohr ist es heiß. Mir scheint, als ob seine Finger, die die Haken öffnen, leicht zittern.

»Ich bin mit Abrossimow einen langen Weg gegangen, einen langen Kampfweg: Orjol, Kastornaja, Woronesh ... Und wie lange halten wir uns schon hier ... Ich hatte Vertrauen zu ihm. Ich wußte, daß er jung und unerfahren ist, vielleicht erst im Kriege lernen müßte, ich wußte, daß er Fehler machen könnte – wer von uns hätte keine gemacht? Aber Vertrauen hatte ich zu ihm. Es ist unmöglich, seinem Stabschef nicht zu vertrauen.«

Er wendet den Kopf zu Abrossimow und sieht ihn mit einem langen, schweren Blick an.

»Ich weiß, daß ich selber schuldig bin. Für die Leute bin ich verantwortlich und nicht der Stabschef. Auch für dieses Unternehmen bin ich verantwortlich. Und als der Divisionskommandeur heute Abrossimow anschrie, da wußte ich, daß er damit auch mich anschrie. Und er hat recht.« Der Major fährt sich mit der Hand übers Haar und läßt seinen müden Blick über uns gleiten. »Es gibt keinen Krieg ohne Opfer. Dafür ist eben Krieg. Doch das, was gestern im zweiten Bataillon vorgekommen ist – das ist kein Krieg mehr. Das ist Vernichtung ... Abrossimow hat seine Machtbefugnisse überschritten. Er hat meinen Befehl widerrufen, zweimal widerrufen. Am Morgen telefonisch, und dann persönlich, als er die Leute in den Angriff jagte.«

»Der Befehl lautete: die Wassertürme angreifen«, unterbricht mit trockener, hölzerner Stimme Abrossimow, ohne die Augen von der Wand zu wenden. »Und die Leute gingen nicht in den Angriff ...«

»Du lügst!« Der Major schlägt mit der Faust auf den Tisch, daß der Löffel im Glase klirrt. Beherrscht sich aber sofort. Er schlürft den Tee aus dem Glase. »Die Leute gingen zum Angriff ... aber nicht so, wie du es wolltest. Die Leute gingen mit Verstand, mit Überlegung. Und was hast du gemacht? Hast du nicht gesehen, wozu der erste Angriff geführt hatte? Aber da war es nicht anders möglich. Wir hatten auf die Artillerievorbereitung gerechnet. Wir mußten sofort, bevor der Gegner zur Besinnung kommen konnte, den Schlag gegen ihn führen. Es ist nicht gelungen. Der Gegner hat sich als stärker und schlauer erwiesen, als wir dachten. Es ist uns nicht gelungen, seine Feuernester zu zerschmettern. Ich habe den Ingenieur in das zweite Bataillon geschickt. Dort war Schirjajew, ein Bursche mit Kopf. Er hatte noch während der Nacht alle Vorbereitungen für die Besetzung der deutschen Gräben getroffen. Hatte alles klug vorbereitet. Und du ... Und was hat Abrossimow gemacht?«

Abrossimows Lippe fängt an zu zucken.

Borodins Gesicht, für gewöhnlich weich und gutmütig, wird rot, die Wangen zittern.

»Ich weiß, wie du dort gebrüllt hast ... Wie du mit der Pistole gedroht hast.«

Er trinkt wieder Tee aus dem Glase.

»Der Befehl im Kriege ist heilig. Die Nichtausführung eines Befehls ist ein Verbrechen. Es wird immer der letzte Befehl ausgeführt. Die Leute haben ihn ausgeführt – und liegen jetzt vor unseren Gräben. Und Abrossimow sitzt hier. Er hat seinen Regimentskommandeur betrogen. Er hat seine Machtbefugnisse überschritten. Und die Leute sind umgekommen ... Das ist alles. Meiner Meinung nach genug.«

Der Major läßt sich schwer auf den Hocker nieder.

Abrossimow sitzt, wie er gesessen hat, die Hände auf den Knien, die Augen zur Wand gerichtet. Astafjew schreibt emsig und schnell, den Kopf gesenkt.

Es sprechen noch einige Leute, dann ich. Nach mir Abrossimow. Er macht es kurz. Er steht auf dem Standpunkt, daß die Wassertürme nur durch einen massierten Angriff einzunehmen waren. Und er hat verlangt, daß dieser Angriff durchgeführt wurde. Die Bataillonskommandeure wollen ihre Leute schonen und lieben deshalb keine Angriffe. Die Wassertürme aber konnten nur durch einen Angriff eingenommen werden. Er ist nicht daran schuld, daß sich die Leute gewissenlos und feige verhalten haben ...

»Feige?« ertönt es aus der Tiefe des Rohres.

Alle drehen sich um. Ungeschickt, einen Kopf größer als alle ihn Umgebenden, drängt sich Farber in seinem lächerlich kurzen Mantel zum Tisch durch.

»Feige, sagen Sie? Schirjajew feige? Karnauchow feige? Sprechen Sie von denen?«

Farber schnappt nach Luft, zwinkert mit seinen kurzsichtigen Augen – seine Brille hat er gestern zerbrochen –, kneift die Augen zu.

»Ich habe alles gesehen ... Mit eigenen Augen gesehen ... Wie Schirjajew gegangen ist ... und Karnauchow und ... wie sie alle gegangen sind ... Ich bin kein Redner ... Ich kenne sie nicht lange, Karnauchow und die anderen ... Wie bringen Sie es fertig, so etwas zu sagen! Tapferkeit besteht nicht darin, daß man mit nackter Brust gegen Maschinengewehre rennt ... Abrossimow ... Hauptmann Abrossimow sagte, der Befehl laute, die Wassertürme angreifen ... Nicht angreifen, sondern sich ihrer bemächtigen. Die von Schirjajew ausgedachten Laufgräben waren keine Feigheit, sondern ein Kunstgriff. Ein richtiger Kunstgriff. Er hätte Menschen geschont ... Geschont, damit sie weiterkämpfen können. Jetzt sind sie nicht mehr ... Und ich finde ...«

Seine Stimme bricht ab, er sucht nach einem Trinkglas,

findet es nicht, winkt mit der Hand ab. »Ich finde ... solche Leute dürften nicht ... sie dürfen nicht kommandieren ...«

Farber findet keine Worte, wird verwirrt, errötet, sucht wieder das Glas und platzt plötzlich heraus:

»Sie selbst sind ein Feigling. Sie sind nicht in den Angriff gegangen. Und mich haben Sie auch noch bei sich behalten. Ich habe alles mit angesehen ...«

Er zuckt mit den Schultern und zwängt sich nach hinten durch, bleibt mit den Haken seines Mantels an dem des Nachbars hängen.

Ich trete nach ihm hinaus. Er steht ans Rohr gelehnt.

»Du hast gut gesprochen, Farber.«

Er zuckt zusammen.

»Was heißt hier gut! Ist alles im Kopf durcheinandergeraten. Wenn ich ihn nur ansehe, dann, wissen Sie ... Und er sitzt ruhig da und gibt obendrein freche Antworten. Er war doch nicht betrunken, als er es tat. Ein Betrunkener meint, das Meer reiche ihm nur bis zum Knie ... Er aber ... Nein ... Nicht das ist es ...«

Er atmet schwer.

»Meine beiden letzten Alten sind gefallen, Jermak und Perewersew. Können Sie sich noch an sie erinnern? Einer war Seemann, der andere Kombineführer, glaube ich. Unzertrennliche Freunde. Haben zusammen geschlafen, getrunken, gegessen. Sie kennen sie doch ... Einer von ihnen konnte allerlei Kunststücke vorführen.«

»Und dieser junge Zugführer, ich hab seinen Namen vergessen, der mit der grauen Strähne, gehörte der auch zu Ihnen?«

»Kalabin? War Führer der Maschinengewehrkompanie! Noch ein richtiger Junge. Nicht mal eine Woche ist er bei uns gewesen. War aus dem Lazarett gekommen und hat immer erzählt, wie man sie dort mit Grießbrei gefüttert hat.«

»Neue Kommandeure sind noch nicht eingetroffen?«

»Aus dem ersten und dritten Bataillon sind Kompanieführer hergeschickt worden. Als Zugführer habe ich vorläufig Sergeanten eingesetzt. Der Erste Adjutant fehlt noch.«

»Ohne Adjutanten ist es schwer«, gebe ich zu.

Ich bin jetzt voll und ganz beruhigt, was Farber betrifft. In seiner Art zu sprechen, in seiner Stimme überhaupt, klingen neue, feste Töne, die früher nicht da waren.

»Und was ist mit Schirjajew? Hat man nichts Genaues erfahren?«

»Ich glaube, es ist nichts sehr Ernsthaftes. Der Schädel ist heil. Was mit der Hand ist, weiß ich nicht. Es war zwar wenig Blut zu sehen, sie hing aber wie ein Lappen herunter.«

»Die rechte?«

»Nein, die linke.«

»So.«

»Er wollte nicht fortgehen, hat geschimpft. ›Einerlei‹, hat er gesagt, ›ich komme wieder. Ob ihr wollt oder nicht, ich komme wieder. Und mit Abrossimow werde ich noch mal zusammentreffen, und wenn's am Ende der Welt sein sollte.‹«

»Nun, ich beneide Abrossimow nicht, Schirjajews Faust ist nicht so ohne ...«

Eine Weile sprechen wir noch miteinander, dann kehrt Farber zurück ins Rohr.

Ich gehe nach Hause. Ich mag dem Gericht nicht länger beiwohnen.

Walega brät Brot in Butter auf. In der Ecke zischt der Samowar.

Ich ziehe die Stiefel und die Uniformbluse aus und lege mich auf die Pritsche.

»Wollen Sie Tee oder Kaffee?« fragt Walega.

»Was gibt's zum Kaffee?«

»Amerikanische Milch.«

»Dann Kaffee.«

Walega geht fort, um die Bohnen zu mahlen. Die Butter zischt in der Pfanne. Ich nehme Karnauchows Gedichte heraus und lese sie noch einmal durch.

Dann kommt Lissagor, schlägt die Tür zu, blickt in die Pfanne, bleibt bei mir stehen.

»Nun?« frage ich.

»Antrag auf Degradierung und Versetzung in ein Strafbataillon.«

»Zuwenig.«

»Laß nur, soll ruhig ein bißchen auf dem Bauch rumkriechen. Schadet nichts. Macht Walega das Abendbrot fertig?«

»Er kocht Kaffee.«

Mehr sprechen wir nicht von Abrossimow. Am nächsten Tag geht er fort, ohne sich von jemandem zu verabschieden, mit einem Rucksack auf dem Rücken.

Ich habe ihn nie wiedergesehen, noch von ihm gehört.

26

Nachts kommen Panzer. Sechs alte, geflickte und nochmals geflickte. Vierunddreißiger.* Sie fauchen lange, klirren mit ihren Raupenketten am Ufer entlang, tarnen sich. Unsere Stimmung hebt sich sofort.

Auf die haben wir schon lange gewartet. Zehn Tage geht schon das Gerücht um. Erst hieß es, eine ganze Panzerdivision sei aus dem Hinterland im Anmarsch, direkt von der Fabrik. Dann hat man's auf ein Regiment verringert, dann auf ein Bataillon. Und nun kommen nur sechs alte, die allerhand mitgemacht haben – und nicht aus dem Hinterland, sondern vom »Roten Oktober«, wo sie beinahe seit dem ersten Tag der Verteidigung kämpfen. Dennoch sind es Panzer, Technik ... Und sie haben ein ziemlich drohendes Aussehen.

Gegen Morgen sollen sie schon in der vordersten Stellung sein. Der Major hat mir befohlen, den Weg für sie zu sichern. Man wird wohl zwei Eisenbahnwagen, die den Weg am Schlag-

* Panzertyp T 34.

baum versperren, sprengen müssen. Ich schicke Lissagor und Agniwzew hin.

Drei von den Panzermännern kommen zu mir herein, um sich aufzuwärmen, zwei Leutnants und ein Sergeant, schwarz, schmutzig, ölbefleckt von Kopf bis Fuß.

»Habt ihr was zu essen?« fragt der Ältere von ihnen, ein Mann mit einem von Narben durchfurchten Gesicht, die offenbar von Verbrennungen herrühren.

»Haben seit heute morgen nichts mehr im Mund gehabt.«

Walega gibt mit saurer Miene die Reste des Geburtstagshasen heraus. Sie verschlingen ihn mit Appetit.

»Nun, wie steht's? Führt ihr Krieg?«

»So ein wenig«, antworte ich.

»Habt die Wassertürme bis jetzt noch nicht eingenommen?«

»Nein, noch nicht ... Mit bloßen Händen kann man sie nicht einnehmen.«

Die Panzermänner lachen.

»Verlaßt euch auf uns, was?«

»Auf wen sonst? Im Zeitalter der Technik ...«

Der Leutnant mit den dichten Bartstoppeln, die ihm beinahe bis an die Augen reichen, lacht.

»Weißt du, wo diese Technik schon überall gewesen ist?«

»Den Kästen sieht man an, daß ihr gründliche Arbeit geleistet habt. Wart ihr an der Südwestfront?«

»Frag lieber, wo wir nicht waren.«

»Wart ihr bei Charkow?«

»Bei Charkow? Warst du da?«

»Freilich.«

»Kennst du Nepokrytaja, Ternowaja?«

»Und ob! Dort sind wir zum Angriff angetreten.«

»Das gefällt mir, angetreten. Euretwegen haben wir Charkow aufgeben müssen. Wir waren schon auf dem Traktorenwerk ... Ist noch was vom Hasen da?«

»Nur noch das Fell.«

»Schade, Alkohol haben wir ...«

»Wir werden schon irgendwas organisieren.«

Ich schicke Walega zu Tschumak.

»Sag, daß er herkommen und was zu essen mitbringen soll. Wieviel Alkohol habt ihr?«

»Wird schon reichen, keine Sorge.«

Walega macht sich auf den Weg, der Sergeant auch.

»Ihr lebt wie die Götter«, sagt der narbige Leutnant mit einem Blick auf den dicken Amor am Spiegel. »Wie die Herren ...«

»Ja, über die Wohnverhältnisse können wir uns nicht beklagen.«

»Bücher lest ihr auch?«

»Manchmal ...«

Er blättert im »Martin Eden«.

»Ich weiß schon nicht mehr, wann ich zum letztenmal ein Buch in der Hand gehabt habe. Ich glaube, in Peremyschl, was? Am Sonnabend vor Kriegsbeginn. Wahrscheinlich habe ich das Lesen schon verlernt.« Er lacht. »Nach dem Kriege werde ich aufs neue zu lernen anfangen müssen ...«

Dann kommt Tschumak. Verschlafen, mit Daunen im Haar, sich kratzend.

»So was nennt sich Ingenieur ... Mitten in der Nacht Wodka trinken ... Was für ein Einfall! Da, nimm!«

Er zieht unter der Jacke zwei Ringe Wurst hervor und einen Laib Brot.

»Dein Walega ist zu meinem Feldwebel gegangen, Schmorfleisch holen.«

Er erblickt die Panzermänner.

»Sind das eure Kästen, da am Ufer?«

»Wessen denn sonst?«

»Ich würde mich schämen, mich da reinzusetzen. Bis zur Vordersten werden sie nicht kommen – werden vorher auseinanderfallen.«

Der Bärtige ist beleidigt: »Das laß nur unsre Sache sein.«

»Natürlich nicht meine. Meine Sache ist – Wodka trinken

und auf die Panzermänner schimpfen, weil sie schlecht kämpfen.«

»Und wer bist du?«

»Ich? Frag den Ingenieur, der wird dir's sagen.«

»Wahrscheinlich Aufklärer. Sieht man an der Fresse.«

»An welcher Fresse?« Tschumak ballt die Fäuste.

»Vorsichtig, Kleiner. Wessen Schnaps willst du denn trinken?«

»Wieso? Ist es eurer?«

»Natürlich.«

»Dann Schluß. Ich bin still und nehme alles, was ich über die Panzer gesagt habe, zurück. Werdet morgen die Wassertürme einnehmen. Wie sollte man sie denn mit solchen Maschinen auch nicht einnehmen!«

Die Panzermänner lachen. Tschumak streckt sich und knackt mit den Fingern. Der Bärtige schaut nach der Uhr.

»Wo mag denn bloß Prichodjko stecken?«

»Wahrscheinlich lädt er die Kanister ab oder sucht ein Gefäß. Hast du Wasser, Ingenieur? Der Alkohol ist kräftig, sechsundneunziger ...«

»Wegen des Wassers macht euch keine Sorge. Die Wolga ist gleich nebenan.«

»Geht ihr morgen in den Angriff?« fragt Tschumak.

»Unser Befehl lautet: Ausgangsstellungen beziehen, und dann werden wir weiter sehen.«

»Morgen glaube ich kaum, man hat uns noch nichts gesagt.«

»Man wird's euch schon noch sagen.«

»Wenn nicht morgen ...« Tschumak bohrt nachdenklich mit dem Messer auf dem Tisch herum. »Wißt ihr, wie die Fritzen euch tagsüber mit direktem Beschuß zurichten werden?«

»Man sagt, dort sei ein Abhang, nicht einzusehen.«

»Man sagt, man sagt ... Und wozu sind die Messerschmitt da?«

»Haben sie viele Pak, die Fritzen?« Der Bärtige horcht auf.

»Für euch wird es langen.«

Im Korridor fliegt etwas mit Gepolter hin. Jemand schimpft. Dann wälzt sich der Sergeant herein, mit Flaschen beladen.

»Welcher Idiot hat denn die Spaten mitten in den Weg geworfen? Beinahe wären alle Flaschen kaputtgegangen.«

Er legt die Flaschen auf die Pritsche, dreht sich um, strahlend, fröhlich.

»Was bekomme ich für eine Neuigkeit?«

»Was für eine Neuigkeit?«

»Eine wunderbare. Sagt, was ich kriege, dann erzähle ich.«

»Hundert Gramm zusätzlich.« Tschumak verzieht das Gesicht beim Kosten des Schnapses. »Stark, zum Teufel ...«

»Zuwenig.«

»Dann behalt's für dich. Nach dem ersten Becher wirst du's sowieso ausplaudern. Gib die Becher her, Ingenieur!«

Ich reiche die Becher hin. Wir haben im ganzen zwei. Werden reihum trinken müssen. Tschumak schenkt ein, gießt Wasser aus dem Teekessel dazu.

»Nun, was für eine Neuigkeit?« fragt der narbige Leutnant.

»Ich habe gesagt, eine wunderbare ... Habe soeben in der Maschine Nummer sechzehn die Nachrichten abgehört ...«

»Ist Hitler krepiert, ja?«

»Noch schöner ...«

»Ist der Krieg zu Ende?«

»Gerade umgekehrt ... hat erst richtig angefangen ...« Und nach einer Pause: »Die Unseren haben Kalatsch eingenommen! Und außerdem noch Kriwaja ... Kriwaja ...«

»Kriwaja Musga?«

»Musga ... Musga ... Und noch etwas ... mit ›G‹ ...«

»Doch nicht etwa Abganerowo?«

»Eben, eben ... Abganerowo ...«

»Lügst du auch nicht?«

»Warum sollte ich lügen? Dreizehntausend Gefangene ... Vierzehntausend Tote!«

»Großartig!«

»Wann war denn das?«

»In den letzten drei Tagen ... Kalatsch, Abganerowo und noch etwas. Ein ganzer Haufen Namen.«

»Jetzt ist's aus. Der Fritz ist kaputt!«

Tschumak schlägt mir so kräftig mit der Hand zwischen die Schulterblätter, daß ich beinahe die Zunge verschlucke.

»Trinken wir aufs ›Kaputt‹, Jungs!«

Und wir trinken alle auf einmal, aus Bechern oder Flaschen, spülen es mit Wasser herunter, direkt aus dem Teekessel.

»Das ist eine Sache! Wein saufen ...«

In der Tür steht Lissagor. Er sperrt den Mund auf vor Verwunderung.

»Ich sprenge dort die Waggons, und ihr sauft hier Wodka ...«

Ich reiche ihm den Becher. Mit einem Ruck gießt er den Inhalt hinter, schließt die Augen, ächzt, tastet nach einer Brotkruste, riecht daran.

»Ihr demoralisiert euch, und um fünf Uhr ist der Angriff ... Wißt ihr das? Den Bataillonen hat man schon das Frühstück gebracht.«

»Verflucht noch mal ...«

»Guckt doch hin, was sich dort am Ufer tut.«

Die Panzermänner springen hoch, ohne die Wurst zu Ende zu kauen.

»Schirjajew schimpft schon, weil wir die Durchfahrten für die Panzer nicht fertiggemacht haben.«

»Was für ein Schirjajew?«

»Was für einer? Der Stabschef, Oberleutnant.«

»Herrgott im Himmel ... Wo ist denn der hergekommen?«

»Ihr werdet noch den ganzen Krieg verschlafen ...«, lacht Lissagor.

»Er ist aus dem Lazarett hergelaufen gekommen. Jetzt brüllt er dort am Ufer.«

Tschumak läuft hinaus.

Ich ziehe die Stiefel an, suche die Pistole, blicke nach der Uhr. Drei Viertel drei.

»Sind die Durchfahrten fertig?«

»Ja.«

»In voller Breite?«

»In voller Breite. Schön glatt werden sie durchfahren ...« Die Panzermänner lassen die Motoren anspringen, laufen geschäftig hin und her. Das ganze Ufer ist weiß. Fällt wieder Schnee? Von links her dringt Schirjajews Stimme Er schreit jemanden an:

»Daß du in fünf Minuten wieder hier bist und Meldung erstattest. Verstanden? Eins, zwei ...«

Tschumak läuft vorbei und knöpft im Laufen seine Jacke zu.

»Der neue Stabschef schimpft ordentlich. Behaupte dich, Ingenieur ...«

Schirjajew steht am Eingang zum Stabsunterstand. Die Hand im Dreieckverband. Unter der Mütze blinkt weiß eine Binde hervor. Als er mich sieht, winkt er mit der gesunden Hand.

»Im Galopp nach vorn, Jurka! Hilf den Panzermännern ... Niemand weiß da vorn, wo eure Durchfahrten sind.«

»Was macht die Hand?« frage ich.

»Später, später ... Los! Es sind nur noch zwei Stunden Zeit.«

»Zu Befehl, Genosse Oberleutnant. Gestatten Sie, daß ich gehe?«

»Los, gestreifter Teufel! ... Lissagor soll herkommen ...«

Ich grüße, mache linksum kehrt, knalle mit den Hacken, reiße beim ersten Schritt die Hand vom Mützenschirm.

»Kommando zurück! Zwei Stunden exerzieren ...«

Ein kalter, fester Schneeball trifft mich am Hinterkopf, zerfällt, und der Schnee dringt hinter den Kragen.

Ich springe auf die erste Maschine. Walega ist schon da, macht gerade eine Flasche am Gürtel fest.

Ein Panzer nach dem anderen richtet sich aus und fährt am

Ufer entlang, passiert den Schlagbaum, die gesprengten Waggons und fährt auf das Kopfsteinpflaster. Gleich werden die Deutschen das Feuer eröffnen – die Panzer dröhnen wütend ...

Langsam drehen sich die Schneeflöckchen in der Luft und fallen zu Boden.

Wie ein schwerer weißer Brocken schimmert der Mamai-Hügel vor uns.

Bis zum Angriff bleiben noch eine Stunde und vierzig Minuten.

27

Der Angriff ist auf fünf Uhr angesetzt. Zwanzig vor fünf kommt Garkuscha ganz außer Atem angelaufen.

»Genosse Leutnant ...«

»Was ist los?«

Er atmet schwer und wischt sich die feuchte Stirn mit der Hand.

»Der Spähtrupp ist zurückgekehrt ...«

»Nun, und?«

»Sie sind auf Minen gestoßen ...«

»Was für Minen?«

»Deutsche. Grad gegenüber dem linken Durchgang. Etwa in fünfzig Meter Entfernung. Unbekannte ...«

»Pfui Deibel ... Wo habt ihr denn da gestern eure Augen gehabt?«

»Sie behaupten, daß gestern noch nichts da war.«

»Nichts da war ... Wo ist dieser Buchwostow?«

»Sitzt bei den Panzerjägern im Unterstand.«

»Schirjajew! Ruf im Stab an, daß das Signal verschoben wird. Ich werde gleich ...«

Buchwostow, Führer des Aufklärungszuges des Pionierbataillons, furchtbar pockennarbig, mager, reibt sich verlegen die Hände.

»Die Fritzen haben sie heute nacht gelegt. Ehrenwort,

heute nacht. Ich habe gestern alles mit eigenen Händen abgetastet – war nichts da, Ehrenwort …«

»Ehrenwort, Ehrenwort … Warum hast du nicht früher Meldung erstattet? Immer alles in letzter Minute. Sind viele da?«

»Werden etwa zehn Stück sein. Unbekannte, sehe sie zum erstenmal. In der Art unserer POMS, aber nicht ganz … Der Sprengzünder ist an der Seite …«

»Garkuscha, gib schnell die Tarnmäntel her. Du wirst uns führen.«

Zu unserem Glück scheint der Mond nicht. Wir kriechen durch den Panzerdurchgang, der mit Pfählen gekennzeichnet ist. Der pockennarbige Sergeant, Garkuscha und ich. Vor meiner Nase blinken Garkuschas eisenbeschlagene Stiefelabsätze. Wir kriechen bis vor unsere eigenen Minenfelder. Ringsum ist alles völlig weiß. Vor uns zeichnet sich die Linie der deutschen Laufgräben ab. Der Sergeant hält im Kriechen inne. Schweigend zeigt er mit dem Fäustling auf etwas, das sich im Schnee dunkel abhebt … POMS, eine ganz gewöhnliche POMS – eingekerbter Block, Sprengzünder und Schnur. Und an der Seite ein zusätzlicher kleiner Pflock, damit die Mine fester in der Erde steht … Und der hat ihn für einen Sprengzünder gehalten. Ein Waschlappen und kein Aufklärer …

Garkuscha, auf dem Bauch liegend, dreht gewandt einen Sprengzünder nach dem andern heraus. Mir sind die Hände steif gefroren, und mit Mühe drehe ich nur zwei heraus. Der Sergeant schnauft.

Tsch-sch-sch … Eine Rakete.

Wir erstarren. Im Mund wird es sofort trocken. Das Herz fängt an wie rasend zu schlagen. Gleich werden sie uns sehen, die Schweinehunde …

Tsch-sch-sch … Eine zweite. Aus einem Augenwinkel heraus sehe ich, daß der Sergeant bereits etwa zehn Meter von mir fortgekrochen ist. Was für ein Mensch! Die Deutschen werden uns doch gleich entdecken.

Eine kurze Maschinengewehrsalve …

Sie haben uns entdeckt.

Wieder eine Salve ...

Etwas schlägt mit furchtbarer Kraft gegen meine linke Hand, dann gegen meinen Fuß. Ich vergrabe den Kopf im Schnee, der mir in Mund, Nase und Ohren dringt ... Er ist kalt. Wie angenehm! ... Er knirscht zwischen den Zähnen wie Speiseeis ... Und er hat gesagt, daß es keine POMS wären ... Ganz gewöhnliche POMS. Nur ein kleiner Pflock an der Seite. Ein komischer Kauz, dieser Sergeant, weiter nichts ... Nur noch Schnee zwischen den Zähnen ...

28

»Wie geht es Dir, Jurka? Nach Deinem kleinen Zettel aus dem Lazarett zwei Monate kein Wort. Das ist einfach eine Schweinerei. Wärst Du wenigstens an der rechten Hand verwundet, so hättest Du eine Ausrede, aber es ist doch die linke. Nicht anständig, wahrhaftig, nicht anständig. Ich werde hier alle Tage nach Dir gefragt und kann nur antworten: Ist wahrscheinlich dick und fett geworden bei der Lazarettkost und von seinen Liebeleien mit den Krankenschwestern so in Anspruch genommen, daß ihm keine Zeit bleibt, an seine Kameraden zu denken! Aber die vergessen Dich nicht, Du nichtsnutzige Seele. Tschumak bewahrt extra für Dich ausgezeichneten Beutekognak (sechs Sternchen!) auf, gibt keinem davon zu kosten. Ich habe schon versucht, mich ranzumachen, aber ohne jeden Erfolg.

Im übrigen ist uns alles zum Überdruß geworden. Wir haben es satt, an einem Fleck zu hocken, sind es zum Verrücktwerden überdrüssig. Andere greifen an, rücken nach Westen vor, und wir hocken immer noch in denselben Gräben, in denselben Unterständen. Der Fritz allerdings ist nicht mehr das, was er war. Dennoch ging es im vergangenen Monat hart auf hart. Nachdem es Dich erwischt hatte, haben wir noch einen Panzerangriff unternommen, aber die Wassertürme nicht eingenommen. Die Panzer sind dann in einen anderen Abschnitt gekommen. Einen hatten die Fritzen angeschossen, und wir haben seinetwegen einen guten Monat Krieg geführt. Der Divisionskommandeur hatte befohlen, unter ihm ein Feuernest einzurichten. Und der Divisionskommandeur der Fritzen hatte offenbar genau dasselbe angeordnet, so haben wir uns denn wegen dieses Panzers gehauen ... Direkt schafften wir es nicht, in den Bataillonen waren nur fünf bis sieben kampffähige Soldaten. Wir waren gezwungen, uns heranzugraben. Und der Boden war hart wie Stein, und Sprengstoff war knapp. Die Wolga hat zwei Wochen lang nicht zufrieren können. Zwieback und Konzentrate haben uns die ›Kukurusniks‹ abgeworfen.

Schließlich haben wir den Panzer erobert. Hatten einen Tunnel von zweiundzwanzig Meter Länge gegraben, etwa hundert Kilogramm Sprengstoff reingepackt und dann krachen lassen! Sind über den Trichter Sturm gelaufen. So sind wir! Ich habe Tugijew, Agniwzew (er ist im Augenblick im Lazarett – verwundet) und Deinen Walega zum ›Sternchen‹* vorgeschlagen – tapfere Burschen! – und die anderen zur ›Kühnheit‹**. Jetzt steht unter dem Panzer Farbers Maschinengewehr – deckt die Fritzen tüchtig zu. Die Wassertürme sind noch in ihrem Besitz. Sie haben sich in die Erde eingegraben wie die Maulwürfe, sind von keiner Seite zu erreichen ... Hauptsächlich kämpfen wir jetzt mit Artillerie, mit Ausnahme der schweren ist sie auf das rechte Ufer hinüberbefördert worden. Neben unserem Unterstand ist eine Batterie Divisionsgeschütze aufgestellt worden – läßt einen nicht schlafen. Rodimzews Division und die Zweiundneunzigste sind rechts von uns eingesetzt worden, in dem Abschnitt der Tramwainaja-Straße. Die tapfere Neununddreißigste hat den ›Roten Oktober‹ beinahe völlig gesäubert.

Im Zug sind wir jetzt drei: ich, Garkuscha und Walega.

* Orden des Roten Sterns.

** Medaille »Für Kühnheit«.

Tugijew ist mitsamt den Pferden an Kuleschows Stelle am linken Ufer. Kuleschow ist bei einem Haferdiebstahl ertappt und in die Strafkompanie versetzt worden. Tschepurnyj, Timoschka und den Kleinen, der beständig Harz gekaut hat – seinen Namen habe ich vergessen –, haben wir auf dem Mamai-Hügel verloren. Dort haben wir uns zwei Wochen verteidigt, zusammen mit den Chemikern und den Aufklärungsleuten. Zwei haben wir dort beerdigt, und von Timoschka haben wir nur die Fellmütze gefunden. Schade um ihn. Seine Ziehharmonika liegt nun nutzlos da. Urasow ist auf eine Mine geraten, ihm ist der Fuß abgerissen worden. Drei andere, Neue, die Du nicht kennst, haben wir ebenfalls ins Lazarett geschickt. Von den Stabsleuten hat es den Chef des Gasschutzdienstes, Turin, und den Dolmetscher erwischt. Deinem ›Liebling‹, Astafjew, haben die Fritzen einen Splitter direkt ins Hinterteil gepfeffert (wie das passieren konnte, verstehe ich nicht – aus dem Unterstand ist er ja nie rausgekrochen), jetzt liegt er auf dem Bauch und sortiert sein Archiv.

Wir bauen jetzt Beobachtungsstände. Jeden Tag einen neuen. Etwa fünf Stück haben wir schon gemacht – aber sie gefallen dem Major alle nicht; Du kennst ihn doch. Einen haben wir im Fabrikschlot eingerichtet, neben dem chemischen Werk, wo soviel Waschblau ist, einen andern auf dem Dach wie einen Taubenschlag. Von dort aus hat man gute Sicht, aber der Major sagt: ›Kalt, zieht zu sehr.‹ Er hat befohlen, unter einem Haus einen zu bauen, in der Siedlung, neben dem Einschnitt, wo die Lokomotive FD steht. Die Artilleristen aber aus dem 270. haben ihre Kanonen dorthin gebracht und ziehen nun das Feuer der Fritzen auf sich. Die Granaten krepieren ganz in der Nähe – wie soll man den Major dahin schleppen.

Im übrigen, komm recht schnell hierher, wir werden uns zusammen ein gutes Plätzchen aussuchen. Außerdem wirst Du graben helfen (hahaha!), ich habe schon an den Händen solche Blasen, daß ich keinen Spaten mehr anfassen kann.

Dein Ustinow, der Divisionsingenieur, geht mir gründlich auf die Nerven: verlangt Skizzen und nochmals Skizzen, und Du weißt ja selbst, daß das für mich das Ende bedeutet. Schirjajew läßt Dich grüßen, seine Hand ist wieder ganz in Ordnung.

Ja ... Im zweiten Bataillon ist ein neuer Arztgehilfe, an Stelle von Burljuk, der zu einem Lehrgang gefahren ist. Wenn Du kommst, wirst Du selbst sehen. Tschumak verbringt dort ganze Tage; jeden Tag putzt er seine Koppelschnalle mit Kreide. Kurzum – komm bald! Wir warten! *Dein A. Lissagor.*

PS. Ich habe endlich den Sprengzünder LZZ gefunden, von dem Du immer geträumt hast. Ich werde ihn aber ohne Dich nicht auseinandernehmen. Wir haben jetzt schon eine ganz hübsche Beutekollektion. Minen ›S‹ und ›TMI 43‹, fünf ganz neue Typen von Sprengzündern in wunderschönen Kästchen (als Tabaksdosen zu verwenden) und wunderbare deutsche Brandrohre mit Reibsprengzündern. *A. L.*

Auf der anderen Seite ist ein Zusatz in großen, schiefen, nach unten kriechenden Buchstaben:

»Guten Tag oder guten Abend, Genosse Leutnant! Ich teile Ihnen mit, daß ich vorläufig gesund und munter bin, was ich auch Ihnen wünsche! Genosse Leutnant, Ihre Bücher sind alle in Ordnung, ich habe sie in den Koffer gepackt. Der Genosse Zugführer hat zwei Akkumulatoren beschafft, jetzt ist es in unserem Unterstand hell. Oberleutnant Schirjajew will sie für den Stab wegnehmen. Genosse Leutnant, kommen Sie bald! Alle grüßen Sie herzlichst und ich auch!

Ihre Ordonnanz A. Wolegow.«

Ich stecke den Brief in die Tasche, ziehe den Kittel an und gehe zum Oberarzt. Er ist ein feiner Bursche, man kommt immer gut mit ihm aus. Und dann zum Kammerunteroffizier, er soll mir eine neue Uniformbluse geben, bei meiner jetzigen ist der ganze Ärmel zerrissen.

Am Morgen verabschiede ich mich von den Kameraden, in knarrenden Stiefeln und einem neuen Soldatenmantel, einen Haufen Briefe in den Taschen – für Stalingrad.

Man begleitet mich bis ans Tor.

»Grüß bitte Paulus dort.«

»Unbedingt.«

»Vergiß meinen Auftrag nicht, hörst du?«

»Nein, nein.«

»Es ist gleich nebenan. Die zweite Schlucht von eurer. Dort, wo die angeschossene ›Katjuscha‹ steht.«

»Wenn du Marusja siehst, sag ihr, daß ich ihr etwas Interessantes zu erzählen habe, wenn wir uns wiedersehen. Brieflich kann ich's nicht.«

»Gut ... Alles Gute ... Den ›Pfadfinder‹ gebt in Saal sechs ab. Und grüßt die Gymnastiklehrerin.«

»Gut. Alles Gute!«

»Alles Gute!«

»Schreibe ... Vergiß uns nicht ...«

Der Chauffeur winkt mir schon.

»Mach Schluß, Leutnant.«

Ich drücke die dargebotenen Hände und laufe zum Wagen.

29

Bis zum Vorwerk Burkowskij gelangen wir am Abend. In Burkowskij sind die Versorgungsdienste der Division und Lasar, der Oberzahlmeister. Bei ihm übernachte ich, in einer kleinen Hütte, die von alten Frauen, Kindern und irgendwelchen Schreibern bevölkert ist.

»Nun, wie ist es im Hinterland?« fragt man mich.

»Wie immer.«

»Hast du in Leninsk gelegen?«

»Ja, in Leninsk. Kein beneidenswertes Lazarett. Mit meinem Unterstand am Ufer nicht zu vergleichen.«

Lasar lacht. »Wirst ihn nicht wiedererkennen, deinen Unterstand: elektrisches Licht, Grammophon, an fünfzig Platten, die Wände mit deutschen Decken behängt. Wunderschön.«

»Bist du schon lange von dort weg?«

»Bin erst gestern zurückgekommen. Hab die Gehälter ausgezahlt.«

»Halten sich die Fritzen noch?«

»I wo! Vom Mamai-Hügel sind sie schon getürmt, haben sich hinter der Langen Schlucht eingegraben. Sie stehen schon mit einem Bein im Grabe. Nichts zu fressen, keine Munition, in den Unterständen liegen abgenagte Pferdeknochen herum. Kaputt, im großen und ganzen ...«

In der Nacht kann ich lange nicht einschlafen, wälze mich von einer Seite auf die andere.

Am Morgen fahre ich in aller Frühe mit einem Stabswagen weiter.

An die Wolga fahren wir ohne jegliche Tarnung heran, direkt ans Ufer. Breit, weiß, schmerzhaft blendend liegt sie da. Am anderen Ufer hebt sich etwas Dunkles ab, wahrscheinlich eine Straßenkontrollstelle. Ein rotes Fähnchen auf weißem Grund. Wie die Zeit verfliegt! ... Vor kurzem noch, als ob es erst gestern gewesen wäre, war dieselbe Wolga, die jetzt blendend weiß ist, dunkelrot vor Rauch und Feuer, aufgewühlt von Explosionen, ganz bedeckt mit schwimmenden Brettern und Trümmern. Und jetzt! Der abgesteckte Eisweg dringt pfeilartig in das gegenüberliegende Ufer ein. Autos flitzen hin und her, LKW, »Willys«, bunte, mit Schutzfarbe angestrichene »Emchen«*. Ab und zu, in einigen Hundert Meter Entfernung voneinander, dunkle Flecke von Minenexplosionen. Das sind noch alte Spuren. Der Verkehrsposten mit rotem Schnurrbart und gelben Fähnchen sagt, daß schon seit etwa zwei Wochen die Überfahrtsstelle nicht mehr beschossen wird – denen ist die Puste ausgegangen.

Wir fahren an die Kontrollstelle heran.

* Personenwagen »M-1«.

»Ihre Papiere?«

»Ohne die darf man wohl nicht?«

»Geht nicht, Genosse Leutnant. Ordnung muß sein.«

O Wunder! ... Rings um Tschuikows Stab ein Drahtzaun, am Eingang Wachen, die strammstehen, bestreute Wege, über jedem Unterstand eine Nummer – sauber gezeichnet, schwarz, auf einem besonderen Brettchen.

Ein Pfeil an dem gestreiften Mast: »Wirtschaft Borodin 300 Meter.« Und mit rotem Bleistift daruntergeschrieben: »Erste Quergasse links.« Sie sind also umgezogen. Quergasse links – wahrscheinlich ist das die Schlucht, wo der Divisionsstab lag.

Ich bin aufgeregt. Wahrhaftig, ich bin aufgeregt. So ist es immer, wenn man nach Hause zurückkehrt. Kehrt man vom Urlaub oder von irgendwoher zurück, so beschleunigt man seine Schritte, je mehr man sich dem Hause nähert. Und alles bemerkt man während des Gehens, jede Kleinigkeit, jede Neuerung. Der Bürgersteig ist asphaltiert worden, an der Ecke ist ein neuer Zigarettenkiosk, die Straßenbahnhaltestelle ist näher an die Apotheke verlegt worden, auf das Haus Nr. 26 ist eine zweite Etage aufgestockt worden. Alles siehst du, alles bemerkst du ...

Hier sind wir an jenem denkwürdigen Septembermorgen ausgebootet worden. Hier ist der Weg, auf dem die Kanone entlanggeschleift wurde. Hier das weiße Wasserwerk. Ein Bombentreffer hat dreißig verwundete Soldaten, die darin lagen, getötet. Es ist wiederaufgebaut worden. Jetzt befindet sich eine Schmiede darin. Hier war mal ein Graben, in ihm haben wir mit Walega während eines Bombenangriffs Deckung gesucht. Er ist wahrscheinlich zugeschüttet worden – keine Spur mehr davon zu sehen. Hier hat jemand eine Treppe gebaut, nun braucht man nicht mehr am Abhang hochzukraxeln. Höchst kultiviert, sogar gehobelte Treppengeländer.

Über meinem Kopf fliegt eine Staffel unserer »Petljakow«. Ruhig, sicher. Wie einst die Heinkel. Feierlich, einer nach dem andern, greifen sie im Sturzflug an ...

Das ist eine Sache – Teufel!

Die Schlucht ist leer. Ein Haufen deutscher Minen liegt im Schnee. Drahtknäuel, ein schiefer Stand für eine Drahtwalze. Das ist unser Stand, ich erkenne ihn wieder: Garkuscha hat ihn gemacht. Neben dem Abort etwa zwanzig Fritzen, schmutzig, unrasiert, in Lumpen und Tücher gehüllt. Bei meinem Anblick stehen sie auf.

»Wen suchen Sie, Genosse Leutnant?« ertönt eine Stimme von oben.

Etwas von einer Schneewolke Umgebenes fliegt wie ein Wirbelwind auf mich zu und wirft mich beinahe um.

»Gesund und munter, Genosse Leutnant?«

Ein fröhliches rotes Gesicht mit lachenden Kinderaugen.

Sedych! Keine Täuschung, Sedych!

»Woher kommst du, du gestreifter Teufel?«

Er antwortet nicht. Strahlt, strahlt vom Kopf bis zu den Füßen.

Und ich strahle auch.

So stehen wir uns gegenüber und schütteln einander die Hände. Mir ist, als ob ich ein wenig betrunken sei.

»Hier geht alles durcheinander, Genosse Leutnant. Wir jagen jetzt die Deutschen, daß die Funken stieben. Unser Gefechtsstand ist hier in der Schlucht. Alle sind vorne. Ich bin verwundet und deshalb zurückgeblieben. Die Fritzen zu bewachen ...«

»Und Igor?«

»Gesund und munter.«

»Gott sei Dank!«

»Kommen Sie doch heute zu uns Wodka trinken. Wir haben ein volles Faß. Werden die sich freuen! Sie kommen aus dem Lazarett? Ja! Die Kameraden haben es mir gesagt.«

»Ja, aus dem Lazarett. Bleib doch mal stehen, laß dich begucken.«

Wirklich, er hat sich kein bißchen verändert, nur männlicher ist er geworden. Stachlige Härchen auf dem Kinn. Die Wangen ein wenig eingefallen. Aber er ist genauso rot und kräftig wie früher, und die Augen sind auch wie früher – lustig, mutwillig, mit langen, nach oben gebogenen Wimpern, wie bei einem Mädchen.

»Halt, halt! Was glänzt denn da unter deiner Jacke?«

Sedych wird verlegen und beginnt, an den Schwielen in der Handfläche zu knaupeln – eine alte Angewohnheit.

»Oh, du Schuft! Und das verschweigst du ... Gib die Pfote her ... Wofür hast du's denn bekommen?«

Er wird noch röter. Meine Finger knacken in seiner mächtigen Hand.

»Nun ist es nicht mehr peinlich, in den Kolchos zurückzukehren, was?«

»Wie sollte es mir denn peinlich sein ...« Und er knaupelt noch immer an seiner Handfläche. »Und Sie haben noch dieses ... das Zigarettenetui von mir? Oder ...«

»Aber natürlich! Hier ist es, rauche! Hast du Feuer?«

»Hans, Feuer für Herrn Leutnant! Fix! Feuer, Feuer, oder wie heißt es bei euch?«

Ein hagerer Deutscher mit einer Hornbrille, wahrscheinlich ein Offizier, springt sofort heran und läßt sein pistolenförmiges Feuerzeug knacken.

»Bitte, Kamerad!«

Sedych nimmt ihm das Feuerzeug aus der Hand.

»Was heißt ›Bitte‹, wir werden schon allein fertig.« Er gibt mir Feuer. »Ach, ich habe alle Taschen voller Klamotten. Kaum daß sie sich gefangen geben – gleich ein Feuerzeug. Ich habe schon an zwanzig Stück davon ... Wollen Sie ein paar haben?«

»Schon gut, hat noch Zeit. Erzähle lieber. Vier Monate sind immerhin eine lange Zeit.«

»Was gibt's da schon zu erzählen, Genosse Leutnant. Ist ja immer ein und dasselbe ...« Und dennoch erzählt er die gewohnte, uns allen längst bekannte, aber immer interessante Geschichte eines Grabensoldaten ... Dann und dann Minen gelegt, und beinahe alle draufgegangen; dann und dann vierundzwanzig Stunden in der Schlucht gelegen – ein

Scharfschütze hat sie nicht aufstehen lassen –, die Feldmütze ist an drei Stellen durchschossen; später etwa zwei Wochen in der Eisengießerei umzingelt gewesen, von den Deutschen bombardiert. Zu fressen gab's nichts, aber – was schlimmer war – auch nichts zu trinken. Und er ist viermal an die Wolga gegangen, um Wasser zu holen, und dann … dann wieder Minen gelegt, Minen geräumt, Drahtwalzen gelegt …

»Sie wissen ja alles selbst …«, lächelt er mit seinem klaren, lieben Lächeln.

»Hast mich also nicht enttäuscht. Ich wußte, daß du mich nicht enttäuschen würdest. Komm, wir wollen noch eine rauchen, und dann gehe ich die Unsrigen suchen. Weißt du, wo sie sind?«

»Die sind alle dort … dort vorn. Hinter der Langen Schlucht müssen sie sein. Nur ich Hinkebein bin zurückgeblieben.«

»Sonst niemand?«

»Ein Stabsoffizier noch. Dort, in dem Unterstand. Er ist verwundet.«

»Astafjew, was?«

»Ich weiß es wirklich nicht. Ein Oberleutnant.«

»In dem Unterstand, sagst du?« Ich begebe mich zum Unterstand.

»Also am Abend erwarten wir Ihren Besuch, Genosse Leutnant!« ruft Sedych hinter mir her. »Ich werde Igor Wladimirowitsch nichts sagen. Hinter der Biegung der zweite Unterstand links. Drei Stufen und ein blauer Türdrücker.«

Astafjew liegt auf dem Bett, Kissen unter dem Bauch, und schreibt etwas. Das Telefon steht daneben auf dem Hokker.

»George! Mein Teurer! Wieder zurück!« Er zerschmilzt zu einem Lächeln, streckt mir seine volle, zarte Hand entgegen. »Gesund wie ein Stier?«

»Wie Sie sehen.«

»Und ich hab Pech gehabt. Das Regiment jagt die Deutschen, und ich notiere Berichte wie ein Telefonjunge.«

»Nun, ist doch nicht so schlimm. Auf diese Art schreibt sich Geschichte leichter.«

»Wie man's nimmt … Setzen Sie sich, stellen Sie das Telefon auf den Boden, und erzählen Sie.« Er versucht, sich umzudrehen, verzieht aber das Gesicht und schimpft. »Der Ischiasnerv ist verletzt, höllische Schmerzen …«

»Dafür ist Krieg, nichts zu machen … Wo sind die Unseren?«

»In der Stadt, George, in der Stadt, mitten im Zentrum. Das erste Bataillon erstürmt den Bahnhof. Farber hat soeben angerufen, sie belagern das Hotel, neben der Mühle. An fünfzig SS-Leute sitzen dort und wollen sich nicht ergeben … Setzen Sie sich doch.«

»Danke! Und wo ist Schirjajew? Lissagor?«

»Dort, alle dort. Sind am Morgen zum Angriff angetreten. Wollen Sie nicht rauchen? Deutsche, erbeutete …« Er hält mir eine grüne Zigarettenpackung hin.

»Ich mag sie nicht. Sie kratzen im Hals. Und was ist das? Auch ein Beutestück?«

Auf dem Tisch steht ein riesiges Akkordeon mit glänzendem Perlmuttbesatz.

»Ein Beutestück. Tschumak hat es Schirjajew geschenkt. Dort sind ja so viele …«

»Nun gut, ich werde gehen.«

»Bleiben Sie doch ein Weilchen. Erzählen Sie, wie es im Hinterland ist.«

»Ein andermal, bei Gelegenheit. Ich möchte Schirjajew sehen.«

Astafjew lächelt.

30

Wir liegen in einem zerstörten Haus – ich weiß nicht mehr, wie wir hierher geraten sind –, ich, Tschumak, Lissagor und natürlich Walega. Wir liegen auf Stroh. Walega raucht in der Ecke sein Pfeifchen, böse, mürrisch dreinschauend. Er ist sichtlich unzufrieden mit mir. Was soll denn das auch heißen? Meinen Offiziersmantel, der umgearbeitet worden war, mit goldenen Knöpfen, habe ich im Lazarett gelassen und statt dessen einen Soldatenmantel mitgebracht, der mir nur bis an die Knie reicht. So geht es doch nicht ... Und Stiefel aus Kunstleder, mit breiten Schäften und Gummisohlen ...

»Ich habe Ihnen welche aus Chromleder beschafft«, teilte er mir finster mit, als wir uns trafen, und musterte mich unzufrieden von Kopf bis Fuß. »Sind im Unterstand. Nur der Spann ist etwas niedrig.«

Ich habe mich gerechtfertigt, so gut ich's konnte, aber verziehen hat er mir – glaube ich – nicht.

»Trink, trink, Ingenieur!« Tschumak schenkt immer neu ein. »Genier dich nicht ...«

Lissagor ergreift den Becher.

»Mach ihn mir nicht betrunken. Wir sind heute bei der Neununddreißigsten eingeladen. Jurka, halt dich ran an die Butter. Halt dich ran.«

Und ich halte mich ran.

Durch die löcherige Wand ist der Mamai-Hügel zu sehen, der Schornstein des »Roten Oktober«, der einzige, der nicht eingestürzt ist. Der ganze Himmel ist voller Raketen – rote, blaue, gelbe, grüne ... Ein ganzes Meer von Raketen ... Und eine Schießerei. Den ganzen Tag wird heute geschossen. Aus Pistolen, Maschinenpistolen, Gewehren, aus allem, was einem in die Hände kommt ... Tack-tack-tack, tack-tack-tack-tack-tack-tack.

Das ist ein Tag, mein Gott, was für ein Tag! Ausgestreckt auf dem Stroh, blicke ich zum Himmel empor und habe nicht mehr die Kraft zu denken. Ich bin so erfüllt von allem, gesättigt bis an den Rand. Ich zähle die Raketen. Dazu bin ich gerade noch fähig. Eine rote, eine grüne, wieder eine grüne, vier grüne hintereinander ...

Tschumak sagt etwas. Ich höre nicht hin.

»Laß mich in Ruh!«

»Es kostet dich doch nichts ... Wenn man dich darum bittet ... Sei doch nicht so ungefällig.«

»Laß mich in Ruhe, sag ich dir. Was willst du?«

»Nun, lies doch ... Macht dir doch nichts aus. Und wenn auch bloß zehn Zeilen.«

»Was für zehn Zeilen?«

»Hier. Seine Rede. Ist doch interessant ... Wirklich, höchst interessant.«

Er hält mir einen schmutzigen Fetzen einer deutschen Zeitung dicht vors Gesicht.

»Was ist das für Unsinn?«

»Lies doch!«

Vor meinen Augen tanzen die Buchstaben, ungewohnte, gotische Buchstaben. Hitlers degeneriertes Gesicht – zusammengepreßte Lippen, schwere Augenlider, ein riesiger idiotischer Mützenschirm.

»Völkischer Beobachter ...«

Die Rede des »Führers« in München am 9. November 1942. Beinahe drei Monate her ...

»Stalingrad ist unser! Nur noch in einigen wenigen Häusern sitzen die Russen. Mögen sie sitzen. Das ist ihre persönliche Angelegenheit. Unsere Arbeit ist getan. Die Stadt, die Stalins Namen trägt, ist in unseren Händen. Die gewaltige russische Arterie – die Wolga – ist lahmgelegt. Und es gibt keine Macht in der Welt, die uns von diesem Platz fortbringen könnte.

Das sage ich Ihnen, ich, der ich Sie noch nie betrogen habe, dem die Vorsehung die Last auferlegt hat und die Verantwortung für diesen gewaltigsten Krieg in der Geschichte der Menschheit. Ich weiß, Sie haben Vertrauen zu mir, und Sie dürfen versichert sein – ich wiederhole es mit voller Verantwortung vor Gott und der Geschichte –, daß wir Stalingrad nie wieder verlassen werden. Nie wieder! Wie sehr es die Bolschewisten auch wünschen mögen ...«

Tschumak schüttelt sich vor Lachen.

»Oh, der Adolf! Das ist ein Prachtkerl! Wahrhaftig, ein

Prachtkerl. Genauso, wie es da geschrieben steht, ist es auch gekommen.«

Er dreht sich auf den Bauch und stützt den Kopf in die Hände.

»Und warum, Ingenieur? Warum? Erklär mir das!«

»Was, warum?«

»Warum das alles so gekommen ist? He? Weißt du noch, wie die uns zugesetzt haben im September? Und es ist ihnen doch nicht gelungen. Warum? Warum haben sie uns nicht in die Wolga hineingedrängt?«

Mir dreht sich alles im Kopf. Ich bin doch noch schwach nach dem Aufenthalt im Lazarett.

»Lissagor, erkläre ihm, warum. Ich werde inzwischen ein bißchen spazierengehen.«

Ich stehe auf und gehe schwankend durch die Öffnung, die früher wahrscheinlich einmal eine Tür gewesen ist.

Was für ein hoher, durchsichtiger Himmel – ganz klar, weder ein Wölkchen noch ein Flugzeug. Nur Raketen, und ein blasser, verirrter Stern dazwischen. Und die Wolga so breit, so ruhig, so glatt, nur an einer Stelle, gegenüber dem Wasserwerk, ist sie nicht zugefroren. Man sagt, daß sie an dieser Stelle niemals zufriere.

»Die größte russische Arterie ... lahmgelegt«, hat er gesagt ... So ein Dummkopf! So ein Dummkopf! »In wenigen Häusern sitzen noch Russen. Mögen sie sitzen. Das ist ihre persönliche Angelegenheit ...«

Hier sind sie – diese wenigen Häuser! Hier ist er, der Mamai-Hügel, zwei Pickel auf seiner Spitze – die Wassertürme ... Was haben sie uns zu schaffen gemacht! Es ist sogar jetzt noch widerwärtig, sie anzusehen ... Und hinter jenen roten Trümmern – nur Wände, durchlöchert wie Siebe, sind zurückgeblieben – haben die Stellungen der Division Rodimzews angefangen, ein Streifen von zweihundert Meter Breite ... Wenn man sich überlegt – zweihundert Meter, lumpige zweihundert Meter ... Durch ganz Belorußland zu marschieren, durch die Ukraine, das Donezbecken, die

Kalmückische Steppe, und diese zweihundert Meter nicht mehr zu schaffen ... Hahaha!

Und Tschumak fragt, warum. Nicht irgendwer, sondern ausgerechnet Tschumak. Das gefällt mir am allermeisten. Vielleicht werden mich auch Schirjajew und Farber fragen, warum. Oder vielleicht jener alte Maschinengewehrschütze, der drei Tage bei seinem Maschinengewehr gelegen und, von allen abgeschnitten, bis zu dem Augenblick geschossen hat, da die Patronen zu Ende waren. Und dann ist er mit dem Maschinengewehr ans Ufer gekrochen gekommen. Hat sogar die leeren Munitionskästen mitgebracht. »Wozu soll man wertvolles Gut wegwerfen? Man kann's noch verwenden.« Ich weiß nicht mehr seinen Namen, ich kann mich nur noch an sein Gesicht erinnern, ein bärtiges, mit Augen wie Schlitze und der Feldmütze quer auf dem Kopf. Vielleicht wird er mich auch fragen, warum? Oder jener Bursche aus Sibirien, der ständig Harz kaute? Wenn er am Leben geblieben wäre, hätte er mich wahrscheinlich auch gefragt, warum. Lissagor hat mir erzählt, wie er umgekommen ist. Ich habe ihn nur einige Tage gekannt – man hatte ihn kurz vor meiner Verwundung hergeschickt. Ein fröhlicher, aufgeweckter Spaßvogel. Mit zwei geballten Ladungen ist er zu dem angeschossenen Panzer hingelaufen und hat beide in den Sehschlitz geworfen ...

Ach, Tschumak, Tschumak, du Matrosenseele, was stellst du für dumme Fragen! Du kommst mir jetzt entgegen, mit einer Flasche in der Hand, und nichts, nichts verstehst du ... Komm her! Komm, komm, wir wollen uns umarmen ... Wir haben beide zusammen ein bißchen getrunken, und Betrunkene pflegen sich zu umarmen. Das sind durchaus keine Sentiments, behüte Gott ... Und Walega, komm her! Komm, komm ... Trink, du Waffengefährte ... Trink auf den Sieg! Siehst du, was die Fritzen aus der Stadt gemacht haben? Ziegelsteine – sonst nichts ... Wir aber leben. Und die Stadt ... werden wir neu aufbauen, nicht wahr, Walega? Und die Fritzen sind kaputt. Da gehen sie, siehst du, schleppen ihre Rucksäcke und ihre Decken ... Denken an Berlin und an ihre Frauen. Willst du nach Berlin, Walega? Ich will, schrecklich gern will ich ... Und wir werden beide hinkommen, wirst es sehen. Auf jeden Fall werden wir hinkommen. Unterwegs werden wir auf einen Augenblick einen Sprung nach Kiew tun, um meine Alten wiederzusehen. Gute Alte habe ich, wirklich ... Laß uns auf ihr Wohl trinken! Hast du noch was da, Tschumak?

Und wir trinken. Trinken auf die Alten, auf Kiew, auf Berlin und auf noch etwas, ich weiß es nicht mehr. Ringsherum wird geschossen und geschossen. Der Himmel ist schon ganz violett. Die Raketen zischen, und nebenan klimpert jemand auf einer Balalaika die »Barynja«* ...

»Genosse Leutnant, gestatten Sie ...«

»Was ist los?«

»Sie werden vom Stabschef verlangt.«

»Und wer bist du?«

»Stabsmelder.«

»Nun?«

»Befehl, alle pünktlich um achtzehn Uhr sammeln. Auf dem Gefechtsstand in der Schlucht.«

»Ist verrückt geworden. Heute ist Feiertag.«

»Ich habe nichts zu sagen, Genosse Leutnant. Der Stabschef hat befohlen, und ich habe es ausgerichtet.«

»Sprich vernünftig, und nicht ›befohlen, ausgerichtet‹. Werden wir zu einem Bankett geladen? Anläßlich des Sieges?«

Der Melder lacht.

»Ich habe gehört, daß man der nördlichen Gruppe morgen den Rest geben wird. Auf den ›Barrikaden‹. Dorthin wird unsere und die Neununddreißigste geworfen ...«

Da hast du es!

Tschumak sucht in der Dunkelheit seine Jacke und den Gürtel. Tastet auf der Erde danach. Lissagor schüttelt die Strohhalme vom Mantel.

* Barynja – russischer Volkstanz.

»Walega, sammle die Klamotten zusammen, und lauf schnell zu Garkuscha. Im zweiten Hof von hier, im Keller ... Eins – zwei!«

Walega springt auf.

»Daß er die Spaten nicht vergißt, denk dran!« Und zu mir gewandt: »Nun, Ingenieur, komm, Beobachtungsstände ausschachten. Los – Schwielen an die Hände holen!«

»Genügend Spaten vorhanden?«

»Jawohl. Jeder kriegt einen: ich, du, Garkuscha, Walega. In der Nacht werden wir es noch schaffen – bestimmt ... Vielleicht werden wir uns auch irgendwo in einem Haus einrichten, mit Sicht durchs Fenster. Komm!«

Auf der Straße hört man Tschumaks schallende Stimme:

»In Reihen zu viert ... Par-radeschritt. Vorwärts mit Lied ... Im Schritt. Mar-r-r-sch! ...«

Im Zug hat er nur drei Mann ...

Lissagor klopft mir auf die Schulter:

»So haben wir doch keine Zeit gefunden, deinen Igor zu besuchen. Immer ist es bei uns beiden so ... Werden morgen zu ihm gehen, so Gott will, daß wir am Leben bleiben ...«

Hoch, hoch am Himmel knattert der »Kukurusnik«, die Nachtwache. Über den »Barrikaden« flammen die »Laternen«* auf. Unsere »Laternen«, keine deutschen. Es ist niemand da, der sie für die Deutschen anstecken würde. Wäre auch zwecklos ...

Die lange grüne Schlange der gefangenen Deutschen kriecht hinunter zur Wolga. Schweigen. Hinterdrein ein Sergeant, jung, stupsnasig, zwischen den Zähnen eine lange gebogene Pfeife mit einer Troddel. Er zwinkert mir im Gehen zu.

»Ich führe Reisende. Sie wollen sich die Wolga anschauen ...«

Und er lacht fröhlich und ansteckend.

* Leuchtkugeln.

VIERZIG JAHRE DANACH

(Statt eines Nachworts)

Das Jahr 1981, da ich mich an diese nicht eben leichte Aufgabe mache, ist reich an Jubiläen. Ihren 100. Geburtstag könnten feiern, lebten sie noch, der »erste rote Offizier« Kliment Woroschilow, Pablo Picasso, Stefan Zweig, der große Star des russischen Balletts, die brillante Anna Pawlowa, und S. N. Motowilowa, meine geliebte Tante Sonja, die nie etwas gefürchtet, die zwar mit geringerer Autorität, doch mit einer Vehemenz, die der Korolenkos in nichts nachstand, gegen alle Ungesetzlichkeiten protestiert hat.

Vor vierzig Jahren begann der Große Vaterländische Krieg, der im Westen mit Vorliebe als Zweiter Weltkrieg oder Krieg gegen den Faschismus bezeichnet wird und für den die französische »Humanité« sogar den Namen »Großer Internationaler Krieg« fand.

Sein Jubiläum, das fünfunddreißigjährige, hat auch dieses Buch, das heißt der Roman »Stalingrad«, der seine Erstveröffentlichung 1946 in der Zeitschrift »Snamja« (Heft 8, 9 und 10) erlebte. Leuten, die in der Literatur das Sagen hatten, erschien ein so verallgemeinernder Titel als Frevel, und in den nachfolgenden Buchausgaben wandelte sich der Roman zum Kurzroman und »Stalingrad«, das zum Sinnbild und Sammelbegriff geworden war, zum weniger verpflichtenden »In den Schützengräben von Stalingrad«. In den Finessen des sozialistischen Realismus noch unbewandert, nahm der Autor diesen ersten Schlag einigermaßen verwundert, doch gefaßt hin.

Das Erscheinen dieses Werkes war zu jenen Zeiten ein unwahrscheinliches, geradezu unglaubliches Ereignis. Die literarische Öffentlichkeit reagierte verwirrt. Ein Buch über den Krieg, über Stalingrad, verfaßt von keinem Profi, sondern von einem einfachen Offizier. Kein Wort über die Partei, drei dürftige Zeilen über Stalin ... Ein Unding. Andererseits hatten sich die bestens reputierte »Snamja« und ihr Chefredakteur dafür hergegeben. Wsewolod Wischnewski, ein lebender Klassiker, einer der einflußreichsten Köpfe an der Spitze des Schriftstellerverbandes, kannte die Spielregeln, wußte Bescheid, was ging und was nicht.

Und schon ging es los – in endlosen Diskussionen und Artikeln: »Gewiß, die Darstellung ist authentisch, stammt von einem unmittelbar Beteiligten, aber der Blickwinkel ist doch zu eng ... Eine Betrachtung aus dem Schützengraben ... Über seine Brustwehr hinaus sieht der Autor nichts ...« So etwa urteilte der damalige Generalsekretär des Schriftstellerverbandes, Alexander Fadejew, über den Roman. Allerdings ließ sich das Sekretariat bzw. das Präsidium, auf dessen Tagung er seine Rede hielt, dadurch nicht daran hindern, den Autor in dessen Abwesenheit in besagten Verband aufzunehmen – ein beispielloser Fall.

Ein Jahr darauf strich Fadejew als Vorsitzender des Stalinpreis-Komitees in letzter Minute den Namen des Autors aus der Kandidatenliste, die dem erlauchtesten Auge vorgelegt wurde. Unerforschlich sind Gottes Wege – tags darauf sah der Autor, starr vor Staunen, sein Konterfei in der »Prawda« und der »Iswestija«. (Wischnewski sagte ihm, nachdem er vorsorglich alle Türen seines Arbeitszimmers geschlossen hatte, flüsternd mit rätselhaftem Zwinkern: »Nur Er kann darauf gekommen sein, sonst niemand ...« – und zog die Schultern hoch.)

Von diesem Tage an wurde das Buch als Vorbild propagiert. Alle Verlage beeilten sich um die Wette mit seiner Herausgabe und mit Nachauflagen, die Übersetzer mit der Übertragung in alle möglichen Sprachen, die Kritiker mit überschwenglichem Lob – vergessen war, daß sie den Verfasser des Buches eben noch wegen »Pazifismus« und »Remarquismus« gescholten hatten. Zehn Jahre später entstand eine Filmversion unter dem Titel »Die Soldaten«, die es freilich auch nicht leicht hatte.

Jetzt ist das Buch in der Sowjetunion verboten, es steht auf irgendwelchen Listen und wurde aus den Bibliotheken entfernt (angeblich soll es nur noch im Lefortowo-Gefängnis vorhanden sein), während der Film, der ein selbständiges, vom Autor unabhängiges Leben führt, hin und wieder irgendwo zu sehen sein soll, zu Jubiläumsanlässen – am 23. Februar und am 9. Mai.

Vierzig Jahre sind also vergangen. Seit Beginn des Krieges. Fünfunddreißig, seit ich den Schlußpunkt in meinem Manuskript, das damals den Titel »Am Rande der Erde« trug, setzte und zu Jelena Petrowna lief, um ihr abends das Geschriebene Seite für Seite zu diktieren.

Damals zählte ich fünfunddreißig Jahre. Inzwischen sind es siebzig geworden. Ein halbes Leben vor dem Buch, ein halbes danach.

Die erste Hälfte – Kindheit und Jugend – war alles in allem apolitisch, obwohl ich von klein auf Zeitungen las, vor allem die Kiewer »Proletarskaja prawda«. In den Jahren des Bürgerkriegs wünschte ich Denikin, Koltschak und Wrangel den Sieg. 1924 – dreizehnjährig – erfror ich mir die Ohren, als ich mich auf dem Krestschatik herumtrieb, während zum Zeichen der Trauer die Sirenen heulten – Lenin war gestorben. Zum größten Befremden meiner Eltern hängte ich ins Speisezimmer ein Leninbild und malte auf Kuverts (ich schrieb, meiner Mutter nacheifernd, gern Briefe) mit schwarzer Tusche Trauerränder.

Weder bei den Pionieren noch bei den Komsomolzen bin ich je gewesen. Ich hatte zu ihnen dasselbe ironische Verhältnis wie zur Sowjetmacht. Bei meinen engsten Freunden – in der Schule, der Berufsschule, dem Institut – war es nicht anders. Vor dem Polituntericht, allen möglichen ML- und Gewi-Veranstaltungen suchten wir uns zu drücken. Manchmal, wenn man sich der Sache gar nicht entziehen konnte, nahmen wir uns die Beschlüsse des jeweiligen Parteitags vor, um sie gleich wieder zu vergessen und baden zu laufen. Was auf dem Lande vor sich ging – dreißiger Jahre, Kollektivierung –, wußten wir mehr vom Hörensagen, obwohl wir auch Fuhrwerke mit aufgetürmten Leichen zu sehen bekamen.

Jugend, Leidenschaften, Architektur, Theater ... Mal wollten wir Corbusier sein, mal Stanislawski oder wenigstens Michail Tschechow*. Zudem schrieben wir auch. Wir trafen uns bei Serjosha Domanski in seiner Junggesellenbude auf der Trjochswjatitelskaja, zündeten, um eine geheimnisvolle Atmosphäre zu schaffen, auf dem runden Tisch eine Kerze an und lasen einander unsere natürlich fast genial zu nennenden »Opera« vor, einen Mischmasch aus Hamsun und Hemingway. In aller Munde waren indessen die»Tscheljuskin«- und Papanin-Leute, die Eisbrecher »Krassin« und »Malygin«, die Stratosphäre, die Flüge Tschkalows – Sieg auf Sieg. Auf der Leinwand Potjomkin, Tschapajew, Maxim ...

Das Jahr siebenunddreißig überstanden wir wie durch ein Wunder heil. Ein Rätsel. Meine Eltern gehörten als Adlige zu den »Ehemaligen«, besagte furchtlose Tante Sonja nahm die widerrechtlichen Verhaftungen zum Anlaß, an die Krupskaja, an Nogin und Bontsch-Brujewitsch zu schreiben, eine zweite Tante lebte in der Schweiz – lebhafte Korrespondenz, Geld für die »Unionsvereinigung für den Handel mit Ausländern« ... Und dennoch wurde nie jemand belangt (bis auf einen entfernten Verwandten, einen reichen Onkel aus Mirgorod, der im Gefängnis saß). Womit das zu erklären ist, weiß ich nicht. Vielleicht retteten uns die Tschekisten, die in einem Zimmer unserer vollbelegten Wohnung als Dauergäste einquartiert wurden – Mutter kurierte alle ihre Kinder und sie gleich dazu.

So verging meine Jugend. Ich absolvierte das Institut und

* Russischer Schauspieler, Regisseur und Pädagoge (1891–1955).

das Theaterstudio. Anschließend arbeitete ich in einem Theater. Einem halb illegalen Wandertheater. Alle Krähwinkel der Gebiete Kiew, Shitomir und Winniza habe ich abgeklappert. »Das Geheimnis des Nesle-Turms«, »Das Glas Wasser«, »Die Bettler von Paris«, »Jenseits des Ozeans« – selbst an »Anna Karenina« wagten wir uns, eine peinliche Erinnerung. Dann folgten Wladiwostok, Kirow (das frühere Wjatka) – das waren wenigstens richtige Theater. Drittrangige Rollen. Ich verdiente mit Bühnenbildern dazu. Schrieb abends an irgendwelchem Zeug. Schickte es an Zeitschriften. Bekam es zurück. Zum Glück.

Mein letztes Theater war in Rostow am Don. Das Theater der Roten Armee. Von hier holte man mich zur Armee. In den Krieg.

Stalingrad. Donez. Verwundung. Lazarett in Baku. Die zweite Verwundung in Polen, in Lublin. Kiewer Bezirkslazarett. Die rechte Hand gelähmt, eine Kugel hatte den Nerv lädiert.

»Sie müssen die Finger der rechten Hand an kleine Bewegungen gewöhnen«, sagte der behandelnde Arzt, der Schpak hieß. »Haben Sie ein Mädchen? Dann schreiben Sie ihr täglich einen Brief. Aber nicht mit der Linken, sondern mit der Rechten. Eine gute Übung.«

Ein Mädchen hatte ich nicht, ich suchte mir ein Fleckchen an den Hängen des Parks, der vom Lazarett zum Roten Stadion abfiel, und schrieb über Stalingrad – alles war noch frisch.

An dem Tag, an dem ich fünfunddreißig wurde und die erste Hälfte (von heute gerechnet) meines Lebens zu Ende ging, war das Manuskript bereits im Satz. Änderungen hatte es fast keine gegeben, lediglich eine Schlußepisode mußte dazugeschrieben werden – »zur kompositorischen Abrundung«. Zuvor war meine sorgsam gehütete Mappe bei Twardowski gewesen (er empfahl das Manuskript der Zeitschrift), erhalten hatte er sie von Wladimir Alexandrow, dem bekannten Kritiker und Spaßvogel, der die ganze Zeit dafür Stimmung machte: »Ein einfacher Offizier, Frontsoldat, keine blasse Ahnung davon, was sozialistischer Realismus ist ... Sie sollten es unbedingt lesen!«

Ja – keine blasse Ahnung! Remarque hatte ich gelesen, Hemingway natürlich – alle begeisterten sich damals für ihn –, davor Knut Hamsun, in meiner frühesten Jugend, was die Kriegsliteratur angeht, die »Sewastopoler Erzählungen«. Das war's schon. Keine »Neunzehn«, kein Nikolai Ostrowski. Von Babel vielleicht noch etwas und von Ilf und Petrow.

Da kam der Krieg!

Damit sind wir bei dem wichtigsten Punkt angelangt, weshalb dieses Nachwort eigentlich geschrieben wird.

Die entsetzliche Schlächterei, die so viele Menschen das Leben kostete, die mit dem »treubrüchigen Überfall«, dem zehntägigen Schweigen Stalins – war er der Trunksucht verfallen oder der Depression? –, dem tragischen Rückzug und unbegreiflichen Verlusten begann, endete mit der roten Fahne auf dem Reichstag. Für meine gesamte Generation waren das Jahre des Umbruchs, der Prüfung. Für den ungebildeten Walega aus dem fernen Altai in gleichem Maße wie für den intelligenten Städter, der sich ohne sonderlichen Erfolg auf den Brettern des Theaters betätigte und kleine Erzählungen schrieb, die kein Mensch brauchte.

Der Dreißigjährige, der die Militärausbildung im Institut friedlich verschlafen hatte (Gespräch zwischen Farber und Kershenzew, untermalt durch die Fünfte Sinfonie Tschaikowskis), bekam, selbst noch ein grüner Junge, achtzig »taugliche unausgebildete« Bürschlein zugeteilt, um sie in der Kriegskunst zu unterweisen. Nachdem unser Reservepionierbataillon den Weg von Rostow bis zur Wolga zu Fuß zurückgelegt hatte, bezog es Position auf dem Steilufer des Flusses in dem heruntergekommenen Dörfchen Pitschuga und ging daran, sich mit Kolchosspaten in den Frostboden einzugraben. Keiner von uns Kommandeuren hatte je eine Mine, einen Detonator, einen Zünder oder eine Zündschnur zu Gesicht bekommen. Daß TNT wie Seife aussieht und Dynamit wie Gelee, mehr wußten wir nicht. Waffen hatten wir keine. Schießen konnten wir nicht. Den ganzen Winter über gab jeder Soldat auf dem Schießplatz einen einzigen Schuß ab – Patronen waren selbst an der Front knapp.

Im Frühjahr zweiundvierzig wurden die Soldaten zur Krim in Marsch gesetzt, wo sie dann ihr Leben ließen, die Kommandeure als Regimentspioniere an die Donez-Front. Waffen hatten wir nach wie vor keine. Aus der Staniza Serafimowitsch zog unser Schützenregiment (!) mit Knüppeln statt Gewehren über der Schulter los. Die Regimentsartillerie bestand aus Balken auf Fuhrwerksrädern. Im ganzen Regiment gab es nur zwei Ausbildungsgewehre – sie wurden feierlich zu beiden Seiten der Fahne, dem Heiligtum des Regiments, getragen. Als wir, ein Lied auf den Lippen, einen forschen Schritt anschlugen, heulten die Weiber los: »Ihr Guten, mit Knüppeln gegen die Deutschen!« Bis heute zerbreche ich mir den Kopf, wer sich diesen Zirkus wohl ausgedacht haben mag.

In die vorderste Linie gerieten wir gleich in der Anfangsphase des »Barbarossaplans«. Waffen bekamen wir einen Tag bevor wir »in das Kampfgeschehen eingriffen«. Die Soldaten Mossinsche Gewehre, Modell 1891, die Offiziere TT-Pistolen. Das eine wie das andere hielten wir zum erstenmal in der Hand. Wir wollten uns an Krähen üben, doch das wurde verboten – die Gefechtslinie lag nahebei.

Unser »Eingreifen in das Kampfgeschehen« schlug in kopflose Flucht um. Am Morgen überschütteten uns Ju 88 mit einem Bombenhagel, im Tiefflug rasten Messerschmitts über uns hinweg, Panzer rückten vor. Wir lagen im Gebüsch des »Verteidigungsabschnitts«, den wir halten sollten, und machten uns still und leise die Hosen voll. Ich befahl: »Einzeln, in Sprüngen, zu dem Wäldchen da!« Und rannte, was das Zeug hielt, den anderen nach. Der berühmte Nurmi hätte mich beneiden können.

So begann »mein« Krieg. Er endete im Juli 1944 in Lublin – die Kugel eines Scharfschützen, vom Dach eines Hauses auf dem Krakowskie Przedmieścіe abgefeuert, durchschlug mir das rechte Schulterblatt.

Ein halbes Jahr später wurde ich demobilisiert und bekam als »Versehrter des Vaterländischen Krieges, Gruppe II«, eine Rente. Mir blieb nur noch das Fähnchenverschieben auf der großen Europa-Karte deutscher Herkunft, die an sichtbarster Stelle an der Wand hing.

Am 9. Mai 1945 betranken wir uns alle, wir küßten uns endlos, wer noch eine Pistole hatte, der schoß in die Luft und lief neuen Wodka holen.

Wir kämpfen für eine gerechte Sache! Der Feind wird vernichtet werden! Der Sieg wird unser sein! Die Prophezeiungen des stotternden Wjatschek Steinhintern, auch Hammelstirn, wie der junge Wjatscheslaw Skrjabin im Gymnasium genannt wurde, erfüllten sich nach vier Jahren an diesem unvergeßlichen Frühlingstag.

Wir haben gesiegt! Der Faschismus – dieser Schrecken der Welt – ist zerschmettert. Mussolini wurde gehängt, Hitler hat Selbstmord begangen. Einen Monat später werden die schwarzroten Banner mit den Orden und Hakenkreuzen dem Sieger zu Füßen fallen – der große Stalin wird vom Mausoleum herablächeln.

Über Sieger richtet man nicht! Leider! Wir hatten Stalin alles verziehen! Die Kollektivierung, das Jahr siebenunddreißig, die Liquidierung der Kampfgefährten, die ersten Tage der Niederlage. Und er hatte jetzt natürlich die Kraft des Volkes, das seinem Genius vertraute, begriffen, er hatte begriffen, daß man es nicht länger täuschen durfte, daß ein einheitliches Handeln nur möglich war, wenn man ihm die grausame Wahrheit in die Augen sagte, daß es zu den Strömen von Blut der Vergangenheit, nicht der Kriegszeit, sondern der Zeit davor, keine Rückkehr gab. Durch den Krieg zu Soldaten gemacht, schenkten wir intelligenten jungen Burschen diesem Mythos Glauben und traten reinen, offenen Herzens in die Partei Lenins und Stalins ein.

Friede wird in der Welt einkehren! Endlich ist die Sonne der Freiheit aufgegangen! Für alle. Für die befreiten Völker, für uns, für mich ...

Daran – daß die Rote Armee der Welt Frieden und Freiheit gebracht hatte! – glaubte ich, als ich mit halbgelähmten Fingern an den Hängen des Roten Stadions den ersten Satz in mein Schulheft schrieb:

»Der Rückzugsbefehl kommt ganz überraschend ...«

Vor sechsunddreißig Jahren dachte ich so. Heftige Sehnsucht nach meinen »Birkenpflöcken«, meinen Offiziersfreunden, verzehrte mich, etwas weniger stark war die nach den Vorgesetzten. Und alle sollten meine Rote Armee mögen, die Befreierarmee. Sie hatte es sich verdient – mit ihrem Blut, mit Schweiß, mit Wunden, mit Gräbern ...

Und Stalin, der Oberste Befehlshaber – was war mit ihm?

Anfang 1947, als meine »Schützengräben« im Verlag »Sowjetski pissatel« vorlagen (noch bevor ich den Preis erhielt), wurde ich von der Zensorin vorgeladen – ein Ausnahmefall. Sie sah mich vorwurfsvoll an und sagte:

»Ein gutes Buch haben Sie geschrieben. Aber wie das – über Stalingrad und ohne den Genossen Stalin? Irgendwie peinlich. Der Inspirator und Organisator aller unserer Siege, und Sie ... Sie sollten eine kleine Szene ergänzen im Arbeitszimmer des Genossen Stalin. Zwei, drei Seitchen, mehr nicht ...«

Ich stellte mich dumm. Bin kein Schriftsteller, habe beschrieben, was ich gesehen habe, mir was ausdenken kann ich nicht. Dabei kommt einfach nichts raus, glauben Sie's mir.

Damit endete unser Gespräch. Und zehn Jahre später, das war schon nach dem XX. Parteitag, bat mich der Leiter des Militärverlages »Wojenisdat« fast unter Tränen, die zwei, drei Zeilen zu streichen, wo bei mir Offiziere über Stalin sprechen. Ich lehnte ab. Und zwar nicht aus Liebe zu Stalin, versteht sich.

Zu der Zeit holte man die bronzenen, granitenen, marmornen, gipsernen Standbilder des schuldig gewordenen Führers mit Brecheisen und Spitzhacken von den Sockeln und zerstörte sie, während auf den Plakaten sein Profil, das immer auf allen Fahnen neben dem Lenins geprangt hatte, zugemalt wurde. (Ich fürchte, ginge er jetzt irgendwo in einer stillen Bucht auf der Krim an Land – ich glaube an ein Leben nach dem Tode –, um seine Schritte gen Moskau zu lenken, viele würden ihn mit Blumen begrüßen, so wie einst der von Elba geflohene Napoleon begrüßt wurde. Marschall Ustinow würde als erster die Knie beugen ...)

»Ihr habt für Stalin gekämpft. Ihr habt euch heiser geschrien mit eurem ›Für die Heimat, für Stalin!‹, wenn ihr zum Angriff losgestürmt seid (ich gestehe, bei mir war das auch so), ihr habt das schlimmste System der Welt verteidigt, schlimmer als das Hitlersche – und was hat das nun gebracht?«

Von vielen hier im Westen bekomme ich das zu hören.

Ja, antworte ich darauf, aber wir haben damals nicht »für«, sondern »gegen« gekämpft.

In unser Land war der Feind eingefallen, und wir mußten ihn vertreiben, ihn vernichten. Alle, die die verhaßte Uniform trugen und »Gott mit uns« auf den Koppelschlössern. Ich fühle mich nicht berechtigt, die Wlassow-Leute zu verurteilen – ich kam mit ihnen nicht in Berührung, vieles weiß ich nicht –, aber hätten sie sich uns in den Weg gestellt, wir hätten auf sie geschossen.

Wohin das Ganze aber führen sollte, das wußten wir nicht. Niemand wußte es damals.

Den Arm in der Binde, streunte ich durch das von uns befreite Lublin und sah nur lächelnde Gesichter. Man lud mich ein, bewirtete mich, setzte mir zu trinken vor. Wieviel »Bimber«, scharfen polnischen Selbstgebrannten, tranken wir. Glückliche Tage! Jetzt würde ich es nicht wagen, mich mit meinem Russisch auf den Straßen Lublins oder Warschaus blicken zu lassen. Auch nicht auf den Straßen Prags. Dabei hatte man mir doch auch dort zugelächelt, wenn man meine

Schulterstücke sah (ich war bereits Journalist, konnte mich jedoch nicht von ihnen trennen), und mir zu trinken vorgesetzt, nicht »Bimber«, aber süffiges tschechisches Bier.

Ich weiß nicht, was die Offiziere der im »Bruderland« Polen stationierten sowjetischen Divisionen jetzt mit wem trinken. Ich weiß nicht, worüber sie sich Gedanken machen, worüber sie sprechen, wenn sie ihren halben Liter »vernichten«, doch eines weiß ich ganz genau – ein Pole wird niemals mit ihnen zechen.

Ich lernte einen Mann kennen, der aus Afghanistan geflohen war. Einen Afghanen. Zehn Jahre hatte er in Moskau gelebt, an der Universität studiert, seine Aspirantur absolviert, er hatte sich mit Russen angefreundet, sie ins Herz geschlossen, mit ihnen »Immer lebe die Sonne, immer lebe die Mama!« gesungen. Und jetzt – mit welcher Bitterkeit sprach er darüber zu mir – töten diese Russen, nein, nicht dieselben, andere, unsere Mütter, nehmen uns unsere Sonne weg. Man haßt die Russen! Alle. Ohne Ausnahme. Dabei wurden sie doch einmal geliebt.

Das Blut gefriert einem in den Adern, wenn man das hört. Unser »Birkenpflock« ist zum Okkupanten geworden. Mit Napalm läßt er Dörfer in Flammen aufgehen, er vergiftet Menschen mit Gasen (die achtjährige Tochter meines Afghanen ist bis heute in Behandlung, eine ganze Schule wurde vergiftet, und dann stellte sich das Fernsehen hin und behauptete, das seien Opfer von Banditen). Er, der »Birkenpflock«, sät ringsum Tod, ohne aus seinem Panzer herauszukommen, wirft vom Hubschrauber winzige Minen in Form von Armbanduhren und Spielzeug ab. Nein, sie töten nicht, diese Minen, aber wieviel Unglückliche mit abgerissenen Händen und Füßen hat mein Afghane gesehen ... Und nachts raubt der »Birkenpflock« Geschäfte aus, handelt mit »Kalaschnikows«, tauscht sie gegen Haschisch. Ja, ja, gegen Haschisch. Der »Birkenpflock« ist rauschgiftsüchtig geworden, Wodka reicht ihm nicht mehr. Und ewig ist er hungrig. Zu fressen will er ...

Wißbegierig befrage ich Leute, die aus der Union kommen, was man zu Hause über Afghanistan, über Polen spricht. Sie zucken mit den Schultern. Die meisten sagen nichts. Sie wissen nichts. Rundfunksender werden gestört. Die Zeitungen lügen. Gerüchtweise sickert etwas durch. Hin und wieder stößt man auf eine Todesanzeige – »ums Leben gekommen bei der Erfüllung seiner Pflicht« ... Dann wird manchem etwas klar. Im allgemeinen aber, beim Schlangestehen: »Die Amerikaner und die Chinesen wollten sich Afghanistan unter den Nagel reißen, unsre haben das nicht zugelassen ... Und die Polen? Genauso wie die Tschechen damals. Was wollten sie noch? Leben besser, haben mehr zu essen als unsereins, dürfen ins Ausland fahren, aber nein, sie stellen sich bockbeinig. Der Hafer sticht sie ...«

Das ist vielleicht das schlimmste. Wir unterschätzen die Stärke der sowjetischen Propaganda, die Magie des Zeitungswortes. Längst wird nichts mehr geglaubt, und trotzdem wickelt die Lüge die Leute ein, beherrscht ihr Fühlen und Denken. Und so glaubt der neunzehnjährige Wanka mit dem Sowjetstern an der Ohrenklappenmütze, daß die Amerikaner und die Schlitzäugigen es auf unsere Nachbarn abgesehen hatten. Dann aber, wenn ihm ein Licht aufgeht, tauscht er, böse und hungrig, seine MPi gegen Haschisch ... Vorher schießt er damit. Und danach schießt er auch. Auf wen? Weiß der Kuckuck, wie soll er sich bei dem Hin und Her noch zurechtfinden? Wenn es mir befohlen wird, dann schieße ich ...

Nein, so verhielt sich das bei uns nicht. Wir kannten unseren Feind, wir wußten, daß wir es mit einem grausamen und starken Feind zu tun hatten und daß nicht wir auf fremdes Land erpicht waren, sondern er. Und jener Wanka, in jenen Jahren, fror in den Schützengräben und ging zum Angriff vor, obwohl sein Vater vielleicht als Kulak enteignet worden war. Daß wir aber zwei Jahre zuvor selbst »fremdes« Land geschluckt hatten, das Baltikum, war ihm einfach entfallen, möglicherweise wußte er auch gar nichts davon. Er verteidigte sein Land.

In Afghanistan gibt es keine Kriegsgefangenen. Man bringt sie um. Auf beiden Seiten. Deshalb ergibt sich niemand. Durch unsere Hände sind in Stalingrad 330 000 Mann gegangen. Ich selbst hatte mit einigen hundert dieser »Ausflügler« zu tun. Natürlich wechselte eine gewisse Anzahl von Uhren, Füllfederhaltern und Fotoapparaten ihre Besitzer, doch an Familienalben mit blauäugigen Gretchen und respektablen Mamas und Papas vergriff sich in der Regel keiner. »Danke schön! Danke schön!« – und irgendwoher kam aus der Tiefe der Hose eine Uhr mit Kette zum Vorschein, die einem zum Geschenk gemacht wurde. (Ich trug sie noch lange nach dem Krieg – für einen sowjetischen Offizier war eine Uhr eine Seltenheit, von Fotoapparaten ganz zu schweigen.)

Drei Jahre später, in Deutschland, sah es anders aus. Ich bin nicht dort gewesen und kenne es nicht aus eigener Anschauung, ich habe darüber gelesen. Die aufwirbelnden Daunen verdunkelten die Sonne, die Frauen waren verschwunden. Wanka war in die »Höhle des Löwen« vorgedrungen. Stalin hatte unmißverständlich das Plündern erlaubt. Das Vorrecht der Sieger, geheiligt durch Jahrhunderte. Dann erging ein Befehl, Strafen wurden verhängt, sogar Erschießungen gab es.

Jetzt sitzt unser Wanka als Besatzer in den Ländern der Volksdemokratie (»Völker der Kuriosdemokratie« hat das jemand witzig genannt), er sitzt in der Kaserne, hat sich eingeigelt, wartet auf seinen Befehl. Die Offiziere saufen. In Afghanistan geht es auf besondere Art zu – darüber wird noch zu schreiben sein ...

Doch das ist jetzt. Wie aber war es damals? Kehren wir in jene Schützengräben zurück, die von Stalingrad.

Oft bekomme ich zu hören:

»Es heißt, Sie hätten das erste authentische Buch über den Krieg geschrieben. Haben Sie die ganze Wahrheit gesagt?

Oder haben Sie etwas verborgen, etwas weggelassen? Wenn Sie sich jetzt, da Ihnen die Hände nicht mehr gebunden sind, an das Buch machten, würden Sie etwas anders darstellen?«

Ich fange von hinten an. Jetzt würde ich mich nicht daran machen. Solche Bücher schreibt man auf frischer Spur und in einem Atemzug. Ich habe nicht mehr als ein halbes Jahr dazu gebraucht. Es arbeitete sich leicht. Von den Anforderungen des sozialistischen Realismus – Wladimir Alexandrow hatte recht – war ich völlig unbeleckt. Ich machte mich darauf gefaßt, daß die Rückzugsszenen wenig Anklang finden würden. Das trat nicht ein, eine einzige Mitarbeiterin der Zeitschrift reagierte – sagen wir – säuerlich. Über die Rolle der Partei habe ich mir, um ehrlich zu sein, beim Schreiben keine Gedanken gemacht. Wischnewski erhob diesbezüglich keinerlei Forderungen. Tolja Tarassenkow, sein Stellvertreter, freilich kratzte sich hinter dem Ohr.

»Tja, also ...«, sagte er. »Wenigstens einmal könnte in dem Buch das Wort ›Kommunist‹ vorkommen. Gab es denn in eurem Regiment nicht einen anständigen Parteimenschen?«

»Regimentskommandeur Major Mitiljow. Der Kommissar war ein Laffe – Abrossimow, eigentlich hatte er einen anderen Namen – weißt ja selber ...«

»Und von den Soldaten?«

»Einen Agitator hatten wir, Senetschka. Ein feiner Junge.«

»Wieso hast du ihn übergangen?«

So kam Senetschka in das Buch, vorher war er nicht drin – ich habe ihm Unrecht getan.

Noch ein paar Korrekturen gab es, in der Hauptsache wegen Trinkerei. Gemessen an heutigen Zeiten, waren wir, nebenbei bemerkt, die reinsten Abstinenzler.

Soweit zu den Forderungen und Korrekturen. In der Zeitschrift. Bei den Buchausgaben waren sie zahlreicher. Und gravierender. »Und er wird uns zum Sieg führen!« wurde, auf Stalin bezogen, eingefügt, nachdem ich lange Widerstand geleistet hatte, doch die erfahrenen Kämpfer schafften es, ihn schließlich zu brechen. Aus allen Wunden blutend, gab ich auf – ich gestehe es voll Reue.

Zur Wahrheit. War es die ganze Wahrheit? Im wesentlichen ja. Zu neunundneunzig Prozent. Etwas habe ich verschwiegen – ein Prozent.

Wanja Fistschenko, der Aufklärer – im Buch heißt er Tschumak –, brach manchmal recht aufgekratzt zur Erfüllung eines Auftrags auf und kehrte ebenso aufgekratzt zurück, nachdem er bei den Artilleristen im Unterstand auf der Bärenhaut gelegen hatte. Einmal fand ich ihn dort schlafend und las ihm kräftig die Leviten. Wir zerstritten uns sogar. Später, im Lazarett, versöhnten wir uns und schlossen Freundschaft. Nach dem Krieg wohnte er bei mir und studierte Bergbautechnik. Wo er jetzt ist, weiß ich nicht. Ich habe Sehnsucht nach ihm.

Er hatte noch eine Schwäche. Seine Jungs wußten sich auf recht findige Weise in den Divisionslagern zu versorgen – an Wodka, Schokolade und Apfelsinen war bei ihm nie Mangel. Allen war das bekannt, doch keiner verpfiff ihn, im Gegenteil, man versuchte sich mit ihm gut zu stellen: Vielleicht fiel etwas ab. Als ich das Buch schrieb, habe ich das verschwiegen – weil ich Wanja mochte.

Ich verschwieg auch, daß Lissagor – seinen richtigen Namen verrate ich nicht – mit seiner Beute prahlte: einer Handvoll Goldkronen, die er gern vorzeigte. Dafür bestrafte ich ihn. Doch diese Würdelosigkeit im Buch publik zu machen, hielt ich für unangebracht, zudem fiel das bereits in die friedlichen Stalingrader Tage.

Für mich behielt ich auch mein eigenes – Pardon, Kershenzews – Fehlverhalten. Einmal befahl mir der Leiter Pionierwesen der Division, alle Infanterie- und Panzerminen weiß anzustreichen, damit sie auf dem Schnee nicht auffielen. »Befehl ausgeführt!« meldete ich, ohne meinen Unterstand verlassen zu haben – sollte er doch zur Gefechtslinie gehen und die Sache nachprüfen, wo dort geschossen wurde.

Wir logen auch in unseren Meldungen, besonders was die

Zahl der abgeschossenen feindlichen Flugzeuge betraf. Jedes Bataillon schrieb den Abschuß einer Messerschmitt seinem treffsicheren Gewehr- und MG-Feuer zu. Nach diesen Meldungen hätte die deutsche Luftwaffe längst nicht mehr existieren dürfen.

Dieses Buch ist vor langer Zeit geschrieben worden. Von einem Mann, der sich in militärischen Dingen inzwischen einigermaßen auskannte. Doch von den Skyllen und Charybden des sich vor ihm auftuenden neuen Weges wußte er nichts. Zum Beispiel wußte er nicht, daß er als neugebackenes Mitglied des Schriftstellerverbandes mit seinem Enthusiasmus anzustecken und zu bestärken, zu erziehen und anzuleiten, daß sein Schaffen eine zuverlässige Waffe und er selbst der beste Helfer und ein begeisterter Sänger zu sein hatte. »Die schwierige Kunst des Lobpreisens!« – mein Lebtag werde ich die Überschrift des Artikels von Rowenskich, Regisseur am Maly Theater, in der »Sowjetskaja kultura« nicht vergessen.

All das ging mir erst später auf. Ich erlernte die ganze schwere Zirkuskunst, ohne deren Beherrschung – Äquilibristik, Jonglieren, Balancieren, Seil-, ja sogar Messertanzen – keiner auch nur einen Tag in der Arena der Sowjetliteratur zu überstehen vermag. Was sich auch auszahlte, war die Beherrschung der Kriegskunst – Strategie und Taktik, Fern- und Nahziel, das Vermögen, niedrigere Hügel aufzugeben, um für die Kontrolle der Lage entscheidendere Höhen in die Hand zu bekommen.

Im literarisch-verlegerischen Prozeß der Sowjetunion gibt es eine im Westen unbekannte Institution – die des Lektors. Der Lektor ist ein Mensch, der besser als der Schriftsteller weiß, was geht und was nicht. Er streicht und fügt ein, tauscht aus und präzisiert, beredet und beharrt, vor allem kennt er sich aus im Geschmack und in den Launen des Chefredakteurs, des Verlagsleiters und des ZK-Instrukteurs. Und natürlich ist er im Bilde über die neuesten Ideologiebeschlüsse der Partei.

Die sowjetische Literatur, die fortschrittlichste auf der Welt, befindet sich ständig im Zustand der Mobilmachung. In ständiger Gefechtsbereitschaft. In meiner fast dreißigjährigen Zugehörigkeit zum Schriftstellerverband gab es meines Wissens keinen Tag, an dem wir nicht gegen etwas gekämpft hätten: gegen den bürgerlichen Nationalismus, den Großmachtchauvinismus, den Kosmopolitismus, die Servilität, die Konfliktlosigkeit, das Besingen grauer Vorzeiten, die fehlende Verbindung zur zeitgenössischen Thematik, die Unterschätzung der Arbeiterklasse und natürlich auch gegen den Alkoholismus. Der Kampf gegen letzteren läßt niemals nach – weder am Tage noch in der Nacht, weder im Leben noch im künstlerischen Schaffen. Hier mußte ich die größten Verluste hinnehmen. Selbst Twardowski, den man wahrlich nicht als Antialkoholiker bezeichnen konnte, schüttete den Wodka aus den Gläsern meiner Helden und goß Bier hinein.

Seine Waffe hält der sowjetische Literat stets kampfbereit, sie ist geschärft und niemals rostig, die Pulverbüchse stets voll und trocken, und dennoch steht er, der Schriftsteller, ewig in der Schuld unseres anspruchsvollen Lesers – davon ist auf jedem Plenum, auf jedem Parteitag die Rede –, er ist noch nicht tief genug eingedrungen, zuweilen bleibt er an der Oberfläche, läßt manches außer acht. Doch hier kommt ihm der Lektor zu Hilfe. In den nie endenden Kollisionen weiß er stets, worauf das Feuer gerichtet werden muß, im richtigen Moment reicht er dir die notwendige Waffe, übernimmt das Steuer deines zerbrechlichen Nachens und dreht das Segel in den nötigen Wind, unseren Wind. Für alle diese Ratschläge, Tips und Ruderwendungen erhält er, der Lektor, ein entsprechendes Entgelt. Der kluge Schriftsteller hört auf ihn, und alles läuft wie geschmiert – hohe Auflage, »Ogonjok«-Bibliothek, auch eine Prämie und eine Auslandsreise liegen im Bereich des Möglichen.

Aber leider oder gottlob sind nicht alle Schriftsteller klug, befolgen nicht alle Lektoren gehorsam die Weisungen von oben. Ich hatte das Glück, mit solchen Lektoren arbeiten zu können: klug und listenreich, mutig und, wo nötig, vorsichtig, kundig in allen Kniffen des Fechtkampfs und des Seiltanzes. Ich verdanke ihnen wenn nicht die erste, so doch die zweite und alle folgenden Stufen, die ich auf der steilen und tückischen Treppe zum literarischen Olymp erklomm. Auf den Gipfel, den offiziell anerkannten und bestätigten, mit Samtteppichen und Limousinen, gelangt man nicht mehr über eine Treppe, sondern mit dem Lift – so weit bin ich nicht gekommen, sie haben mich hinabgestoßen, aber das ist bereits ein anderes Thema, darüber ein andermal …

Ein halbes Leben vor dem Buch, ein halbes danach. Eine Zwischenbilanz kann man da wohl ziehen.

Dreißig Jahre in der Partei – der grausamsten, feigsten, stärksten, prinzipienlosesten und verkommensten der Welt. Ich schenkte ihr Glauben, trat ein und lernte sie am Ende meiner Mitgliedschaft hassen. Drei Jahre in der Armee, in ihrer schwersten Zeit. Ihr gehörte meine Liebe, und ich bin stolz auf ihre Siege. Meine Liebe galt dem ewig unzufriedenen Gemeinen, dem Kämpfer – Soldat wurde er erst später genannt. Nein, nicht dem, der auf den Plakaten zu sehen ist oder in Berlin, im Tiergarten, dem ruhigen, sicheren, mit Stahlhelm – den hat nie einer getragen –, sondern dem anderen – die Feldmütze bis auf die Ohren, mit ewig verrutschten Wickelgamaschen, knurrig, über seinen Hauptfeldwebel wilder fluchend als über den Deutschen, dem, der sich durch halb Europa gekämpft hat und auf den Reichstag hinaufgeklettert ist. Ich kannte diese beiden – Jegorow und Kantarija –, blitzgescheite Burschen, nach dem Krieg taten sie gemeinsam in den Besatzungstruppen ihren Dienst. »Wir haben einfach Glück gehabt, das ist alles!« gaben sie später bei einem Gläschen zu. »Solche Gruppen wie unsere gab es mindestens ein Dutzend, aber wir haben es als erste geschafft, und die Sternchen haben sie uns angehängt. Es hätte durchaus anders kommen können …«

Generäle habe ich fast keine gekannt. Marschall Tschuikow, dem Oberbefehlshaber der 8. Armee in Stalingrad, den wir alle vergötterten – er ging, ohne sich zu ducken, in seiner Papacha die vorderste Linie entlang –, bin ich erst später, in Kiew, begegnet: Er befehligte den Kiewer Militärbezirk. Die Leute von »Lenfilm« hatten mich überredet, ihm das Drehbuch der künftigen »Soldaten« zu zeigen. Begeistert zeigte er sich nicht, doch beschimpfte er mich auch nicht, wie es dann die Generäle aus der Politverwaltung taten. Er sagte lediglich:

»Wieso kommt Saizew, unser berühmter Scharfschütze, bei Ihnen nicht vor? Das ist nicht richtig. Sie sollten ihn noch einfügen ...«

Saizew, Held der Sowjetunion, war zu der Zeit bereits Sekretär des Kreises Podol in Kiew und hatte sich eine feiste Visage angefressen, mit ihm zusammenzutreffen, verspürte ich kein Verlangen. Von Tschuikow ist bekannt, daß er in der Zeit des Chrustschowschen »Tauwetters« zu seinem Freund Wutschetitsch, der ihn in seiner Gedenkstätte auf dem Mamai-Hügel in Gestalt eines gigantischen nackten Soldaten mit MPi verewigt hat, sagte: »Durchhalten, Bruderherz, das kriegen wir schon hin, die Partei wird sich durchsetzen!« Das war, als die Monopolisten in der Kunst um ihre Dominanz fürchteten.

Die heutige Armee kenne ich nicht. Als ich in Deutschland mein 88. Pionierbataillon – nach meiner ersten Verwundung bin ich ein halbes Jahr stellvertretender Kommandeur dieses Bataillons gewesen – besuchte, betrachtete ich voller Respekt und mit heimlichem Neid die jungen Soldaten, die sich in der neuen Technik weit besser auskannten als ich. Im 227. Garderegiment – ebenfalls meinem, ebenfalls in Deutschland – aber setzte ich mich in die Nesseln. Nachdem die Soldaten genug von Stalingrad gehört hatten, mit dem sie dauernd gemahnt wurden, baten sie mich, ihnen von Westdeutschland zu erzählen, der Bizone, wie es damals genannt wurde – ich war gerade mit einer Gruppe von Journalisten dort gewesen.

Unter dem Vorwand, ich wäre übermüdet, stoppte der Regimentskommandeur noch rechtzeitig meine mehr als patriotischen Ergüsse über die Schlamperei und Disziplinlosigkeit in der amerikanischen Armee, um mir dann zu Hause gehörig die Leviten zu lesen:

»Was erzählen Sie meinen Kerlen bloß von irgendwelchen betrunkenen amerikanischen Offizieren, die, Nutten im Arm, durch alle möglichen Nürnbergs kutschieren? Die gehen mir doch glatt über die Grenze stiften. Kommen um ohne Weiber, finden keine Ruhe nachts …«

Wir kommen zum Schluß. Ohne den Knäuel der Erinnerungen, Emotionen und Widersprüche entwirrt zu haben. Wie von einem sowjetischen (zwar gewesenen, aber die Gewohnheiten sind geblieben) Schriftsteller, der nach wie vor in der Schuld des anspruchsvollen, fordernden Lesers steht, kaum anders zu erwarten. Ich will sehen, daß der Leser dennoch zu seinem Recht kommt.

Eine der beliebtesten Fragen hier in Paris:

»Wenn nun auf der Place de la Concorde sowjetische Panzer mit dem roten Stern auftauchen, was wirst du tun?«

»Ich besauf mich gleich mit dem ersten Panzersoldaten!«

(Etwas Ähnliches, nur in einer anderen Situation, ist mir in Lublin passiert. Nachdem ich den Bierdurst von Panzersoldaten gelöscht hatte, ohne mich selbst dabei zu vergessen, stürzte ich mit Pistolengefuchtel und Siegesgeschrei auf die Krakowskie Przedmieście, wofür mich die Kugel eines Scharfschützen belohnte.)

»Und was weiter?«

»Dann nehme ich mit ihm den Katerschluck.«

Humorlose Leute sehen mich vorwurfsvoll, ja feindselig an.

Aber Spaß beiseite. Erstens glaube ich an keine sowjetischen Panzer auf der Place de la Concorde. Größere Feiglinge als unsere sogenannten Führer hat die Welt noch nicht gesehen. Truman brauchte bloß mit der Faust auf den Tisch zu hauen, und Stalin (selbst Stalin!) zog schleunigst seine Truppen aus dem iranischen Aserbaidshan ab, und als Kennedy Festigkeit bewies, holte Chrustschow die Raketen aus Kuba zurück. Truman und Kennedy sind nicht mehr; der zurückhaltende, sympathisch wirkende Carter ist Gott sei Dank auf seine Farm zurückgekehrt: Im Weißen Haus residiert Reagan. Viele, auch ich, setzen ihre Hoffnungen auf ihn. Selbst Breshnew und seinesgleichen erwarten sich etwas von ihm. Und dennoch ist die stärkste Armee der Welt die Sowjetarmee, die Nachfolgerin der Roten Armee. Dem muß man Rechnung tragen.

Als über den Mamai-Hügel, von ihrem Einsatz zurückkehrend, im Tiefflug von Kugeln durchsiebte IL hinwegrasten, stockte uns das Herz, stolz betrachteten wir die roten Sterne auf den Tragflächen. Auch auf unseren Stern, auf der Feldmütze, der Ohrenklappenmütze, der Schirmmütze, waren wir stolz. Rot, fünfzackig, durchlöcherte er die vom vielen Waschen fadenscheinige Lazarettkleidung. Und selbst brillantenübersät unterm schlaffen Marschallskinn weckte er Hochachtung.

Jetzt ist er mit Schande bedeckt. Für den Afghanen bedeutet er das gleiche wie für uns seinerzeit die Hakenkreuzspinne. Ein Symbol der Versklavung.

Trotzdem – würde ich »meine hundert Gramm« mit einem sowjetischen Panzersoldaten trinken? Nicht auf der Place de la Concorde, dahin wird er niemals kommen – ohne die kapitalistische Welt, die amerikanischen Kredite, den kanadischen Weizen, das argentinische Fleisch, die finnischen Eier, die französischen Hühner würde unser reifer Sozialismus nicht einen Tag überleben –, irgendwo anders, wo, weiß ich noch nicht, würde ich es bestimmt tun! Und dann würde er mir sagen ... Was könnte er mir schon sagen?

An meinem Bücherregal in Paris hängt ein Foto, das seinerzeit um die Welt gegangen ist: ein junger sowjetischer Panzersoldat in Prag, im unvergeßlichen Jahr achtundsechzig. Er hat sich in seinem Turm eine Zigarette angezündet und blickt auf die unbekannte, ihm so fremde Stadt, auf die Menschen, zu deren – ja, wie denn nun? – Befreiung, Schutz oder Unterwerfung er hergekommen ist, seine Stirn ist gerunzelt, und in seinem Blick liegt nichts als betroffenes Staunen, Verwirrung und bohrendes Grübeln: Wozu bin ich hier? Wozu bloß? Und was habe ich zu tun?

»Für unsere gerechte Sache!«* So heißt ein wundervolles Buch des großen russischen Schriftstellers Wassili Grossman. Es ist Stalingrad gewidmet, einer der größten Schlachten in der Geschichte der Kriege. Würde er jetzt zum Leben wiedererwachen, Wassili Semjonowitsch, bekäme er allein von diesem Titel eine Gänsehaut. Selbst dieser kluge, ja weise Mann, der vieles wußte, was wir nicht wußten, der die Wahrheit über alles stellte, selbst er glaubte, wir hätten damals für eine gerechte Sache gekämpft.

Der Feind wird vernichtet werden! Der Sieg wird unser sein! Doch unsere Sache hat sich als ungerecht erwiesen. Darin liegt die Tragödie meiner Generation. Meine auch …

Jerusalem, 7. Mai 1981 *Viktor Nekrassow*

* Deutscher Titel »Wende an der Wolga«.